前　言

习近平总书记在党的二十大报告中明确指出："教育是国之大计、党之大计。培养什么人、怎样培养人、为谁培养人是教育的根本问题。育人的根本在于立德。全面贯彻党的教育方针，落实立德树人根本任务，培养德智体美劳全面发展的社会主义建设者和接班人。"这为广大的教育工作者指明了前进的方向，我们也将此精神贯穿在教材编写过程中。

本教材依据企业会计准则及其指南，对相关会计账户和账务处理进行系统梳理，以"受托责任观"为主线，主要介绍了财务会计的基本理论以及财务会计信息的确认、计量、记录和报告方法，包括货币资金、应收款项、存货、金融资产、长期股权投资、固定资产、无形资产、投资性房地产、负债、所有者权益、收入、费用、利润、财务报表等内容。

本教材的主要特色是依托东北财经大学出版社"财济书院"平台配套了丰富的数字化教学资源，包括：❶在每一章的最后附有练习题在线，包括：客观题在线（单项选择题、多项选择题、判断题，提交后可查看参考答案与答案解析），可供学生进行反复练习；❷业务题在线，并设置答题表二维码，扫描并下载空白练习表到计算机上进行答题，然后通过"财济书院"网站平台进行提交，供教师进行批阅；❸鉴于学时的限制和学生的认知水平，针对难度较大和不常涉及的业务，设置有"学有余力""拓展阅读"等栏目并以二维码形式列示；❹对会计准则变化较大的业务和一些容易混淆的业务，设置了"温故知新""会计准则变化""深入理解""深度解析"等栏目并以二维码形式列示。

本教材由上海建桥学院李占国任主编；由上海电机学院曹宁、四川工商学院程良友、上海建桥学院钱倩任副主编；上海电机学院张威帆、上海建桥学院郭忠睿、上海建桥学院任向平编写了部分章节。最后，由李占国对全书进行了总纂与修改。本教材的出版得到了上海建桥学院的经费资助，企业会计师文峰、李文韦对本教材的编写提出了许多宝贵意见和建议，在此表示感谢！

尽管我们花费了大量时间并进行了艰辛的探索，但因水平有限，教材中难免存在不妥之处，祈请读者和同行专家批评指正，以便再版时修订，此实乃万幸之至。

李占国

2025 年 8 月

上海市重点课程建设项目
上海市精品课程建设项目

大数据与会计专业岗位实操系列教材

中级财务会计

Intermediate Financial Accounting

李占国　主　编

曹　宁　程良友　钱　倩　副主编

张威帆　郭忠睿　任向平　参　编

东北财经大学出版社　大连
Dongbei University of Finance & Economics Press

图书在版编目（CIP）数据

中级财务会计 / 李占国主编. —大连：东北财经大学出版社，2025.8.
（大数据与会计专业岗位实操系列教材）. —ISBN 978-7-5654-5740-1

Ⅰ. F234.4

中国国家版本馆 CIP 数据核字第 2025WR9133 号

中级财务会计

ZHONGJI CAIWU KUAIJI

东北财经大学出版社出版

（大连市黑石礁尖山街 217 号　邮政编码　116025）

网　　　址：http://www.dufep.cn

读者信箱：dufep@dufe.edu.cn

大连日升彩色印刷有限公司印刷　　东北财经大学出版社发行

幅面尺寸：185mm×260mm　字数：476千字　印张：20.25　插页：1

2025 年 8 月第 1 版　　　　　　　　2025 年 8 月第 1 次印刷

责任编辑：包利华　曲以欢　　　　　责任校对：刘贤恩

封面设计：原　皓　　　　　　　　　版式设计：原　皓

书号：ISBN 978-7-5654-5740-1　　　定价：49.80 元

目　录

二维码资源导航

① 第一章　总　论

【学习目标与要求】

1.理解财务会计的性质和财务报告目标。
2.理解财务会计的基本前提和会计信息的质量要求。
3.理解会计要素与会计计量的属性。

第一节　财务会计的基本含义及目标

一、财务会计的基本含义及特征

　　会计，就其本质而言，是记录一个经济组织的经济活动过程，将记录结果转变为会计数据，编写成财务报告，并将其传达给决策者的信息处理系统和信息管理系统。到目前为止，对会计尚无统一而完整的定义。会计界对会计的定义具有代表性的观点有：会计信息系统论、会计管理工具论和管理活动论。

　　财务会计是现代会计的一个重要分支。现代会计包括财务会计和管理会计。*财务会计——依据企业会计准则，对企业生产经营活动进行确认、计量和报告，旨在向企业外部的信息使用者提供投资决策所需的会计信息（即财务报告）。管理会计——依据过去和现在已发生的经济业务，采用灵活多样的程序和方法对企业未来的经济活动进行预测、规划、控制与评价，并定期通过编制内部责任报告，向企业管理者提供内部各部门管理使用的会计信息。*与管理会计相比，财务会计具有以下几方面的特征：

　　❶财务会计所提供的信息主要服务于企业外部，包括企业的投资人及潜在的投资人、债权人、国家财政税务等部门。

　　❷财务会计主要是面向过去，提供企业过去已经发生的经济活动全过程的会计信息。

　　❸财务会计以财务报告为工作核心，定期向外提供反映企业财务状况、经营成果和现金流量等的会计信息。

　　❹财务会计的工作程序遵循公认的企业会计准则和有关会计制度的要求，力求向外提供客观、公正、可靠的会计信息。

二、财务会计的目标

　　财务会计的目标也即财务报告的目标，是向财务报告使用者提供与企业财务状况、经营成果和现金流量等有关的会计信息，反映企业管理层受托责任的履行情况，有助于财务报告使用者作出经济决策。其主要包括以下两个方面的内容：

（一）向财务报告使用者提供决策有用的信息

　　企业编制财务报告的主要目的是满足财务报告使用者的信息需要，有助于财务报告使用者作出经济决策。因此，向财务报告使用者提供决策有用的信息是财务报告的基本目标。如果企业在财务报告中提供的会计信息与使用者的决策无关，没有任何使用价值，那么财务报告就失去了其编制的意义。

根据向财务报告使用者提供决策有用的信息这一目标的要求，财务报告所提供的会计信息应当如实反映企业所拥有或者控制的经济资源、对经济资源的要求权以及经济资源要求权的变化情况；如实反映企业的各项收入、费用、利得和损失的金额及其变动情况；如实反映企业各项经营活动、投资活动和筹资活动等所形成的现金流入和现金流出情况等，从而有助于现在的或者潜在的投资者、债权人以及其他使用者正确、合理地评价企业的资产质量、偿债能力、盈利能力和营运效率等；有助于使用者根据相关会计信息作出理性的投资和信贷决策；有助于使用者评估与投资和信贷有关的未来现金流量的金额、时间和风险等。

（二）反映企业管理层受托责任的履行情况

在现代公司制下，企业所有权和经营权相分离，企业管理层是受委托人之托经营管理企业及各项资产，负有受托责任，即企业管理层所经营管理的企业各项资产基本上为投资者投入的资本（或者留存收益作为再投资）或者向债权人借入的资金所形成的，企业管理层有责任妥善保管并合理、有效地运用这些资产。企业投资者和债权人等需要及时或者经常性地了解企业保管、使用资产的情况，以便于评价企业管理层受托责任的履行情况和业绩情况，并决定是否需要调整投资或者信贷政策、是否需要加强企业内部控制和其他制度建设、是否需要更换管理层等。因此，财务报告应当反映企业管理层受托责任的履行情况，以有助于评价企业的经营管理责任和资源使用的有效性。

微课视频

如何理解财务目标的"决策有用"与"受托责任"？

第二节 财务会计的基本前提及计价基础

一、财务会计的基本前提

财务会计的基本前提也称为会计基本假设，是企业会计确认、计量和报告的条件假设，是对会计核算所处时间、空间环境等所作的合理设定，并在此基础上提出对会计信息质量的要求。会计基本假设包括会计主体、持续经营、会计分期和货币计量。

微课视频

如何理解"会计主体"假设？

（一）会计主体

会计主体——企业会计确认、计量和报告的空间范围。在会计主体假设下，企业应当对其本身发生的交易或者事项进行会计确认、计量和报告，反映企业本身所从事的各项生产经营活动。明确界定会计主体是开展会计确认、计量和报告工作的重要前提。

（1）明确会计主体，才能划定会计所要处理的各项交易或事项的范围。在会计工作中，只有那些影响企业本身经济利益的各项交易或事项才能加以确认、计量和报告。会计核算中涉及的资产及负债的确认、收入的实现、费用的发生等，都是针对特定会计主体而言的。

（2）明确会计主体，才能把握会计处理的立场。企业作为一个会计主体，对外销售商品时（不涉及税金）形成一笔收入，同时增加一笔资产或者减少一笔负债，而不是相反；采购材料时，导致现金减少，存货增加，或者债务增加，存货增加，而不是相反。

（3）明确会计主体，才能将会计主体的交易或者事项与会计主体所有者的交易或者事项以及其他会计主体的交易或者事项区分开来。例如，企业所有者的经济交易或者事项是属于企业所有者主体所发生的，不应纳入企业会计核算的范围，但是企业所有者投入到企业的资本或者企业向所有者分配的利润，则属于企业主体所发生的交易或者事项，应当纳入企业会计核算的范围。

（4）**会计主体不同于法律主体**。一般来说，法律主体必然是会计主体。例如，一个企业作为一个法律主体，应当建立财务会计系统，独立反映其财务状况、经营成果和现金流量。但是，会计主体不一定是法律主体，例如，一公司投资于另一公司并取得其半数以上的普通股股权且对其能实施控制时，两者之间的关系即为母子公司。会计上基于实质重于形式之要求视其母子为一体，母公司编制合并财务报表所依据的便是合并主体而非法律主体。会计个体与企业个体的关系如图 1-1 所示。

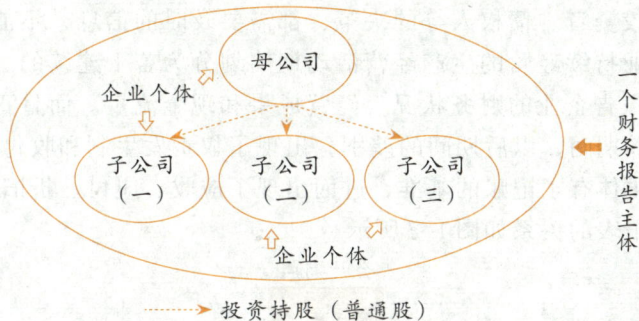

图1-1　会计个体与企业个体

（二）持续经营

持续经营——在可以预见的将来，企业将会按当前的规模和状态继续经营下去，不会停业，也不会大规模削减业务。在持续经营假设下，企业进行会计确认、计量和报告应当以持续经营为前提。明确这一基本假设，就意味着会计主体将按照既定的用途使用资产，按照既定的合约条件清偿债务，会计人员就可以在此基础上选择会计政策和估计方法。

当然，在市场经济环境下，任何企业都可能存在破产、清算的风险，也就是说，企业不能持续经营的可能性总是存在的。因此，需要企业定期对其持续经营基本前提作出分析和判断。如果可以判断企业不能持续经营，就应当改变会计核算的原则和方法，并在企业财务报告中作相应的披露。如果一个企业在不能持续经营时还假定企业能够持续经营，并仍按持续经营的基本假设选择会计核算的原则和方法，就不能客观地反映企业的财务状况、经营成果和现金流量，从而可能误导财务报告使用者进行经济决策。持续经营与解散清算的资产评价差异如图 1-2 所示。

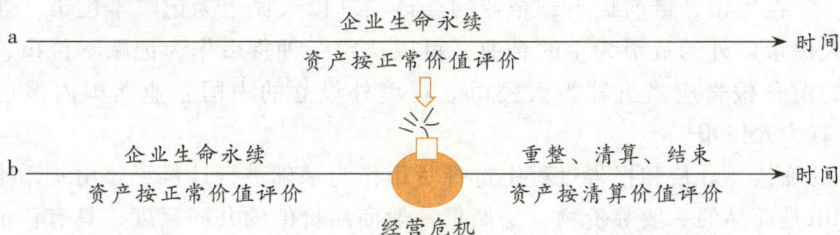

图1-2　持续经营与解散清算的资产评价差异

（三）会计分期

会计分期——将一个企业持续经营的生产经营活动期间划分为若干连续的、长短相同的期间。会计分期的目的，在于通过会计期间划分，将持续经营的生产经营活动期间划分成连续、相同的期间，据以结算盈亏，按期编报财务报告，从而及时向财务报告使用者提供有关企业财务状况、经营成果和现金流量的信息。在会计分期假设下，企业应当划分会计期间，分期结算账目和编制财务报告。会计期间分为年度和中期。年度和中期均按公历起讫日期确定。中期，是指短于一个完整的会计年度的报告期间。

根据持续经营假设，一个企业将按当前的规模和状态持续经营下去。要想最终确定企业的生产经营成果，只能等到企业在若干年后歇业时核算一次盈亏。但是，无论是企业的生产经营决策还是投资者、债权人等的决策，都需要及时的信息，不能等到企业歇业时。因此，就必须将企业持续经营的生产经营活动期间划分为若干连续的、长短相同的期间，分期确认、计量和报告企业的财务状况、经营成果和现金流量。而且正是由于会计分期，才产生了当期与以前期间、以后期间的差别，出现了权责发生制和收付实现制的区别，才使不同类型的会计主体有了记账的基准，进而出现了应收、应付、折旧、摊销等会计处理方法。会计期间与报表的关系如图1-3所示。

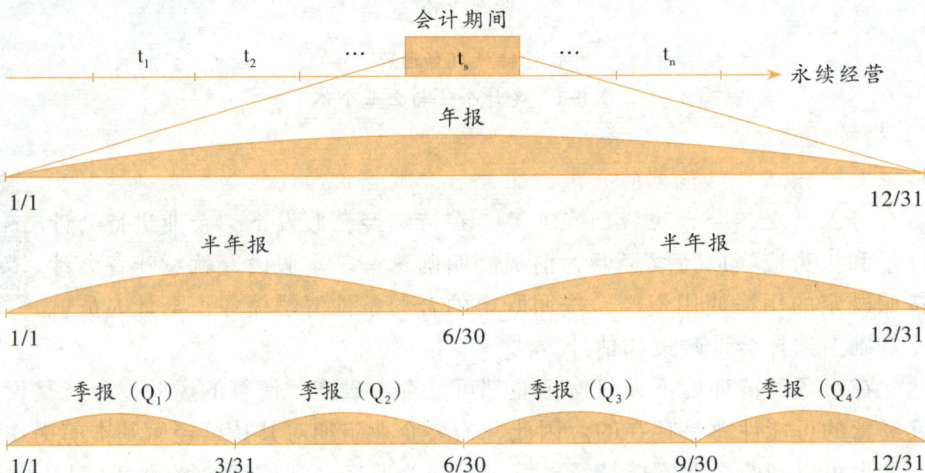

图1-3　会计期间与报表的关系

（四）货币计量

货币计量——会计主体在进行会计确认、计量和报告时以货币计量，反映会计主体的财务状况、经营成果和现金流量。

在货币计量前提下，企业的会计核算以人民币为记账本位币。业务收支以人民币以外的货币为主的企业，可以选定一种货币作为记账本位币，但是编制的财务报告应当折算为人民币。在境外设立的中国企业向国内报送的财务报告，应当折算为人民币。

在会计的确认、计量和报告过程中选择货币作为基础进行计量，是由货币本身的属性决定的。货币是商品的一般等价物，是衡量一般商品价值的共同尺度，具有价值尺度、流通手段、贮藏手段和支付手段等特点。其他计量单位，如重量、长度、容积、台、件等，都只能从一个侧面反映企业的生产经营情况，无法在量上进行汇总和比较，不便于会计计量和经营管理。因此，为全面反映企业的生产经营活动和有关交易、事项，会计确认、计量和报告选择货币作为计量单位。但是，统一采用货币计量也存在缺陷，例如，某些影响企业财务状况和经营成果的因素，如企业经营战略、研发能力、市场竞争力度等，往往难以用货币来计量，但这些信息对于使用者决策也很重要。为此，企业可以在财务报告中补充披露有关非财务信息来弥补上述缺陷。

另外，货币计量除了作为交易共同衡量单位外，还有一项隐含假设——币值稳定不变，在不同期间货币价值（购买力）不变。事实上货币是随着物价波动而改变且长期的现状是通货膨胀趋势，也就是一般所讲的"钱不值钱了"，如图1-4所示。虽然货币计量不是完美的计量尺度，但是就目前的现实情况，短期内也找不到更好的替代计量尺度。

时间 币值	t_0	t_1	t_2	…	t_n
现实经济	£	£	£	…	£
币值不变	£	£	£	…	£

图1-4　现实经济与币值不变

二、财务会计确认、计量和报告的基础

就交易或事项确认的时间点而言，有的以交易发生的时间为主，有的以现金或约当现金之收付的时间为主。前者称为权责发生制，后者称为收付实现制。我国《企业会计准则——基本准则》第九条规定："企业应当以权责发生制为基础进行会计确认、计量和报告。"

（一）权责发生制

权责发生制（也称应计制）——对收入和费用要素的确认，均以权利或义务是否发生为标志，而不论其是否收付现金。具体来讲，凡是当期已实现的收入和已发生或应当负担的费用，不论其款项是否在当期收到或付出，都应确认为当期的收入或费用；凡是不属于当期的收入和费用，即使款项在本期收到或付出，也不应确认为本期的收入和费用。权责发生制下的交易事项，除了现金交易以外，通常还分为应计事项和递延事项两大类。

（1）应计事项——交易的发生时间在现金收付之前的交易事项。应计事项包括：应收收益——收益确认在先，收现在后；应付费用——费用发生在先，付现于后。如图1-5所示。

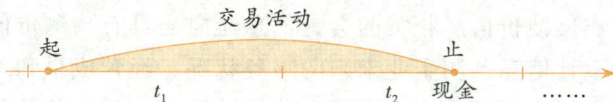

图1-5　应计事项

（2）递延事项——交易的发生时间在现金收付之后的交易事项。递延事项包括：预付费用——付现于前，费用交易发生于后；预收收入——收现于前，收益交易于后。如图1-6所示。

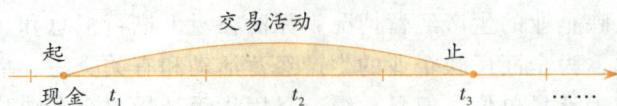

图1-6 递延事项

（二）收付实现制

收付实现制（亦称现金制）——以现金收付的当下时间（月份），作为确认收入及费用的标准。

第三节 会计信息质量要求

会计信息质量要求是对企业财务报告中所提供的会计信息质量的基本限定，是使财务报告中所提供会计信息对使用者决策有用所应具备的基本特征，包括可靠性、相关性、可理解性、可比性、实质重于形式、重要性、谨慎性和及时性等。

一、可靠性

可靠性——企业应当以实际发生的交易或者事项为依据进行会计确认、计量和报告，如实反映符合确认和计量要求的各项会计要素及其他相关信息，保证会计信息真实可靠、内容完整。会计信息的有用性，必须以可靠性为基础。具体包括以下要求：

（1）企业应当以实际发生的交易或者事项为依据进行会计确认、计量和报告，不能以虚构的交易或者事项为依据进行会计确认、计量和报告。

（2）企业应当如实反映其所应反映的交易或者事项，将符合会计要素定义及其确认条件的资产、负债、所有者权益、收入、费用和利润等如实反映在财务报表中，刻画出企业生产经营及财务活动的真实面貌。

（3）企业应当在符合重要性和成本效益原则的前提下，保证会计信息的完整性，其中包括编报的财务报表及其附注内容等应当保持完整，不能随便遗漏或者减少应予披露的信息，与使用者决策相关的信息都应当充分披露。

二、相关性

相关性——企业提供的会计信息应当与财务报告使用者的经济决策需要相关，有助于财务报告使用者对企业过去、现在或者未来的情况作出评价或者预测。

会计信息的价值，关键是看其与使用者的决策需要是否相关，是否有助于决策或者提高决策水平。相关的会计信息应当有助于使用者评价企业过去的决策，证实或者修正过去的有关预测，因而具有反馈价值。相关的会计信息还应当具有预测价值，有助于使用者根据财务报告所提供的会计信息预测企业未来的财务状况、经营成果和现金流量。例如，区分收入和利得、费用和损失，区分流动资产和非流动资产、流动负债和非流动负债等，都可以提高会计信息的预测价值，进而提升会计信息的相关性。

为了满足会计信息质量的相关性要求，企业应当在确认、计量和报告会计信息过程中，充分考虑使用者的决策模式和信息需要。当然，对于某些特定目的或者用途的信息，财务报告可能无法完全提供，企业可以通过其他形式予以提供。

三、可理解性

可理解性——企业提供的会计信息应当清晰明了，便于财务报告使用者理解和使用。

企业编制财务报告、提供会计信息的目的在于使用，而要使使用者有效地使用会计信息，应当能让其了解会计信息的内涵，弄懂会计信息的内容，这就要求财务报告所提供的会计信息应当清晰明了，易于理解。只有这样，才能提高会计信息的有用性，实现财务报告的目标，满足向使用者提供决策有用信息的要求。

鉴于会计信息是一种专业性较强的信息产品，因此，在强调会计信息的可理解性要求的同时，还应假定使用者具有一定的有关企业生产经营活动和会计核算方面的知识，并且愿意付出努力去研究这些信息。对于某些复杂的信息，例如，交易本身较为复杂或者会计处理较为复杂，但其与使用者的经济决策是相关的，就应当在财务报告中予以披露，企业不能仅仅以该信息会使某些使用者难以理解而将其排除在财务报告所应披露的信息之外。

四、可比性

可比性——企业提供的会计信息应当具有可比性。 具体包括以下要求：

（1）为了便于使用者了解企业财务状况和经营成果的变化趋势，比较企业在不同时期的财务报告信息，从而全面、客观地评价过去、预测未来，会计信息质量的可比性要求同一企业对于不同时期发生的相同或者相似的交易或者事项，应当采用一致的会计政策，不得随意变更。当然，满足会计信息可比性要求，并不表明不允许企业变更会计政策，企业按照规定或者会计政策变更后可以提供更可靠、更相关的会计信息时，就有必要变更会计政策，以向使用者提供更为有用的信息，但是有关会计政策变更的情况，应当在附注中予以说明。

（2）为了便于使用者评价不同企业的财务状况、经营成果的水平及其变动情况，从而有助于使用者作出科学合理的决策，会计信息质量的可比性还要求不同企业发生的相同或者相似的交易或者事项，应当采用规定的会计政策，确保会计信息口径一致、相互可比，即对于相同或者相似的交易或者事项，不同企业应当采用一致的会计政策，以使不同企业按照一致的确认、计量和报告基础提供有关会计信息。

五、实质重于形式

微课视频

实质重于形式——企业应当按照交易或者事项的经济实质进行会计确认、计量和报告，不应仅以交易或者事项的法律形式为依据。

如何理解"实质重于形式"会计信息质量要求？

在实务中，交易或者事项的法律形式并不总能完全真实地反映其实质内容。所以，会计信息要想反映其所应反映的交易或事项，就必须根据交易或事项的实质和经济现实来进行判断，而不能仅仅根据它们的法律形式。如果企业仅仅以交易或者事项的法律形式为依据进行会计确认、计量和报告，那么就容易导致会计信息失真，无法如实反映经济现实。

六、重要性

重要性——企业提供的会计信息应当反映与企业财务状况、经营成果和现金流量有关的所有重要交易或事项。

企业会计信息的省略或者错报会影响使用者据此作出经济决策的，该信息就具有重要性。重要性的应用需要依赖职业判断。企业应当根据其所处环境和实际情况，从项目的性质和金额大小两方面来判断其重要性。

七、谨慎性

谨慎性——企业对交易或者事项进行会计确认、计量和报告时应当保持应有的谨慎，不应高估资产或者收益、低估负债或者费用。

在市场经济环境下，企业的生产经营活动面临着许多风险和不确定性，如应收款项的可收回性、固定资产的使用寿命、无形资产的使用寿命、售出存货可能发生的退货或者返修等。会计信息质量的谨慎性要求，即需要企业在面临不确定性因素的情况下作出职业判断时，保持应有的谨慎，充分估计各种风险和损失，既不高估资产或者收益，也不低估负债或者费用。

但是，谨慎性的应用并不允许企业设置秘密准备，如果企业故意低估资产或者收益，或者故意高估负债或者费用，将不符合会计信息的可靠性和相关性要求，损害会计信息质量，扭曲企业实际的财务状况和经营成果，从而对使用者的决策产生误导，这是企业会计准则所不允许的。

八、及时性

及时性——企业对于已发生的交易或者事项，应当及时进行会计确认、计量和报告，不得提前或者延后。

会计信息的价值在于帮助使用者作出经济决策，因此具有时效性。即使是可靠、相关的会计信息，如果不及时提供，也就失去了时效性，对于使用者的效用就大大降低，甚至不再具有任何意义。在会计确认、计量和报告过程中贯彻及时性，一是要求及时收集会计信息，即在经济交易或者事项发生后，及时收集整理各种原始单据或者凭证；二是要求及时处理会计信息，即按照企业会计准则的规定，及时对经济交易或者事项进行确认或者计量，并编制出财务报告；三是要求及时传递会计信息，即按照国家规定的有关时限，及时地将编制的财务报告传递给财务报告使用者，便于其及时使用和决策。

第四节　会计要素及其确认

一、会计要素的概念

会计要素——按照交易或者事项的经济特征所作的基本分类，分为反映企业财务状况的会计要素和反映企业经营成果的会计要素。它既是会计确认和计量的依据，也是确定财务报表结构和内容的基础。

我国企业会计要素按照其性质分为资产、负债、所有者权益、收入、费用和利润。其中，资产、负债和所有者权益要素侧重于反映企业的财务状况，收入、费用和利润要素侧重于反映企业的经营成果。会计要素的界定和分类可以使财务会计系统更加科学严密，并可为使用者提供更加有用的信息。

二、反映企业财务状况的会计要素及其确认

(一) 资产

1.资产的定义及特征

资产——企业过去的交易或者事项形成的、由企业拥有或者控制的、预期会给企业带来经济利益的资源。根据资产的定义，资产具有以下几个方面的特征：

(1) 资产预期会给企业带来经济利益。资产预期会给企业带来经济利益，是指资产具有直接或者间接导致现金和现金等价物流入企业的潜力。这种潜力可以来自企业日常的生产经营活动，也可以来自非日常生产经营活动；带来的经济利益可以是现金或者现金等价物，或者是可以转化为现金或者现金等价物的其他资产，或者表现为减少现金或者现金等价物的流出。如果某一项目预期不能给企业带来经济利益，那么就不能将其确认为企业的资产。前期已经确认为资产的项目，如果不能再为企业带来经济利益的，也不能再确认为企业的资产。

(2) 资产应为企业拥有或者控制的资源。资产作为一项资源，应当由企业拥有或者控制，具体是指企业享有某项资源的所有权，或者虽然不享有某项资源的所有权，但该资源能够被企业所控制。企业享有资产的所有权，通常表明企业能够排他性地从资产中获取经济利益。但是在有些情况下，资产虽然不为企业所拥有，即企业并不享有其所有权，但是企业控制了这些资产，这同样表明企业能够从该资产中获取经济利益，符合会计上对资产的定义。

(3) 资产是由企业过去的交易或者事项形成的。资产应当由企业过去的交易或者事项所形成，过去的交易或者事项包括购买、生产、建造行为或者其他交易或事项。即只有过去发生的交易或者事项才能产生资产，企业预期在未来发生的交易或者事项不形成资产。

2.资产的确认条件

将一项资源确认为资产，首先应当符合资产的定义。除此之外，还需要同时满足以下两个条件：

(1) 与该资源有关的经济利益很可能流入企业。根据资产的定义，能够带来经济利益是资产的一个本质特征，但是由于经济环境瞬息万变，与资源有关的经济利益能否流入企业或者能够流入多少，实际上带有不确定性。因此，资产的确认应当与经济利益流入的不确定性程度的判断结合起来，如果根据编制财务报表时所取得的证据，与该资源有关的经济利益很可能流入企业，那么就应当将其作为资产予以确认。

(2) 该资源的成本或者价值能够可靠地计量。可计量性是所有会计要素确认的重要前提，资产的确认同样需要符合这一要求。只有当有关资源的成本或者价值能够可靠地计量时，资产才能予以确认。

企业取得的许多资产一般都是发生了实际成本的，比如企业购买或者生产的存货，企

业购置的厂房或者设备等，对于这些资产，只要实际发生的购买或者生产成本能够可靠地计量的，就应视为符合了资产的可计量性确认条件。

（二）负债

1. 负债的定义及特征

负债——企业过去的交易或者事项形成的、预期会导致经济利益流出企业的现时义务。根据负债的定义，负债具有以下几个方面的特征：

（1）负债是企业承担的现时义务。现时义务——企业在现行条件下已承担的义务。未来发生的交易或者事项形成的义务，不属于现时义务，不应当确认为负债。现时义务可以是法定义务，也可以是推定义务。其中：❶法定义务——具有约束力的合同或者法律、法规规定的义务，通常在法律意义上需要强制执行；❷推定义务——根据企业多年来的习惯做法、公开的承诺或者公开宣布的政策而导致企业将承担的责任，这些责任也使有关各方形成了企业将履行义务解脱责任的合理预期。

（2）负债的清偿预期会导致经济利益流出企业。只有企业在履行义务时会导致经济利益流出企业的，才符合负债的定义；如果不会导致企业经济利益流出的，就不符合负债的定义。在履行现时义务清偿负债时，导致经济利益流出企业的形式多种多样。例如，用现金偿还或以实物资产偿还，以提供劳务偿还，部分转移资产、部分提供劳务偿还，将负债转为资本等。在某些情况下，现时义务也可能以其他方式解除，如债权人放弃或者丧失了其要求清偿的权利等。在这种情况下，尽管现时义务的履行最终没有导致经济利益的流出，但是在现时义务发生时，仍然应当根据预计将要清偿的金额将其确认为负债。

（3）负债是由企业过去的交易或者事项形成的。负债应当由企业过去的交易或者事项所形成，过去的交易或者事项包括购买货物、使用劳务、接受银行贷款等。即只有过去发生的交易或者事项才形成负债，企业将在未来发生的承诺、签订的合同等交易或者事项，不形成负债。

2. 负债的确认条件

将一项现时义务确认为负债，首先应当符合负债的定义。除此之外，还需要同时满足以下两个条件：

（1）与该义务有关的经济利益很可能流出企业。根据负债的定义，预期会导致经济利益流出企业是负债的一个本质特征。鉴于履行义务所需流出的经济利益带有不确定性，尤其是与推定义务相关的经济利益通常需要依赖于大量的估计，因此，负债的确认应当与经济利益流出的不确定性程度的判断结合起来。如果根据编制财务报表时所取得的证据判断，与现时义务有关的经济利益很可能流出企业，那么就应当将其作为负债予以确认。

（2）未来流出的经济利益金额能够可靠地计量。负债的确认也需要符合可计量性的要求，即对于未来流出的经济利益金额应当能可靠地计量。对于与法定义务有关的经济利益流出金额，通常可以根据合同或者法律规定的金额予以确定。考虑到经济利益的流出一般发生在未来期间，有时未来期间的时间还很长，在这种情况下，有关金额的计量通常需要考虑货币时间价值等因素的影响。对于与推定义务有关的经济利益流出金额，通常需要较大程度的估计。为此，企业应当根据履行相关义务所需支出的最佳估计数进行估计，并综合考虑有关货币时间价值、风险等因素的影响。

（三）所有者权益

1.所有者权益的定义

所有者权益——企业资产扣除负债后，由所有者享有的剩余权益。公司的所有者权益又称为股东权益。所有者权益反映了所有者对企业资产的剩余索取权，是企业资产中扣除债权人权益后应由所有者享有的部分。

2.所有者权益的来源构成

所有者权益按其来源主要包括所有者投入的资本、直接计入所有者权益的利得和损失、留存收益等。

所有者投入的资本，是指所有者投入企业的资本部分，它既包括构成企业注册资本或者股本部分的金额，也包括投入资本超过注册资本或者股本部分的金额，即资本溢价或者股本溢价。这部分投入资本在我国企业会计准则体系中被计入了资本公积，并在资产负债表中的"资本公积"项目下反映。

直接计入所有者权益的利得和损失，是指不应计入当期损益、会导致所有者权益发生增减变动的、与所有者投入资本或者向所有者分配利润无关的利得或者损失。其中，利得，是指由企业非日常活动所形成的、会导致所有者权益增加的、与所有者投入资本无关的经济利益的流入；损失，是指由企业非日常活动所发生的、会导致所有者权益减少的、与向所有者分配利润无关的经济利益的流出。直接计入所有者权益的利得和损失，主要包括其他债权投资和其他权益工具投资的公允价值变动额、现金流量套期中套期工具利得或损失属于有效对冲的部分等。

留存收益，是企业历年实现的净利润留存于企业的部分，主要包括计提的盈余公积和未分配利润。

3.所有者权益的确认条件

由于所有者权益体现的是所有者在企业中的剩余权益，因此，所有者权益的确认主要依赖于其他会计要素，尤其是资产和负债的确认；所有者权益金额的确定也主要取决于资产和负债的计量。例如，企业接受投资者投入的资产，在该资产符合企业资产确认条件时，也相应地符合了所有者权益的确认条件。

三、反映企业经营成果的会计要素及其确认

（一）收入

1.收入的定义及特征

收入——企业在日常活动中形成的、会导致所有者权益增加的、与所有者投入资本无关的经济利益的总流入。根据收入的定义，收入具有以下几个方面的特征：

（1）**收入应当是企业在日常活动中形成的**。其中，日常活动，是指企业为完成其经营目标所从事的经常性活动以及与之相关的活动。例如，工业企业制造并销售产品、商业企业销售商品、保险公司签发保单、咨询公司提供咨询服务、软件企业为客户开发软件、安装公司提供安装服务、商业银行对外贷款、租赁公司出租资产等，均属于企业的日常活动。明确界定日常活动是为了将收入与利得相区分，因为企业非日常活动所形成的经济利益的流入不能确认为收入，而应当计入利得。

（2）**收入应当会导致经济利益的流入（不包括所有者投入的资本）**。收入应当会导致

经济利益的流入，从而导致资产的增加。例如，企业销售商品，必须收到现金或者有权利将收到现金，才表明该交易符合收入的定义。但是，企业经济利益的流入有时是由所有者投入资本的增加所导致的，此时不应当确认为收入，应当将其直接确认为所有者权益。因此，与收入相关的经济利益的流入应当将所有者投入的资本排除在外。

（3）**收入应当最终会导致所有者权益的增加**。与收入相关的经济利益的流入最终应当会导致所有者权益的增加，不会导致所有者权益增加的经济利益的流入不符合收入的定义，不应确认为收入。

2.收入的确认条件

收入的确认除了应当符合定义外，还应当满足严格的确认条件。收入只有在经济利益很可能流入，从而导致企业资产增加或者负债减少，且经济利益的流入额能够可靠计量时才能予以确认。因此，收入的确认至少应当同时符合以下条件：❶企业已将商品所有权上的主要风险和报酬转移给购货方；❷企业既没有保留通常与所有权相联系的继续管理权，也没有对已售出的商品实施有效控制；❸收入的金额能够可靠地计量；❹相关的经济利益很可能流入企业；❺相关的已发生或将发生的成本能够可靠地计量。

（二）费用

1.费用的定义及特征

费用——企业在日常活动中发生的、会导致所有者权益减少的、与向所有者分配利润无关的经济利益的总流出。根据费用的定义，费用具有以下几个方面的特征：

（1）**费用应当是企业在日常活动中发生的**。这里"日常活动"的界定与收入定义中涉及的日常活动相一致。日常活动中所产生的费用通常包括销售成本、职工薪酬、折旧费、无形资产摊销费等。将费用界定为日常活动中所形成的，目的是将其与损失相区分，因企业非日常活动所形成的经济利益的流出不能确认为费用，应当计入损失。

（2）**费用应当会导致经济利益的流出（不包括向所有者分配的利润）**。费用应当会导致经济利益的流出，从而导致资产的减少或者负债的增加（最终也会导致资产的减少）。其表现形式包括现金或者现金等价物的流出，存货、固定资产和无形资产等的流出或者消耗等。鉴于企业向所有者分配利润也会导致经济利益的流出，而该经济利益的流出属于所有者权益的抵减项目，因而不应确认为费用，应当将其排除在费用之外。

（3）**费用应当最终会导致所有者权益的减少**。与费用相关的经济利益的流出最终应当会导致所有者权益的减少，不会导致所有者权益减少的经济利益的流出不符合费用的定义，不应确认为费用。

2.费用的确认条件

费用的确认除了应当符合定义外，还应当满足严格的确认条件，即费用只在经济利益很可能流出，从而导致企业资产减少或者负债增加，且经济利益的流出额能够可靠地计量时才能予以确认。因此，费用的确认至少应当符合以下条件：❶与费用相关的经济利益应当很可能流出企业；❷经济利益流出企业的结果会导致资产的减少或者负债的增加；❸经济利益的流出额能够可靠地计量。

（三）利润

1.利润的定义

利润——企业在一定会计期间的经营成果，反映的是企业的经营业绩情况。利润通常是评价企业管理层业绩的一项重要指标，也是投资者、债权人等作出投资决策、信贷决策等的重要参考指标。

2. 利润的来源构成

利润包括收入减去费用后的净额、直接计入当期利润的利得和损失等。其中，收入减去费用后的净额反映的是企业日常活动的业绩，直接计入当期利润的利得和损失反映的是企业非日常活动的业绩。直接计入当期利润的利得和损失，是指应当计入当期损益、最终会引起所有者权益发生增减变动的、与所有者投入资本或者向所有者分配利润无关的利得或损失。企业应当严格区分收入和利得、费用和损失，以更加全面地反映企业的经营业绩。

3. 利润的确认条件

利润反映的是收入减去费用、利得减去损失后的净额，因此，利润的确认主要依赖于收入和费用以及利得和损失的确认，其金额的确定也主要取决于收入、费用、利得、损失金额的计量。

第五节　会计计量

会计计量，是为将符合确认条件的会计要素登记入账，并列报于财务报表而确定其金额的过程。企业应当按照规定的会计计量属性进行计量，确定相关金额。

一、会计计量属性及其构成

计量属性——所予计量的某一要素的特性方面，如桌子的长度、铁矿的重量、楼房的高度等。从会计的角度，计量属性反映的是会计要素金额的确定基础，它主要包括历史成本、重置成本、可变现净值、现值和公允价值等。

（一）历史成本

历史成本计量下：❶对其资产而言，按照购置时支付的现金或者现金等价物的金额，或者按照购置资产时所付出的对价之公允价值计量；❷就其负债而言，在正常营业下，负债之历史成本是指按照其因承担现时义务而实际收到的款项或者资产的金额，或者承担现时义务的合同金额，或者按照日常活动中为偿还负债预期需要支付的现金或者现金等价物的金额计量。

（二）重置成本

重置成本亦称现时成本。重置成本计量下：❶就资产而言，是指目前购买相同或者相似资产所需支付的现金或者现金等价物之金额，为该资产的现时成本。❷就负债而言，按照现在偿付该项债务所需支付的现金或者现金等价物之金额。

（三）可变现净值

可变现净值计量下：❶资产按照其正常对外销售所能收到现金或者现金等价物的金额扣减该资产至完工时估计将要发生的成本、估计的销售费用以及相关税金后的金额计量。❷就负债而言，在正常情况下，预期清偿负债所需支付的现金或现金等价物的未来折现值，为该负债的清偿价值。

（四）现值

现值计量下：❶就资产而言，在正常营业下，资产按照预计从其持续使用和最终处置中所产生的未来净现金流入量的折现金额计量。❷就负债而言，在正常营业下，负债按照预计期限内需要偿还的未来净现金流出量的折现金额计量。

（五）公允价值

公允价值，是指市场参与者在计量日发生的有序交易中，出售一项资产所能收到或者转移一项负债所需支付的价格。

二、会计计量属性的应用原则

会计计量属性尽管包括历史成本、重置成本、可变现净值、现值和公允价值等，但是企业在对会计要素进行计量时，应当严格按照规定选择相应的计量属性。一般情况下，对于会计要素的计量，应当采用历史成本计量属性。例如，企业购入存货、建造厂房、生产产品等，应当以所购入资产发生的实际成本作为资产计量的金额。

但是在某些情况下，如果仅仅以历史成本作为计量属性，可能难以达到会计信息的质量要求，不利于实现财务报告的目标，有时甚至会损害会计信息质量，影响会计信息的有用性。例如，企业持有的衍生金融工具往往没有实际成本，或者即使有实际成本，实际成本也与其价值相去甚远。因此，如果按照历史成本对衍生金融工具进行计量，大量的衍生金融工具交易将成为表外事项，与衍生金融工具有关的价值及其风险信息将无法得到充分披露。在这种情况下，为了提高会计信息的有用性，向使用者提供与决策更为相关的信息，就有必要采用其他计量属性（比如公允价值）进行会计计量，以弥补历史成本计量属性的缺陷。

鉴于应用重置成本、可变现净值、现值、公允价值等其他计量属性，往往需要依赖于估计，为了使所估计的金额在提高会计信息的相关性的同时，又不影响其可靠性，企业会计准则要求企业应当保证根据重置成本、可变现净值、现值、公允价值所确定的会计要素金额能够取得并可靠计量；如果这些金额无法取得或者可靠地计量的，则不允许采用其他计量属性。

【思考题】

1.财务会计的目标是什么？明确财务会计目标有何意义？

2.财务会计的基本前提有哪些？

3.会计信息的质量要求有哪些？在具体的会计确认、计量和报告中，这些质量要求如何体现？

➤ 练习题在线 ◄

练习1-1　单项选择题在线回答

单项选择题每小题给出的4个备选项中，只有1个符合题意。**要求：**扫描"单项选择题"二维码进行在线回答，回答完毕并提交可查看参考答案与答案解析。

练习1-2　多项选择题在线回答

多项选择题每小题给出的5个备选项中，至少有2个符合题意。**要求**：扫描"多项选择题"二维码进行在线回答，回答完毕并提交可查看参考答案与答案解析。

练习1-3　判断题在线回答

请判断各判断题每小题的正误，正确的点击"正确"按钮，错误的点击"错误"按钮。**要求**：扫描"判断题"二维码进行在线回答，回答完毕并提交可查看参考答案与答案解析。

② 第二章 货币资金

【学习目标与要求】

1.理解货币资金的概念及货币资金内部控制。
2.掌握库存现金、银行存款及其他货币资金的核算。
3.了解银行结算方式及结算程序。

第一节 库存现金

库存现金是货币资金的重要组成部分，是流动性最强的一种货币性资产，是立即可以投入流通的交换媒介，可以随时用其购买所需的物资、支付有关费用、偿还债务，也可以随时存入银行。现金的概念有广义和狭义之分。广义的现金，除了库存现金外，还包括银行存款和其他符合现金定义的票证。狭义的现金，仅指企业的库存现金。

一、库存现金的内部控制

在企业所拥有的资产中，现金的流动性最强，最容易被挪用或侵占，因此，企业必须加强对现金的管理，以提高其使用效率，保护其完整、安全。现金管理的主要方法是建立和健全现金管理的内部控制制度，具体包括以下基本内容：

（1）建立现金管理的各项制度并指定专人负责收支现金；

（2）核定库存现金限额（为保证各单位日常零星支出按规定允许留存的现金数额，一般按照单位3至5天的日常零星开支确定）；

（3）不得坐支现金收入，企业现金收入应于当日送存开户银行；

（4）从开户银行提取现金应当写明用途，由本单位财会部门负责人签字盖章，经开户银行审核后，予以支付现金；

（5）对现金收支应定期或者不定期进行清查，以做到账款相符，不得用"白条抵库"、不得谎报用途套取现金、不准用银行账户代其他单位和个人存入和支取现金、不准用单位收入的现金以个人名义存入储蓄（公款私存）、不准保留账外公款（小金库）。

二、现金的核算

（一）库存现金的核算

库存现金收支通过设置"库存现金"账户核算，分为总分类核算和明细分类核算。现金收支的总分类核算通过设置"库存现金总账"进行；现金收支的明细分类核算通过设置"库存现金日记账"进行。"库存现金日记账"是按照现金业务发生的先后顺序逐日逐笔登记。每日终了，应根据登记的"库存现金日记账"结余数与实际库存数进行核对，做到账款相符。月份终了，"库存现金日记账"的余额必须与"库存现金总账"的余额核对相符。

企业发生每笔现金收入和现金支出业务，都必须根据审核无误的原始凭证编制记账凭证，然后据以记账。凡收入现金时，应借记"库存现金"账户，贷记有关账户；凡支出现金时，应借记有关账户，贷记"库存现金"账户。"库存现金"账户的余额反映库存现金的结存数额。

有外币现金的企业，应分别按人民币现金、外币现金设置"库存现金日记账"进行明细核算。

(二) 备用金的核算

企业留存的现金，除了由财会部门集中保管的库存现金外，还有一部分是为满足企业内部经常使用现金的部门和人员日常零星开支的需要而由有关部门保管的现金。为了控制这部分零星而分散的现金支出，企业可以采用先领后用、用后报销的备用金核算办法。使用备用金的部门，按事先核定的备用金的数额由专人领出，按规定的用途使用，使用后凭单据按规定的手续报销，补足原定额。

实行定额备用金制度的企业，在账务处理上需设置"其他应收款——备用金"账户核算。领取备用金时，根据各部门的借款单，借记"其他应收款——备用金"账户，贷记"库存现金"或"银行存款"账户；定期凭有关单据向财会部门报销补足备用金定额时，借记"管理费用"等账户，贷记"库存现金"或"银行存款"账户；用款部门退还备用金时，借记"库存现金"或"银行存款"账户，贷记"其他应收款——备用金"账户。

【例2-1】后勤部门第一次领取备用金，企业财务对后勤部门实行定额备用金制度，定额为1 000元。相关账务处理如下：

借：其他应收款——备用金　　　　　　　　　　1 000
　　贷：库存现金　　　　　　　　　　　　　　　　1 000

上述后勤部门的备用金保管人员于当月末凭有关单据向财会部门报销，报销金额为800元，财务部门以现金补足定额。

借：管理费用　　　　　　　　　　　　　　　　800
　　贷：库存现金　　　　　　　　　　　　　　　　800

(三) 现金清查的核算

现金清查的目的是加强对出纳工作的监督，以保证现金的安全、完整。现金清查的主要方法是实地盘点法，即由出纳人员和会计人员将库存现金的实有数与账存余额数进行核对。每日终了要结算现金收支。现金清查中发现的待查明原因的现金短缺或溢余，应通过"待处理财产损溢"账户核算：❶属于现金短缺的，应按实际短缺的金额，借记"待处理财产损溢——待处理流动资产损溢"账户，贷记"库存现金"账户；❷属于现金溢余的，按实际溢余的金额，借记"库存现金"账户，贷记"待处理财产损溢——待处理流动资产损溢"账户。无论是现金短缺还是现金溢余，待查明原因后，要分别进行处理。

(1) **现金短缺部分**。❶属于应由责任人赔偿的部分，借记"其他应收款——应收现金短缺款（××个人）"或"库存现金"账户，贷记"待处理财产损溢——待处理流动资产损溢"账户；❷属于应由保险公司赔偿的部分，借记"其他应收款——应收保险赔偿款"

账户，贷记"待处理财产损溢——待处理流动资产损溢"账户；❸属于无法查明的其他原因，根据管理权限，经批准后处理，借记"管理费用——现金短缺"账户，贷记"待处理财产损溢——待处理流动资产损溢"账户。

（2）**现金溢余。**❶属于应付给有关单位或个人的，借记"待处理财产损溢——待处理流动资产损溢"账户，贷记"其他应付款——应付现金溢余款（××个人或单位）"账户；❷属于无法查明原因的，借记"待处理财产损溢——待处理流动资产损溢"账户，贷记"营业外收入——现金溢余"账户。

【例2-2】企业清查现金发现现金短缺300元。相关账务处理如下：

借：待处理财产损溢——待处理流动资产损溢 300
　　贷：库存现金 300

现金短缺经查明原因，应由出纳员王某赔偿200元，其余100元经批准作为管理费用。

借：其他应收款——应收现金短缺款（王某） 200
　　管理费用——现金短缺 100
　　贷：待处理财产损溢——待处理流动资产损溢 300

若发现现金溢余300元，应作相反会计分录：

借：库存现金 300
　　贷：待处理财产损溢——待处理流动资产损溢 300

如属现金溢余300元，无法查明原因，应作营业外收入，作如下会计分录：

借：待处理财产损溢——待处理流动资产损溢 300
　　贷：营业外收入——现金溢余 300

第二节　银行存款

银行存款，是指企业存入银行或其他金融机构账户上的货币资金。按照国家有关规定，凡是独立核算的企业都必须在当地银行开设账户；企业在银行开设账户以后，除按核定的限额保留库存现金外，超过限额的现金必须存入银行；除了在规定的范围内可以用现金直接支付外，在经营过程中所发生的一切货币收支业务，都必须通过银行存款账户进行转账结算。

一、银行存款管理制度

（一）银行存款账户的分类

企业银行存款账户依据用途不同可以分为基本存款账户、一般存款账户、临时存款账户、专用存款账户等。

（1）基本存款账户，是指企业办理日常结算和现金收付的账户。企业的工资、奖金等现金的支取，只能通过该账户办理。

（2）一般存款账户，是指企业在基本存款账户以外的银行借款转存、与基本存款账户的企业不在同一地点的附属非独立核算单位开立的账户。一般存款账户只能办理转账结算和现金缴存，不能支取现金。

（3）临时存款账户，是指企业因临时生产经营活动的需要而开立的账户。企业可以通过本账户办理转账结算和根据相关规定办理现金收付。企业暂时性的转账、现金收付业务可以通过本账户结算，如异地产品展销、临时性采购资金等。

（4）专用存款账户，是指企业因特定用途需要所开立的账户，如基建专户等。

企业在银行开立账户后，可到开户银行购买各种银行往来使用的凭证（如现金支票、转账支票、进账单等），用以办理银行存款的收付。

（二）设立银行存款账户的原则

一个企业只能选择一家银行的一个营业机构开立一个基本存款账户，不得在多家银行开立基本存款账户；不得在同一家银行的几个分支机构开立一般存款账户。

（三）银行存款账户的使用和管理

企业通过银行存款账户办理资金收付时，必须做到以下几点：

（1）企业银行存款账户，只供本企业业务经营范围内的资金收付，不准出租或出借给其他单位或个人使用。

（2）各种收付款凭证，必须如实填写款项来源或用途，不得巧立名目，弄虚作假；不得套取现金，套购物资；严禁利用账户搞非法活动。

（3）在办理结算时，不准签发没有资金保证的票据或远期支票，套取银行信用；不准签发、取得和转让没有真实交易和债权债务的票据，套取银行和他人资金；不准无理拒付、任意占有他人资金；不准违规开立和使用账户。

（4）及时、正确地记录银行往来账务，并及时地与银行寄来的对账单进行核对，发现不符，尽快查对清楚。

二、银行结算方式及其核算

（一）支票结算方式及核算

1.支票的概念及基本规定

支票，是银行的存款人签发给收款人办理结算或委托开户银行将款项支付给收款人的票据。支票由银行统一印制，分为现金支票、转账支票和普通支票。（1）印有"现金"字样的为现金支票。现金支票只能用于支取现金。现金支票付款期限为10天。（2）印有"转账"字样的为转账支票。转账支票只能用于转账。（3）未印有"现金"或"转账"字样的为普通支票。普通支票既可以用于支取现金，又可以用于转账，在普通支票左上角划两条平行线的为划线支票。划线支票只能用于转账，不得支取现金。

单位和个人在同一票据交换区域内的各种款项结算均可使用支票。支票的付款期限为自出票日起10日内，中国人民银行另有规定的除外。支票在同一票据交换区域内可以背书转让。（1）企业财会部门在签发支票前，出纳人员应认真查明银行存款的账面结余金额，防止签发超过存款余额的空头支票。（2）支票签发应使用碳素墨水或墨汁书写，将支票上的各项要素填写齐全，出票日期一律大写并加盖预留银行印鉴，支票不能作任何更改，写错时应加盖"作废"戳记并妥善保管。

2.支票结算程序

收款人收到转账支票后，在支票提示付款期限内填写一式两联的"进账单"，连同支票一并送交其开户银行，办理转账手续。支票结算程序如图2-1所示。

图2-1　支票结算程序图

3.支票结算双方的账务处理方法

采用支票结算方式的账务处理方法是：（1）收款单位对于收到的支票，应连同进账单一并送交银行办理转账，根据银行盖章退回的进账单第一联和有关的原始凭证编制收款凭证，借记"银行存款"账户，贷记有关账户。（2）付款单位对于开出的支票，应根据支票存根和有关的原始凭证编制付款凭证，借记有关账户，贷记"银行存款"账户。

微课视频

转账支票的
"倒送"与
"正送"

（二）银行汇票结算方式及核算

1.银行汇票的概念及基本规定

银行汇票，是汇款人将款项交存当地开户银行，由银行签发给汇款人办理转账结算或支取现金的票据。银行汇票具有使用灵活、票随人到、兑现性强等特点，适用于先收款后发货或钱货两清的商品交易。单位和个人向异地支付的各种款项均可使用银行汇票。（1）银行汇票采用记名方式，一般用于转账，填明"现金"字样的银行汇票也可以用于支取现金；（2）签发现金银行汇票，收款人和付款人必须是个人；（3）转账的银行汇票在票据交换区域内可以背书转让；（4）银行汇票的提示付款期限自出票日起1个月并按次月对日计算，到期日遇节假日顺延；（5）逾期银行汇票，兑付银行不予办理，汇票人可持汇票到签发银行办理退款手续；（6）可以支取现金的银行汇票遗失的，应立即办理挂失；（7）不能提取现金的银行汇票，银行不予挂失。

2.银行汇票的结算程序

企业采用银行汇票结算，应向签发银行填写"银行汇票申请书"一式三联；银行受理后，收妥款项并签发一式四联的银行汇票，同时用压数机压印出票金额，将汇票和解讫通知一并交给申请人。

收款人收到付款人送来的银行汇票，经审核无误后，将实际结算金额和多余金额填入汇票和解讫通知的有关栏内（特别注意：实际结算金额低于出票金额的多余款由签发银行退交付款人），并在汇票背面"持票人向银行提示付款签章"处签章，然后将银行汇票连同解讫通知和据以填制的"进账单"一并送交开户银行办理结算，银行审核后办理转账。银行汇票结算程序如图2-2所示。

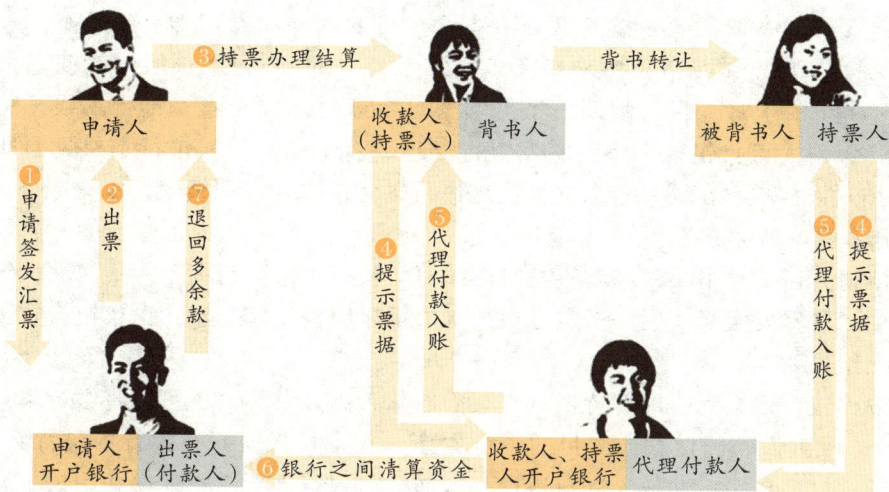

图2-2 银行汇票结算程序图

3.银行汇票结算双方的账务处理方法

（1）付款单位对于开出的银行汇票，应根据有关的原始凭证编制付款凭证，借记有关账户，贷记"其他货币资金——银行汇票"账户。

（2）收款单位对于收到的银行汇票，应连同进账单一并送交银行办理转账，根据银行盖章退回的进账单第一联和有关的原始凭证编制收款凭证，借记"银行存款"账户，贷记有关账户。

【例2-3】永济公司采用银行汇票结算方式采购材料的经济业务如下：

（1）永济公司2025年8月10日到银行申请办理银行汇票，将款项200 000元缴存银行并取得汇票。根据银行盖章后的"银行汇票申请书"存根联编制会计分录如下：

```
借：其他货币资金——银行汇票          200 000
    贷：银行存款                              200 000
```

（2）2025年8月15日，永济公司采购员持银行汇票到日日新公司采购材料，价款160 000元，增值税20 800元。

```
借：原材料                          160 000
    应交税费——应交增值税（进项税额）    20 800
    贷：其他货币资金——银行汇票              180 800
```

（3）2025年8月25日，永济公司收到银行转来的"入账通知"等单据，上列银行汇票余款19 200元。

```
借：银行存款                          19 200
    贷：其他货币资金——银行汇票              19 200
```

（三）银行本票结算方式及核算

1.银行本票的概念与基本规定

银行本票是申请人将款项交存银行，由银行签发给其凭以办理转账结算或支取现金的票据。由于银行本票是由银行签发并保证兑付，所以具有见票即付、信用高、支付能力强的特点。单位或个人在同一票据交换区域内支付的各种款项，都可以使用银行本票。（1）银行本票分为定额和不定额两种。定额银行本票面额为1 000元、5 000元、10 000元和50 000元。（2）银行本票一律记名，一般用于转账，注明"现金"字样的也可以提取现金（**特别强调**：签发现金银行本票的付款人和收款人都必须是个人；申请人或收款人为单位的，银行不予签发现金银行本票）。（3）银行本票的付款期限为自出票日起最长不超过2个月，在付款期内银行本票见票即付。（4）逾期银行本票，兑付银行不予受理，申请人可持银行本票到签发银行办理退款手续。（5）银行本票见票即付，不予挂失。（6）银行本票在同一票据交换区域内可以背书转让（现金银行本票除外）。

2.银行本票的结算程序

企业申请办理银行本票，应向签发银行填写"银行本票申请书"一式三联。银行受理并收妥款项后，签发银行本票。不定额银行本票用压数机压印金额，出票银行在银行本票上签章后交给付款人。

企业取得银行本票后，即可持银行本票向收款人办理结算（也可以将银行本票背书转让给他人）。收款人收到付款人支付的银行本票，在审核无误并在银行本票背面签章后，连同填制的"进账单"一并送交开户银行办理转账。银行本票结算程序如图2-3所示。

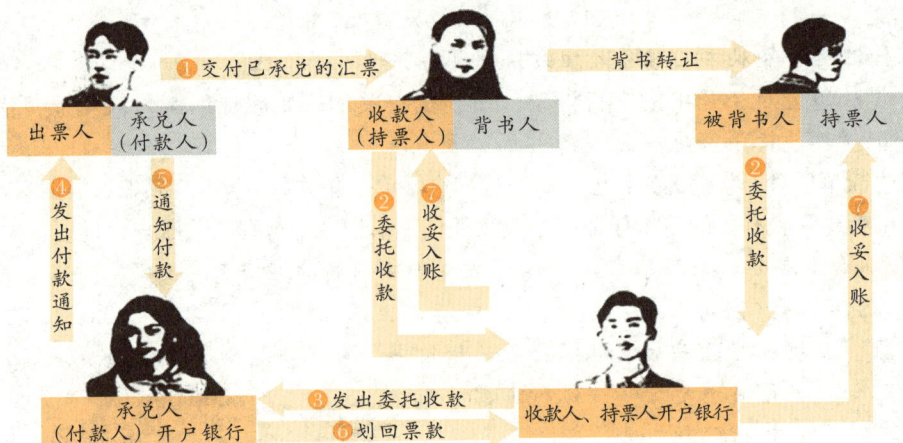

图2-3　银行本票结算程序图

3.银行本票结算双方的账务处理方法

（1）收款方对于收到的银行本票，应连同进账单一并送交银行办理转账，根据银行盖章退回的进账单第一联和有关的原始凭证编制收款凭证，借记"银行存款"账户，贷记有关账户。（2）付款方对于开出的银行本票，应根据"银行汇票申请书"的存根联，借记"其他货币资金——银行汇票"账户，贷记"银行存款"账户；付款方用银行本票支付款项后，应根据有关发票账单，借记有关账户，贷记"其他货币资金——银行本票"账户。

【例2-4】永济公司申请办理银行本票并用银行本票进行采购的业务如下：

❶申请办理不定额银行本票93 600元并收到银行盖章退回的申请书存根联。

借：其他货币资金——银行本票　　　　　　　　　93 600
　　贷：银行存款　　　　　　　　　　　　　　　　　　　93 600

❷永济公司采购员持票到外地采购，收到的增值税专用发票中注明价款80 000元，增值税10 400元。

借：在途物资（或材料采购）　　　　　　　　　　80 000
　　应交税费——应交增值税（进项税额）　　　　10 400
　　贷：其他货币资金——银行本票　　　　　　　　　　　90 400

（四）商业汇票结算方式及核算

1.商业汇票的基本概念与基本规定

商业汇票，是收款人或付款人签发，由承兑人承兑，并于到期日向收款人或持票人无条件支付款项的票据。承兑，是指票据付款人承诺在票据到期日支付票据金额的票据行为。商业汇票使商业信用票据化，具有稳定、可靠、兑付性强的特点。

（1）同城或异地在银行开立存款账户的法人与其他组织之间订有购销合同的商品交易的款项结算才能使用商业汇票。（2）采用商业汇票结算方式时，承兑人即付款人负有到期无条件支付票款的责任。（3）商业汇票的付款期限由双方商定，但最长不得超过6个月。（4）商业汇票提示付款期为汇票到期前10日内。付款人应当自收到提示承兑的汇票之日起3日内承兑或拒绝承兑，付款人拒绝承兑必须出具拒绝承兑的证明。（5）商业汇票一律记名，允许背书转让，但背书应连续。（6）符合条件的商业汇票的持票人可持未到期的商业汇票连同贴现凭证一并送交银行，向银行申请贴现。

按承兑人的不同，商业汇票分为商业承兑汇票和银行承兑汇票。

2.商业承兑汇票及其结算程序

商业承兑汇票，是由收款人签发经付款人承兑或付款人签发并承兑的票据。商业承兑汇票由银行以外的付款人承兑，商业承兑汇票的付款人为承兑人。商业承兑汇票按双方约定签发。

由收款人签发的商业承兑汇票应交付款人承兑，由付款人签发的商业承兑汇票应经本人承兑。商业承兑汇票一式三联。承兑时，付款人应在汇票正面签署"承兑"字样、填写承兑日期并加盖预留银行印鉴后，将汇票交收款人收执。**提示：**承兑不得附有条件，否则视为拒绝承兑。

（1）汇票到期时，购货方的开户银行凭票将票款划给销货企业或贴现银行。（2）销货方应在提示付款期限内通过开户银行委托收款或直接向付款人提示付款。

对异地委托收款的，销货方可以匡算邮程，提前通过开户银行委托收款。汇票到期时，如果购货方的存款不足支付票款，开户银行应将汇票退还销货方，银行不承担索取款项责任，由购销双方自行处理。商业承兑汇票结算程序如图2-4所示。

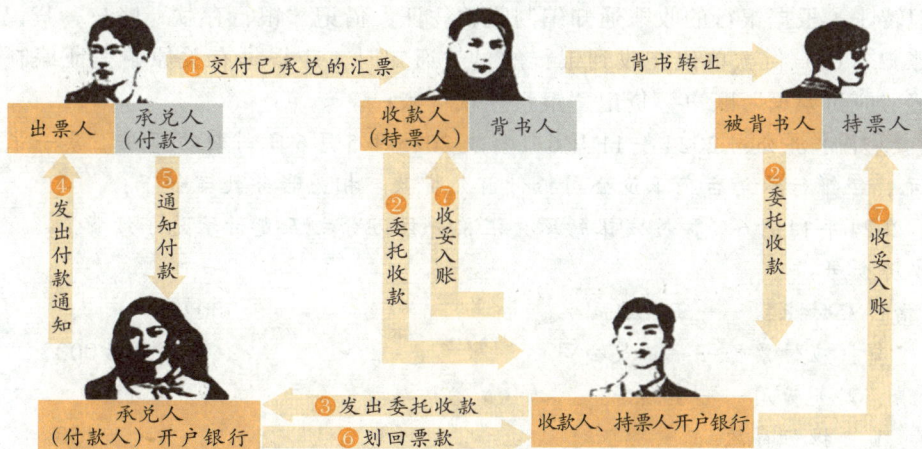

图2-4 商业承兑汇票结算程序图

3.银行承兑汇票及其结算程序

银行承兑汇票，是由收款人或承兑申请人签发，由承兑申请人向开户银行申请，经银行审查同意承兑的票据。银行承兑汇票由银行承兑，承兑银行按票面金额向出票人收取万分之五的手续费。

（1）销货企业或收款人（或被背书人）应在汇票到期时，持汇票连同据以填写的"进账单"送交开户银行以便转账收款；（2）购货企业（或付款方）应于汇票到期前将票款足额交存开户银行，以备由承兑银行在汇票到期日或到期日后的见票当日支付票款；（3）承兑银行凭汇票将承兑款项无条件转给销货企业；（4）如果购货企业于汇票到期日未能足额交存票款时，承兑银行除凭汇票向持票人无条件付款外，对出票人尚未支付的汇票金额按照每天万分之五计收罚息。银行承兑汇票结算程序如图2-5所示。

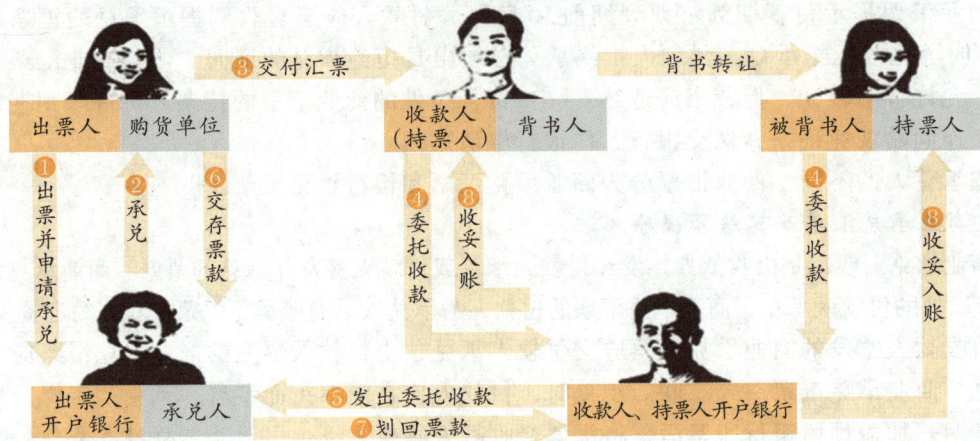

图2-5 银行承兑汇票结算程序图

区别与联系：商业承兑汇票是购销双方的票据交易行为，是一种商业信用，银行只作为清算的中介；而银行承兑汇票是银行的一种信用业务，体现购、销及银行三方关系。

4.商业汇票结算双方的账务处理方法

（1）收款单位对于要到期的商业汇票连同填制的邮划或电划委托收款凭证，一并送交银行办理转账，根据银行的收账通知编制收款凭证，借记"银行存款"账户，贷记"应收票据"账户；（2）付款单位在收到银行的付款通知时，应根据有关原始凭证编制付款凭证，借记"应付票据"账户，贷记"银行存款"账户。

【例2-5】永济公司2024年11月6日签发2025年5月6日到期的商业汇票一张，面值为30万元，经银行承兑后交正茂公司抵付前欠货款。相关账务处理如下：

（1）2024年11月6日，签发银行承兑汇票并按万分之五支付承兑手续费。

① 永济公司：

借：应付账款——正茂公司	300 000	
贷：应付票据——正茂公司		300 000
借：财务费用——手续费	150	
贷：银行存款		150

② 正茂公司：

借：应收票据——永济公司	300 000	
贷：应收账款——永济公司		300 000

（2）2025年5月6日，汇票到期结算款项。

❶永济公司：

> 借：应付票据——正茂公司　　　　　　　300 000
> 　　贷：银行存款　　　　　　　　　　　　　　300 000

❷正茂公司：

> 借：银行存款　　　　　　　　　　　　　300 000
> 　　贷：应收票据——永济公司　　　　　　　　300 000

（五）汇兑结算方式及核算

1.汇兑的概念与基本规定

汇兑，是汇款人委托银行将款项汇给外地收款人的结算方式。汇兑适用于单位和个人异地之间各种款项的结算。

汇兑按款项划款方式不同分为信汇、电汇两种，由汇款人选择使用。信汇，是指汇款人委托银行通过邮寄方式将款项划给收款人。电汇，是指汇款人委托银行通过电报将款项划转给收款人。

汇款人委托银行办理汇兑，应向汇出银行填写信汇、电汇凭证。（1）汇款人和收款人均为个人，需要在汇入银行支取现金的，应在信汇或电汇凭证上注明"现金"字样；（2）对汇出款项可以"留行待取"；（3）需分次支取的，应以收款人姓名开立临时存款户；（4）临时存款户只付不收，付完清户，不计利息；（5）汇入银行对于收款人拒收的款项，应立即办理退汇；（6）对于发出取款通知，经过2个月仍无法交付的汇款，应主动办理退汇。

2.汇兑的结算程序

汇款人汇出款项时，应填写信汇或电汇凭证。信汇凭证一式四联；电汇凭证一式三联。

付款人将汇兑凭证及款项交付银行，委托其将款项汇往收汇银行，收汇银行接到有关凭证后，将款项收进收款人账户并向收款人发出收账通知。汇兑结算程序如图2-6所示。

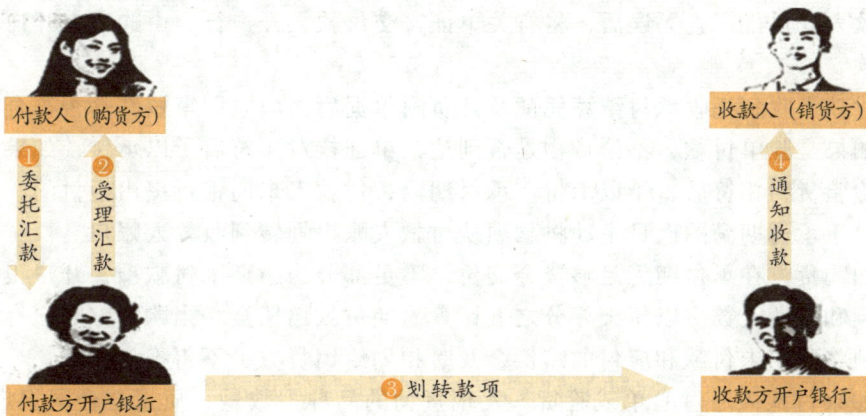

图2-6　汇兑结算程序图

3.汇兑结算双方的账务处理方法

（1）收款单位对于汇入的款项，应在收到银行的收款通知时，据以编制收款凭证，借记"银行存款"账户，贷记有关账户；（2）付款单位对于汇出的款项，应在向银行办理汇款后，根据汇款回单编制付款凭证，借记有关账户，贷记"银行存款"账户。

【例2-6】2025年10月10日，永济公司收到银行转来的大地公司电汇凭证收账通知联，收回大地公司的前欠货款90 000元。永济公司的相关账务处理如下：

借：银行存款　　　　　　　　　　　　　　　　　90 000
　　贷：应收账款——大地公司　　　　　　　　　　　　　90 000

【例2-7】2025年10月15日，永济公司填制电汇凭证，将6 000元差旅费汇给常驻外地采购员刘红梅。相关账务处理如下：

借：其他应收款——刘红梅　　　　　　　　　　　　6 000
　　贷：银行存款　　　　　　　　　　　　　　　　　　　6 000

（六）托收承付结算方式及核算

1.托收承付结算的概念与基本规定

托收承付，是指根据购销合同由收款人发货后委托银行向异地付款人收取款项，由付款人向银行承认付款的结算方式。托收承付按照款项的划回方式不同，分为邮寄和电报两种。

托收承付适用于异地单位之间有购销合同的商品交易或劳务供应等款项的结算。

2.托收承付的结算程序

（1）托收承付结算方式分为托收和承付两个阶段。❶托收是指收款人根据购销合同发货后，委托银行向付款人收取款项的行为；承付是指付款人根据购销合同核对单证或验货后，向银行承认付款的行为。❷承付货款分为验单付款和验货付款两种，由收付双方协商选用并要在合同中明确规定。验单付款的承付期为3天，从付款人开户银行发出承付通知的次日算起（承付期内遇节假日顺延）；验货付款的承付期为10天，从运输部门向付款人发出提货通知的次日算起。

（2）销货方按购销合同发货后，填写一式五联的托收承付结算凭证。收款方在第二联上加盖预留银行印鉴后，连同发运证件或其他有关证明和交易单证送交开户银行办理托收手续。收款人开户行审查无误后，将有关单证寄交付款人开户行，由购货方开户银行通知购货方付款。

（3）付款人收到托收承付结算凭证及其所附单据后，应立即审核其是否符合订货合同的规定。如果是验单付款，不论货物是否到达，单证核对相符后予以承付；如果是验货付款，应在检验货物相符后，予以承付。承付期内，付款人未向银行提出拒付的，银行视同默认承付，于承付期满的次日主动将款项从付款人账户划转到收款人账户。

（4）如购货方在承付期无足够资金支付，不足部分为逾期未付款项，开户银行根据逾期付款金额和逾期天数，以每天万分之五计算逾期付款赔偿金。当购货方账户有款时，开户银行必须将逾期未付款和应付的赔偿金及时扣划给销货方，不得拖延扣划。

（5）如果付款人通过验单或验货，发现货物的品种、数量、质量与合同规定不相符，或收款人托收的货款计算有错误，可以在承付期内填制"全部（或部分）拒绝付款理由书"，向银行办理拒付手续。银行审查拒付理由后，同意拒付的，在拒付理由书上签署意见并将有关单证寄交收款人开户银行转交收款人。同时，付款人对所拒收的物资要妥善保管。托收承付结算程序如图2-7所示。

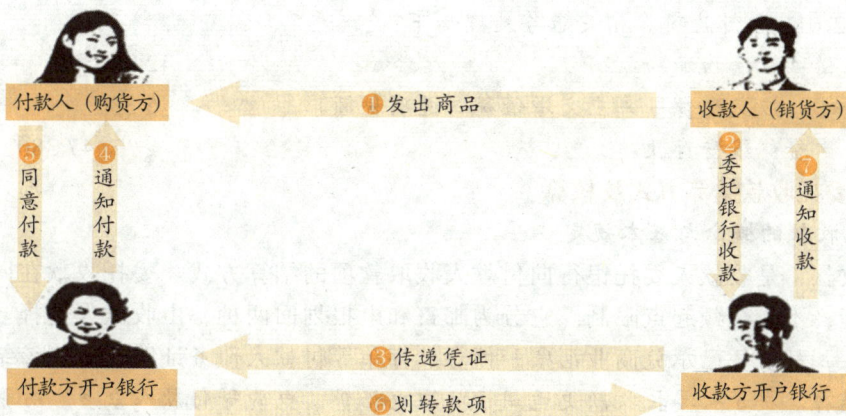

图2-7 托收承付结算程序图

3. 托收承付结算双方的账务处理方法

（1）付款方应根据审核无误的托收承付结算凭证第五联付款通知，于承付期满的次日编制付款凭证，借记"在途物资"（或"材料采购"）、"应交税费"等账户，贷记"银行存款"账户；如全部拒绝付款，不作账务处理；属于部分拒绝付款的，付款部分按上述规定处理，拒付部分不作账务处理。

（2）收款方在办妥托收手续后，应凭银行盖章退回的托收承付结算凭证第一联回单，借记"应收账款"账户，贷记"主营业务收入""应交税费"等账户；对于托收款项，应在收到银行的收款通知时，根据收款通知和有关原始凭证，借记"银行存款"账户，贷记"应收账款"账户。

【例2-8】永济公司采用托收承付结算方式向外地明华公司销售产品一批，有关托收和承付的账务处理如下：

（1）2025年10月20日，向明华公司销售产品并开出增值税专用发票，上列价款50 000元、增值税6 500元，同时以银行存款代垫运输费3 270元。根据有关单证填制托收承付结算凭证，连同有关单证交付开户行。银行审核后退回托收承付结算凭证（回单联），办妥托收手续。

```
借：应收账款——明华公司                    59 770
    贷：主营业务收入                              50 000
        应交税费——应交增值税（销项税额）        6 500
        银行存款                                  3 270
```

（2）2025年10月28日，接到银行转来的托收承付结算凭证（收账通知联），收回明华公司货款。

```
借：银行存款                                59 770
    贷：应收账款——明华公司                      59 770
```

【例2-9】永济公司采用托收承付结算方式向外地星光公司购进原材料一批。2025年10月8日，接到开户银行转来星光公司托收承付结算凭证的付款通知联，所附的货物增值税专用发票上列价款40 000元、增值税5 200元，对方代垫运输费并收到销货单位转来运输单位开具的增值税专用发票，上列价款2 000元、增值税180元。10月11日，承付期满；10月12日，承付款项。相关账务处理如下：

借：在途物资 42 000
　　应交税费——应交增值税（进项税额） 5 380
　　　贷：银行存款 47 380

（七）委托收款结算方式及核算

1.委托收款的概念与基本规定

委托收款，是收款人委托银行向付款人收取款项的结算方式。委托收款在同城、异地均可以办理，不受金额起点限制。它分为邮寄和电报划回两种，由收款人选择。无论是单位还是个人，都可凭已承兑商业汇票、债券、存单等付款人债务证明，采用该结算方式办理款项的结算。**提示：**委托收款更适用于收取电话费、电费等付款人众多、分散的公用事业费等有关款项的收取。

委托收款期限为3天，从付款银行发出付款通知的次日算起，到期日遇节假日顺延。付款人在付款期内未向银行提出异议的，银行视作同意付款。付款人拒付时，应在付款期内向银行办理拒付。银行不负责审查拒付理由，只是将拒付理由书和有关单证退交收款人。（**比较：**委托收款与托收承付结算流程差不多，委托收款结算方式只是在适用范围、收款内容上比托收承付结算方式广，在银行监管上比托收承付结算方式弱）

2.委托收款的结算程序

委托收款的结算程序如下：❶企业委托银行收款时，应向银行填写邮划或电划的委托收款凭证并提交有关债务证明，委托收款凭证一式五联；❷收款方银行受理后，将有关委托收款凭证寄交付款方开户银行，并由付款方开户银行通知付款方；❸付款方应在3天内审核，然后通知银行付款或出具拒付理由书通知开户银行拒付，如果3日内未提出异议，银行视作同意付款，并于付款期满的次日从付款人账户中划出此笔款项。委托收款结算程序如图2-8所示。

图2-8　委托收款结算程序图

3.委托收款结算双方的账务处理方法

（1）收款方对于托收款项，应在收到银行的收款通知时，借记"银行存款"账户，贷记"应收账款"账户。

（2）付款方在收到银行转来的委托收款凭证后，根据委托收款凭证的付款通知和有关原始凭证，借记"应付账款"账户，贷记"银行存款"账户；如拒绝付款，则不作账务处理。

【例2-10】永济公司收到银行转来电信公司委托收款结算凭证的付款通知联及发票，列明电信费8 000元（不考虑相关税费，下同）。相关账务处理如下：

借：管理费用　　　　　　　　　　　　　　　　　　　8 000
　　贷：银行存款　　　　　　　　　　　　　　　　　　　　8 000

（八）信用卡结算方式及其核算

1.信用卡的基本概念与基本规定

信用卡，是指商业银行向个人和单位发行的，凭以向特约单位购物、消费和向银行存取现金，具有消费信用功能的特制载体卡片。信用卡按使用对象分为单位卡和个人卡，按信用等级分为金卡和普通卡。❶凡在中国境内金融机构开立基本存款账户的单位均可申领单位卡；❷单位卡账户的金额一律从基本存款账户转账存入（包括存续资金）；❸不得交存现金也不得支取现金，不得直接将销货收入存入卡内；❹不得用于10万元以上的商品交易、劳务供应款项的结算；❺不得出租或转借信用卡，不得将单位的款项存入个人账户；❻信用卡在规定的期限和规定的限额内允许善意透支，透支期限最长为60天，金卡透支额不得超过50 000元、普通卡透支额不得超过10 000元；❼对透支金额，银行按透支金额和期限限定了不同利率，计收利息；❽信用卡遗失的，可向发卡银行或代办银行申请挂失。

2.信用卡的结算程序

单位和个人申领信用卡，应按规定填制申请表，连同有关资料一并送交发卡银行。符合条件并按银行要求交付一定金额的备用金后，银行为申领人开立信用卡存款账户并发给信用卡。持卡人即可持信用卡到约定单位购物或消费。

3.信用卡结算双方的账务处理方法

采用信用卡结算方式，应通过"其他货币资金——信用卡存款"账户进行核算。❶付款方办理信用卡（包括存续资金）时，借记"其他货币资金——信用卡存款"账户，贷记"银行存款"账户；❷持卡购物或消费时，借记有关账户，贷记"其他货币资金——信用卡存款"账户；❸信用卡利息收入和因透支而支付的利息均计入财务费用。

（九）信用证结算方式及其核算

信用证，是指开证行依照申请人的申请开出的，凭符合信用证条件的单据支付的付款承诺，并明确规定该信用证为不可撤销、不可转让的跟单信用证。

信用证结算方式是国际结算的一种主要方式。经中国人民银行批准经营结算业务的商业银行总行，以及经商业银行总行批准开办信用证结算业务的分支机构，既可以办理国际结算业务，也可以办理国内企业之间商品交易的信用证结算业务。

企业使用信用证办理国际结算和国内结算，应当填写开证申请书、信用证申请人承诺书，连同有关购销合同一并提交开证行；经开证行受理开证业务后，企业需向开证行交存一定金额的保证金；开证行开立信用证并以邮寄或电传方式通过通知行转交受益人；受益人收到信用证并审核无误后，即备货装运，持跟单汇票连同信用证一同送交当地议付行；议付行审核后扣除利息，垫付货款，之后将跟单汇票寄交开证行索回垫款；开证行收到跟单汇票后，通知申请人验单付款，赎单提货。

企业向银行申请开出信用证并交纳保证金时，借记"其他货币资金——信用证保证金存款"账户，贷记"银行存款"账户。企业用信用证支付购货款等款项时，借记"材料采购""应交税费——应交增值税（进项税额）"等账户，贷记"其他货币资金——信用证保证金存款"账户。企业收到未用完的信用证存款余额时，借记"银行存款"账户，贷记"其他货币资金——信用证保证金存款"账户。

【例2-11】永济公司2025年12月3日委托银行对境外供货单位开出信用证300 000元。相关账务处理如下：

（1）永济公司收到银行盖章退回的"信用证委托书"回单。

> 借：其他货币资金——信用证保证金存款　300 000
> 　　贷：银行存款　300 000

（2）永济公司收到境外供货单位信用证结算凭证及发票账单等有关凭证，共结算货款296 000元，并经审核无误后。

> 借：材料采购　296 000
> 　　贷：其他货币资金——信用证保证金存款　296 000

（3）永济公司收到转回银行结算户的未用完的信用证保证金余额4 000元。

> 借：银行存款　4 000
> 　　贷：其他货币资金——信用证保证金存款　4 000

三、银行存款余额调节表

编制银行存款余额调节表，是会计人员（非出纳人员）重要的工作项目之一。其主要目的有二：**一是**稽核企业活动是否涉及贪污舞弊等。通过银行存款余额调节表的编制，将银行账（银行对账单）与企业账（银行存款日记账）进行逐一核对，稽核企业内部是否有非法或错误之事项；**二是**调节并确认银行存款的期末实际余额。银行存款日记账的核对主要包括三个环节：**一是**银行存款日记账与银行存款收款、付款凭证要互相核对，做到账证相符；**二是**银行存款日记账与银行存款总账要互相核对，做到账账相符；**三是**银行存款日记账与银行开出的银行对账单要相互核对，以便准确地掌握企业可动用的银行存款实有数。

为了避免银行存款账目发生差错，企业应经常与银行核对存款账目，即将银行存款日记账的记录同银行对账单进行逐笔核对。核对时如发现双方余额不一致，除记账错误外，还可能是由于未达账项引起的。

未达账项，是指企业与银行之间，由于凭证传递上的时间差，一方已登记入账，而另一方尚未入账的账项。由于企业、银行间存款收支凭证的传递需要一定时间，因而对同一笔业务，企业和银行各自入账的时间不一定相同，在同一日期，企业账上银行存款的余额与银行账上企业存款的余额往往不一致。这种差别具体说有两种类型四种情况。

（一）公司（企业）未达账项

公司未达账项，是指银行已记而公司未记之交易事项。其包括：❶银行已记作企业存款增加，而企业尚未接到收款通知，因而尚未记账的款项（即银行已借记而公司未贷记之未达账）。❷银行已记作企业存款减少，而企业尚未收到付款通知，因而尚未记账的款项（即银行已贷记而公司未借记之未达账）。

（二）银行未达账项

银行未达账项，是指公司已记而银行未记之交易事项。其包括：❶企业已记作银行存款增加，而银行尚未办妥入账手续（即在途存款）。❷企业已记银行存款减少，而银行尚未支付入账的款项（如未兑现支票）。

在核对账目中，发现未达账项，应编制"银行存款余额调节表"进行调节。调节后，双方余额如果不等，表明记账有差错，需要进一步查对，找出原因，更正错误的记录；双方余额如果相等，一般说明双方记账没有错误。

【例2-12】永济公司2025年12月31日银行存款日记账余额为78 500元，银行转来的对账单余额为135 500元，经逐笔核对，发现以下未达账项：

（1）企业送存转账支票68 000元，并已登记银行存款增加，但银行尚未记账。

（2）企业开出转账支票45 000元，但持票单位尚未到银行办理转账，银行尚未记账。

（3）企业委托银行代收某企业购货款83 000元，银行已收妥并登记入账，但企业尚未收到收款通知。

（4）银行代企业支付物业费3 000元，银行已登记企业银行存款减少，但企业未收到银行付款通知，尚未记账。

根据上述资料编制银行存款余额调节表，见表2-1。

表2-1   **银行存款余额调节表**   单位：元

项　目	金　额	项　目	金　额
企业银行存款日记账余额	78 500	银行对账单余额	135 500
加：银行已收企业未收	83 000	加：企业已收银行未收	68 000
减：银行已付企业未付	3 000	减：企业已付银行未付	45 000
调节后的存款余额	158 500	调节后的存款余额	158 500

需要注意的是：银行存款余额调节表的作用是核对企业与银行双方的记账有无差错，它并不是更改账簿记录的依据。对于未达账项，必须待结算凭证到达变成已达账项后方可进行相应账务处理。对于长期搁置的未达账项，企业应及时查阅凭证和有关资料，及时与银行联系，查明原因及时解决。

　　　第三节　其他货币资金

一、其他货币资金的内容

其他货币资金，是指企业除库存现金和银行存款以外的其他各种货币资金。其他货币资金主要包括外埠存款、银行汇票存款、银行本票存款、信用卡存款、信用证保证金存款、存出投资款等。其他货币资金就性质而言，同库存现金和银行存款一样均属于货币资金，但是存放地点和用途不同于库存现金和银行存款，因此在会计上是通过设置"其他货币资金"账户进行核算的。本章第二节已对部分内容进行了阐述，本节只介绍外埠存款和存出投资款。

二、外埠存款的核算

外埠存款，是指企业到外地进行临时或零星采购时，汇往采购地银行开立采购专户的款项。企业汇出款项时，须填写汇款委托书，汇入银行对汇入的采购款项，以汇款单位名义开立采购专户。采购专户只付不收，付完结清账户。

企业将款项委托当地银行汇往采购地开立专户时，借记"其他货币资金——外埠存款"账户，贷记"银行存款"账户。

外出采购人员报销用外埠存款支付材料采购货款等款项时，借记"材料采购""应交税费——应交增值税（进项税额）"等账户，贷记"其他货币资金——外埠存款"账户。用外埠存款采购结束后，如果还有剩余的外埠存款，应转回当地银行，借记"银行存款"账户，贷记"其他货币资金——外埠存款"账户。

【例2-13】2025年11月10日，永济公司委托其当地开户银行将91 000元汇往采购地银行开立采购专户，并派采购员李一凡到外地负责采购事宜。相关账务处理如下：

（1）开立采购专户，填制信汇或电汇凭证并将款项缴存银行。

借：其他货币资金——外埠存款	91 000
贷：银行存款	91 000

（2）企业收到采购员交来的供应单位的发票账单等报销凭证，注明材料价款80 000元、增值税10 400元。

借：材料采购	80 000
应交税费——应交增值税（进项税额）	10 400
贷：其他货币资金——外埠存款	90 400

（3）采购任务完成后将剩余的外埠存款转回当地银行并收到银行转来的收账通知。

借：银行存款	600
贷：其他货币资金——外埠存款	600

三、存出投资款的核算

存出投资款，是指企业已存入证券公司但尚未进行实际投资的款项。企业向证券公司划出去的资金，应按照实际划出的金额，借记"其他货币资金——存出投资款"账户，贷记"银行存款"账户；购买股票或债券时，按实际发生的金额，借记"交易性金融资产"等账户，贷记"其他货币资金——存出投资款"账户。

【例2-14】2025年11月10日，永济公司存入证券公司款项990 000元；11月20日，购入A公司股票，支付950 000元，确认为交易性金融资产。相关账务处理如下：

（1）11月10日，存入证券公司款项。

借：其他货币资金——存出投资款	990 000
贷：银行存款	990 000

（2）11月20日，购入A公司股票。

借：交易性金融资产——成本（A公司）	950 000
贷：其他货币资金——存出投资款	950 000

【思考题】

1.货币资金主要包括哪些内容？

2.银行本票和银行汇票在会计计量上有哪些区别？

3.企业可以在银行开设哪些账户？其特定用途是什么？

练习2-1 单项选择题在线回答

单项选择题每小题给出的4个备选项中，只有1个符合题意。要求：扫描"单项选择题"二维码进行在线回答，回答完毕并提交可查看参考答案与答案解析。

单项选择题1—10　　　　单项选择题11—20　　　　单项选择题21—30

练习2-2 多项选择题在线回答

多项选择题每小题给出的5个备选项中，至少有2个符合题意。要求：扫描"多项选择题"二维码进行在线回答，回答完毕并提交可查看参考答案与答案解析。

多项选择题1—8　　　　多项选择题9—16　　　　多项选择题17—23

练习2-3 判断题在线回答

请判断各判断题每小题的正误，正确的点击"正确"按钮，错误的点击"错误"按钮。要求：扫描"判断题"二维码进行在线回答，回答完毕并提交可查看参考答案与答案解析。

判断题1—10　　　　判断题11—20

练习2-4 其他货币资金的核算

1.资料及账务处理要求

远程公司2025年5月发生的与其他货币资金有关的业务如下，根据资料进行相关的账务处理：

（1）3日，向开户银行江海支行申请签发一张90 000元的银行汇票到外地采购材料。

（2）6日，用向开户银行江海支行申请签发的银行汇票购入材料并已入库，价款74 000元，增值税额9 620元，余款转回存入银行。

（3）10日，收到N公司一张65 000元的银行汇票偿还前欠购货款，未送存银行，通过背书偿还所欠A企业货款。

（4）12日，申请开出信用证400 000元，用于进口货物。

（5）16日，以汇兑方式汇出510 000元到外地西海工商银行购买材料。

（6）20日，企业向证券公司指定银行存入5 000 000元，开立投资账户用于购买股票。

（7）23日，用汇往西海工商银行的款项购买的材料已经验收入库，价款450 000元，增值税额58 500元，余款1 500元转回存入银行。

2.完成作业练习要求

练习2-4
答题表

（1）扫描"练习2-4答题表"二维码，并根据下载地址下载空白练习表2-1 word文档到计算机上；（2）根据所给资料，在练习表2-1中完成相关的账务处理；（3）根据注册的班级群账号，提交完成的作业请授课教师批阅。

练习2-5　货币资金的日常核算

1.资料及账务处理要求

鸿鸣公司2025年4月发生的与货币资金有关的业务如下，根据资料进行相关的账务处理：

（1）1日，签发支票向乙企业采购A商品作为生产用材料，共支付22 600元，其中，价款20 000元，进项税额2 600元。材料已验收入库。

（2）5日，填写"银行本票申请书"申请签发银行本票。银行予以受理，在鸿鸣公司的银行存款账户中扣取票款，并将银行本票交给鸿鸣公司，银行本票的金额为33 900元。

（3）5日，持上述银行本票前往乙企业采购B商品，作为生产用材料，支付价款30 000元，增值税额3 900元。材料已验收入库。

（4）7日，填写"银行汇票申请书"并将款项交存银行，取得银行汇票。银行汇票的金额为120 000元。

（5）15日，持银行汇票前往乙企业采购C商品作为生产用材料，价款100 000元，增值税进项税额13 000元。材料尚未收到。

（6）25日，收到银行退来的"银行汇票多余款收账通知"，将多余款7 000元收款入账。

2.完成作业练习要求

（1）扫描"练习2-5答题表"二维码，并根据下载地址下载空白练习表2-2 word文档到计算机上；（2）根据所给资料，在练习表2-2中完成相关的账务处理；（3）根据注册的班级群账号，提交完成的作业请授课教师批阅。

练习2-5

答题表

3 第三章　应收款项

【学习目标与要求】

1.掌握应收票据的分类及应收票据贴现的账务处理。
2.掌握应收账款现金折扣的账务处理。
3.掌握应收账款坏账损失的计提及其账务处理。

第一节　应收票据

一、应收票据的概念与分类

（一）应收票据的概念

从广义上讲，应收票据作为一种债权凭证，应包括企业持有的尚未到期或尚未兑付的各种票据，如汇票、本票和支票等。但在我国会计实务中，支票、银行本票及银行汇票均为"见票即付"的即期票据，无须将其列入应收票据处理，只有属于远期票据的商业汇票才作为应收票据核算。因此在我国，应收票据仅指企业因销售商品、提供劳务等而收到的尚未到期兑付的商业汇票。在我国，商业汇票的期限一般不超过6个月，因而应收票据是一种流动资产。

（二）应收票据的分类

1.按照承兑人不同，应收票据分为商业承兑汇票和银行承兑汇票

承兑，是汇票付款人承诺在汇票到期日支付汇票金额的票据行为。

商业汇票必须经承兑后方可生效。商业承兑汇票的承兑人是购货企业（即付款人），而银行承兑汇票的承兑人是购货企业（即承兑申请人）的开户银行。**特别注意**：银行承兑汇票的承兑申请人和兑付人是两个概念。在汇票到期日，如果银行承兑汇票的承兑申请人在银行有足额存款，则兑付人是承兑申请人；如果承兑申请人在银行存款不足，则兑付人是承兑申请人的开户银行。

2.按照是否带息，应收票据分为带息商业汇票和不带息商业汇票

带息商业汇票——在票据上注明了利率，到期除按票据面值收回款项外，还要收取利息；不带息商业汇票——在票据上没有注明利率，票据到期时只按面值收回款项。

3.按照是否带追索权，应收票据分为带追索权商业汇票和不带追索权商业汇票

追索权——企业在转让应收款项时，应收款项受让方在该款项遭受拒付或逾期未付时，向该应收款项转让方索取应收金额的权利。

在我国，商业票据可以背书转让，持票人可以对背书人、出票人以及票据的其他债务人行使追索权。一般来说，不确定性负债称为"或有负债"。就应收票据贴现而言：❶银行承兑汇票到期，银行负有无条件支付的义务，不会使企业被追索。所以，银行承兑汇票属于不带追索权票据。❷当贴现的商业票据到期且付款人或承兑人无法支付时，贴现企业需承担连带清偿责任，所以，商业承兑汇票属于带追索权票据。

二、应收票据的核算

为了反映商业汇票的取得、持有和收回情况，应设置"应收票据"账户。❶该账户借方登记取得的商业汇票面值，贷方登记到期收回或到期前向银行贴现的应收票据面值，余额在借方，表示尚未到期兑付的商业汇票面值。❷在该账户下，应按照开出、承兑商业汇票的单位进行明细分类核算。❸应设置"应收票据备查簿"，逐笔登记商业汇票的种类、号数和出票日期、票面金额、交易合同号和付款人、承兑人、背书人的姓名或单位名称、到期日、背书转让日、贴现日、贴现率和贴现净额以及收款日和收回金额、退票情况等资料。

（一）应收票据的取得

1.应收票据的入账价值

在我国，由于长期票据尚不存在，短期票据最长期限6个月，票面利率和市场利率不会差别很大，票据的现值和面值相差很小。为简化核算，按现行企业会计准则规定，在不存在重大融资成分的情况下，企业收到承兑的汇票，无论票据是否带息，一律按照票据的票面金额入账。

2.账务处理

企业收到承兑的商业汇票时：❶应按照票面金额，借记"应收票据"账户；❷根据收到票据的不同原因或业务内容，分别贷记"主营业务收入""应交税费""应收账款"等账户。

【例3-1】光明机械公司向美达机电公司销售A产品一批，价款30 000元，增值税额3 900元，收到由美达机电公司签发并承兑的商业承兑汇票一张，金额共计33 900元。根据以上资料，编制如下会计分录（代记账凭证，下同）：

借：应收票据——美达机电公司　　　　　　　　　33 900
　　贷：主营业务收入——A产品　　　　　　　　　　　　30 000
　　　　应交税费——应交增值税（销项税额）　　　　　　3 900

【例3-2】光明机械公司原向方元机电公司销售B产品，应收账款45 200元逾期对方仍未支付；经双方协商，改用商业汇票方式结算，光明机械公司收到银行承兑汇票一张。根据以上资料，光明机械公司编制如下会计分录：

借：应收票据——方元机电公司　　　　　　　　　45 200
　　贷：应收账款——方元机电公司　　　　　　　　　　　45 200

（二）应收票据到期日及持有期间应计利息

1.应收票据到期日的确定

商业汇票自承兑日起生效，其到期日是由票据有效期限的长短来决定的。在实务中，票据的期限一般有按日表示和按月表示两种。

（1）票据期限按日表示。应从出票日起按实际经历天数计算，通常出票日和到期日只能计算其中的一天，即"算头不算尾"或"算尾不算头"。在按天数或月数计算时，应将年利率转换为日利率（年利率/360）或月利率（年利率/12）。

【例3-3】甲公司收到一张2025年3月5日签发的面值为80 000元、年利率为8%、90

天到期的商业汇票，则到期日为6月3日，即3月份27天（3月5日计入），4月份30天，5月份31天，6月份2天（6月3日不计入），共90天。

（2）**票据期限按月表示**。不论各月份实际日历天数为多少，均以到期月份中与出票日相同的那一天为到期日；月末签发的，以到期月份的最后一天为到期日。

【例3-4】2025年4月30日签发的、5个月期限的商业汇票，到期日为9月30日；1月31日签发的期限为1个月、2个月、3个月和6个月的商业汇票，其到期日分别为2月28日（闰年为2月29日）、3月31日、4月30日和7月31日。

2.应收票据持有期间的利息

带息票据虽然到期时才能本息一并收取，但按照权责发生制的要求，企业已经取得收取票据利息的权利，应于会计期末反映这部分利息收入，同时将应收而未收的利息作为债权记录，*借记"应收票据"账户，贷记"财务费用"账户*。至于企业是于月末、季末还是年末对企业持有的应收票据计提票据利息，则根据企业采取的会计政策而定。为简化核算手续，可以分别以下两种情况进行账务处理：

（1）**采用会计年末和票据到期分别确认利息收入**。如果票据生效日和到期日跨会计年度且应收票据的利息金额较大的，应于期末计提应计利息，以便正确计算本年度的企业财务成果。❶计提票据持有期间的应计利息，借记"应收票据"账户，贷记"财务费用"账户。❷计提应计利息后，应收票据的账面价值为票面金额加应计利息。

（2）**到期一次确认利息收入**。❶如果票据生效日和到期日跨会计年度但应收票据的利息金额较小的，对企业财务成果影响有限，应于票据到期收到票据利息时，一次确认利息收入。❷如果票据生效日和到期日在同一会计年度，应收票据的利息金额不论其大小，也不论其对企业财务成果的影响有多大，在票据持有期间都不计提利息，于票据到期并收到票据利息时，一次确认利息收入。

【例3-5】东海机械公司在2025年12月末计提2025年9月1日因销售产品收到名苑机械公司签发的期限为6个月、金额为339 000元、票面利率为5%的带息商业承兑汇票的应计利息5 650元（339 000×5%×4/12）。**根据以上资料**，东海机械公司在2025年12月末确认利息收入的会计分录如下：

> 借：应收票据——名苑机械公司　　　　　　　　　　　5 650
> 　　贷：财务费用　　　　　　　　　　　　　　　　　　　5 650

（三）应收票据到期

1.应收票据到期值的确定

确定应收票据的到期值，就是确定应收票据的账面价值，即票据到期应收的票款额：❶不带息票据的到期值，就是应收票据票面金额；❷带息票据的到期值，就是票据票面金额加应收票据到期应计利息的合计金额，其计算方法如下：

带息应收票据到期值=应收票据票面金额+应收票据到期应计利息

❶当商业汇票的期限按月表示时：

带息应收票据到期应计利息=应收票据票面金额×年利率×到期月数/12

❷当商业汇票的期限按日表示时：

带息应收票据到期应计利息=应收票据票面金额×年利率×到期天数/360

2.应收票据到期的账务处理

应收票据到期，无论票据付款人是否足额支付票据款，都应终止确认应收票据，即冲销应收票据。企业对持有的即将到期的商业汇票，提前委托开户银行收款。银行承兑汇票到期，一般能够及时收回款项。商业承兑汇票到期有两种情形：**一是**付款人足额支付票款；**二是**付款人账户资金不足，无力支付票款。

（1）应收票据到期，收回票据本息时：按应收票据的到期值，借记"银行存款"账户；按应收票据的账面价值，贷记"应收票据"账户；按两者的差额（未计提利息部分），贷记"财务费用"账户。

（2）应收票据到期，付款人账户存款余额不足支付时：❶开户银行填写"付款人未付款通知书"，连同商业汇票、委托收款凭证等退还收款人或背书人，由其自行处理，银行不承担任何责任。❷持票人可以对有关债务人行使追索权，到期未兑现的应收票据，应按票据到期值反映为企业的债权，借记"应收账款"账户，按照应收票据的账面价值，贷记"应收票据"账户，按两者的差额（未计提利息部分），贷记"财务费用"账户。

【例3-6】承【例3-5】有关资料，2026年2月末该商业汇票到期，本息合计347 475元已全部入账。相关账务处理如下：

❶该票据的账面价值=339 000+5 650=344 650（元）

❷该票据持有剩余期间应计利息=339 000×5%×2/12=2 825（元）

借：银行存款	347 475	
贷：应收票据——名苑机械公司		344 650
财务费用		2 825

假设该票据到期付款人（承兑人）无力支付。

借：应收账款——名苑机械公司	347 475	
贷：应收票据——名苑机械公司		344 650
财务费用		2 825

（四）应收票据贴现

微课视频

应收票据贴现——票据持有人将未到期商业汇票背书后交给银行，银行受理后从票据到期值中扣除按银行规定的贴现率计算的贴现息，将余额付给持票人的一种融资行为。背书的应收票据就是该项贷款的担保品，贴现息则是贴现人（即持票人）使用银行资金的成本。

**应收票据
贴现的核算**

❶贴现所得=票据到期值-贴现息

❷贴现息=票据到期值×贴现率×贴现期

❸票据到期值=面值×（1+票面利率×票据期限）

应收票据贴现，按照票据到期票据款能否收回的风险是否转移（即是否符合金融资产终止确认的条件）可分为：❶无追索权应收票据贴现；❷有追索权应收票据贴现。

1.不带追索权的应收票据贴现

将不带追索权的应收票据贴现，企业在转让票据所有权的同时也将票据到期不能收回票据款的风险一并转移给了贴现银行，企业对票据到期无法收回票据款不承担连带责任，符合金融资产终止确认的条件，可以直接终止应收票据的确认。银行承兑汇票贴现一般属于不带追索权的商业汇票贴现。

（1）**不带息商业汇票贴现时：**❶按照实际收到的贴现款（票面金额−贴现息），借记"银行存款"账户；❷按照贴现息，借记"财务费用"账户；❸按照贴现票据的账面价值（票面金额），贷记"应收票据"账户。

（2）**带息商业汇票贴现时：**❶按照实际收到的贴现款（到期值−贴现息），借记"银行存款"账户；❷按照贴现票据的账面价值（跨会计年度的为：票面金额+已计提利息；不跨会计年度的为：票面金额），贷记"应收票据"账户；❸按照贴现息>票据贴现期的应计利息的差额，借记"财务费用"账户；❹按照贴现息<票据贴现期的应计利息的差额，贷记"财务费用"账户。

【例3-7】东海机械公司将黄龙股份有限公司签发并承兑、2024年11月1日生效、期限为6个月、票面年利率为9%、金额为100 000元的带息银行承兑汇票，于2025年2月1日到开户银行申请贴现，银行规定的月贴现率为6‰，已经银行批准并收到贴现款。**根据以上资料**，银行承兑汇票贴现的有关计算及账务处理如下：

❶已计提利息=100 000×9%×3/12=2 250（元）

❷到期值=100 000×（1+9%×6/12）=104 500（元）

❸贴现期为3个月。

❹贴现期应计利息=100 000×9%×3/12=2 250（元）

❺贴现息=104 500×6‰×3=1 881（元）

❻贴现净额=104 500−1 881=102 619（元）

❼财务费用=贴现息−贴现期应计利息=1 881−2 250=−369（元）

借：银行存款	102 619
贷：应收票据	102 250
财务费用	369

假设上例的银行承兑汇票不带息，其他条件不变。

借：银行存款	98 200
财务费用（100 000×6‰×3）	1 800
贷：应收票据	100 000

2.带追索权的应收票据贴现

将带追索权的应收票据贴现，企业对贴现票据到期银行无法收回的票款承担连带责任，不符合金融资产终止确认的条件，贴现时不能终止应收票据的确认，而应将其确认为对银行的一项或有负债，只有当承兑人到期兑付票款后，该负债方可解除。商业承兑汇票贴现是一种典型的有追索权的票据贴现业务。

（1）**不带息商业汇票贴现时：**按照实际收到的贴现款（票面金额−贴现息），借记"银行存款"账户，贷记"短期借款"账户。有关贴现息在票据到期终止应收票据确认时再计入财务费用（下同）。

（2）**带息商业汇票贴现时：**按照实际收到的贴现款（到期值−贴现息），借记"银行存款"账户，贷记"短期借款"账户。

【例3-8】东海机械公司将龙泉机电公司签发并承兑、2025年1月31日生效、到期日为2025年7月30日、票面年利率为6%、金额为200 000元的带息商业承兑汇票，于2025年4月1日到开户银行申请贴现，银行规定的月贴现率为9‰，已经银行批准并收到贴现款。**根据以上资料，**商业承兑汇票贴现的有关计算及账务处理如下：

❶期限天数=1+28+31+30+31+30+29=180（天）

❷到期值=200 000×（1+6%×180÷360）=206 000（元）

❸贴现天数=180-（1+28+31）=120（天）

❹贴现息=206 000×9‰÷30×120=7 416（元）

❺贴现净额=206 000-7 416=198 584（元）

借：银行存款		198 584
贷：短期借款		198 584

假设上例的商业承兑汇票不带息，其他条件不变。

借：银行存款［200 000×（1-9‰÷30×120）］		192 800
贷：短期借款		192 800

（3）终止确认应收票据和解除或有负债（即冲销应收票据和短期借款）。贴现票据到期日，无论票据的付款人是否足额向贴现银行支付票款，贴现的票据均满足金融资产终止确认的条件，应终止确认应收票据。

如票据付款人足额支付票款，在解除负债责任的同时终止确认应收票据并确认财务损益：❶按贴现款，借记"短期借款"账户（负债责任解除）；❷按应收票据账面余额（不带息票据和带息票据不跨会计年度的，为票据票面金额；带息票据跨会计年度的，为票据票面金额加已计提利息，下同），贷记"应收票据"账户（金融资产终止确认）；❸按照两者的差额，借记或贷记"财务费用"账户（确认财务损益）。

如票据付款人账户金额不足支付时，**应先**终止确认应收票据并转作与票据付款人的债权债务关系：❶按票据到期值，借记"应收账款——××票据付款人"账户；❷按应收票据账面余额，贷记"应收票据"账户；❸按照两者的差额，借记或贷记"财务费用"账户。

如果票据贴现人能够偿还票据贴现款时，解除或有负债责任：❶按贴现款（即短期借款账面价值），借记"短期借款"账户；❷按票据的到期值，贷记"银行存款"账户；❸按照两者的差额，借记或贷记"财务费用"账户。

如果票据贴现人不能够偿还票据贴现款时，贴现银行将对无法偿还的票据款转作逾期贷款处理：❶按贴现款（即短期借款账面价值），借记"短期借款"账户；❷按票据的到期值，贷记"短期借款——逾期贷款"账户；❸按照两者的差额，借记或贷记"财务费用"账户。

【例3-9】承【例3-8】有关资料，票据到期时，票据付款人已足额向贴现银行支付票款。东海机械公司应编制会计分录如下：

（1）终止确认应收票据并解除或有负债。

借：短期借款		198 584
财务费用		1 416
贷：应收票据——龙泉机电公司		200 000

假设上例的商业承兑汇票不带息，其他条件不变。

借：短期借款		192 800
财务费用		7 200
贷：应收票据——龙泉机电公司		200 000

（2）如票据付款人账户金额不足支付，但贴现人能够偿还票据贴现款。

借：应收账款——龙泉机电公司 　　　　　　　206 000
　　贷：应收票据——龙泉机电公司 　　　　　　　　200 000
　　　　财务费用（票据应计利息）　　　　　　　　　6 000

同时：

借：短期借款（贴现净额）　　　　　　　　　198 584
　　财务费用（贴现息）　　　　　　　　　　　　7 416
　　贷：银行存款　　　　　　　　　　　　　　　206 000

（3）如票据付款人账户金额不足支付，且贴现人无力偿还票据贴现款。

借：应收账款——龙泉机电公司 　　　　　　　206 000
　　贷：应收票据——龙泉机电公司 　　　　　　　　200 000
　　　　财务费用（票据应计利息）　　　　　　　　　6 000

同时：

借：短期借款（贴现净额）　　　　　　　　　198 584
　　财务费用（贴现息）　　　　　　　　　　　　7 416
　　贷：短期借款——逾期贷款　　　　　　　　　206 000

应收票据贴现的账务处理汇总见表3-1。

表3-1　　　　　　　　　　　应收票据贴现的账务处理汇总表

无追索权票据	不带息票据	带息票据
贴现时，一般将银行承兑汇票视为"无追索权票据"业务	借：银行存款（贴现净额） 　　财务费用（贴现利息） 　　贷：应收票据（面值）	借：银行存款（贴现净额） 　　贷：应收票据（面值+已计提利息） 贷/借：财务费用（差额） 差额=贴现息–票据贴现期应计利息（下同）

有追索权票据	不带息票据	带息票据
贴现时，一般将商业承兑汇票视为"有追索权票据"业务	借：银行存款 　　贷：短期借款（贴现净额）	借：银行存款 　　贷：短期借款（贴现净额）
票据到期　付款方足额付款	借：短期借款（贴现净额） 　　财务费用（贴现利息） 　　贷：应收票据（面值）	借：短期借款（贴现净额） 　　财务费用（差额） 　　贷：应收票据（面值）
付款方存款不足，遭到银行退票	❶对冲"短期借款"和"应收票据"： 借：短期借款 　　贷：应收票据 贷或借：财务费用 ❷将遭拒付的票据金额转作"应收账款"并从贴现企业账户中扣款，或作"逾期贷款"处理： 借：应收账款 　　贷：银行存款/短期借款	❶对冲"短期借款"和"应收票据"： 借：短期借款 　　贷：应收票据 贷/借：财务费用 ❷将遭拒付的票据金额转作"应收账款"并从贴现企业账户中扣款，或作"逾期贷款"处理： 借：应收账款（到期值） 　　贷：银行存款/短期借款

一、应收账款及其构成范围

应收账款——企业因销售商品、产品或提供劳务等经营活动，应向购货单位或接受劳务单位收取的款项。一般来讲，应收账款属于应在1年（可跨年度）内收回的短期债权。在资产负债表上，应收账款列入流动资产项目。

在会计实务中，应收账款仅是指与商品销售、劳务提供活动有关的价款、增值税及代垫费用等的应收债权，不包括各种非经营活动发生的应收债权。如存储的保证金和押金、购货的预付定金、应收认股款、应收利息款、应收票据款等，均不属于会计上的应收账款。

二、应收账款的取得

（一）应收账款的入账价值

应收账款取得时通常按实际发生额计价入账。在计算应收账款的入账金额时，还要考虑是否有折扣因素。商业上通用的折扣办法包括商业折扣和现金折扣两种。

1.商业折扣

商业折扣，是指企业为促进商品销售而在商品价目单所列的价格（标价）的基础上给予一定比例的扣除。例如，企业为鼓励客户多买商品可能规定，购买10件以上商品给予客户10%的折扣，或客户每购买10件送1件等。商业折扣在销售时即已发生，并不构成最终成交价格的一部分。因此涉及商业折扣的，应当按照扣除商业折扣后的金额确定销售商品收入金额和应收账款金额。商业折扣对会计核算不会产生任何影响。

2.现金折扣

现金折扣，是指债权人为鼓励债务人在规定的期限内付款而向债务人提供的债务折扣或优惠。现金折扣实际上是销货方为了尽快回笼资金而发生的理财费用。

若销货方提供的现金折扣条件为"2/10，1/20，N/30"，其含义是：允许客户最长的付款期限为30天：❶如果客户在10天内付款，销货方可给予客户2%的折扣；❷如果客户在11天至20天内付款，销货方可给予客户1%的折扣；❸如果客户在21天至30天内付款，将不能享受现金折扣。

（二）应收账款取得的账务处理

1.没有任何折扣条件的赊销

商业折扣对会计核算不会产生任何影响，所以这里所谓的没有任何折扣的应收账款取得，是指没有现金折扣条件下形成的应收账款。此时，按照赊销商品的价款，贷记"主营业务收入"等账户，按照应计增值税额，贷记"应交税费——应交增值税（销项税额）"账户，按照价税合计金额，借记"应收账款"账户。

【例3-10】东海公司于2025年6月5日赊销给迎春公司B商品500件，单价400元，货已发出并开具增值税专用发票，价款200 000元，增值税额26 000元。根据以上资料，东海公司编制的会计分录如下：

借：应收账款　　　　　　　　　　　　　　226 000
　　贷：主营业务收入　　　　　　　　　　　　　　200 000
　　　　应交税费——应交增值税（销项税额）　　　26 000

2.附有现金折扣条件的赊销

现金折扣，可以理解为企业为了尽早收回销货款而提供的债务折扣，属于一种融资行为，并随时间的推延而变化，属于交易价格中的可变对价，在会计核算上一般冲减销售收入。具体方法如下：

（1）**赊销时**：❶按照不扣除现金折扣的价税总额与极有可能发生的现金折扣条件，计算确认极有可能发生的现金折扣（以下简称"估计现金折扣"）；❷将按照含增值税交易总价格扣除估计现金折扣后的余额确认债权，借记"应收账款"账户；❸按照不含增值税交易总价格扣除估计现金折扣后的余额确认为收入，贷记"主营业务收入"等账户；❹按照不扣除估计现金折扣的不含增值税的交易总价格和适用的增值税税率确定的增值税额，贷记"应交税费——应交增值税（销项税额）"账户。

（2）**如果实际收款时间晚于估计的收款时间时**：客户因此丧失的现金折扣额作为可变对价，调增应收账款和收入，借记"应收账款"账户，贷记"主营业务收入"账户。

（3）**如果实际收款时间早于估计的收款时间时**：客户享受了更多的现金折扣额，则按实际享受的现金折扣大于估计现金折扣的金额，调减应收账款和收入，借记"主营业务收入"账户，贷记"应收账款"账户。

特别提示：❶计算估计现金折扣的基数可以是含增值税的价格，也可以是不含增值税的价格，这是由双方的约定来决定的；❷增值税销项税额一定是按不扣除现金折扣的金额与适用的增值税税率来计算的。

【例3-11】承【例3-10】有关资料，假设当时给出的付款条件是"2/10，1/20，N/30"，（假设现金折扣按含增值税的价格计算），东海公司根据与迎春公司的以往交易经验，在合同开始日判定迎春公司可能享受1/20的现金折扣，其他条件不变。根据以上资料，东海公司的相关账务处理如下：

（1）2025年6月5日赊销时，按照可能享受1/20的现金折扣进行账务处理。

估计现金折扣=200 000×（1+13%）×1%=2 260（元）

应确认的应收账款=［200 000×（1+13%）］−2 260=223 740（元）

应确认的主营业务收入=200 000−2 260=197 740（元）

借：应收账款　　　　　　　　　　　　　　223 740
　　贷：主营业务收入　　　　　　　　　　　　　197 740
　　　　应交税费——应交增值税（销项税额）　　　26 000

（2）2025年6月25日，收到迎春公司偿还的货款，符合原估计的付款时间，可享受1%的现金折扣。

借：银行存款　　　　　　　　　　　　　　223 740
　　贷：应收账款　　　　　　　　　　　　　　　223 740

（3）假设2025年6月15日，收到迎春公司偿还的货款，可享受2%的现金折扣，应在原确认应收账款和主营业务收入的基础上，再调减1%的主营业务收入2 260元［200 000×

（1+13%）×1%]，但"应收账款"余额不变。

> 借：银行存款 [200 000×（1+13%）×（1-2%）] 221 480
> 　　主营业务收入 2 260
> 　　贷：应收账款 223 740

（4）假设2025年6月25日后7月5日前，收到迎春公司偿还的货款时，迎春公司则丧失了原确认的可享受1%的现金折扣，东海公司应调增1%的主营业务收入2 260元 [200 000×（1+13%）×1%]，但"应收账款"余额不变。

> 借：银行存款 [200 000×（1+13%）] 226 000
> 　　贷：应收账款 223 740
> 　　　　主营业务收入 2 260

（5）如果30天内客户仍未付款，则应在原确认应收账款和主营业务收入的基础上再调增1%的主营业务收入和应收账款2 260元 [200 000×（1+13%）×1%]。

> 借：应收账款 2 260
> 　　贷：主营业务收入 2 260

经过上述调整后，应将应收账款的余额226 000元（223 740+2 260）作逾期处理，并按公司的会计政策和关于坏账的会计处理方法估计可能发生的坏账。

三、应收账款的坏账损失

《企业会计准则第22号——金融工具确认和计量》规定，以预期信用损失为基础对应收款项进行减值会计处理并确认坏账准备。该会计准则所称的应收款项，包括应收票据、应收账款、预付账款、其他应收款、应收利息、应收股利等。本节仅说明应收账款坏账损失的核算方法，其余应收款项坏账损失的核算方法与应收账款坏账损失的核算方法基本相同。

（一）坏账损失及其核算方法

1. 坏账的含义及确认

拓展阅读

计提坏账准备的最新规定

企业无法收回的应收款项，在会计上称为**应收款项减值或坏账**。由于应收款项减值而产生的损失称为**应收款项减值损失或坏账损失**。符合下列条件之一的应收款项，可确认为坏账：

（1）债务人依法宣告破产、撤销，其剩余财产不足清偿的应收款项；

（2）债务人死亡或依法宣告死亡、失踪，其财产或遗产不足清偿的应收款项；

（3）债务人遭受严重自然灾害或意外事故，损失巨大，以其财产（包括保险赔偿）确实无法偿清的应收款项；

（4）债务人逾期未履行清偿义务，经法院裁决，确实无法偿清的应收款项；

（5）逾法定年限以上（一般为3年）仍未收回的应收款项；

（6）法定机构批准可核销的应收款项。

2. 坏账损失的核算方法

应收款项的坏账损失，也即应收款项的减值，其核算方法按照是否计提坏账准备可分为"直接转销法"和"备抵法"两种。

（1）**直接转销法**——应收款项在实际发生减值（或坏账）时，直接冲销应收款项并确认减值（或坏账）损失的方法。

（2）备抵法——根据应收款项可收回全额按期估计减值（或坏账）损失并形成坏账准备，在实际发生应收款项减值（或坏账）时再冲销坏账准备的方法。

我国企业会计准则规定，企业只能采用"备抵法"核算减值（或坏账）损失。

（二）坏账损失核算的备抵法

按照规定，企业应当在资产负债表日（一般为年末）对各应收款项进行减值测试，有客观证据表明该应收款项发生减值的，应当确认减值损失并计提坏账（减值）准备。

1.应收款项减值（或坏账准备）的计提方法

采用"备抵法"核算减值（或坏账）损失时，首先要按期估计减值（或坏账）损失，按照估计坏账准备的基础不同，其估计方法有以下两种：

（1）**应收款项余额百分比法**。应收款项余额百分比法，是指根据会计期末各应收款项的余额和估计的减值率（即计提比例）计算当期该应收款项应计提的减值损失的方法。

（2）**应收款项账龄分析法**。应收款项账龄分析法，是按各应收款项账龄的不同区间（即账龄的长短）并根据以往的经验估计其减值率（即计提比例），然后按照各应收款项不同区间的账面余额和估计减值率（即计提比例）计算当期该应收款项应计提的减值损失的方法。

【例3-12】2025年12月31日，甲公司有关各客户不同账龄的应收账款余额见表3-2，不同账龄应收账款余额按其估计损失百分比计算的坏账准备见表3-3。

表3-2

应收账款账龄分析表

2025年12月31日

单位：元

客户名称	账面余额	账龄					
		未到期	过期1个月	过期2个月	过期6个月	过期1年	破产清算
A	160 000	90 000	50 000			20 000	
B	140 000	80 000	60 000				
C	120 000		70 000	50 000			
D	100 000			60 000	40 000		
E	80 000				50 000	30 000	
F	20 000						20 000
合计	620 000	170 000	180 000	110 000	90 000	50 000	20 000

表3-3

坏账准备计算表

2025年12月31日

金额单位：元

账龄	应收账款余额	估计损失百分比（%）	估计损失金额
未到期	170 000	1	1 700
过期1个月	180 000	2	3 600
过期2个月	110 000	5	5 500
过期6个月	90 000	20	18 000
过期1年	50 000	50	25 000
破产清算	20 000	90	18 000
合计	620 000		71 800

（3）**应收款项余额百分比法与应收款项账龄分析法的比较。**❶应收款项余额百分比法和账龄分析法实际上都是百分比法，只是估计坏账准备的基础不同。❷应收款项余额百分比法不考虑账龄结构，实际上是对不同账龄的应收款项按照一个综合比率估计期末应有坏账准备；应收款项账龄分析法是按不同账龄分别以不同的比率估计期末应有坏账准备。

2.坏账损失的账务处理

（1）**首次计提坏账准备时：**按照估计损失金额，借记"信用减值损失"账户，贷记"坏账准备"账户。

（2）**实际发生坏账时：**按照实际发生的坏账金额，借记"坏账准备"账户，贷记"应收账款"账户。

（3）**已发生的坏账又确认能够收回时：**根据收回金额，恢复原有债权，借记"应收账款"账户，贷记"坏账准备"账户；同时，注销原有债权，借记"银行存款"账户，贷记"应收账款"账户。

（4）**后续各会计期间期末计提坏账准备时：**在各会计期末按应收账款余额和估计减值率计算的应有坏账准备（以下简称"**本期末应有坏账准备**"），与"坏账准备"账户的余额有差异时，应对"坏账准备"账户的余额进行调整，使调整后的"坏账准备"账户的贷方余额与本期末应有坏账准备数额一致。调整"坏账准备"账户余额时，有三种情况：

第一种情况：调整前的"坏账准备"账户为借方余额时，该余额表明本期实际发生的坏账大于上期估计的坏账准备的差额。这时应按本期末应有坏账准备与调整前"坏账准备"账户的借方余额之和，作为本期应实际计提的坏账准备，借记"信用减值损失"账户，贷记"坏账准备"账户。

第二种情况：调整前的"坏账准备"账户为贷方余额且小于本期末应有坏账准备时，应按本期末应有坏账准备减去调整前"坏账准备"账户的贷方余额之差额，计提坏账准备，借记"信用减值损失"账户，贷记"坏账准备"账户。

第三种情况：调整前的"坏账准备"账户为贷方余额且大于本期末应有坏账准备时，应按调整前"坏账准备"账户的贷方余额减去本期末应有坏账准备的差额，冲销坏账准备，借记"坏账准备"账户，贷记"信用减值损失"账户。

【例3-13】假设方华公司于2022年1月1日注册成立，2022年至2025年发生的与应收账款和坏账准备有关的业务如下：❶按照应收账款余额百分比法计提坏账准备，计提比例为5%。❷2022年年末"应收账款"账户余额为200 000元。❸2023年9月10日，确认发生一笔坏账，金额为8 500元；2023年年末"应收账款"账户余额为180 000元。❹2024年4月5日，有一笔上年度确认的应收账款坏账经多方努力收回4 800元；2024年年末"应收账款"账户余额为300 000元。❺2025年年末"应收账款"账户余额为180 000元。

根据以上资料，进行相关计算并编制有关坏账准备计提、发生坏账及收回坏账的会计分录如下：

（1）2022年首次计提坏账准备。

❶估计坏账损失=200 000×5%=10 000（元）

借：信用减值损失　　　　　　　　　　　　　　　　10 000
　　贷：坏账准备　　　　　　　　　　　　　　　　　　　　10 000

❷2022年末"坏账准备"账户为贷方余额10 000元。

（2）2023年。

❶2023年9月实际发生坏账损失8 500元。

借：坏账准备　　　　　　　　　　　　　　　　　8 500
　　贷：应收账款　　　　　　　　　　　　　　　　　　8 500

❷2023年年末调整坏账准备=180 000×5%-（10 000-8 500）=7 500（元）

借：信用减值损失　　　　　　　　　　　　　　　　7 500
　　贷：坏账准备　　　　　　　　　　　　　　　　　　7 500

❸2023年年末"坏账准备"账户为贷方余额9 000元。

（3）2024年。

❶2024年收回上年度已经确认为坏账损失的应收账款4 800元。

借：应收账款　　　　　　　　　　　　　　　　　　4 800
　　贷：坏账准备　　　　　　　　　　　　　　　　　　4 800
借：银行存款　　　　　　　　　　　　　　　　　　4 800
　　贷：应收账款　　　　　　　　　　　　　　　　　　4 800

❷2024年年末调整坏账准备=300 000×5%-（9 000+4 800）=1 200（元）

借：信用减值损失　　　　　　　　　　　　　　　　1 200
　　贷：坏账准备　　　　　　　　　　　　　　　　　　1 200

❸2024年年末"坏账准备"账户为贷方余额15 000元。

（4）2025年。

❶2025年年末调整坏账准备=180 000×5%-15 000=-6 000（元）

借：坏账准备　　　　　　　　　　　　　　　　　　6 000
　　贷：信用减值损失　　　　　　　　　　　　　　　　6 000

❷2025年年末"坏账准备"账户为贷方余额9 000元。

（三）坏账损失核算的直接转销法与备抵法之比较

学有余力

坏账损失核算
的直接转销法

采用直接转销法核算应收款项减值，只有在实际发生坏账时才作为损失计入当期损益并冲销应收款项，其核算手续比较简单。但采用这种方法，实际发生坏账时才确认坏账损失，从而导致日常核算的应收款项价值虚增、损益虚列，既不符合权责发生制基础和收入与费用的配比原则，又不符合谨慎性原则。表现在资产负债表上是只能提供应收款项的账面余额，无法提供关于应收款项可收回净额的会计信息，歪曲了企业期末的财务状况。

采用备抵法核算应收款项减值，按期估计坏账损失并计入当期损益，体现了谨慎性要求。表现在资产负债表上能够如实反映应收款项的净额，使报表使用者能够了解企业应收款项的可变现金额。同时，在利润表上也避免了因应收款项价值虚列而造成的利润虚增和明盈实亏。

四、应收款项减值的列报和披露

应收款项减值的披露，是指已经计提坏账准备的应收款项在资产负债表上的列示方法。一般有以下三种：**一是**将应收款项余额、已计提的坏账准备和应收款项的净额同时反映；**二是**按应收款项账面余额扣除已经计提的坏账准备后的净额反映；**三是**在资产负债表上列示应收款项净额的同时，还应将应收款项坏账准备的年初余额、本期提取数、本年转回数以及年末余额列示于"资产减值明细表"内。按照我国企业会计准则的有关规定，企业应采用第二种方法。

在以应收账款净额列示应收账款项目时，还应按应收账款账龄结构及客户类别在财务报表附注中披露坏账准备的变动细节。

——— 第三节 预付账款及其他应收款

一、预付账款

（一）预付账款及其核算的内容

预付账款——企业按照购货合同或劳务合同的规定，预先支付给供货方或提供劳务方的账款。预付账款必须以购销双方签订的购销合同为条件，企业预付货款后有权要求供货方按照购货合同的规定发货。预付账款与应收账款均属于短期债权，但两者形成的原因和债权收回方式不同：❶**形成的原因不同**——应收账款是因企业对外销售或提供劳务产生的，而预付账款是因企业购货或接受劳务产生的；❷**债权收回的方式不同**——应收账款是等待购买方偿付货款，而预付账款是等待供货方提供货物或劳务。

拓展阅读

预付账款是否属于金融资产的争议

（二）预付账款的核算

企业为了反映和监督预付账款的增减变动及其余额情况，应设置"预付账款"账户，并按供货单位设置明细账户进行明细分类核算。预付账款的核算包括预付款项和收回货物两个环节。

（1）**预付款项环节的会计处理**。根据购销合同的规定向供应单位预付款项时，借记"预付账款"账户，贷记"银行存款"账户。

（2）**收回货物环节的会计处理**。❶企业收到所购货物时，按应计入物资采购成本的金额，借记"材料采购"或"原材料"、"应交税费——应交增值税（进项税额）"等账户，贷记"预付账款"账户；❷补付预付不足的款项时，借记"预付账款"账户，贷记"银行存款"账户；❸收回预付多余的款项时，借记"银行存款"账户，贷记"预付账款"账户。

在实际工作中，预付款项情况不多的企业，可以不设置"预付账款"账户，而直接通过"应付账款"账户核算。但在编制"资产负债表"时，应当将"预付款项"和"应付账款"项目的金额分别反映。

【例3-14】2025年4月28日，东海公司与风华公司签订购销合同并以预付货款的方式计划采购钢材500吨。2025年5月3日，通过银行预付货款150 000元。2025年5月12日，收到风华公司发来的钢材500吨并验收无误，价款为130 000元，增值税额为16 900元，价税合计146 900元，同时收到退回的多预付的货款3 100元。**根据上述资料**，东海公司编制会计分录如下：

（1）2025年5月3日，预付货款。

借：预付账款——风华公司   150 000
    贷：银行存款   150 000

（2）2025年5月12日，收到货物及多预付的货款。

借：材料采购（或原材料）　　　　　　　　130 000
　　应交税费——应交增值税（进项税额）　　16 900
　　　贷：预付账款——风华公司　　　　　　　　　　146 900
借：银行存款　　　　　　　　　　　　　　　3 100
　　　贷：预付账款——风华公司　　　　　　　　　　3 100

二、其他应收款

（一）其他应收款及其核算的内容

其他应收款——除应收票据、应收账款、预付账款、应收股利（利润）、应收利息、长期应收款、存出保证金等以外的各种应收及暂付款项。其主要内容包括：❶应收的各种赔款、罚款；❷应收的出租包装物租金；❸应向职工收取的各种垫付款；❹存出保证金；❺其他各种应收、暂付款项。

（二）其他应收款的核算

在其他应收款业务中，特别需要指出的是"备用金"的核算。备用金——企业预付给内部各单位，作为差旅费和零星开支等周转使用的货币资金。企业的备用金业务可以单独设置"备用金"账户进行核算，也可以在"其他应收款"账户下面设置"备用金"明细账户进行核算。根据备用金预付方式或管理方式不同，可以分为"定额备用金制度"和"非定额备用金制度"两种。

1.定额备用金制度

定额备用金制度的具体做法是：❶根据企业内部用款单位一定时期（如10天）的实际需要核定定额并拨付给用款单位；❷待用款单位实际支用后，凭经财会部门审核后的有效单据报账领款，以补足用款单位定额备用金。这种制度便于企业对备用金的使用进行控制，一般适用于具有经常性费用开支的内部用款单位。

采用定额备用金制度：❶根据核定的定额拨付款项时，借记"备用金"或"其他应收款——备用金"账户，贷记"库存现金"或"银行存款"账户；❷报销费用并补足定额时，将其视同货币资金支付费用处理，借记"管理费用"等账户，贷记"库存现金"或"银行存款"账户；❸在用款单位不再需要备用金时才将备用金收回，借记"库存现金"账户，贷记"备用金"或"其他应收款——备用金"账户。

2.非定额备用金制度

非定额备用金制度的具体做法是：❶根据企业内部用款单位某一时期需多次支付某一类业务的实际需要，核定定额并拨付给用款单位；❷用款单位支用备用金后，凭经财会部门审核后的有效单据报账核销；❸备用金支用完毕，再根据需要由财会部门拨付下一时期的备用金。这种方法一般适用于用款单位的非经常性开支。

由于用款单位报账核销时，财会部门并不以货币资金补充其备用金，而是作为债权的收回处理，因此，用款单位报销费用时，应借记"管理费用"等账户，贷记"备用金"或"其他应收款——备用金"账户。

【例3-15】2025年6月13日，东海公司根据本企业销售科的实际需要，签发金额为3 000元的现金支票预付销售科备用金。2025年6月16日，销售科凭经审核同意的票据向财会部门报销销售产品运费 1 200 元。**根据上述资料**，编制会计分录如下：

（1）以现金拨付销售科备用金。

借：其他应收款——备用金（销售科）　　　　　　3 000

　　贷：银行存款　　　　　　　　　　　　　　　　　　　3 000

（2）销售科凭据报销销售产品运费。

借：销售费用　　　　　　　　　　　　　　　　　1 200

　　贷：其他应收款——备用金（销售科）　　　　　　　　1 200

―――――――――【思考题】――――――――――

1.什么是贴现？如何计算贴现息？如何进行账务处理？

2.什么是坏账？坏账确认有哪些方法，各有何优缺点？

3.什么是商业折扣和现金折扣？两者有何区别？

◆ 练习题在线 ◆

练习3-1　单项选择题在线回答

单项选择题每小题给出的 4 个备选项中，只有 1 个符合题意。**要求**：扫描"单项选择题"二维码进行在线回答，回答完毕并提交可查看参考答案与答案解析。

单项选择题1—9

单项选择题10—18

单项选择题19—25

练习3-2　多项选择题在线回答

多项选择题每小题给出的 5 个备选项中，至少有 2 个符合题意。**要求**：扫描"多项选择题"二维码进行在线回答，回答完毕并提交可查看参考答案与答案解析。

多项选择题1—10

多项选择题11—19

练习3-3　判断题在线回答

请判断各判断题每小题的正误，正确的点击"正确"按钮，错误的点击"错误"按钮。

要求：扫描"判断题"二维码进行在线回答，回答完毕并提交可查看参考答案与答案解析。

判断题1—9

判断题10—18

练习3-4　应收票据的日常核算

1.资料及账务处理要求

（1）2025 年 2 月 28 日，阳光公司销售一批商品给甲公司，货款 100 000 元，增值税税率为 13%。同日收到甲公司签发的一张金额为 113 000 元的不带息商业承兑汇票。**根据以上资料**：❶编制收到商业承兑汇票的会计分录；❷假设期限分别为 4 个月和 100 天，确定该票据到期日；❸编制假设甲公司到期足额付款的会计分录；❹编制假设甲公司到期无款兑付的会计分录。

（2）2025年10月20日，阳光公司因销售商品给乙公司，同日收到乙公司签发并承兑的金额为465 000元、期限为6个月、票面利率为10%的商业承兑汇票。该公司于会计年末和票据到期分别确认利息收入。**根据以上资料：**❶进行相关计算并编制期末计提利息的会计分录；❷进行相关计算并编制假设乙公司到期足额付款的会计分录；❸进行相关计算并编制假设乙公司到期无力付款的会计分录。

2.完成作业练习要求

（1）扫描"练习3-4答题表"二维码，并根据下载地址下载空白练习表3-1 word文档到计算机上；（2）在练习表3-1中完成相关的账务处理；（3）根据注册的班级群账号，提交完成的作业请授课教师批阅。

练习3-4 答题表

练习3-5　应收票据贴现的核算

1.资料及账务处理要求

（1）2025年4月1日：❶太阳公司因销售产品收到A公司签发的面值为400 000元、期限为6个月的不带息银行承兑汇票一张；❷同日，太阳公司持票向开户银行申请贴现并于同日收到贴现款，银行规定的年贴现率为7.2%。**根据以上资料，**进行相关计算并编制持票人向开户银行申请贴现并收到贴现款的会计分录。

（2）2025年6月1日：❶太阳公司因销售产品收到B公司签发的面值为400 000元、期限为6个月、月利率为4‰的带息银行承兑汇票一张；❷2025年7月1日，太阳公司持票向开户银行申请贴现并于同日收到贴现款，银行规定的年贴现率为7.2%。**根据以上资料，**进行相关计算并编制持票人向开户银行申请贴现并收到贴现款的会计分录。

（3）2025年12月1日：❶太阳公司因销售产品收到C公司签发的一张面值为500 000元、期限为6个月、月利率为8‰的带息银行承兑汇票；❷2026年2月1日，太阳公司持票向银行申请贴现并于同日收到贴现款，银行规定的年贴现率为7.2%。**根据以上资料，**进行相关计算并编制持票人向开户银行申请贴现并收到贴现款的会计分录。

（4）**承本练习的资料（1），**假设：❶收到的A公司签发的商业汇票是商业承兑汇票；❷假设票据到期付款人足额支付了票款；❸其他条件不变。**根据以上资料，**进行相关计算并编制持票人向开户银行申请贴现及票据到期付款人支付票款的会计分录。

（5）**承本练习的资料（2），**假设：❶收到B公司签发的商业汇票是商业承兑汇票；❷假设票据到期付款人无款支付并由贴现人偿还；❸其他条件不变。**根据以上资料，**进行相关计算并编制持票人向开户银行申请贴现、票据到期付款人无力支付票款并由贴现人偿还票款的会计分录。

（6）**承本练习的资料（3），**假设：❶收到C公司签发的商业汇票是商业承兑汇票；❷假设票据到期付款人无款支付且贴现人也无力偿还；❸其他条件不变。**根据以上资料，**进行相关计算并编制票据到期付款人无力支付票款且贴现人也无款偿还的会计分录。

2.完成作业练习要求

（1）扫描"练习3-5答题表"二维码，并根据下载地址下载空白练习表3-2 word文档到计算机上；（2）在练习表3-2中完成相关的账务处理；（3）根据注册的班级群账号，提交完成的作业请授课教师批阅。

练习3-5 答题表

练习3-6 应收账款的日常核算

1.资料及账务处理要求

（1）2025年3月2日，立丰公司向甲公司赊销A商品100件：❶价目表上每件标价2 200元，扣除商业折扣后的实际售价为2 000元（不含增值税）；❷已开具的增值税专用发票上标明价款200 000元、增值税额26 000元；❸代垫运杂费4 000元；❹货已发出，对方承诺3个月后付款。**根据以上资料**，编制赊销A商品的会计分录。

（2）2025年3月5日，立丰公司向乙公司赊销B商品一批：❶商品价目表上的标价为100 000元，商业折扣为10%，增值税税率为13%，按规定开具增值税专用发票，给予客户的现金折扣条件为"2/10，1/20，N/30"；❷立丰公司根据以往乙公司还款经验，估计该客户极有可能会享受2/10的现金折扣；❸假定计算现金折扣时包括增值税。**根据以上资料**，进行相关计算并编制：❶B商品赊销时按估计现金折扣条件的会计分录；❷按估计享受的现金折扣条件收到货款的会计分录。

（3）2025年4月5日，立丰公司向丙公司赊销C商品：❶开具的增值税专用发票上标明：数量200件、价款400 000元、增值税额52 000元，给客户的现金折扣条件是"2/10，1/20，N/30"；❷立丰公司根据以往丙公司的还款经验，估计该客户极有可能会享受1/20的现金折扣；❸假定计算现金折扣时不包括增值税。**根据以上资料**，进行相关计算并编制：❶C商品赊销时按估计现金折扣条件的会计分录；❷2025年4月25日，收到货款的会计分录；❸假设2025年4月15日收到货款的会计分录；❹假设2025年5月5日收到货款的会计分录；❺假设2025年5月5日仍未收到货款的会计分录。

2.完成作业练习要求

（1）扫描"练习3-6答题表"二维码，并根据下载地址下载空白练习表3-3 word文档到计算机上；（2）在练习表3-3中完成相关的账务处理；（3）根据注册的班级群账号，提交完成的作业请授课教师批阅。

练习3-7 应收账款坏账准备的核算

1.资料及账务处理要求

方华公司于2022年1月1日注册成立，按照应收款项余额百分比法计提坏账准备，计提比例为5%。2022年至2025年发生的与应收账款和坏账准备有关的业务如下：

（1）2022年：年末"应收账款"账户余额为400 000元。

（2）2023年：❶9月10日，确认发生一笔应收账款坏账，金额为37 000元；❷年末"应收账款"账户余额为360 000元。

（3）2024年：❶4月5日，经多方努力，有一笔上年度确认的应收账款又收回9 600元；❷年末"应收账款"账户余额为600 000元。

（4）2025年：年末"应收账款"账户余额为300 000元。

根据以上资料，进行相关计算并编制有关坏账准备计提、发生坏账及收回坏账的会计分录。

2.完成作业练习要求

（1）扫描"练习3-7答题表"二维码，并根据下载地址下载空白练习表3-4 word文档到计算机上；（2）在练习表3-4中完成相关的账务处理；（3）根据注册的班级群账号，提交完成的作业请授课教师批阅。

4

第四章　存　货

————【学习目标与要求】

1.了解存货的概念、存货发生减值的现象。
2.理解存货的分类，掌握存货的初始确认与计量。
3.掌握存货按实际成本计量取得与发出的核算。
4.掌握存货按计划成本计量取得与发出的核算。
5.理解存货成本与可变现净值的比较方法。
6.理解存货可变现净值的确定方法及存货跌价准备的核算。

第一节　存货概述

一、存货的概念及特征

存货——企业在日常活动中持有以备出售的产成品或商品、处在生产过程中的在产品、在生产过程或提供劳务过程中耗用的材料和物料等。其包括企业为产品生产和商品销售而持有的原材料、在产品、产成品、商品、周转材料等。

随着企业生产经营过程的进行，有的存货被耗用后形成了在产品成本、产成品成本等；有的存货被销售后形成产品或商品的销售成本；有的存货以经营费用的形式被耗用；有的存货仍以原有形态存在，具有明显的流动性。所以，存货是指在1年或者超过1年的一个营业周期内被消耗或经出售转换为现金或应收账款等的流动资产。

企业的某项资产确认为存货，在符合资产要素确认的条件和存货的概念、特征的条件下，一般以对货物是否具有法定所有权为依据来判断企业存货的范围，而不论其存放地点在何处。

二、存货的分类

存货的构成内容很多，不同存货的具体特点和管理要求各不相同。为了有效地组织各项存货的会计核算，应对存货进行科学的分类。从会计角度看，存货至少有按经济内容和按来源两种分类。

（一）存货按其经济内容的分类

按照经济内容的不同，存货可以分为原材料、在产品、半成品、产成品、商品和周转材料等。

（1）原材料，是指用于产品生产并构成产品主要实体的原料及主要材料、辅助材料、外购半成品（外购件）、修理用备件（备品备件）、燃料、包装材料等。**特别注意**：用于固定资产建造工程的专项材料不能确认为存货。

（2）在产品（亦称在制品），是指处于生产阶段尚未完工的生产物，包括正在各个生产工序加工的在制品，以及尚未办理入库手续的制成品等。在产品一般不需要入半成品库。

（3）**半成品**，是指已经过一定生产过程，并已验收合格交付半成品仓库保管，但尚未制造完工成为产成品，仍须进一步加工的中间产品。其特点是：❶能够单独计价并对外出售；❷半成品一般需要办理入库手续。**特别注意**：从一个生产车间直接转到另一个生产车间继续加工制造的自制半成品，以及不能单独计价的自制半成品，应确认为在产品。

（4）**产成品**，是指已完成全部生产过程并验收入库，达到可出售或交货状态，可以作为商品对外销售或按合同规定的条件交订货单位的产品。其包括：❶存放在成品库的产品；❷存放在企业所属门店备售或交展览会展出的产品；❸企业接受外来原材料加工制成的代制品以及为外单位加工修理完成的代修品。

（5）**商品**，是指商品流通企业外购或委托外单位加工完成验收入库用于销售的各种商品。

（6）**周转材料**，是指能够多次使用但不符合固定资产条件的用品。其主要包括：用于包装本企业商品的各种包装物（但一次性包装材料不作为周转材料，而是作为原材料对待）、工具（刀具、模具、一般工具等）、管理用具、玻璃器皿、劳动保护用品、在生产经营过程中周转使用的刀具、模具等低值易耗品，以及建筑承包商的钢模板、木模板、脚手架等。多数周转材料从性质上讲具有固定资产特征，经多次使用不改变其实物形态，因而，只要周转材料符合固定资产标准，就应确认为固定资产。

（二）存货按其来源不同的分类

按照来源的不同，存货可以分为外购、委托加工、自制以及其他方式取得的。

（1）**外购取得的存货**，是从企业外部购入的存货。其包括：❶商业企业的外购商品；❷工业企业的外购原材料及周转材料。

（2）**委托加工取得的存货**，是指企业将外购或自制材料通过支付加工费的方式委托外单位进行加工生产的存货。其包括：❶工业企业的委托加工材料或委托加工商品；❷商业企业的委托加工商品。

（3）**自制方式取得的存货**，是指由企业制造的存货。其主要包括工业企业的在产品和产成品。

（4）**其他方式取得的存货**，是指外购、委托加工和自制以外的方式取得的存货。其主要包括投资者投入、接受捐赠、非货币性资产换入、债务重组等方式取得的存货。

三、存货成本构成与入账价值

存货取得的入账价值，也称为存货的初始计量。《企业会计准则第1号——存货》规定，存货应当按照成本进行初始计量。由于不同来源取得的存货的成本构成不同，所以其入账价值也各不相同。

（一）采购成本

存货的采购成本，一般包括购买价款、相关税费、运输费、装卸费、保险费以及其他可归属于存货采购成本的费用。

（1）**采购价格**。采购价格，是指企业购入的材料或商品的发票账单上列明的价款，不包括按规定可以抵扣的增值税额。在发生购货折扣的情况下，购货价格指已扣除商业折扣但不包括现金折扣的金额。

（2）**采购费用**。采购费用，是指材料采购过程中发生的相关支出。包括：❶相关税费——企业购买、自制或委托加工存货发生的价内税，如消费税、资源税和关税等。❷运输费——购进货物所付的运输费，但不包括可抵扣的增值税进项税额。❸其他可直接归属于存货采购的费用——采购成本中除上述各项以外可直接归属于存货采购的费用，如在存货采购过程中发生的仓储费、包装费、运输途中的合理损耗、入库前的挑选整理费用等。对于企业通过外购方式取得确认为存货的数据资源，可归属于存货采购成本的数据权属鉴证、质量评估、登记结算、安全管理等费用，也应当计入有关存货的采购成本。**特别注意：**材料采购发生的差旅费及市内零星运杂费应计入管理费用。

（二）加工成本

存货的加工成本，是指将原材料形式的存货转化为产成品形式的存货过程中所追加发生的费用，包括直接人工以及按照一定方法分配的制造费用两部分。

（1）**直接人工**。直接人工是指企业在产品生产过程中，直接从事产品生产的工人的薪酬费用。

（2）**制造费用**。制造费用是指企业为生产产品和提供劳务而发生的各项间接费用。企业应当根据制造费用的性质，合理地选择制造费用分配方法。

（三）存货的其他成本

其他成本，是指除采购成本、加工成本以外的，使存货达到目前场所和状态所发生的其他支出。企业设计产品发生的设计费用通常应计入当期损益，但是为特定客户设计产品所发生的、可直接确定的设计费用应计入存货的成本。

会计实务中，企业可以根据自身生产经营的特点及管理要求，对存货采用不同的方法进行核算。存货收（取得）发（发出）核算主要有两种方法：❶按实际成本计价法；❷按计划成本计价法。

第二节　存货收发按实际成本计价法核算

存货收发按实际成本计价法核算，其特点是从存货收发凭证到明细分类账和总分类账全部按实际成本计价；一般适用于规模较小、存货品种简单、采购业务不多的企业。

一、实际成本计价法下存货取得的核算

（一）外购原材料取得的核算

1. 外购原材料核算应设置的主要账户

（1）"原材料"账户。❶该账户用以核算企业外购原材料的增、减变动及结存的实际成本。其借方登记已验收入库原材料的实际成本，贷方登记发出原材料的实际成本，期末借方余额反映库存原材料的实际成本。❷在该账户下分材料类别"原料及主要材料类""外购配件类""辅助材料类"等设置二级明细账。❸在各类明细账下再按照材料的品种和规格设置三级明细账。

（2）"在途物资"账户。❶该账户核算结算凭证已到且货款已结算，但尚未验收入库物资的实际采购成本。其借方登记尚未验收入库物资的实际采购成本；贷方登记在途物资验收入库后应转销的物资的实际采购成本；期末借方余额表示在途物资的实际采购成

本。②在该账户下应按供应单位和物资品种设置明细账户，进行明细分类核算。

2.外购原材料的账务处理

企业外购材料由于其结算方式和采购地点（本地购进和外埠购进）不同，材料入库、货款结算、收到结算凭证在时间上不一定同步进行，因而其账务处理也有所不同。

（1）结算凭证到达的同时，材料验收入库，货款同时结算，简称"**钱货两清**"。

对于发票账单与原材料同时到达的采购业务，应在审核无误且原材料验收入库后：①根据发票账单确定的实际采购成本，借记"原材料"账户；②按照增值税专用发票上注明的增值税额，借记"应交税费——应交增值税（进项税额）"账户；③按照应实际结算的金额并分不同的结算方式，贷记"银行存款""应付票据""应付账款""预付账款"等账户。

【例4-1】风华公司2025年7月5日从外地新华公司购入A材料一批（原料及主要材料）：①取得的增值税专用发票上注明原材料价款120 000元、增值税额15 600元；②收到对方代垫运费转来的明远运输公司开具的运费增值税专用发票，注明运费10 000元、增值税额900元，随运费支付的保险费价款600元、增值税额36元；③材料已经验收入库。**根据上述资料**，风华公司编制会计分录如下：

①如果风华公司已通过企业网银支付全部款项。

借：原材料——原料及主要材料类　　　　　　　130 600
　　应交税费——应交增值税（进项税额）　　　　16 536
　　　贷：银行存款　　　　　　　　　　　　　　　　　147 136

②如果风华公司以签发商业汇票的方式进行结算，则应贷记"应付票据"账户。

③如果风华公司与供应方所签订供销合同的信用展期（即货款延期支付）为3个月，则应贷记"应付账款"账户。

【例4-2】风华公司2025年7月5日以预付货款（6月28日预付110 000元）方式从外地光明公司购入B材料一批（配件）：①取得的增值税专用发票上注明原材料价款100 000元、增值税额13 000元；②收到对方代垫运费转来的运输公司开具的增值税专用发票，注明价款4 000元、增值税额360元，装卸费价款800元、增值税额48元。**根据上述资料**，风华公司编制会计分录如下：

①6月28日，预付货款时。

借：预付账款——光明公司　　　　　　　　　110 000
　　　贷：银行存款　　　　　　　　　　　　　　　　110 000

②7月5日，材料验收入库并补付差额时。

借：原材料——外购配件类　　　　　　　　　104 800
　　应交税费——应交增值税（进项税额）　　　13 408
　　　贷：预付账款　　　　　　　　　　　　　　　　118 208
借：预付账款　　　　　　　　　　　　　　　　8 208
　　　贷：银行存款（118 208-110 000）　　　　　　8 208

（2）结算凭证到达并已结算货款，但原材料未到，简称"**结算在先，收料在后**"。

对于结算凭证已到并已结算货款，原材料未到的采购业务，应在审核无误后：①根据结算凭证确定的实际采购成本及增值税进项税额，借记"在途物资""应交税费——应交增值税（进项税额）"账户；②按照应实际结算的金额并分不同的结算方式，贷记"银行存款""应付票据"等账户。

【例4-3】2025年7月10日，风华公司按合同向外地华中机械厂购入D材料（辅助材料）100吨，发票运单等结算凭证已到：❶增值税专用发票上注明原材料价款600 000元、增值税额78 000元；❷收到对方代垫运费转来的明远运输公司开具的增值税专用发票，注明价款40 000元、增值税额3 600元；❸全部款项已通过银行付讫，原材料尚未到达。**根据上述资料**，风华公司编制会计分录如下：

借：在途物资——华中机械厂　　　　　　　　　　640 000
　　应交税费——应交增值税（进项税额）　　　　 81 600
　　贷：应付票据　　　　　　　　　　　　　　　　　　721 600

假设上例中的材料于7月15日收到并验收入库：

借：原材料——辅助材料类　　　　　　　　　　　640 000
　　贷：在途物资——华中机械厂　　　　　　　　　　　640 000

（3）原材料先验收入库，结算凭证后到，简称"**收料在先，结算在后**"。

对于原材料已到，发票账单未到的采购业务：❶由于结算凭证一般会在原材料到达后几天内即可收到，为简化核算手续，可先暂不进行总分类核算，只将收到的原材料登记明细分类账，待收到发票账单办理结算手续后，比照上述"**钱货两清**"业务进行账务处理。❷对于到月末还未收到结算凭证、未办理货款结算手续的原材料，为了反映企业存货及负债的情况，应按原材料合同价格暂估入账，借记"原材料"账户，贷记"应付账款——暂估应付账款"账户。❸下月初用红字作相同会计分录予以冲销。❹待收到相关结算凭证时，根据具体情况比照上述"**钱货两清**"或"**结算在先，收料在后**"业务进行账务处理。

【例4-4】风华公司2025年7月27日从外地中兴集团公司购入原材料一批，已验收入库，但发票账单等结算凭证未到，货款尚未结算。到7月底还未收到有关结算凭证，该批材料合同价格为60 000元。风华公司的相关账务处理如下：

❶7月27日收到该材料时，不作会计处理。

❷7月末按合同价格暂估入账时：

借：原材料　　　　　　　　　　　　　　　　　　60 000
　　贷：应付账款——暂估应付账款　　　　　　　　　　60 000

❸8月1日用红字作相同会计分录予以冲销时：

借：原材料　　　　　　　　　　　　　　　　　　60 000
　　贷：应付账款——暂估应付账款　　　　　　　　　　60 000

（4）附有现金折扣条件赊购原材料的"**总价法**"与"**净价法**"。

如果赊销附有现金折扣，则其会计处理方法有"总价法"和"净价法"两种。**总价法**就是在发生交易时，先不考虑现金折扣，直到实际收到货款时，把给予的现金折扣计入财务费用。**净价法**是在发生交易时，先把能给予的最大折扣扣除后的金额确认为收入，当实际收到时，把对方未能享受的金额作为财务费用的减项。**我国企业会计准则规定采用总价法。**

在总价法下：❶应付账款按照不扣除现金折扣的实际交易额入账，贷记"应付账款"账户；按照确认的购货成本，借记"原材料"账户；按照应计增值税进项税额，借记"应交税费——应交增值税（进项税额）"账户。❷如果购货方在现金折扣期限内付款，则取得的现金折扣一般不调整购货价格，而是作为理财收入冲减财务费用。按照实际交易额，借记"应付账款"账户；按照享受的现金折扣，贷记"财务费用"账户；按照两者的差额，贷记"银行存款"账户。

【例4-5】风华公司2025年6月11日从甲公司购进一批原材料并验收入库。收到的增值税专用发票上注明价款300 000元、增值税额39 000元。根据购销合同，风华公司应于7月11日之前付款并附有现金折扣条件"2/10，1/20，N/30"（现金折扣按不含增值税价格计算）。风华公司的相关账务处理如下：

❶6月11日赊购。

借：原材料	300 000
应交税费——应交增值税（进项税额）	39 000
贷：应付账款	339 000

❷假设6月20日按扣除可享受2%现金折扣6 000元（300 000×2%）后的金额。

借：应付账款	339 000
贷：银行存款	333 000
财务费用	6 000

❸假设6月30日按扣除可享受1%现金折扣3 000元（300 000×1%）后的金额付款。

借：应付账款	339 000
贷：银行存款	336 000
财务费用	3 000

❹假设7月10日按不享受现金折扣的实际交易额付款。

借：应付账款	339 000
贷：银行存款	339 000

（5）**原材料短缺或毁损。**

原材料在验收入库时如果发生短缺或毁损，应视不同情况区别处理：❶发生的定额内合理损耗，应计入原材料采购成本，按照实收数量和发票上的价款入账并相应提高单位成本。❷发生的超定额损耗，将其中由保险公司、运输机构或其他过失人赔偿后尚不能弥补的部分，按具体原因分别作为期间费用或营业外支出处理。❸发生的不包括自然灾害造成损失外的非正常损失，将其实际成本及应负担的进项税额中由保险公司及有关责任人赔偿后尚不能弥补的部分，计入营业外支出。

【例4-6】承【例4-3】有关资料，假设D材料于2025年7月15日到达，实际验收入库的合格品为90吨，残损报废2吨，短缺8吨（其中，属于定额内自然损耗的为3吨，损耗率为3%；其余短缺的5吨原因待查）。风华公司的相关账务处理如下：

（1）**对于定额内的自然损耗：**❶按照实收数量入账并提高入库材料的实际单位成本；❷按照实收数量和提高后的单位成本计算的入库材料总成本，借记"原材料"账户；❸对于其毁损及短缺，在未查明原因前，先按照购进实际成本，借记"待处理财产损溢"账户；❹注销在途物资金额，贷记"在途物资"账户。

入库D材料实际成本=640 000÷100×93=595 200（元）

待处理D材料的实际成本=640 000÷100×7=44 800（元）

借：原材料——D材料	595 200
待处理财产损溢	44 800

　　　　贷：在途物资——华中机械厂　　　　　　　　　　　　　　　　640 000

　　（2）对于残损报废及未查明原因的短缺：❶其损失金额为实际采购成本加应承担的增值税进项税额，应责成有关责任人（包括承运单位、保险公司、保管员等）赔偿，借记"银行存款"或"其他应收款"账户；❷实际损失金额扣除赔偿款后的余额，应区分不同的原因，借记"营业外支出"（因自然灾害）或"管理费用"（因管理不善）账户；❸按照应承担的增值税进项税额，贷记"应交税费——应交增值税（进项税额转出）"账户；❹待处理财产损失处理完毕应予以注销，贷记"待处理财产损溢"账户。

　　本例中：❶待处理财产损失应承担的增值税进项税额，即应转出的进项税额为5 824元（44 800×13%）。❷残损报废的2吨物资应由承运单位赔偿，赔偿金额为14 464元〔（640 000÷100×2）×（1+13%）〕。❸经查明，短缺的5吨物资，属于本单位在提货以后、验收入库以前被盗，造成的损失为36 160元〔（640 000÷100×5）×（1+13%）〕。按照保险合同的规定，应由保险公司赔偿其中的30 000元。其余的6 160元中，因管理员失职应由其赔偿1 000元，扣除赔偿款后的余额5 160元计入期间损益。❹假设上述赔偿均未收到款项。根据上述资料，编制会计分录如下：

　　　　借：其他应收款——××运输单位　　　　　　　　　　　14 464
　　　　　　　　　　　　——××保险公司　　　　　　　　　　30 000
　　　　　　　　　　　　——××保管员　　　　　　　　　　　 1 000
　　　　　　管理费用　　　　　　　　　　　　　　　　　　　 5 160
　　　　贷：待处理财产损溢　　　　　　　　　　　　　　　　　44 800
　　　　　　应交税费——应交增值税（进项税额转出）　　　　 5 824

（二）委托加工存货取得的核算

1.委托加工存货的概念及成本构成

　　委托加工存货，是指委托方提供主要材料，受托方只收取加工费或代垫部分辅助材料，由受托方加工改制成另外一种存货的物资，如将铁皮改制成铁桶、将方钢改制成设备专用备件等。❶发往外单位加工的材料物资虽已离开本企业仓库，但其所有权仍属本企业所有，只是暂时由受托单位负责保管。❷委托加工材料在加工过程中，其实物形态发生了改变，成为一种新的物资，但收回后仍是企业的存货。

　　与用于生产或对外销售的存货不同，委托加工存货必须单独组织核算，以加强对委托加工物资的管理。委托加工存货的成本构成包括：❶实际发出加工材料物资的实际成本；❷支付的加工费及往返运杂费等；❸受托方代垫部分辅助材料包括在加工费之内，不单独进行核算。委托加工完成后的存货（新存货）可按实际成本计价核算，也可按计划成本计价核算。

2.委托加工存货的会计处理

　　企业应设置"委托加工物资"账户，核算各种委托外单位加工物资的实际成本。该账户借方登记委托加工物资的全部支出，包括发出被加工材料的实际成本、支付的加工费、运杂费、税金等；贷方登记已加工完毕并已验收入库转入"原材料""包装物"等账户的委托加工材料全部成本；期末借方余额表示正在委托加工中存货的实际成本。

　　委托加工业务在会计处理上主要包括发出加工物资，支付加工费用、往返运杂费，加工完成收回加工存货和剩余物资等环节。

　　（1）发出加工物资时：应按发出物资的实际成本，借记"委托加工物资"账户，贷记

"原材料""库存商品"账户等。

（2）**支付加工费用、往返运杂费**：支付的发出和收回加工材料物资的外地运杂费、材料物资加工过程中的加工费用，应作为委托加工存货的成本，借记"委托加工物资""应交税费——应交增值税（进项税额）"账户，贷记"银行存款""应付账款"账户等。

（3）**加工完成收回加工存货和剩余物资**：加工完毕验收入库的委托加工存货和退回的剩余物资，应分别按其实际成本，借记"原材料""周转材料""库存商品"等账户，贷记"委托加工物资"账户。

【例4-7】东海公司委托外地大华工具公司加工专用工具，其发生的有关经济业务如下：

（1）2025年7月8日：❶发出钢材5 000千克，实际成本30 000元；❷通过银行支付发出材料的运费2 000元和增值税180元；❸通过银行支付全部加工费4 000元及增值税520元。应分别编制如下会计分录：

```
借：委托加工物资——大华工具公司              30 000
    贷：原材料——钢材                            30 000
借：委托加工物资——大华工具公司               2 000
    应交税费——应交增值税（进项税额）           180
    贷：银行存款                                 2 180
借：委托加工物资——大华工具公司               4 000
    应交税费——应交增值税（进项税额）           520
    贷：银行存款                                 4 520
```

（2）2025年8月2日，委托加工存货全部加工完成并验收入库。❶通过银行支付收回委托加工物资的运费3 000元和增值税270元；❷计算并结转完工专用工具的成本。应分别编制如下会计分录：

```
借：委托加工物资——大华工具公司               3 000
    应交税费——应交增值税（进项税额）           270
    贷：银行存款                                 3 270
```

"委托加工物资"账户借方记录的发生额39 000元（30 000+2 000+4 000+3 000），即为委托加工物资的全部加工成本。

```
借：周转材料——专用工具类（××工具）        39 000
    贷：委托加工物资——大华工具公司             39 000
```

或者：

```
借：原材料——周转材料类（××工具）          39 000
    贷：委托加工物资——大华工具公司             39 000
```

学有余力

外购周转材料取得的核算

实际成本计价法下存货取得的核算，除以上外购原材料与委托加工材料外，还有外购周转材料与加工制造取得的存货，在学有余力的情况下，可扫描有关二维码进行阅读学习。

学有余力

加工制造取得存货的核算

二、实际成本计价法下存货发出的核算

（一）存货发出成本的计价方法

对于性质和用途相似的存货，应当采用相同的方法计算确定发出存货的成

本。❶按照《企业会计准则第1号——存货》的规定，企业在确定发出存货的成本时，可以采用个别计价法、先进先出法、全月一次加权平均法和移动平均法四种方法。❷发出存货的成本计算方法一旦确定，前后各期应当保持一致，如确需变更，应作为会计政策变更处理并在财务报表附注中予以披露。❸发出存货的成本计算方法，可回顾"基础会计学"课程中述及的有关内容，也可以扫描"**存货发出的4种计价方法**"二维码温故相关内容，不再赘述。

温故知新

存货发出的
4种计价方法

（二）发出存货的账务处理

存货是为了满足企业生产经营的各种需要而储备的，其经济用途各异，消耗方式也各不相同，因此，企业应当根据各类存货的用途及特点，选择适当的账务处理方法。在存货按实际成本计价法的情况下，发出存货的实际成本应按一定的存货计价方法计算确定，并按其具体用途反映存货的实际耗用情况。

原材料在生产经营过程中被领用后，其原有实物形态会发生改变乃至消失，其成本也随之形成产品成本或直接转化为费用。❶根据原材料的消耗特点，企业应当按发出原材料的用途，将其成本直接计入相关资产的成本或当期费用。❷领用原材料时，按选用的存货发出计价方法计算确定的实际成本，根据其用途分别借记"生产成本"（产品生产耗用）、"制造费用"（生产车间一般消耗）、"销售费用"（销售商品耗用）、"管理费用"（管理部门耗用）、"委托加工物资"（委托加工发出用）、"在建工程"（在建工程耗用）等账户，贷记"原材料"账户。

学有余力

发出周转材料
实际成本的计
算与结转

以上是发出原材料的实际成本的计算与结转。除此之外，还有发出周转材料与发出加工制造存货（库存商品）实际成本的计算与结转，在学有余力的情况下，可扫描相关二维码进行阅读学习。

学有余力

发出库存商品
实际成本的计
算与结转

第三节　存货收发按计划成本计价法核算

如果企业的规模较大，存货品种、规格、数量繁多，收发频繁，为简化存货的日常核算，可以采用计划成本计价法进行核算。其特点是从存货收发凭证到明细分类账和总分类账全部按计划成本计价，实际成本与计划成本的差异，通过设置"材料成本差异"账户进行核算。

一、计划成本计价法的核算要求及账户设置

（一）计划成本计价法的核算要求

采用计划成本法计价：❶应由企业采购、财务等部门，预先对每一品种规格的存货制定计划成本；❷存货计划成本的构成内容与按实际成本法计价的成本构成内容一致，包括买价和采购费用；❸除一些特殊情况，计划单位成本在年度内一般不作调整。

（二）计划成本计价法的账户设置

原材料采用计划成本核算，虽然与采用实际成本计价核算一样都设置"原材料"账户，但采用计划成本核算下的"原材料"账户的借方和贷方均按计划成本入账，期末余额表示库存材料的计划成本。由于材料的计划成本与实际成本之间会产生差异，为了正确核算采购成本和考核采购业务成效，还需要设置"材料采购"和"材料成本差异"账户。

（1）"**材料采购**"**账户**。该账户用来核算外购材料的实际采购成本。❶借方登记已收

到结算凭证并已办理结算手续的材料物资的实际成本，以及材料验收入库时实际成本小于计划成本的差异（节约差异）的结转；❷贷方登记已办理结算手续且验收入库材料物资的计划成本，以及实际成本大于计划成本的差异（超支差异）的结转；❸期末借方余额，反映已办理结算手续但材料尚未到达或尚未验收入库的在途材料的实际采购成本。该账户可按材料类别设置明细账进行明细分类核算。

（2）"材料成本差异"账户。该账户用来核算企业外购材料、自制材料等的实际成本与计划成本之间的差异。❶借方登记自"材料采购"账户转入的实际成本大于计划成本的超支差异。❷贷方登记自"材料采购"账户转入的实际成本小于计划成本的节约差异（可用"红字"借记该账户），以及发出材料应分摊的成本差异调整数（超支差异用蓝字，节约差异用红字）。❸期末余额：若为借方余额，则反映其实际成本大于计划成本的差异；若为贷方余额，则反映其实际成本小于计划成本的差异。该账户应按材料类别或材料品种规格设置明细账进行明细分类核算，即应与"原材料"账户所设置的明细账相同。

二、计划成本计价法的账务处理

本节主要以外购原材料存货为例进行说明。其他存货的账务处理比照外购原材料存货的核算。

（一）原材料收发的一般程序和方法

1.采购材料环节

（1）采购材料时，对已经办理结算手续的采购业务：❶按发生的属于材料采购成本的买价与采购费用，借记"材料采购"账户；❷按应予抵扣的增值税进项税额，借记"应交税费——应交增值税（进项税额）"账户；❸按实际结算金额并分不同的结算方式，贷记"银行存款""应付票据""应付账款""预付账款"等账户。

（2）月份终了，对尚未收到结算凭证但材料已到的采购业务：❶应抄列清单并按计划成本暂估入账，借记"原材料"账户，贷记"应付账款——暂估应付账款"账户；❷下月初用"红字"冲回。

2.材料验收入库环节

对于已经验收入库的材料，既可以在平时逐笔结转入库材料计划成本及其成本差异，也可以逐笔结转入库材料计划成本并在月末汇总结转材料成本差异。具体做法是：❶根据已办理结算手续的入库外购材料的计划成本，借记"原材料"账户，贷记"材料采购"账户；❷按入库材料的实际采购成本大于计划成本的差额（超支差异），借记"材料成本差异"账户，贷记"材料采购"账户；❸按入库材料的实际采购成本小于计划成本的差额（节约差异），借记"材料采购"账户，贷记"材料成本差异"账户。

3.发出材料环节

对于发出的材料，既可以在平时逐笔结转发出材料的计划成本，也可以在月末汇总结转发出材料的计划成本。其具体做法是：根据领用的部门和具体用途，按发出材料的计划成本，借记"生产成本""制造费用""销售费用""管理费用""委托加工物资""在建工程"等账户，按照原材料类别贷记"原材料"账户。提示：平时一般不结转材料成本差异。

4.期末汇总结转发出材料应负担的材料成本差异

（1）月份终了时：❶将材料成本差异总额在发出材料和期末库存材料之间分摊；❷按

照分材料类别、领料用途计算的发出材料计划成本应分摊的成本差异额，借记"生产成本""制造费用""销售费用""管理费用""委托加工物资""在建工程"等账户，贷记"材料成本差异"账户及其所属"原料及主要材料类""外购配件类""辅助材料类""周转材料类"等明细账户；❸实际成本大于计划成本的超支差异用"蓝字"登记；❹实际成本小于计划成本的节约差异用"红字"登记。

（2）计算发出材料的计划成本应分摊的成本差异额，其方法有两种：❶按当月成本差异率计算；❷按月初材料成本差异率（即上月成本差异率）计算。成本差异率的计算公式为：

$$本月材料成本差异率=\frac{月初结存材料的成本差异＋本月收入材料的成本差异}{月初结存材料的计划成本＋本月收入材料的计划成本}$$

（3）计算分摊材料成本差异时，应注意：❶发出材料应负担的成本差异应当按月分摊，不得在季末或年末一次计算，以便及时将发生的材料成本差异转入相应的成本费用中；❷发出材料应负担的成本差异，除委托外部加工发出材料和盘盈盘亏材料可按照月初成本差异率计算外，应使用本月的实际成本差异率；❸计算本月材料成本差异率时，应扣除委托外部加工发出材料和盘盈盘亏材料转出的计划成本及成本差异；❹月初成本差异率与本月实际成本差异率相差不大的，也可按照月初成本差异率计算；❺分摊差异使用的差异率计算方法一经确定，不得随意变更。

（二）原材料收发的会计处理

【例4-8】通达公司2025年7月2日从外地A公司购入甲材料1 000千克，单价200元，取得的增值税专用发票上注明原材料价款200 000元、增值税额26 000元；收到对方代垫运费并转来的运费增值税专用发票上注明运费10 000元、增值税额900元。甲材料的计划单位成本为200元。根据上述资料，通达公司编制会计分录如下：

（1）采购时，根据有关结算凭证确定的实际采购成本入账。

借：材料采购——原料及主要材料类（A公司）	210 000	
应交税费——应交增值税（进项税额）	26 900	
贷：银行存款		236 900

（2）材料验收入库时，按照计划成本200 000元（1 000×200）入账。

| 借：原材料——原料及主要材料类（甲材料） | 200 000 | |
| 　　贷：材料采购——原料及主要材料类（A公司） | | 200 000 |

同时结转超支差异10 000元（210 000-200 000）。

| 借：材料成本差异——原料及主要材料类 | 10 000 | |
| 　　贷：材料采购——原料及主要材料类（A公司） | | 10 000 |

（3）假设实际验收入库950千克，编制实收材料的计划成本并结转成本差异的会计分录。

❶实收甲材料计划成本=950×200=190 000（元）

❷实收甲材料实际成本=210 000÷200 000×190 000=199 500（元）

❸实收甲材料超支成本差异=199 500-190 000=9 500（元）

| 借：原材料——原料及主要材料类（甲材料） | 190 000 | |
| 　　贷：材料采购——原料及主要材料类（A公司） | | 190 000 |

同时结转超支差异9 500元。

借：材料成本差异——原料及主要材料类　　　　　9 500
　　贷：材料采购——原料及主要材料类（A公司）　　　　9 500

（4）在验收入库的同时，编制短缺50千克的待处理财产损溢的会计分录。

❶ 待处理甲材料实际成本=210 000-199 500=10 500（元）

❷ 待处理甲材料应转出的进项税额=26 900÷1 000×50=1 345（元）

❸ 实际发生的待处理财产损溢=10 500+1 345=11 845（元）

借：待处理财产损溢　　　　　　　　　　　　　11 845
　　贷：材料采购——原料及主要材料类（A公司）　　　　10 500
　　　　应交税费——应交增值税（进项税额转出）　　　　1 345

【例4-9】东海公司外购原材料收发采用计划成本核算。

（1）有关核算制度如下：❶验收入库材料的成本差异，根据按照材料类别设置的"材料成本差异明细账"上记载的材料成本差异，在月末按照材料类别编制"收入材料成本差异汇总表"并根据该表一次汇总结转；❷领用原材料的计划成本及应分摊的材料成本差异，在月末根据领料凭证分用途按照材料类别编制"发料凭证计划成本及分摊成本差异汇总表"并根据该表在月末一次汇总结转。

（2）2025年7月2日从外地新华公司购入C材料。❶取得的增值税专用发票上注明数量5 000件、单价51元、价款255 000元、增值税额33 150元；❷收到对方代垫运费转来的增值税专用发票上注明运费9 500元、增值税额855元，随运费支付的保险费价款500元、增值税额30元；❸全部款项299 035元，已签发并承兑商业汇票；❹材料已经验收入库并填制"收料单"，见表4-1。

表4-1　　　　　　　　　　　　　收　料　单　　　　　　　　　编号：120701

供货单位名称：新华公司　　　　　　　2025年7月2日　　　　　　订货合同编号：1217
材料类别：原料及主要材料　　发票号码：21000000000078154602　　收料仓库：一库

| 材料 | 计量 | 数量 | | 实际成本 | | | | 计划成本 | | 成本差异 | |
名称	单位	应收	实收	买价	采购费用	合计	单价	单价	金额	节约	超支
C材料	件	5 000	5 000	255 000	10 000	265 000	53	50	250 000		15 000

记账：李丁旺　　　　　　　仓库保管员：张兴盛　　　　　　收料人：赵发财

根据上述资料，相关会计处理如下：

❶根据收料单登记"材料采购——原料及主要材料"明细账（见表4-5）。

❷根据有关结算凭证编制采购材料的会计分录如下：

借：材料采购——原料及主要材料类（新华公司）　265 000
　　应交税费——应交增值税（进项税额）　　　　34 035
　　贷：应付票据　　　　　　　　　　　　　　　　　　299 035

（3）月末，有关原材料收发的资料如下：

❶根据各类"材料成本差异明细账"〔"原料及主要材料类"明细账（见表4-7）、"外购配件类"明细账和"辅助材料类"明细账（略）〕编制的"收入材料成本差异汇总表"见表4-2。

表 4-2　　　　　　　　　　　**收入材料成本差异汇总表**

2025 年 7 月 31 日　　　　　　　　　　　单位：元

项目及材料类别	原料及主要材料	外购配件	辅助材料	合计
计划成本	764 000	240 000	78 000	1 082 000
成本差异	15 960	-4 800	-2 900	8 260
实际成本	779 960	235 200	75 100	1 090 260

❷根据按照材料类别设置的"材料成本差异明细账"["原料及主要材料类"明细账（见表4-7）、"外购配件类"明细账和"辅助材料类"明细账（略）]上记载的期初结存与本期收入材料的成本差异之和、期初结存与本期收入材料的计划成本之和，计算并编制"材料成本差异率计算表"，见表4-3。

表 4-3　　　　　　　　　　　**材料成本差异率计算表**

2025 年 7 月 31 日　　　　　　　　　　　单位：元

材料类别	计划成本			成本差异（+超支、-节约）			成本差异率
	期初余额	本期收入	合 计	期初余额	本期收入	合 计	
原料及主要材料	136 000	764 000	900 000	2 040	15 960	18 000	2%
外购配件	160 000	240 000	400 000	-7 200	-4 800	-12 000	-3%
辅助材料	22 000	78 000	100 000	-1 100	-2 900	-4 000	-4%
合 计	318 000	1 082 000	1 400 000	-6 260	8 260	2 000	—

❸根据分用途和部门填制的"领料单"（略）和"材料成本差异率计算表"，按照材料类别分用途计算并编制"发料凭证计划成本及分摊成本差异汇总表"，见表4-4。

表 4-4　　　　　　　**发料凭证计划成本及分摊成本差异汇总表**

2025 年 7 月 31 日　　　　　　　　　　　单位：元

应借账户		应贷账户——原材料						计划成本合计	差异额合计
		原料及主要材料（差异率2%）		外购配件（差异率-3%）		辅助材料（差异率-4%）			
		计划成本	差异	计划成本	差异	计划成本	差异		
基本生产	甲产品	360 000	7 200	190 000	-5 700			550 000	1 500
	乙产品	340 000	6 800	100 000	-3 000			440 000	3 800
	小计	700 000	14 000	290 000	-8 700			990 000	5 300
制造费用	一车间					20 000	-800	20 000	-800
	二车间					20 000	-800	20 000	-800
	小计					40 000	-1 600	40 000	-1 600
销售费用						10 000	-400	10 000	-400
管理费用						6 000	-240	6 000	-240
在建工程		60 000	1 200	42 000	-1 260	9 000	-360	111 000	-420
委托加工物资		40 000	800					40 000	800
合 计		800 000	16 000	332 000	-9 960	65 000	-2 600	1 197 000	3 440

（1）月末，根据表4-2编制汇总结转收入材料成本差异的会计分录。

　　　　　借：材料成本差异——原料及主要材料类　　　　　15 960
　　　　　　　　　　　　　——外购配件类　　　　　　　　　　4 800
　　　　　　　　　　　　　——辅助材料类　　　　　　　　　　2 900
　　　　　　贷：材料采购——原料及主要材料类　　　　　　　15 960
　　　　　　　　　　　　——外购配件类　　　　　　　　　　　4 800
　　　　　　　　　　　　——辅助材料类　　　　　　　　　　　2 900

（2）月末，根据表4-4的"计划成本合计"栏金额，编制汇总结转发出材料计划成本的会计分录。

借：生产成本——甲产品	550 000	
——乙产品	440 000	
制造费用——一车间	20 000	
——二车间	20 000	
销售费用	10 000	
管理费用	6 000	
在建工程	111 000	
委托加工物资	40 000	
贷：原材料——原料及主要材料类		800 000
——外购配件类		332 000
——辅助材料类		65 000

（3）月末，根据表4-4的"差异额合计"栏金额，编制汇总结转发出材料应分摊成本差异的会计分录。

借：生产成本——甲产品	1 500	
——乙产品	3 800	
制造费用——一车间	800	
——二车间	800	
销售费用	400	
管理费用	240	
在建工程	420	
委托加工物资	800	
贷：原材料——原料及主要材料类		16 000
——外购配件类		9 960
——辅助材料类		2 600

（三）原材料收发的明细分类核算

1.材料采购明细账

"材料采购明细账"，反映外购材料（不包括自制材料和委托加工材料）采购发生的实际成本、验收入库的计划成本及成本差异。该明细账可以按照供货单位设置，也可以按照材料类别（如原料及主要材料、外购配件、辅助材料、周转材料等）或者品种设置。"材料采购明细账"一般采用"横线登记法"序时逐笔登记。其格式主要分为左右两部分：（1）左半部分反映采购业务的付款情况——应根据有关记账凭证进行登记；（2）右半部分反映采购业务的入库及成本差异情况——应根据"收料单"登记。

所谓**"横线登记法"**即同一笔采购业务的付款、入库与成本差异，都登记在同一条横线上。❶按照记入借方（实际成本）的付款凭证和转账凭证的时间、编号顺序逐笔进行登记；❷贷方按照收货凭证在同一行的"计划成本"栏内登记；❸如有需要赔偿的短缺和损耗，应根据赔偿请求单记入同一行的贷方**"其他"**栏内；❹根据实际成本减计划成本再减其他金额后的差额，记入同一行的贷方"成本差异"栏内（负数，即节约差异用"红字"登记）；❺月末，在同一横线上只有借方记录而无贷方记录的，则为在途物资；❻应将在途物资逐笔转入下月的材料采购明细账内，待材料物资验收入库时再采用"横线登记法"进行登记。

东海公司根据本月采购原料及主要材料采购业务所登记的"材料采购明细账"见表4-5。

表4-5

材料采购明细账

材料类别：原料及主要材料类 　　　　　　　　　　　　　　　　　　　　　　　　　　第　页

2025年		凭证字号	发票号码	供货单位	摘要	借方（实际成本）			2025年		收料单号	摘要	贷方			
月	日					买价	采购费用	合计	月	日			计划成本	成本差异	其他	合计
6	2	略	略	新华	购B材料	81 000	4 800	85 800			略	入库	84 200	1 600		85 800
	26			光明	购C材料	36 000	3 800	39 800								
6	29			仁义	购A材料	47 000	3 300	50 300								
6	30				月结	957 200	41 900	999 100				月结	950 000	19 000		969 000
7	1			光明	C料在途	36 000	3 800	39 800	7	1		入库	40 000	200		39 800
7	1			仁义	A料在途	47 000	3 300	50 300	7	6		入库	46 000	4 300		50 300
7	2			新华	购C材料	255 000	10 000	265 000	7	2		入库	250 000	15 000		265 000
7	5			蓝天	购A材料	127 700		127 700	7	5		入库	129 000	7 500	6 200	127 700
7	10			华中	购C材料	91 000	4 000	95 000	7	20		入库	98 000	3 000		95 000
7	20			新华	购B材料	89 400	6 000	95 400	7	25		入库	87 000	8 400		95 400
7	28			华中	购C材料	81 300		81 300								
7	31				月结	644 400	20 000	664 400				月结	650 000	17 000	6 200	673 200
8	1			华中	C料在途	81 300		81 300								

注：借方各栏的"月结"金额不包括月初在途材料。

2.原材料明细账

由于原材料的收发都按计划成本计价，因而这种材料明细账或卡片的收入栏和发出栏平时只记数量，不记金额；月结时，根据加计的本月收入数量和发出数量及结存数量，按照计划单位成本计算本月收入金额和发出金额及结存金额。东海公司根据本月原料及主要材料采购业务所登记的A材料"原材料明细账"见表4-6。

表4-6

原材料明细账

材料类别：原料及主要材料 　　　存放地点：1号仓库 　　　材料名称：A材料
材料编号： 　　　　　　　　　计划单价：40元 　　　　　计量单位：件

2025年		凭证字号	摘要	收入			发出			结存		
月	日			数量	单价	金额	数量	单价	金额	数量	单价	金额
6	25	略		1 600						3 200		
6	30	略	从凤凰购进	500						2 500		
			月结	8 700	40	348 000	7 800	40	312 000	2 500	40	100 000
7	5	略	从蓝天购进	3 225						5 725		
7	5	略	生产领用				3 800			1 925		
7	6	略	从仁义购进	1 150						3 075		
7	20	略	生产领用				1 875			1 200		
7	31	略	暂估入账	1 000		40 000				2 200		
			月结	5 375	40	215 000	5 675	40	227 000	2 200	40	88 000
8	1	略	冲暂估材料	1 000						1 200		

3.材料成本差异明细账

"材料成本差异明细账"反映外购、自制、委托加工、投资者投入等途径收入材料的实际成本与计划成本之间的差异额和差异率，为调整发出材料成本提供依据。材料成本差异明细账一般按照材料类别设置，其格式可以采用三栏式账页，也可以采用多栏式专用账页。多栏式专用账页格式见表4-7。

表4-7　　　　　　　　　　　　　　**材料成本差异明细账**

材料类别：原料及主要材料　　　　　　　　　　　　　　　　　　　　　　　　第　　页

2025年		凭证字号	摘要	收入			差异率	发出		结存		
月	日			计划成本	成本差异			计划成本	成本差异	计划成本	成本差异	
					借方	贷方					借方	贷方
6	2	略	结转自制材料	24 200		160						
6	30		结转外购差异	788 000	5 600							
6	30		结转本月发出材料差异				1.5%	848 000	12 720			
6	30		月　结	950 000	22 300	3 300	1.5%	848 000	12 720	136 000	2 040	
7	12		结转自制材料差异	65 400		3 040						
7	18		结转委托加工材料差异	48 000	2 000							
7	31		结转外购材料差异	650 000	17 000							
7	31		结转本月发出材料差异				2%	800 000	16 000			
			月　结	764 000	19 000	3 040	2%	800 000	16 000	100 000	2 000	

第四节　存货期末计价

一、期末存货的计量原则与有关概念

（一）期末存货的计量原则

存货期末计价，是指会计期末对存货价值的重新计量。会计期末，为了客观、真实、准确地反映企业期末存货的实际价值，在编制资产负债表时，要确定"存货"项目的金额，即要确定期末存货的价值。我国企业会计准则规定，资产负债表日，企业存货在期末应当按照成本与可变现净值孰低法计量。

成本与可变现净值孰低法，是指对期末存货按成本与可变现净值两者中较低者计价的方法。 采用这种方法：❶当期末存货成本低于可变现净值时，企业不确认增值收益，存货的价值仍按原有成本反映；❷当期末存货成本高于可变现净值时（即存货发生减值），存货的价值按可变现净值反映，企业应确认存货跌价损失并计入当期损益。

（二）"成本"与"可变现净值"的概念

（1）成本，是指存货的历史成本，具体指的是采用以实际成本为基础的存货计价方法所计算的期末存货账面价值。如企业日常核算中采用的是计划成本法，则成本应该为调整后的实际成本。

（2）可变现净值，是指在日常活动中，以存货的估计售价减去至完工时将要发生的成本、估计的销售费用及相关税费后的金额。也就是说，以存货预计取得的收入为基础，在

扣除为达到预定可销售状态的进一步加工成本，以及销售存货过程中可能发生的相关税费和销售费用等支出后的余额才是存货的可变现净值。即：

可变现净值=预计售价-预计进一步加工成本-销售所必需的预计税金和费用

期末存货的计量采用成本与可变现净值孰低法需要解决以下三个主要问题：❶如何确定可变现净值；❷如何进行成本与可变现净值的比较；❸可变现净值低于成本时的跌价损失如何处理。

二、存货可变现净值的确定方法

在实际工作中，企业应对**直接以出售为目的而持有的存货**和**以加工后出售为目的而持有的存货**分别确定其可变现净值。

（一）以直接出售为目的而持有的存货

对持有以备出售的存货，如产成品、商品或可直接出售的材料，其可变现净值是指在正常生产经营过程中，以存货的估计售价减去估计的销售费用和相关税金后的金额。其中的预计售价包括以下两种情况：

（1）**对有合同约定的存货**：其估计售价按合同价格确定，即可变现净值应当以产成品或商品的合同价格作为计量基础。

【例4-10】2025年10月10日，东海公司与千禧工具公司签订了一份不可撤销合同，双方约定2026年1月20日东海公司按60万元/台的价格提供WK68型车床10台。2025年12月末，东海公司WK68型车床库存10台，单位生产成本48万元/台，该产品2025年12月31日市场销售价格为62万元/台。

由于该产品已签订销售合同且合同订购数量与库存数量相等，因而应按合同约定的价格作为可变现净值计量基础。即：

可变现净值=60×10=600（万元）

如果企业持有的同一项存货数量多于销售合同订购的数量，应当分别确定其可变现净值。

（2）**对没有合同约定的存货**：其估计售价按一般市场销售价格确定，即可变现净值应当以产成品或商品的一般销售价格或原材料的市场价格作为计量基础。

【例4-11】2025年12月31日，东海公司生产的WH35型机床账面成本为500万元，数量为10台，单位成本为50万元。2025年12月31日该型号机床的市场销售价格为48万元/台，预计销售还会发生相关税费2万元/台。

由于没有签订销售合同，其可变现净值应以市场销售价格为计算基础。即：

可变现净值=（48-2）×10=460（万元）

【例4-12】东海公司根据市场需求情况，决定停止生产WH35型机床，为生产WH35型机床而购进的专用材料GK型钢材准备全部出售。2025年12月31日该材料账面成本为200万元，数量为20吨。根据市场调查，该批材料的市场销售价格为180万元，同时销售该批材料还将发生相关税费5万元。

由于企业已决定停止生产WH35型机床，所以该批专用材料的可变现净值不能再以WH35型机床的销售价格为计算基础，而应以该材料的市场销售价格为计算基础。即：

可变现净值=180-5=175（万元）

（二）以加工后出售为目的而持有的存货

将在生产过程或提供劳务过程中耗用的存货，因持有该材料的目的是生产产品而非出售，该材料的价值体现在用其生产的产成品上。因此，在确定需要加工的材料存货的可变现净值时，需要用其生产的产成品的可变现净值与该产品的成本进行比较：❶如果该产品的可变现净值高于其成本，则该材料仍然应当按照成本计量；❷如果该产品的可变现净值低于成本，则该材料存货应当按照可变现净值计量。

【例4-13】2025年年末，东海公司库存甲材料的账面成本为350万元，同时，该材料的市场销售价格为325万元，假定不发生其他的销售费用，用该材料生产的产成品——B产品的可变现净值高于B产品的生产成本。

在本例中，虽然甲材料的可变现净值（即市场销售价格）低于账面成本，似乎发生了减值损失，但是由于用其生产的B产品的可变现净值高于B产品的生产成本，即用该材料生产的最终产品此时并未发生价值减损。所以，在这种情况下，即使甲材料的账面成本高于市场价格，也不应认为发生跌价损失。即：

可变现净值=350万元

三、成本与可变现净值孰低的比较方法

企业按成本与可变现净值孰低法计价时，可分别采用单项比较法、分类比较法和总额比较法三种不同的方法。

（一）单项比较法

单项比较法，指将每个存货项目的成本与其可变现净值逐一比较，取其低者确定该项存货的价值。不考虑其他存货的可变现净值是否低于成本，不受其他存货可变现净值大小的影响。

（二）分类比较法

分类比较法，指将存货按相同性质分类，按各类存货的成本总额与其可变现净值总额进行比较，取其较低者确定该类存货的价值。不考虑其他类存货的可变现净值是否低于成本，不受其他类存货可变现净值大小的影响。采用这种方法因该类存货中各项目存货的成本与可变现净值有高有低，如表4-8中甲类存货中的A存货成本低于可变现净值，而B存货成本高于可变现净值，按类反映是成本高于可变现净值，其结果是将不同存货项目可变现净值同成本的差异相互抵销，使得不同存货项目的可变现净值与成本的关系不能清晰反映。

（三）总额比较法（亦称综合比较法）

总额比较法，指将全部存货的总成本与其总可变现净值相比较，取其低者作为全部存货的价值。这种情况下，不仅不同存货项目之间可变现净值同成本的差异相互抵销，而且还将不同存货类别之间可变现净值同成本的差异相互抵销，无法清晰反映不同存货项目及不同存货类别可变现净值与成本的关系。

以上三种方法的计算及区别可以通过表4-8的数据加以说明。

表4-8

成本与可变现净值孰低比较表

2025 年 12 月 31 日

单位：元

存货类别	项目选择	成本	可变现净值	成本与可变现净值孰低的选择金额			应确认的存货跌价损失
				按存货项目	按存货类别	按全部存货	
甲类存货	A存货	20 000	30 000	20 000			不确认
	B存货	80 000	60 000	60 000			20 000
	小计	100 000	90 000		90 000		10 000
乙类存货	C存货	70 000	60 000	60 000			10 000
	D存货	40 000	50 000	40 000			不确认
	小计	110 000	110 600		110 000		不确认
全部存货合计		210 000	200 600	180 000	200 000	200 600	9 400

通过表4-8可以看出，单项比较法确定的期末存货价值最低，最符合谨慎性原则，但工作量也最大；总额比较法最简便易行，但结果过于粗糙；分类比较法介乎两者之间。

四、成本与可变现净值孰低法的会计处理

（一）存货发生减值的判断与跌价准备提取方法

1.判断存货发生减值的主要迹象

资产负债表日，存货应当按照成本与可变现净值孰低计量。存货成本高于其可变现净值的，应当计提存货跌价准备并计入当期损益。

对出现下列情形之一的，应考虑计提存货跌价准备：

（1）市价持续下跌，并且在可预见的未来无回升的希望。

（2）企业使用该项原材料所生产的产品的成本大于产品的销售价格。

（3）企业因产品更新换代，原有库存材料已不适应新产品的需要，而该原材料市场价格又低于其账面成本。

（4）因企业所提供的商品或劳务过时或消费者爱好改变而使市场的需求发生变化，导致市场价格逐渐下跌。

（5）其他足以证明该项存货实质上已经发生减值的情形。

2.存货跌价准备的提取方法

我国《企业会计准则第1号——存货》规定，企业通常应当按照单个存货项目计提存货跌价准备。但是，准则同时又规定：

（1）采用"总额比较法"。如果某些存货具有类似最终用途或目的并与同一地区生产和销售的产品系列相关，且实际上难以将其与该产品系列的其他项目区别开来进行估价，可以合并计提存货跌价准备。但资产负债表日同一项存货中一部分有合同约定价格，而另一部分不存在合同约定价格的，应分别确定其可变现净值，并与相应的存货成本进行比较，分别确定存货跌价准备，不得合并计量减值准备。

（2）采用"分类比较法"。对于数量繁多、单位价值比较高的存货，可以按照存货的

类别比较成本与可变现净值计提存货跌价准备。

（二）存货跌价准备的账务处理

采用成本与可变现净值孰低法时：❶如果期末存货成本低于其可变现净值，账上无须作任何调整，资产负债表中存货仍按期末账面价值反映。❷如果可变现净值低于成本，则需作相应的会计处理：一方面在资产负债表上将存货价值减记至可变现净值；另一方面在利润表上确认存货跌价损失。

1.存货跌价准备核算的账户设置

会计实务中，对于期末存货可变现净值低于成本而形成的存货跌价损失，采用备抵法处理并设置"存货跌价准备"账户，以抵减存货价值，即在资产负债表中列为存货项目的减项予以反映。该账户属于存货项目的抵减账户，贷方登记应计提的存货跌价准备并与"资产减值损失"账户的借方相对应，借方登记存货跌价准备转回、存货转出时（如销售、消耗、换出、损失等）应分摊的已计提存货跌价准备的注销并与"资产减值损失""生产成本""制造费用""主营业务成本"等账户的贷方对应，贷方余额反映库存存货的已提跌价准备。

在该账户下，应分别存货跌价准备的提取方法设置有关明细账：❶采用"单项比较法"时，在"存货跌价准备"账户下按存货项目设置明细账；❷采用"分类比较法"时，在"存货跌价准备"账户下按存货类别设置明细账；❸采用"总额比较法"时，"存货跌价准备"账户不设置明细账。

这种方法的优点在于：一是不改变存货明细账记录，工作量小；二是资产负债表上可以揭示存货的成本和可变现净值两方面信息。

2.存货跌价准备的账务处理方法

采用备抵法时，每一资产负债表日都应比较期末存货的成本与可变现净值，求出应计提的备抵数，然后与"存货跌价准备"账户余额进行比较并分别以下情况进行账务处理：

（1）第一次提取或若应提数大于已提数，按应提取金额或应补提金额，借记"资产减值损失"账户，贷记"存货跌价准备"账户。

（2）若应提数小于已提数，则冲销部分已提数，借记"存货跌价准备"账户，贷记"资产减值损失"账户，或者以"红字"借记"资产减值损失"账户，贷记"存货跌价准备"账户。

（3）当已计提跌价准备的存货的价值以后又得以恢复时，其冲减的跌价准备金额，应以"存货跌价准备"账户的余额冲减至零为限。

（4）已计提跌价准备的存货转出时（如销售、消耗、换出、损失等），转出存货部分计提的跌价准备，也应一并转出，即转出存货以账面价值计量，借记"存货跌价准备"账户，贷记"生产成本""主营业务成本"等账户。

3.存货跌价准备的账务处理举例

【例4-14】鸿华公司2025年年末存货的成本与可变现净值计算及应确认的存货跌价损失见表4-9（该公司第一次对期末存货采用成本与可变现净值孰低法计量），分别阐述其在不同的存货跌价准备的提取方法下的账务处理。

表 4-9 成本与可变现净值孰低比较表

2025 年 12 月 31 日　　　　　　　　　　　　　　　　　　　　　　　单位：元

存货类别 / 项目选择		成本	可变现净值	成本与可变现净值孰低的选择金额			应确认的存货跌价损失
				按存货项目	按存货类别	按全部存货	
甲类存货	A存货	30 000	40 000	30 000			不确认
	B存货	40 000	30 000	30 000			10 000
	小计	70 000	70 000		70 000		不确认
乙类存货	C存货	50 000	70 000	50 000			不确认
	D存货	60 000	20 000	20 000			40 000
	小计	110 000	90 000		90 000		20 000
丙类存货	E存货	70 000	100 000	70 000			不确认
	F存货	80 000	35 000	35 000			45 000
	小计	150 000	135 000		135 000		15 000
全部存货合计		330 000	295 000	235 000	295 000	295 000	35 000

（1）如果采用单项比较法。

借：资产减值损失　　　　　　　　　　　　　　　95 000
　　贷：存货跌价准备——B存货跌价准备　　　　　　10 000
　　　　　　　　　　——D存货跌价准备　　　　　　40 000
　　　　　　　　　　——F存货跌价准备　　　　　　45 000

（2）如果采用分类比较法。

借：资产减值损失　　　　　　　　　　　　　　　35 000
　　贷：存货跌价准备——乙类存货跌价准备　　　　　20 000
　　　　　　　　　　——丙类存货跌价准备　　　　　15 000

（3）如果采用总额比较法。

借：资产减值损失　　　　　　　　　　　　　　　35 000
　　贷：存货跌价准备　　　　　　　　　　　　　　35 000

━━━━━━━ 【思考题】 ━━━━━━━

1. 简述存货确认条件及核算范围。
2. 不同的存货发出计价方法对期末企业报告资产和利润有何影响？
3. 何为存货可变现净值，如何确定？
4. 为什么要计提存货跌价准备，如何计提？

►◄ 练习题在线 ►◄

练习4-1　单项选择题在线回答

单项选择题每小题给出的 4 个备选项中，只有 1 个符合题意。**要求**：扫描"单项选择题"二维码进行在线回答，回答完毕并提交可查看参考答案与答案解析。

练习4-2　多项选择题在线回答

多项选择题每小题给出的5个备选项中，至少有2个符合题意。**要求**：扫描"多项选择题"二维码进行在线回答，回答完毕并提交可查看参考答案与答案解析。

练习4-3　判断题在线回答

请判断各判断题每小题的正误，正确的点击"正确"按钮，错误的点击"错误"按钮。
要求：扫描"判断题"二维码进行在线回答，回答完毕并提交可查看参考答案与答案解析。

练习4-4　原材料按实际成本计价的核算

1.资料及账务处理要求

A企业原材料按实际成本计价，2025年9月发生以下经济业务：（1）购进甲种材料一批，价款20 000元，增值税额2 600元，价税合计22 600元以银行存款支付，材料尚未运到。（2）购进乙种材料一批，价款25 000元，增值税额3 250元，价税合计28 250元，材料验收入库，款项以银行存款支付。（3）购进的甲种材料运到并验收入库。（4）购进丙种材料一批，合同价40 000元，材料验收入库，结算凭证尚未到达。（5）月末，购进丙种材料的结算凭证仍未到达，按暂估价40 000元入账。（6）10月初冲回入库未付款材料款。（7）购进丙种材料的结算凭证到达，价款40 000元，增值税额5 200元，价税合计45 200元，以银行存款支付。（8）根据乙种材料"发料凭证汇总表"所列，生产车间领用15 000元，管理部门领用4 000元。

2.完成作业练习要求

（1）扫描"练习4-4答题表"二维码，并根据下载地址下载空白练习表4-1 word文档到计算机上；（2）在练习表4-1中完成相关的账务处理；（3）根据注册的班级群账号，提交完成的作业请授课教师批阅。

（练习4-4　答题表）

练习4-5　原材料按计划成本的日常核算（一）

1.资料及账务处理要求

A公司为一般纳税人，增值税税率13%，材料按计划成本核算。材料验收入库时，材料成本差异即时结转。2025年4月初有关账户余额如下："材料采购——甲材料"账户余额206万元；"原材料——甲材料"账户余额980万元；"材料成本差异"账户余额30万元（贷方余额）；甲材料计划单价为每吨5万元。

2025年4月发生的与原材料有关的业务如下：（1）5日购进甲材料100吨，价款500万元、增值税额 65 万元；对方代垫运费价款 10 万元、增值税额 0.9 万元，材料已验收入库，货款已经支付。（2）10 日购进甲材料一批，账单已到，价款 300 万元，增值税为 39 万元，签发并承兑商业汇票，票面金额 339 万元，材料尚未到达。（3）15 日，购入甲材料 60 吨，已验收入库，当日未收到结算凭证。（4）20 日，月初在途材料全部到达，共计 44 吨，已验收入库，货款已于上月支付。（5）30 日，本月 15 日购入 60 吨材料的结算凭证仍未到达，按计划成本暂估入账。（6）30 日，根据领料凭证汇总表，共领用甲材料 360 吨，其中，产品生产耗用 260 吨，车间一般耗用 100 吨。（7）30 日，结转发出材料应负担的材料成本差异（提示：材料成本差异率计算的分母不含暂估料款金额）。根据以上资料，编制原材料购进、发出的账务处理。

2.完成作业练习要求

（1）扫描"练习 4-5 答题表"二维码，并根据下载地址下载空白练习表 4-2 word 文档到计算机上；（2）在练习表 4-2 中完成相关的账务处理；（3）根据注册的班级群账号，提交完成的作业请授课教师批阅。

练习 4-6　原材料按计划成本的日常核算（二）

1.资料及账务处理要求

甲公司为增值税一般纳税人，适用的增值税税率为 13%，为简化收入存货和结转存货成本差异的核算手续，采用月末集中登记本月存货的增加和结转本月存货成本差异。

2025 年 5 月发生的与原材料有关的资料如下：（1）购入 A 材料 100 吨，单价为 3 万元，价款 300 万元、增值税额 39 万元，发票账单已收到，单位计划成本为 3.2 万元，合理损耗 2 吨，其余材料已验收入库，全部款项以银行存款支付。（2）采用汇兑结算方式购入 B 材料一批，价款 40 万元、增值税额 5.2 万元，发票账单已收到，计划成本48 万元，材料尚未入库，款项已用银行存款支付。（3）采用商业承兑汇票支付方式购入 C 材料一批，价款 206 万元、增值税额 26.78 万元；对方代垫运费，价款 20 万元、增值税额 1.8 万元。发票账单已收到，计划成本 186.4 万元，材料已验收入库。（4）购入 D 材料一批，材料已验收入库，发票账单未到。月末应按照计划成本 60 万元估价入账；下月初作相反的会计分录予以冲回（用"红字"冲销）。（5）月末，汇总本月已付款或已开出并承兑商业汇票的入库材料的计划成本，并结转入库材料的计划成本和材料成本差异（提示：不考虑未入库材料和估价入库材料）。（6）根据"发料凭证汇总表"的记录，本月领用原材料的计划成本为：基本生产车间领用 300 万元；辅助生产车间领用 100 万元（本企业设置了"辅助生产成本"账户）。（7）计算并结转本月发出原材料应负担的材料成本差异。甲公司当月月初结存原材料计划成本为 200 万元，原材料类成本差异率为 -2.5%。

根据以上资料，编制原材料购进、发出的账务处理（要求列出按照材料类别设置的"材料成本差异"账户所属的明细账户，其余总分类账户所属明细账略）。

2.完成作业练习要求

（1）扫描"练习 4-6 答题表"二维码，并根据下载地址下载空白练习表 4-3 word 文档到计算机上；（2）在练习表 4-3 中完成相关的账务处理；（3）根据注册的班级群账号，提交完成的作业请授课教师批阅。

练习4-7　委托加工材料的核算

（一）资料及账务处理要求

1.委托加工材料按实际成本的核算

A企业与B企业签订委托加工合同，委托B企业加工甲材料。2025年3月发生的与委托加工有关的资料如下：（1）1日，委托B单位加工甲材料200件，发出乙材料的实际成本为90 000元；（2）10日，通过银行支付加工费用，价款10 000元、增值税额1 300元；（3）20日，甲材料加工完毕验收入库。**根据以上资料**，编制有关委托加工物资的账务处理。

2.委托加工材料按计划成本的核算

C企业与D企业签订委托加工合同，委托D企业加工丙材料。月初原料及主要材料类成本差异率为3%。2025年4月发生的与委托加工有关的资料如下：（1）1日，委托D企业加工丙材料400件，发出丁材料的计划成本为100 000元；（2）20日，用银行存款支付应付加工费，价款15 000元、增值税额1 950元；（3）25日，丙材料加工完毕收回，以银行存款支付运费，价款2 000元、增值税额180元；（4）丙材料验收入库，丙材料的计划成本为310元/件。**根据以上资料**，编制有关委托加工物资的账务处理。

3.委托加工低值易耗品的核算

东海公司与外地大华工具厂签订委托加工合同，委托加工专用工具。2025年7月发生的与委托加工有关的资料如下：（1）8日，发出W5型钢材500千克，计划成本40 000元，上月原材料成本差异率为-2%；（2）8日，支付发出材料运费，价款3 000元、增值税额270元；（3）8日，通过银行支付加工费，价款8 000元、增值税额1 040元；（4）24日，专业工具加工完毕验收入库共100件，每件计划成本500元。**根据以上资料**，进行有关委托加工物资的账务处理。

（二）完成作业练习要求

（1）扫描"练习4-7答题表"二维码，并根据下载地址下载空白练习表4-4 word文档到计算机上；（2）在练习表4-4中完成相关的账务处理；（3）根据注册的班级群账号，提交完成的作业请授课教师批阅。

练习4-8　低值易耗品的日常核算

（一）资料及账务处理要求

1.低值易耗品采用"一次摊销法"的核算

东风机械公司的低值易耗品采用计划成本计价核算。A类刀具领用采用"一次摊销法"核算，2025年发生的与A类刀具有关的资料如下：（1）4月1日，第一车间领用A类刀具一批，计划成本5 000元；第二基本生产车间领用A类刀具一批，计划成本10 000元；（2）月末结转领用A类刀具应负担的差异，月末低值易耗品类成本差异率为2%；（3）6月第二基本生产车间A类刀具报废一批，残料价值350元，已入材料库。**根据以上资料**，进行有关低值易耗品采用"一次摊销法"的账务处理。

2.低值易耗品采用"五五摊销法"的核算

南方机械公司的低值易耗品采用实际成本计价核算。专用模具领用采用"五五摊销法"核算，2025年发生的与专用模具有关的资料如下：（1）5月1日，第一车间领用专用模具20套，单位实际成本3 000元；（2）9月第一车间报废专用模具15套，残料作价6 000元并已入原材料库。根据以上资料，进行有关低值易耗品采用"五五摊销法"的账务处理。

（二）完成作业练习要求

（1）扫描"练习4-8答题表"二维码，并根据下载地址下载空白练习表4-5 word文档到计算机上；（2）在练习表4-5中完成相关的账务处理；（3）根据注册的班级群账号，提交完成的作业请授课教师批阅。

练习4-8 答题表

练习4-9 成本与可变现净值孰低法的应用

1.资料及账务处理要求

大华公司2024年至2025年有关的存货资料如下：（1）2024年9月26日，大华公司与M公司签订销售合同，合同约定大华公司应于2025年3月6日向M公司销售笔记本电脑5 000台，每台不含增值税售价为15 000元。（2）2024年12月31日，大华公司库存笔记本电脑7 000台，单位成本14 100元。（3）2024年12月31日，库存笔记本电脑市场销售价格（不含增值税）为每台13 000元，预计销售税费均为每台500元。（4）大华公司于2025年3月6日向M公司销售笔记本电脑5 000台，每台不含增值税售价为15 000元。（5）大华公司于2025年4月6日销售笔记本电脑50台，市场销售价格（不含增值税）为每台12 000元。货款均已收到。

根据以上资料，进行以下要求的账务处理：（1）判断应采用的计量基础；（2）计算有合同部分应计提的存货跌价准备金额，并编制会计分录；（3）计算没有合同部分应计提的存货跌价准备金额，并编制会计分录；（4）编制有关销售业务的会计分录。

2.完成作业练习要求

（1）扫描"练习4-9答题表"二维码，并根据下载地址下载空白练习表4-6 word文档到计算机上；（2）在练习表4-6中完成相关的账务处理；（3）根据注册的班级群账号，提交完成的作业请授课教师批阅。

练习4-9 答题表

5 第五章 金融资产

———————— 【学习目标与要求】

1. 理解金融资产的定义及分类。
2. 掌握交易性金融资产的特点及其账务处理。
3. 掌握以摊余成本计量的债权投资的特征及其账务处理。
4. 掌握以公允价值计量的其他债权投资的特征及其账务处理。
5. 掌握以公允价值计量的其他权益工具投资的特征及其账务处理。
6. 理解有关金融资产减值。

第一节 金融资产及其分类

金融是现代经济的核心，金融市场（包括资本市场）的健康、可持续发展离不开金融工具的广泛运用和不断创新。金融工具是指形成一方的金融资产并形成其他方的金融负债或权益工具的合同。

一、金融资产的概念

金融资产，是指企业持有的现金、其他方的权益工具以及符合下列条件之一的资产：

（1）从其他方收取现金或其他金融资产的合同权利。如企业的银行存款、应收账款或贷款等均属于金融资产。

（2）在潜在有利条件下，与其他方交换金融资产或金融负债的合同权利。如企业持有的看涨期权或看跌期权等。

【例5-1】2025年1月31日，丙上市公司的股票价格为130元。甲企业与乙企业签订6个月后结算的期权合同。合同规定，甲企业以每股5元的期权费买入6个月后执行价格为134元的丙上市公司股票看涨期权。2025年7月31日，如果丙上市公司股票价格高于134元，则行权对甲企业有利，甲企业将选择执行该期权。

该例中，甲企业享有在潜在有利条件下与乙企业交换金融资产的合同权利，应当确认一项衍生金融资产。

（3）将来须用或可用企业自身权益工具进行结算的非衍生工具合同，且企业根据该合同将收到可变数量的自身权益工具。

【例5-2】2025年4月1日，甲公司为上市公司，为回购其股份（普通股），与乙企业签订合同并向其支付200万元现金。根据合同，乙企业将于2025年8月30日向甲公司支付与200万元等值的甲公司普通股。甲公司可获取的普通股的具体数量以2025年8月30日甲公司的股价确定。

该例中，甲公司收到的自身普通股的数量随着其普通股市场价格的变动而变动。在这种情况下，甲公司应当确认一项金融资产。

（4）将来须用或可用企业自身权益工具进行结算的衍生工具合同，但以固定数量的自身权益工具交换固定金额的现金或其他金融资产的衍生工具合同除外。

【例5-3】甲公司于2025年2月1日向乙企业支付5 000元购入以自身普通股为标的的看涨期权。合同规定，甲公司有权以每股100元的价格向乙企业购入甲公司普通股1 000股，行权日为2025年6月30日。在行权日，期权将以甲公司普通股净额计算。假设行权日甲公司普通股每股市价为125元，则期权的公允价值为25 000元〔（125-100）×1 000〕，甲公司会收到200股（25 000÷125）自身普通股对看涨期权进行净额结算。

该例中，期权合同属于将来须用或可用企业自身权益工具进行结算的衍生工具合同，合同约定以甲公司普通股净额结算期权的公允价值，而非按照每股100元的价格全额结算1 000股甲公司股票，因此不属于"以固定数量的自身权益工具交换固定金额的现金"。在这种情况下，甲公司应当将其看涨期权确认为一项衍生金融资产。

金融资产的最大特征，是能够在市场交易中为其所有者提供即期或远期的货币收入流量。金融资产主要包括库存现金、银行存款、应收应付款、股票、债券、权证等。

二、金融资产的分类

我国《企业会计准则第22号——金融工具确认和计量》规定，企业应当根据其管理金融资产的业务模式和金融资产的合同现金流量特征，将金融资产在初始确认时划分为以下**三类**：以摊余成本计量的金融资产、以公允价值计量且其变动计入其他综合收益的金融资产、以公允价值计量且其变动计入当期损益的金融资产。

同时，企业应当结合自身业务特点和风险管理要求，对金融负债进行合理分类。对金融资产和金融负债的分类一经确定，不得随意变更。

会计准则变化
金融资产分类新旧会计准则的主要变化

（一）以摊余成本计量的金融资产

以摊余成本计量的金融资产应同时符合两个条件：一是企业管理该金融资产的业务模式是以收取合同现金流量为目标；二是该金融资产的合同条款规定，在特定日期产生的现金流量，仅为对本金和以未偿付本金金额为基础的利息的支付。以摊余成本计量的金融资产主要包括债权投资和企业日常活动中形成的应收账款、应收票据、其他应收款等。

（二）以公允价值计量且其变动计入其他综合收益的金融资产

以公允价值计量且其变动计入其他综合收益的金融资产应同时符合两个条件：**一是**企业管理金融资产的业务模式既以收取合同现金流量为目标又以出售该金融资产为目标；**二是**该金融资产的合同条款规定，在特定日期产生的现金流量，仅为对本金和以未偿付本金金额为基础的利息的支付。以公允价值计量且其变动计入其他综合收益的金融资产与以摊余成本计量的金融资产两者所要求的合同现金流量特征相同，即相关金融资产在特定日期产生的现金流量仅为对本金和以未偿付本金金额为基础的利息的支付。两者的区别在于企业管理金融资产的业务模式不同。此类金融资产主要包括其他债权投资和其他权益工具投资。

深入理解
如何理解管理金融资产的业务模式？

（三）以公允价值计量且其变动计入当期损益的金融资产

企业会计准则规定，不属于分类为以摊余成本计量的金融资产、也不属于分类为以公允价值计量且其变动计入其他综合收益的金融资产，应分类为以公允价值计量且其变动计入当期损益的金融资产，主要包括股票投资、基金投资以及可转换债券投资等。企业在非同一控制下的企业合并中确认的或有对价构成金融资产的，该金融资产应当分类为以公允价值计量且其变动计入当期损益的金融资产，不得指定为以公允价值计量且其变动计入其他综合收益的金融资产。

（四）金融工具分类的特殊规定

权益工具投资由于不符合本金加利息的合同现金流量特征，因此通常被分类为以公允价值计量且其变动计入当期损益的金融资产。但在初始确认时，企业可以将非交易性权益工具投资指定为以公允价值计量且其变动计入其他综合收益的金融资产，并按照规定确认股利收入。该指定一经作出，不得撤销。企业投资其他上市公司股票或者非上市公司股权的，都可能属于这种情况。

本章所讲的金融资产为《企业会计准则第22号——金融工具确认和计量》所规范的金融资产范围，不包括货币资金、长期股权投资等。同时，为便于对照会计报表项目学习和理解金融资产的基本业务及其相关会计处理，本章并不按照会计准则三分类的顺序安排，而是按照金融资产的具体内容阐述。其中"应收款项"已经在第三章中述及。

第二节　交易性金融资产

一、交易性金融资产概述

交易性金融资产，是指以公允价值计量且其变动计入当期损益的金融资产。它是企业为了近期内出售而持有的金融资产，如企业以赚取差价为目的从二级市场购入的股票、债券和基金等。

根据定义，交易性金融资产应具备以下三个基本特征：❶取得该金融资产的目的，主要是短期出售。例如，企业为了利用闲置资金，以赚取差价为目的从二级市场上购入的股票、债券和基金等。❷属于进行集中管理的可辨认金融工具组合的一部分，且有客观证据表明企业采用短期获利方式对该组合进行管理。❸属于衍生工具，主要指期权和期货等衍生金融工具。但被指定为有效套期工具的衍生工具、属于财务担保合同的衍生工具、与在活跃市场中没有报价且公允价值不能可靠计量的权益工具挂钩并须通过交付该权益工具结算的衍生工具除外。

二、交易性金融资产的取得

取得交易性金融资产时：❶应当按照取得时的公允价值作为初始入账金额，公允价值通常为金融资产的交易价格；❷取得交易性金融资产所发生的相关交易费用（如佣金、手续费等），作为投资费用处理；❸取得交易性金融资产时，如果交易价格中包括已宣告但尚未发放的利息或者现金股利，应单独确认为应收项目。

在会计处理上，应设置"交易性金融资产"账户，并按照交易性金融资产的类别和品种，分别设置"成本""公允价值变动"等明细账户进行核算。

【例5-4】2025年1月20日，风华公司委托宏源证券公司从上海证券交易所购入甲公司（上市公司）股票10 000股，每股购买价格12.75元，另支付佣金及手续费等相关交易费用金额250元，款项以存入证券公司的投资款支付。**假定不考虑有关交易费用的增值税进项税额因素（下同）**。相关账务处理如下：

借：交易性金融资产——成本（甲公司）　　　　127 500
　　投资收益　　　　　　　　　　　　　　　　　　250
　　贷：其他货币资金——存出投资款　　　　　　　　　127 750

三、交易性金融资产持有期间收到的股利和利息

企业在持有交易性金融资产期间所获得的现金股利或债券利息，应当确认为投资收益。❶对于被投资单位宣告发放的现金股利，或企业在资产负债表日按分期付息、一次还本债券投资的票面利率计算的应收未收利息收入，应确认为投资收益与应收项目，借记"应收股利"或"应收利息"账户，贷记"投资收益"账户；❷实际收到股利或债券利息时，借记"银行存款""其他货币资金"账户等，贷记"应收股利"或"应收利息"账户。

【例5-5】承【例5-4】有关资料，甲公司于3月28日宣告发放现金股利，每股1元，股权登记日为4月10日，风华公司持有甲公司股票10 000股，应收股利10 000元，该现金股利于4月15日实际收到。风华公司的相关账务处理如下：

（1）在股权登记日（4月10日）。

借：应收股利——甲公司　　　　　　　　　　10 000
　　贷：投资收益　　　　　　　　　　　　　　　　10 000

（2）在股利收到日（4月15日）。

借：银行存款　　　　　　　　　　　　　　　10 000
　　贷：应收股利——甲公司　　　　　　　　　　　10 000

四、交易性金融资产的期末计价

交易性金融资产的期末计价，是指将交易性金融资产的期初公允价值与期末公允价值进行比较，将其差额调整交易性金融资产账面价值并计入当期损益的价值计量和损益确认。交易性金融资产在最初取得时，按当时的公允价值入账，反映了企业取得时的实际成本。由于交易性金融资产存在活跃的市场，其公允价值瞬息万变，为了使资产负债表上所报告的交易性金融资产能够真实地反映其期末可变现价值，应按当日（资产负债表日）各项交易性金融资产的公允价值（即"收盘价"）确定其价值。收盘价为当日该证券最后一笔交易前1分钟所有交易的成交量加权平均价（含最后一笔交易）。当日无成交的，以前一交易日的收盘价计算。

（1）**确认持有收益并增加交易性金融资产的账面价值**。当交易性金融资产的公允价值高于其账面价值时，表明交易性金融资产因公允价值上升而增值并形成变动收益，根据其差额，借记"交易性金融资产——公允价值变动"账户，贷记"公允价值变动损益"账户。

（2）**确认持有损失并减少交易性金融资产的账面价值**。当交易性金融资产的公允价值低于其账面价值时，表明交易性金融资产因公允价值下降而贬值并形成变动损失，根据其差额，借记"公允价值变动损益"账户，贷记"交易性金融资产——公允价值变动"账户。

【例5-6】承【例5-4】有关资料，2025年12月31日"交易性金融资产——成本（甲公司）"账户的借方余额为127 500元，当日收盘价为每股13.75元，则购买甲公司10 000

股股票的公允价值为 137 500 元，应调增该股票的账面价值 10 000 元 ［10 000×（13.75−12.75）］。风华公司的相关账务处理如下：

> 借：交易性金融资产——公允价值变动（甲公司）　　10 000
> 　　贷：公允价值变动损益　　　　　　　　　　　　　　　10 000

五、交易性金融资产的出售

交易性金融资产出售所实现的损益是出售收入与其账面价值（初始成本±公允价值变动）的差额。

出售交易性金融资产：❶反映交易性金融资产出售收入金额时，按照实际收到的金额，借记"银行存款"或"其他货币资金"账户。❷结转交易性金融资产出售的账面价值时，按该交易性金融资产的初始成本，贷记"交易性金融资产——成本"账户；按该交易性金融资产期末计价时增加（或减少）的账面价值，贷记或借记"交易性金融资产——公允价值变动"账户。❸确认投资收益时，按照该交易性金融资产的出售收入与其账面价值的差额，借记（出售收入<账面价值）或贷记（出售收入>账面价值）"投资收益"账户。

深度解析

处置交易性金融资产的公允价值变动损益是否要结转为投资收益？

如果是部分出售交易性金融资产，其账面价值应按出售的交易性金融资产占该交易性金融资产的比例计算。

【例 5-7】承【例 5-4】和【例 5-6】有关资料，假设次年（2026 年）3 月份，风华公司持有的甲公司股票连续飘红，风华公司决定将其持有的 10 000 股甲公司股票全部抛售，每股售价 20.70 元，成交金额 207 000 元，另支付手续费、佣金和印花税 600 元。风华公司的相关账务处理如下：

风华公司持有的 10 000 股甲公司股票账面价值记录：

"交易性金融资产——成本（甲公司）"账户借方余额：　　127 500 元
"交易性金融资产——公允价值变动（甲公司）"账户借方余额：<u>10 000 元</u>
交易性金融资产账面价值：　　　　　　　　　　　　　　　137 500 元
确认的投资收益＝207 000−137 500−600＝68 900（元）

> 借：其他货币资金——存出投资款　　　　　　　206 400
> 　　贷：交易性金融资产——成本（甲公司）　　　　　127 500
> 　　　　　　　　　　——公允价值变动（甲公司）　　10 000
> 　　　　投资收益　　　　　　　　　　　　　　　　　68 900

需要强调的是，在会计报表上，交易性金融资产以账面价值反映，交易性金融资产持有期间的公允价值变动作为企业经营利润的构成项目单独反映。

课堂练习

1.2025 年 2 月 1 日甲公司购入乙公司股票 10 000 股，每股买价 6 元（含 0.1 元现金股利），相关交易费用 3 000 元，并将其划分为交易性金融资产，4 月 1 日收到现金股利，6 月 30 日每股公允价值 5 元，8 月 20 日出售，收到 8 万元存入银行。

根据以上资料，编制股票购买、收到股利、确认公允价值变动损益以及股票出售的有关分录。

2.2025 年 1 月 8 日，甲公司购入丙公司发行的公司债券，该笔债券于 2024 年 1 月 2

日发行，面值为 2 500 万元，票面利率为 4%，债券利息按年支付。甲公司将其划分为交易性金融资产，支付价款为 2 650 万元（其中包含已宣告但尚未发放的债券利息 100 万元），另支付交易费用 30 万元。2025 年 2 月 5 日，甲公司收到该笔债券利息 100 万元。假定 2025 年 6 月 30 日，甲公司购买的该笔债券的市价为 2 580 万元；2025 年 12 月 31 日，甲公司购买的该笔债券的市价为 2 560 万元。假定 2026 年 1 月 15 日，甲公司出售了所持有的丙公司债券，售价为 2 565 万元。

　　根据以上资料，编制债券购买、确认利息与收到利息、确认公允价值变动损益以及债券出售的有关分录。

第三节　债权投资

一、债权投资概述

　　债权投资，是指到期日固定、回收金额固定或可确定，且企业有明确意图和能力持有至到期的国债和企业债券等各种债券投资。债权投资应同时符合下列条件：

　　（1）企业管理该金融资产的业务模式，以特定日期收取合同现金流量为目的，且有明确意图和能力持有至到期。

　　（2）该金融资产在特定日期产生的合同现金流量，仅为对本金和以未偿付本金金额为基础的利息的支付。

　　企业在确认债权投资时，应注意把握以下几个特征：❶日期固定、回收金额固定或可确定——相关合同明确了投资者在确定的时期内获得或应收取现金流量的金额和时间；❷有明确意图持有至到期——投资者在取得投资时意图就是明确的，除非遇到一些企业所不能控制、预期不会重复发生且难以合理预计的独立事件，否则将持有至到期；❸有能力持有至到期——企业有足够的财务资源，并不受外部因素影响将投资持有至到期。

　　债权投资的会计处理，着重于该金融资产的持有者打算"持有至到期"，未到期前通常不会出售或重分类。因此，债权投资的会计处理主要应解决该金融资产实际利率的计算、摊余成本的确定、持有期间的收益确认及将其处置时损益的处理。

　　作为债权人投资购买的债券，按照付息情况可分为分期付息债券与到期一次付息债券。根据债权投资的业务模式和合同现金流量特征判断，应将其划分为以摊余成本计量的金融资产。所谓摊余成本，是指用投资成本减去以同期市场利率为基础计算的利息后的金额。摊余成本实际上是一种价值，它是某个时点上未来现金流量的折现值。

二、债权投资的取得

（一）债券折价和溢价的原因及其差额的含义

微课视频

债权投资的核算原理

　　企业购入的持有至到期的债券，由于票面利率是事先印定的，往往不易与市场利率一致，为使投资双方不吃亏，所以就有溢价发行（购入）、折价发行（购入）与平价发行（购入）之别，与债券面值比较就有溢价差额和折价差额。从债券购买者的角度讲，溢价差额是指债券购买者日后多获利息而在债券发行时给予债券发行者的利息返还；折价差额是指债券购买者日后少收利息而在债券发行时从债券发行者获得的利息补偿。

（二）投资入账价值的确定

债权投资的初始计量，就是要确定债权投资的入账金额。我国企业会计准则规定，企业取得的债权投资应按购入时实际支付的价款作为初始入账价值。实际支付的价款包括支付的债券实际买价以及手续费、佣金等初始直接费用（可以抵扣的增值税进项税额除外）。但是，实际支付的价款中包含的已到付息期但尚未领取的利息，应单独确认为应收项目，不计入债券的初始入账价值。

在债权投资入账后，由于票面利率与市场利率不等所产生的折价或溢价金额，以及初始直接费用，构成了债券发行时的"利息调整"。这一部分利息调整金额要在债券存续期间分期摊销，以调整各期的投资收益。

取得债权投资面值按照市场利率计算的现值（发行价格）与初始直接费用之和确认的入账金额大于面值的差额，称为"利息调整借差"；取得债权投资面值按照市场利率计算的现值（发行价格）与初始直接费用之和确认的入账金额小于面值的差额，称为"利息调整贷差"。利息调整借差、贷差本质上均是债券投资成本的组成部分，借差是债券面值的增项，而贷差是债券面值的减项。

（三）债权投资取得的账务处理

企业应当设置"债权投资"账户，并在该账户下设置"成本""利息调整""应计利息"等明细账户，核算债权投资的取得、持有期间的利息调整的摊销和投资收益的确认、处置等情况。

企业取得债权投资时：❶应按该投资的面值，借记"债权投资——成本"账户；❷按支付的价款中包含的已到期但尚未领取的利息，借记"应收利息"账户；❸按实际支付的金额，贷记"银行存款"等账户；❹按债券面值与入账金额的差额，借记或贷记"债权投资——利息调整"账户；❺收到支付的价款中包含的已到付息期但尚未领取的利息时，借记"银行存款"账户，贷记"应收利息"账户。

如果企业在发行日或付息日购入债券，因实际支付的价款中不包含利息，按照债券面值，借记"债权投资——成本"账户。如果企业在发行日后或两个付息日之间购入债券，因实际支付的价款中含有自发行日或付息日至购入日之间的利息，这部分利息应分不同情况进行账务处理：❶属于分期付息债券的利息，一般会在一年内收回，应作为企业的一项短期债权处理，借记"应收利息"账户；❷属于到期一次付息债券的利息，由于不能在一年内收回，应计入投资成本，借记"债权投资——应计利息"账户。

【例5-8】2025年1月2日，风华公司以930 000元的价格购入丙公司2025年1月1日发行的总面值为1 000 000元、票面年利率为10%、期限为5年的债券，确认为债权投资。债券利息在每年12月31日支付。另以银行存款支付了购买该债券发生的交易费用18 000元。风华公司的相关账务处理如下：

债权投资的入账金额=930 000+18 000=948 000（元）

应确认的利息调整贷差=1 000 000-948 000=52 000（元）

借：债权投资——成本	1 000 000	
贷：债权投资——利息调整		52 000
银行存款		948 000

【例5-9】2025年1月3日，风华公司以1 045 000元的价格购入丁公司2025年1月1日发行的总面值为1 000 000元、票面年利率为10%、期限为5年的债券，确认为债权投资。债券利息在每年12月31日支付，另以银行存款支付了购买该债券发生的交易费用14 000元。风华公司的相关账务处理如下：

债权投资的入账金额=1 045 000+14 000=1 059 000（元）

应确认的利息调整借差=1 059 000−1 000 000=59 000（元）

借：债权投资——成本   1 000 000

    ——利息调整   59 000

 贷：银行存款   1 059 000

【例5-10】2025年1月4日，风华公司以880 000元的价格购入ABC公司2025年1月1日发行的总面值为1 000 000元、票面年利率为10%、期限为4年的到期一次还本付息债券，债券利息按单利计算，确认为债权投资。另以银行存款支付了购买该债券发生的交易费用10 000元。风华公司的相关账务处理如下：

债权投资的入账金额=880 000+10 000=890 000（元）

应确认的利息调整贷差=1 000 000−890 000=110 000（元）

借：债权投资——成本   1 000 000

 贷：债权投资——利息调整   110 000

   银行存款   890 000

三、债权投资的摊余成本与投资收益的确定

金融资产的摊余成本，应当以该金融资产的初始确认金额经下列调整后的结果确定：（1）扣除已偿还的本金；（2）加上或减去采用实际利率法将该初始确认金额与到期日金额之间的差额进行摊销形成的累计摊销额；（3）扣除计提的累计信用减值准备。金融资产的摊余成本可用下列公式计算：

$$\text{金融资产的摊余成本} = \text{初始确认金额} - \text{已收回的本金} \pm \text{利息调整累计摊销的金额} - \text{累计计提的损失准备}$$

按照权责发生制原则，债权投资应在资产负债表日确认投资收益。在确认各期的投资收益时，不能以面值和票面利率计算的实收利息确认投资收益，这是因为票面利率往往与市场利率不一致而产生债券折价和溢价（当把初始直接费用计入债券成本时，以大于市场利率的实际利率作为折现率，实际利率应当在取得债权投资时确定），即债券初始入账金额与债券面值之间的差额（利息调整金额）。

一方面，对以"利息调整金额"表现的债券折价和债券溢价要在债券存续期间分期进行摊销，以调整"债权投资"初始入账金额（成本），使其在到期时等于面值：❶当债券折价购入时，债券初始入账金额加折价分期摊销额；❷当债券溢价购入时，债券初始入账金额减溢价分期摊销额。债券折价和溢价在对债券初始入账金额没有进行调整的金额以及没有调整完的金额就是债券的摊余成本。另一方面，对以"利息调整金额"表现的债券折价和债券溢价分期进行摊销，实际上是对按照面值和票面利率计算的实收利息的调整以确认各期真正的投资收益。利息调整的摊销过程，可以理解为将债券初始入账金额逐步调整接近债券面值的过程。

微课视频

债权投资的会计处理

由于债权投资的投资收益确认同时伴随着摊余成本的确定，所以我们将这两个问题放在一起讨论。债权投资摊余成本的确定，有"直线法"和"实际利率法"两种。我国企业会计准则要求采用"实际利率法"确定摊余成本。

（一）按直线法确定摊余成本与投资收益

按直线法确定摊余成本与投资收益，就是将债权投资的"初始利息调整总额"在债券的存续期内平均分摊到各个会计期间。

直线法的特点是各期的摊销额和投资收益固定不变，但随着利息调整借差或贷差的摊销，债券投资成本在不断变化，因而各期的投资收益率也在变化。因此，采用直线法能够简化计算工作，但由于各期收益的投资收益率不同，因而不能准确反映各期的经营业绩。

【例5-11】承【例5-8】有关资料，假定风华公司购入丙公司债券后采用直线法确定债权投资的摊余成本及投资收益。相关账务处理如下：

债权投资的摊余成本=债权投资成本－利息调整贷差=1 000 000－52 000=948 000（元）

每年摊销的利息调整贷差（折价摊销）=52 000÷5=10 400（元）

每年确认的投资收益=1 000 000×10%+10 400=110 400（元）

> 借：应收利息　　　　　　　　　　　　　　100 000
> 　　债权投资——利息调整　　　　　　　　　10 400
> 　　贷：投资收益　　　　　　　　　　　　　　　　110 400

【例5-12】承【例5-9】有关资料，假定风华公司购入丁公司债券后采用直线法确定债权投资的摊余成本及投资收益。相关账务处理如下：

债权投资的摊余成本=债权投资成本+利息调整借差=1 000 000+59 000=1 059 000（元）

每年摊销的利息调整借差（溢价摊销）=59 000÷5=11 800（元）

每年确认的投资收益=1 000 000×10%－11 800=88 200（元）

> 借：应收利息　　　　　　　　　　　　　　100 000
> 　　贷：投资收益　　　　　　　　　　　　　　　　88 200
> 　　　　债权投资——利息调整　　　　　　　　　11 800

【例5-13】承【例5-10】有关资料，假定风华公司购入ABC公司债券后采用直线法确定债权投资的摊余成本及投资收益。相关账务处理如下：

债权投资的摊余成本=债权投资成本－利息调整贷差=1 000 000－110 000=890 000（元）

每年摊销的利息调整贷差（折价摊销）=110 000÷4=27 500（元）

每年确认的投资收益=1 000 000×10%+27 500=127 500（元）

> 借：债权投资——应计利息　　　　　　　　100 000
> 　　　　　　　——利息调整　　　　　　　　27 500
> 　　贷：投资收益　　　　　　　　　　　　　　　127 500

（二）按实际利率法确定摊余成本与投资收益

在采用实际利率法确定债权投资的摊余成本和投资收益的情况下，需要在进行债券投资时即确定所购入债券的实际利率。实际利率，是使所购入债券的未来现金流量现值等于该债券的入账金额的折现率。由于付息方式不同，实际利率的计算方法也不同。

实际利率法的特点是各期的投资收益率保持不变，但由于投资额在不断变化，所以各期的投资收益也在不断变化。采用实际利率法能够使一项投资业务中各期投资收益率相同，正确反映各期经营业绩，但计算较为复杂。

1.实际利率计算的"插值法"

在债券分期付息的情况下，债券面值在到期时一次收回，其现值应根据债券面值乘以复利现值系数计算；债券票面利息分期等额收回，其现值应根据各期债券票面利息乘以年金现值系数计算。其计算公式如下：

债券初始入账金额 = 债券面值 × (P/F, i, n) + 债券票面利息 × (P/A, i, n)

式中：(P/F, i, n)是利率为i、期限为n的复利现值系数；(P/A, i, n)是利率为i、期限为n的年金现值系数。

利用"插值法"即可求出债券实际利率i。

依据【例5-8】的资料，设实际利率为i，则有：

948 000 = 1 000 000 × (P/F, i, n) + 1 000 000 × 10% × (P/A, i, n)

由于该债券折价发行，票面利率低于实际（市场）利率，先按12%的折现率测算，查复利现值系数表和年金现值系数表可知，5期、12%的复利现值系数和年金现值系数分别为0.567和3.605，得：

1 000 000×0.567+100 000×3.605=567 000+360 500=927 500<948 000

上式计算结果小于取得丙公司债券的实际成本，说明实际利率小于12%，再按11%折现率测算。通过查复利现值系数表和年金现值系数表可知，5期、11%的复利现值系数和年金现值系数分别为0.593和3.696，得：

1 000 000×0.593+100 000×3.696=593 000+369 600=962 600>948 000

上式计算结果大于取得丙公司债券的实际成本，说明实际利率大于11%。因此，实际利率介于11%和12%之间，采用插值法计算的实际利率如下：

实际利率=11%+（12%−11%）×（962 600−948 000）÷（962 600−927 500）

=11%+1%×14 600÷35 100=11%+0.42%≈11.42%

【例5-14】承【例5-8】有关资料，假定风华公司购入丙公司债券后采用实际利率法确定债权投资的摊余成本及投资收益。相关账务处理如下：

根据前面的计算结果已知，实际利率为11.42%。为了方便各期的账务处理，可以编制"债权投资利息调整贷差摊销表"确定债权投资的摊余成本及投资收益，见表5-1。

表5-1　　　　　**债权投资利息调整贷差摊销表（分期付息）**　　　　　单位：元

日期	实收利息	投资收益	利息调整贷差摊销	利息调整贷差余额	摊余成本
	①=面值×票面利率10%	②=上期⑤×实际利率11.42%	③=②−①	④=期初④−③	⑤=期初⑤+③
2025.01.02				52 000	948 000
2025.12.31	100 000	108 262	8 262	43 738	956 262
2026.12.31	100 000	109 205	9 205	34 533	965 467
2027.12.31	100 000	110 256	10 256	24 277	975 723
2028.12.31	100 000	111 428	11 428	12 849	987 151
2029.12.31	100 000	112 849*	12 849	0	1 000 000
合计	500 000	552 000	52 000	—	—

*投资收益金额保留到元，元以下四舍五入，尾差计入最后一年。

2025年12月31日，确认应收利息和摊销利息调整贷差（即确认投资收益）。

借：应收利息　　　　　　　　　　　　　　　　　　　　　100 000
　　债权投资——利息调整　　　　　　　　　　　　　　　　8 262
　　贷：投资收益　　　　　　　　　　　　　　　　　　　　　　108 262

同理，第5年（2029年12月31日）确认应收利息和摊销利息调整贷差（即确认投资收益）。

借：应收利息　　　　　　　　　　　　　　　　　　　　　100 000
　　债权投资——利息调整　　　　　　　　　　　　　　　12 849
　　贷：投资收益　　　　　　　　　　　　　　　　　　　　　　112 849

【例5-15】承【例5-9】有关资料，假定风华公司购入丁公司债券后采用实际利率法确定债权投资的摊余成本及投资收益。相关账务处理如下：

根据"插值法"计算实际利率的原理，按照【例5-9】的资料，设实际利率为i，则有：

1 059 000 = 1 000 000 × (P/F, i, n) + 1 000 000 × 10% × (P/A, i, n)

采用"插值法"确定购入丁公司债券的实际利率为8.51%。

为了方便各期的账务处理，可以编制"债权投资利息调整借差摊销表"确定债权投资的摊余成本及投资收益，见表5-2。

表5-2　　　　　　　　　债权投资利息调整借差摊销表（分期付息）　　　　　单位：元

日期	实收利息	投资收益	利息调整借差摊销	利息调整借差余额	摊余成本
	①=面值×票面利率10%	②=上期⑤×实际利率8.51%	③=①-②	④=期初④-③	⑤=期初⑤-③
2025.01.03				59 000	1 059 000
2025.12.31	100 000	90 121	9 879	49 121	1 049 121
2026.12.31	100 000	89 280	10 720	38 401	1 038 401
2027.12.31	100 000	88 368	11 632	26 769	1 026 769
2028.12.31	100 000	87 378	12 622	14 147	1 014 147
2029.12.31	100 000	85 853*	14 147	0	1 000 000
合计	500 000	441 000	59 000	—	—

*投资收益金额保留到元，元以下四舍五入，尾差计入最后一年。

2025年12月31日，确认应收利息和摊销利息调整借差（即确认投资收益）。

借：应收利息　　　　　　　　　　　　　　　　　　　　　100 000
　　贷：债权投资——利息调整　　　　　　　　　　　　　　　　9 879
　　　　投资收益　　　　　　　　　　　　　　　　　　　　　　90 121

同理，第5年（2029年12月31日）确认应收利息和摊销利息调整借差（即确认投资收益）。

借：应收利息　　　　　　　　　　　　　　　　　　　　　100 000
　　贷：债权投资——利息调整　　　　　　　　　　　　　　　14 147
　　　　投资收益　　　　　　　　　　　　　　　　　　　　　　85 853

2.实际利率计算的"开方法"

在债券到期一次还本付息的情况下，由于利息的现值计算与到期还本现值的计算相同，不存在年金的计算问题，所以，不论是按面值购入还是按溢价或折价购入，无论是否含有初始费用，其实际利率均可采用下列公式计算：

由于：债券到期值=债券初始入账金额×$(1+$实际利率$i)^n$

因此：

$$实际利率 i = \sqrt[n]{\frac{债券到期值}{债券初始入账金额}} - 1$$

式中，n为债券到期值折现的期数。例如，企业取得5年期债券，如按年确认投资收益，则折现期为5，实际利率i为年利率；如按半年确认投资收益，则折现期为10，实际利率i为半年利率；如按季度确认投资收益，则折现期为20，实际利率i为季度利率。

根据【例5-10】的资料，设实际利率为t，则有：

$$实际利率 t = \sqrt[4]{\frac{1\,000\,000 + 1\,000\,000 \times 10\% \times 4}{890\,000}} - 1 = 12\%$$

【例5-16】承【例5-10】有关资料，假定风华公司购入ABC公司债券后采用实际利率法确定债权投资的摊余成本及投资收益。相关账务处理如下：

根据前面的计算结果已知，实际利率为12%。为方便各期的账务处理，可以编制"债权投资利息调整贷差摊销表"确定债权投资的摊余成本及投资收益，见表5-3。

表5-3　　　　**债权投资利息调整贷差摊销表（到期一次付息）**　　　　单位：元

日期	实收利息 ①=面值×票面利率10%	投资收益 ②=上期⑤×实际利率12%	利息调整贷差摊销 ③=②-①	利息调整贷差余额 ④=期初④-③	摊余成本 ⑤=期初⑤+①+③
2025.01.04				110 000	890 000
2025.12.31	100 000	106 800	6 800	103 200	996 800
2026.12.31	100 000	119 616	19 616	83 584	1 116 416
2027.12.31	100 000	133 970	33 970	49 614	1 250 386
2028.12.31	100 000	149 614*	49 614	0	1 400 000
合计	400 000	510 000	110 000	—	—

*投资收益金额保留到元，元以下四舍五入，尾差计入最后一年。

2025年12月31日，确认应计利息和摊销利息调整贷差（即确认投资收益）。

借：债权投资——应计利息　　　　　　　　100 000
　　　　　　　——利息调整　　　　　　　　6 800
　　贷：投资收益　　　　　　　　　　　　　　　106 800

同理，第4年（2028年12月31日）确认应计利息和摊销利息调整贷差（即确认投资收益）。

借：债权投资——应计利息　　　　　　　　100 000
　　　　　　　——利息调整　　　　　　　　49 614
　　贷：投资收益　　　　　　　　　　　　　　　149 614

四、债权投资的到期兑现

债权投资的到期兑现，是指债权投资的期限届满时按面值收回投资及应收未收利息。❶在债券到期时，其利息调整金额已经摊销完毕；❷如果是到期一次付息的债券，到期兑现的金额包括债券面值和应计利息，借记"银行存款"账户，贷记"债权投资——成本""债权投资——应计利息"账户；❸如果是分期付息的债券，到期兑现的金额只是债券面值，借记"银行存款"账户，贷记"债权投资——成本"账户。

五、债权投资的减值

企业应当在资产负债表日对债权投资的账面价值进行检查，有客观证据表明该金融资产发生减值的，应当确认减值损失，计提减值准备。

债权投资发生减值时，应当将其账面价值减记至预计未来现金流量的现值（按债权投资初始确定的实际利率进行折现），减记的金额确认为资产减值损失，计入当期损益，借记"信用减值损失"账户，贷记"债权投资减值准备"账户。

债权投资确认减值损失后，如有客观证据表明该金融资产价值已恢复，且客观上与确认该损失后发生的事项有关（如债务人的信用评级已提高等），原确认的减值损失应当予以转回，计入当期损益。但是，该转回后的账面价值不应当超过假定不计提减值准备情况下该金融资产在转回日的摊余成本。

债权投资确认减值损失后，利息收入应当按照确定减值损失时对未来现金流量进行折现采用的折现率作为利率计算确认。

第四节　其他债权投资

一、其他债权投资概述

作为金融资产的其他债权投资，是指既可能持有至到期收取合同现金流量，也可能在到期之前出售的证券投资，具体是指企业购买的具有固定到期日的、固定回收金额的，但企业没有明确意图和能力持有至到期的债券而进行的非流动性金融资产投资。债券的非流动性是指企业持有债券的期限在1年以上。其他债权投资应同时符合下列条件：

（1）企业管理该金融资产的业务模式，既以收取合同现金流量为目标又以出售该金融资产为目标。**这一点，是本节"其他债权投资"与上一节"债权投资"的主要区别。**

（2）该金融资产在特定日期产生的合同现金流量，仅为对本金和以未偿付本金金额为基础的利息的支付。**这一点，本节"其他债权投资"与上一节"债权投资"是相同的。**

企业取得其他债权投资，应将其划分为以公允价值计量且其变动计入其他综合收益的金融资产。❶初始确认时的入账金额，与上一节"债权投资"相同，计入其他债权投资成本；❷采用实际利率法计算的利息，应当计入当期损益，计入各期损益的金额应当与上一节"债权投资"按照摊余成本计量而计入各期损益的金额相等；❸由于公允价值变动产生的所有利得或损失，应当计入其他综合收益；❹发生的减值损失或利得，应当计入当期损益；❺终止确认时，之前计入其他综合收益的累计利得或损失，应当从其他综合收益中转出，计入当期损益。

企业应当设置"其他债权投资"账户，并设置"成本""利息调整""应计利息""公允价值变动"等明细账户，核算其他债权投资的取得、处置、公允价值变动等情况。

二、其他债权投资的取得

企业取得划分为其他债权投资的债券时：❶应按该债券的公允价值和相关交易费用之和作为该金融资产的入账价值，分别借记"其他债权投资——成本"、"应收利息"、"其他债权投资——应计利息"（到期一次还本付息）等账户，借记或贷记"其他债权投资——利息调整"账户；❷根据实际支付的价款，贷记"银行存款"等账户。

微课视频

以公允价值计量且其变动计入其他综合收益的金融资产

【例 5-17】2025 年 1 月 1 日，风华公司购入乙公司同日发行的 5 年期分期付息债券，债券面值 200 万元，票面年利率为 4%，风华公司支付的购买债券价款为 180 万元，交易费用为 3 万元，均以银行存款支付；该债券在每年年末付息一次，本金在债券到期时一次性偿还。确认为其他债权投资。风华公司的相关账务处理如下：

其他债权投资入账金额=180+3=183（万元）

应确认的利息调整贷差=200-183=17（万元）

借：其他债权投资——成本	2 000 000
贷：银行存款	1 830 000
其他债权投资——利息调整	170 000

三、其他债权投资的摊余成本和投资收益的确认

企业将债券划分为其他债权投资：❶应当按照债券面值乘以票面利率作为当期应收利息，借记"其他债权投资——应计利息"账户（到期一次还本付息），或者借记"应收利息"账户（分期付息）；❷按照其他债权投资的期初摊余成本乘以初始确认的实际利率确认投资收益，贷记"投资收益"账户；❸根据借贷方差额，借记或贷记"其他债权投资——利息调整"账户。

【例 5-18】承【例 5-17】，风华公司在各年年末确认该其他债权投资的投资收益。采用"插值法"确定的购入乙公司债券的实际利率为 6%。相关账务处理如下：

为了方便各期的账务处理，可以编制"投资收益及利息调整贷差摊销表"确定债权投资的摊余成本及投资收益，见表 5-4。

表 5-4　　　　投资损益及利息调整贷差摊销表（分期付息）　　　单位：元

日期	实收利息	投资收益	利息调整贷差摊销	利息调整贷差余额	摊余成本
	①=面值×票面利率4%	②=上期⑤×实际利率6%	③=②-①	④=期初④-③	⑤=期初⑤+③
2025.01.01				170 000	1 830 000
2025.12.31	80 000	109 800	29 800	140 200	1 859 800
2026.12.31	80 000	111 588	31 588	108 612	1 891 388
2027.12.31	80 000	113 483	33 483	75 129	1 924 871
2028.12.31	80 000	115 492	35 492	39 637	1 960 363
2029.12.31	80 000	119 637	39 637	0	2 000 000
合计	400 000	570 000	170 000	——	——

*投资收益金额保留到元，元以下四舍五入，尾差计入最后一年。

2025年12月31日，应编制收到利息及摊销利息调整贷差的会计分录。

借：银行存款　　　　　　　　　　　　　　　80 000
　　其他债权投资——利息调整　　　　　　　29 800
　　　贷：投资收益　　　　　　　　　　　　　　　　109 800

其他年份以此类推。

如果上例为到期一次付息并采用单利计算，应编制以下会计分录：

借：其他债权投资——应计利息　　　　　　　80 000
　　　　　　　　　——利息调整　　　　　　　29 800
　　　贷：投资收益　　　　　　　　　　　　　　　　109 800

四、其他债权投资的期末计价

资产负债表日，企业应当按照当日其他债权投资的公允价值对其账面价值进行调整。其他债权投资的公允价值与其账面价值的差额，即公允价值的变动，不得计入当期损益，而应作为所有者权益变动，计入其他综合收益，借记或贷记"其他债权投资——公允价值变动"账户，贷记或借记"其他综合收益——其他债权投资公允价值变动"账户。

本期公允价值变动金额，即为计入其他综合收益的金额，其计算公式如下：

本期末累计公允价值变动＝本期末公允价值－本期末摊余成本

本期公允价值变动＝本期末累计公允价值变动－上期末累计公允价值变动

【例5-19】承【例5-18】有关资料，计算风华公司各年年末持有的债券的公允价值。

为了方便各期的账务处理，可以编制"公允价值变动计算表"，见表5-5。

表5-5　　　　　　　　　　　　　　公允价值变动计算表　　　　　　　　　　　　单位：元

日期	摊余成本 ①	公允价值 ②	累计公允价值变动 ③=②-①	本期公允价值变动 ④=③-期初④
2025.12.31	1 859 800	2 165 000	305 200	305 200
2026.12.31	1 891 388	2 298 000	406 612	101 412
2027.12.31	1 924 871	2 165 000	240 129	138 717
2028.12.31	1 960 363	2 087 000	126 637	-12 080

2025年12月31日编制的会计分录如下：

借：其他债权投资——公允价值变动　　　　　305 200
　　　贷：其他综合收益——其他债权投资公允价值变动　　305 200

2028年12月31日编制的会计分录如下：

借：其他综合收益——其他债权投资公允价值变动　　12 080
　　　贷：其他债权投资——公允价值变动　　　　　　　12 080

其他年份以此类推。

五、其他债权投资的出售

企业出售作为其他债权投资的债券，应终止确认该金融资产：❶将实际收到的金额与其账面价值的差额确认为当期投资损益；❷将之前计入其他综合收益的累计利得或损失从其他综合收益中转出，确认为当期投资损益。

具体账务处理如下：❶根据实际收到的出售价款，借记"银行存款"账户；❷根据其账面价值，贷记"其他债权投资——成本""其他债权投资——应计利息"账户，贷记或借记"其他债权投资——公允价值变动""其他债权投资——利息调整"账户；❸根据其差额，借记或贷记"投资收益"账户；❹将之前计入其他综合收益的公允价值的累计变动转出，借记或贷记"其他综合收益——其他债权投资公允价值变动"账户，贷记或借记"投资收益"账户。

【例5-20】承【例5-19】有关资料，假定2027年1月5日，风华公司出售2025年1月1日购入的乙公司债券，实际收到价款为2 299 000元；该债券账面价值为2 298 000元，其中，面值为2 000 000元，利息调整贷差为108 612元，公允价值变动为406 612元。相关账务处理如下：

（1）出售债券注销账面价值并确认投资收益。

```
借：银行存款                        2 299 000
    其他债权投资——利息调整            108 612
  贷：其他债权投资——债券面值                    2 000 000
                ——公允价值变动                406 612
      投资收益                                    1 000
```

（2）转出其他综合收益计入当期损益。

```
借：其他综合收益——其他债权投资公允价值变动  406 612
  贷：投资收益                                  406 612
```

六、其他债权投资的减值

其他债权投资虽然是按照公允价值计量，但其公允价值预期发生信用损失，应当确认为减值损失，计提减值准备。

其他债权投资发生信用损失，应在其他综合收益中确认减值准备，贷记"其他综合收益——信用减值准备"账户，即不减少该金融资产在资产负债表中列示的账面价值；同时，将减值损失计入当期损益，借记"信用减值损失"账户。如果该金融资产的减值恢复，应编制与以上相反的会计分录。

第五节　其他权益工具投资

企业购买股票有三种处理方式：一是作为"交易性"投资，准备近期变现，计入交易性金融资产（前已述及）；二是作为"长期性"投资，控制或影响被投资单位生产经营和回报决策，计入长期股权投资（将在下一章阐述）；三是作为"非流动性"投资，相机变现，计入其他权益工具投资。

一、其他权益工具投资概述

其他权益工具投资，是指企业对外投资准备长期持有，不以交易为目的，以获取收益（如股息红利）为目的，并对被投资方达不到控制或共同控制、也不能施加重大影响，并具有活跃市场价格的股权投资。权益工具投资一般不符合本金加利息的合同现金流量特征，但在初始确认时，应将非交易性权益工具指定为以公允价值计量且其变动计入其他综合收益的金融资产，并按规定确认股利收入。例如：❶企业持有的上市公司的限售股份，尽管在活跃市场上有报价，但由于出售受限制，不能随时出售，可指定为以公允价值计量且其变动计入其他综合收益的金融资产；❷非交易性股票以及不具有控制、共同控制和重大影响且没有公允价值的股权等，也可以指定为以公允价值计量且其变动计入其他综合收益的金融资产，可以以成本代表公允价值。

其他权益工具投资的公允价值变动应当计入其他综合收益；终止确认时，计入其他综合收益的累计利得或损失，应当从其他综合收益中转出计入留存收益。其他权益工具投资不需要计提减值准备。

企业应当设置"其他权益工具投资"账户，并在该账户下设置"成本""公允价值变动"等明细账户，核算其他权益工具投资的取得、公允价值变动、处置等情况。

二、其他权益工具投资的取得

企业取得作为其他权益工具投资的股权：❶应按照该股权的公允价值和相关交易费用之和作为初始投资成本，借记"其他权益工具投资——成本"账户，贷记"银行存款"账户；❷如果支付的价款中包含了已宣告但尚未发放的现金股利，应确认为应收项目，借记"应收股利"账户。

【例5-21】2025年5月3日，风华公司支付价款4 070 000元（含交易费用10 000元和已宣告但尚未发放的现金股利60 000元），购入A公司的股票20万股，占乙公司有表决权股份的2%。该股票在1年内不得出售，在初始确认时，该股票划分为其他权益工具投资。编制会计分录如下：

2025年5月3日购入股票，入账价值为4 010 000元（4 070 000-60 000）。

借：其他权益工具投资——成本	4 010 000
应收股利	60 000
贷：银行存款	4 070 000

三、其他权益工具投资的收益

作为其他权益工具投资的股权投资：❶在股权持有期间被投资单位宣告发放的现金股利，应确认为投资收益，借记"应收股利"账户，贷记"投资收益"账户；❷收到现金股利时，借记"银行存款"账户，贷记"应收股利"账户。

【例5-22】承【例5-21】有关资料，2026年5月4日，A公司宣告发放现金股利16 000 000元。2026年5月13日，风华公司收到A公司发放的现金股利320 000元。风华公司应编制如下会计分录：

（1）2026年5月4日，确认应收现金股利。

借：应收股利	320 000
贷：投资收益	320 000

（2）2026年5月13日，收到现金股利。

借：银行存款	320 000

贷：应收股利	320 000

四、其他权益工具投资的期末计价

资产负债表日，其他权益工具投资的公允价值与账面价值的差额，即公允价值变动，应作为所有者权益变动，计入其他综合收益，借记或贷记"其他权益工具投资——公允价值变动"账户，贷记或借记"其他综合收益——其他权益工具投资公允价值变动"账户。

【例5-23】承【例5-21】有关资料，2025年12月31日，A公司股票市价为每股20.47元，应调增股票账面价值84 000元（20.47×200 000-4 010 000）。风华公司应编制如下会计分录：

借：其他权益工具投资——公允价值变动	84 000	
贷：其他综合收益——其他权益工具投资公允价值变动		84 000

五、其他权益工具投资的出售

企业出售其他权益工具投资时，如果符合金融资产终止确认的条件，应终止确认该金融资产。

（1）将实际收到的金额与其账面价值之间的差额确认为留存收益。❶按照实际收到的出售价款，借记"银行存款"账户；❷按照其他权益工具投资的账面价值，贷记"其他权益工具投资——成本"账户，贷记或借记"其他权益工具投资——公允价值变动"账户；❸按照借贷方差额，借记或贷记"利润分配——未分配利润"账户。

拓展阅读

其他权益工具投资的公允价值变动如何转为留存收益？

（2）将计入其他综合收益的累计利得或损失从其他综合收益中转出，计入留存收益，借记或贷记"其他综合收益——其他权益工具投资公允价值变动"账户，贷记或借记"利润分配——未分配利润"账户。

提示：由于转入留存收益的"其他综合收益"在年末还要进行所得税纳税调整，而"盈余公积"的提取是以税后利润为基数，所以，转入留存收益的"其他综合收益"不计提盈余公积。

【例5-24】承【例5-21】至【例5-23】有关资料，2026年6月9日，风华公司将持有的A公司股票以每股20.62元全部出售，收取价款4 124 000元。相关账务处理如下：

（1）出售A公司股票，注销账面价值并确认留存收益。

本次出售应确认的留存收益=（20.62-20.47）×200 000=30 000（元）

借：银行存款	4 124 000	
贷：其他权益工具投资——成本		4 010 000
——公允价值变动		84 000
利润分配——未分配利润		30 000

（2）结转累计计入其他综合收益的公允价值变动。

累计其他综合收益=84 000元

借：其他综合收益——其他权益工具投资公允价值变动	84 000	
贷：利润分配——未分配利润		84 000

1.什么是金融资产？现行企业会计准则如何对金融资产分类？

2.简述交易性金融资产的主要内容及基本特征。

3.以公允价值计量且其变动计入其他综合收益的金融资产的确认条件有哪些？

4.以公允价值计量且其变动计入当期损益与以公允价值计量且其变动计入其他综合收益的金融资产的会计处理有何不同？

5.什么是实际利率法？如何确定实际利率？

▶ 练习题在线 ◀

练习5-1　单项选择题在线回答

单项选择题每小题给出的4个备选项中，只有1个符合题意。**要求**：扫描"单项选择题"二维码进行在线回答，回答完毕并提交可查看参考答案与答案解析。

| 单项选择题1—9 | 单项选择题10—18 | 单项选择题19—26 |

练习5-2　多项选择题在线回答

多项选择题每小题给出的5个备选项中，至少有2个符合题意。**要求**：扫描"多项选择题"二维码进行在线回答，回答完毕并提交可查看参考答案与答案解析。

| 多项选择题1—8 | 多项选择题9—15 |

练习5-3　判断题在线回答

请判断各判断题每小题的正误，正确的点击"正确"按钮，错误的点击"错误"按钮。**要求**：扫描"判断题"二维码进行在线回答，回答完毕并提交可查看参考答案与答案解析。

| 判断题1—10 | 判断题11—20 |

练习5-4　交易性金融资产的核算

1.资料及账务处理要求

（1）甲公司发生以下有关交易性金融资产的业务：

❶2025年1月5日，购入A公司股票10 000股，每股单价8.80元，支付相关交易费用800元，共计88 800元。❷2025年4月15日，从深圳证券交易所购入B公司股票5 000股，每股成交价9元，其中0.3元为已宣告但未分派的现金股利。支付相关交易费用600元。❸2025年4月20日，收到购入B公司股票的现金股利15 000元。❹2025年1月2日，用银行存款购入C公司同日发行的两年期债券，面值600 000元，年利率8%，到期一次还本付息。企业按635 000元的价格购入，另支付相关交易费用2 000元。**根据以上资料**，进行有关计算并编制会计分录。

（2）**乙公司发生下列有关交易性金融资产的业务：**

❶2025年2月12日，以存入证券公司的投资款购入D公司股票40 000股，作为交易性金融资产，每股购买价格5元，共计200 000元，另付有关交易费用1 000元。❷2025年12月31日，该股票每股收盘价6元，调整交易性金融资产账面价值。❸2026年3月24日，收到D公司按照每10股送3股的送股共12 000股。❹2026年8月29日，将该股票出售一半，收到款项165 000元（扣除相关税费）存入证券公司投资款账户内。❺2026年12月31日，该股票每股收盘价8元，调整交易性金融资产账面价值。根据以上资料，进行有关计算并编制会计分录。

（3）**丙公司发生下列有关交易性金融资产的业务：**

2025年1月1日，从二级市场购入E公司债券，支付价款合计102万元（含已到付息期但尚未领取的利息2万元），另发生交易费用2万元。该债券面值为100万元，剩余期限为2年，票面年利率为4%，每半年付息一次。其他资料如下：❶2025年1月5日，收到E公司债券2024年下半年利息2万元；❷2025年6月30日，E公司债券的公允价值为115万元（不含利息）；❸2025年7月5日，收到E公司债券2025年上半年利息；❹2025年12月31日，E公司债券的公允价值为110万元（不含利息）；❺2026年1月5日，收到E公司债券2025年下半年利息；❻2026年6月20日，通过二级市场出售E公司债券，取得价款118万元（含1季度利息1万元）。根据以上资料，进行有关计算并编制会计分录。

2.完成作业练习要求

（1）扫描"练习5-4答题表"二维码，并根据下载地址下载空白练习表5-1 word文档到计算机上；（2）在练习表5-1中完成相关的账务处理；（3）根据注册的班级群账号，提交完成的作业请授课教师批阅。

练习5-4

答题表

练习5-5 债权投资取得的核算

1.资料及账务处理要求

（1）**折价购入（票面利率低于实际利率）并按年分期付息的债券。**雪月公司2025年1月1日以4 650 000元的价格购入丙公司于当日发行的总面值为5 000 000元、票面年利率为10%、期限为5年的债券，债券利息于每年12月31日支付。另以银行存款支付了购买该债券发生的交易费用92 800元。雪月公司将该债券确认为以摊余成本计量的金融资产。根据以上资料，进行有关计算并编制会计分录。

（2）**溢价购入（票面利率高于实际利率）并按年分期付息的债券。**正茂公司2025年1月1日以2 090 000元的价格购入丁公司同日发行的总面值为2 000 000元、票面年利率为10%、期限为5年的债券，债券利息于每年12月31日支付。另以银行存款支付了购买该债券发生的交易费用29 300元。正茂公司将该债券确认为以摊余成本计量的金融资产。根据以上资料，进行有关计算并编制会计分录。

（3）**折价购入（票面利率低于实际利率）并按单利到期一次还本付息的债券。**风华公司于2025年1月1日以1 760 000元的价格购入光明公司同日发行的总面值为2 000 000元、票面年利率为10%、期限为4年的到期一次还本付息债券，债券利息按单利计算。另以银行存款支付了购买该债券发生的交易费用20 000元。风华公司将该债券确认为以摊余成本计量的金融资产。根据以上资料，进行有关计算并编制会计分录。

2.完成作业练习要求

（1）扫描"练习5-5答题表"二维码，并根据下载地址下载空白练习表5-2 word文档到计算机上；（2）在练习表5-2中完成相关的账务处理；（3）根据注册的班级群账号，提交完成的作业请授课教师批阅。

练习5-6 债权投资的摊余成本、投资收益确认及到期兑现的核算

1.资料及账务处理要求

（1）**承练习5-5有关资料（1）**，假定雪月公司采用"实际利率法"确定摊余成本及投资收益。5期、12%的复利现值系数和年金现值系数分别为0.567和3.605；5期、11%的复利现值系数和年金现值系数分别为0.593和3.696。实际利率计算时百分数小数位保留两位小数。根据以上资料：❶计算实际利率；❷编制投资收益及利息调整贷差摊销表；❸编制2025年年末、2029年年末确认投资收益并通过银行收取债券利息的会计分录。

（2）**承练习5-5有关资料（2）**，假定正茂公司采用"实际利率法"确定摊余成本及投资收益。5期、10%的复利现值系数和年金现值系数分别为0.62092和3.79079；5期、8%的复利现值系数和年金现值系数分别为0.68058和3.99271，实际利率计算时百分数小数位保留两位小数。根据以上资料：❶计算实际利率；❷编制投资收益及利息调整借差摊销表；❸编制2025年年末、2029年年末确认投资收益并通过银行收取债券利息的会计分录。

（3）**承练习5-5有关资料（3）**，假定风华公司采用"实际利率法"确定摊余成本及投资收益。根据以上资料：❶计算实际利率；❷编制投资收益及利息调整贷差摊销表；❸编制2025年年末、2029年年末确认投资收益的会计分录。

（4）**承练习5-5有关资料（1）**，假定雪月公司在2030年1月1日按照丙公司债券面值收回投资。根据以上资料，编制收回投资的会计分录。

2.完成作业练习要求

（1）扫描"练习5-6答题纸"二维码，并下载空白练习表5-3至练习表5-7 word文档到计算机上；（2）在练习表5-3中计算购入债券的实际利率；（3）在练习表5-4至练习表5-6电子表格中编制投资收益及利息调整贷（或借）差摊销表。

练习5-7 其他债权投资取得的核算

1.资料及账务处理要求

（1）**确认为其他债权投资——溢价购入并按年分期付息的债券**。承练习5-5有关资料（2），假定雪月公司对购入的丁公司债券既可能持有至到期，也可能提前出售，所以，应将该债券划分为"以公允价值计量且其变动计入其他综合收益的金融资产——其他债权投资"。根据以上资料，编制取得其他债权投资的会计分录。

（2）**确认为其他债权投资——折价购入并按到期一次还本付息的债券**。承练习5-5有关资料（3），假定风华公司对购入的光明公司债券既可能持有至到期，也可能提前出售，所以，应将该债券划分为"以公允价值计量且其变动计入其他综合收益的金融资产——其他债权投资"。根据以上资料，编制取得其他债权投资的会计分录。

2.完成作业练习要求

（1）扫描"练习5-7答题表"二维码，并根据下载地址下载空白练习表5-8 word文档到计算机上；（2）在练习表5-8中完成相关的账务处理；（3）根据注册的班级群账号，提交完成的作业请授课教师批阅。

练习5-8 其他债权投资收益确认、期末计价及出售的核算

（一）资料及账务处理要求

1.溢价购入按年分期付息的债券——投资收益确认及期末计价的核算

承练习5-5有关资料（2）：❶假定正茂公司采用"实际利率法"确定摊余成本及投资收益，按照"插值法"计算的实际利率为8.5%；**❷**投资收益及利息调整借差摊销见练习表5-5；**❸**在2025年年末至2029年年末的公允价值分别为：2 161 000元、2 258 000元、2 161 000元、2 082 000元、2 179 000元；**❹**假设2028年1月5日将该债券出售，实际收到价款2 260 000元。

根据以上资料：（1）根据练习表5-5编制2025年年末和2027年年末确认投资收益的会计分录；（2）计算并编制2025年年末和2027年年末确认公允价值变动的会计分录；（3）计算并编制出售该债券、确认投资收益的会计分录，以及编制转出计入其他综合收益的累计公允价值变动的会计分录。

2.折价购入到期一次还本付息的债券——投资收益确认及期末计价的核算

承练习5-5有关资料（3）：❶假定风华公司采用"实际利率法"确定摊余成本及投资收益，按照"开方法"计算的实际利率为11.99%；**❷**投资收益及利息调整贷差摊销见练习表5-6；**❸**在2025年年末至2028年年末的公允价值分别为：2 013 000元、2 248 000元、2 510 000元、2 800 000元；**❹**假设2028年1月5日将该债券出售，实际收到价款2 520 000元。

根据以上资料：（1）根据练习表5-6编制2025年年末和2027年年末确认投资收益的会计分录；（2）计算并编制2026年年末和2027年年末确认公允价值变动的会计分录；（3）计算并编制出售该债券、确认投资收益的会计分录，以及编制转出计入其他综合收益的累计公允价值变动的会计分录。

（二）完成作业练习要求

（1）扫描"练习5-8答题表"二维码，并根据下载地址下载空白练习表5-9 word文档到计算机上；（2）在练习表5-9中完成相关的账务处理；（3）根据注册的班级群账号，提交完成的作业请授课教师批阅。

练习5-8

答题表

练习5-9 其他权益工具投资的核算

1.资料及账务处理要求

光辉股份有限公司（以下简称光辉公司）有关股票投资资料如下：（1）光辉公司2025年5月3日购入长盛公司普通股10 000股，每股价格22元，另付已宣告但尚未发放的现金股利9 000元和各项交易费用1 500元，持股比例为10%。光辉公司对该股票投资既不准备近期变现也不准备长期持有，根据管理金融资产的业务模式，将该股票指定为以公允价值计量且其变动计入其他综合收益的金融资产，即在初始确认时，将该股票划分为其他权益工具投资。（2）2025年5月13日，收到长盛公司发放的现金股利9 000元。（3）2025年12月31日，长盛公司股票市价为每股21元。（4）2026年4月25日，长盛公司按10∶3送配股。（5）2026年12月31日，长盛公司股票市价为每股20元。（6）2027年4月28日，长盛公司宣告发放现金股利143 000元。（7）2027年5月5日，因急需偿还到期债务，光辉公司将持有的长盛公司股票全部出售，取得价款286 000元（已扣除相关交易税费）。**根据以上资料，**进行该股票的取得、收益确认、期末计价及

出售的账务处理。

练习 5-9
答题表

2.完成作业练习要求

（1）扫描"练习 5-9 答题表"二维码，并根据下载地址下载空白练习表 5-10 word 文档到计算机上；（2）在练习表 5-10 中完成相关的账务处理；（3）根据注册的班级群账号，提交完成的作业请授课教师批阅。

6 第六章　长期股权投资

────────────── 【学习目标与要求】

1. 了解长期股权投资的含义和内容。
2. 掌握长期股权投资的初始计量。
3. 掌握长期股权投资后续计量成本法的账务处理。
4. 掌握长期股权投资后续计量权益法的账务处理。
5. 掌握长期股权投资减值的账务处理。

第一节　长期股权投资概述

广义的投资，既包括对外投资，也包括对内投资。❶对内投资一般是指将资金投入企业内部的生产经营活动，形成诸如生产经营用的固定资产、无形资产等。❷对外投资一般是指将资金投入其他单位，包括债权性投资和权益性投资。狭义的投资，主要是指对外投资。上一章及本章所讲述的投资，是指狭义的投资。

债权性投资，是指通过购买其他单位发行的债券等方式，取得其他单位的债权。简单地讲，主要按照是否以交易为目的，分为交易性金融资产和债权投资。该内容已在上一章述及。

权益性投资，是指通过购买其他单位的股份或股权，享有一定比例的权益份额的投资。简单地讲，权益性投资按照是否以交易为目的，分为交易性金融资产和权益工具投资。其中，权益工具投资，主要按照对被投资方能够施加影响的程度（包括是否具有控制或共同控制能力），分为其他权益工具投资和长期股权投资。本章主要讨论权益工具投资中的长期股权投资。

一、长期股权投资的概念

长期股权投资，是指企业能够对被投资方实施控制、共同控制或施加重大影响的权益性投资。

企业持有长期股权投资是为了长远利益而影响、控制被投资方。其最终目的是未来获得较大的经济利益。经济利益可以通过分得股利、利润或者其他方式予以实现。在确定长期股权投资的日常会计处理和报表的列报方法时，应重点考虑投资方与被投资方的关系。

二、长期股权投资的内容

按照投资方对被投资方的影响程度或两者之间的关系，长期股权投资可以分为以下几种类型：

（一）实施控制权——对子公司的投资

实施控制权下的长期股权投资，是指投资方有权决定被投资方的财务和经营政策，并能据以从该企业的经营活动中获取利益的权益性投资。拥有控制权的投资方通常称为"母公司"，被母公司控制的一方通常称为"子公司"。实施控制权的界定或标准，一般是以投资方是否拥有被投资方50%以上的表决权资本以及对表决权的实质控制能力来加以区分。

（1）**拥有50%以上的表决权资本**。在拥有方式上包括：❶直接拥有——投资方直接拥有被投资方（子公司）50%以上的表决权资本；❷间接拥有——投资方通过其子公司拥有被投资方50%以上的表决权资本；❸直接和间接拥有——投资方直接拥有某一被投资方有表决权资本虽未达到半数以上，但同时通过其他方式如其子公司拥有该被投资方的一部分表决权资本，两者之和达到了半数以上。

（2）**表决权资本虽然不足50%，但是通过其他方式或途径，能够确定其具有实际有效控制权**。"其他方式或途径"主要指具备下列四项条件之一：❶通过与被投资方其他投资者的委托投票协议，拥有被投资方50%以上的表决权；❷根据公司章程或协议，投资方通过派出董事长和总经理来控制被投资方的财务和经营决策；❸有权任免被投资方董事会等类似权力机构的多数成员；❹在被投资方董事会或类似权力机构的会议上有半数以上的投票权。

（3）**我国企业控股合并形成的长期股权投资**。在我国，企业控股合并所形成的长期股权投资可以进一步分为以下两类：❶同一控制下的企业控股合并——参与控股合并的企业在合并前后均受同一方或相同的多方最终控制且该控制并非暂时性的（大于或等于1年）。一般发生在同一企业集团内部企业之间。例如，乙公司和丙公司都属于甲公司的子公司，如果乙公司再控股合并丙公司，那么该合并为同一控制下的企业控股合并。合并完成后，乙公司为丙公司的母公司，丙公司为乙公司的子公司，但乙公司和丙公司均为甲公司的子公司。❷非同一控制下的企业控股合并——参与控股合并的各方在合并前后不受同一方或相同的多方最终控制。一般发生在两个独立企业之间。例如，甲公司与乙公司在合并前不存在关联关系，甲公司通过让渡资产取得乙公司股权的控股合并为非同一控制下的企业控股合并。合并完成后，甲公司为乙公司的母公司，乙公司为甲公司的子公司。

（二）实施共同控制权——对合营企业的投资

实施共同控制权下的长期股权投资，是指投资方与其他合资方（即几个投资方）共同决定被投资方的财务和经营政策的权益性投资。投资方与其他合营方对被投资方实施共同控制的，被投资方成为其合营企业。实务中在确定是否构成共同控制时，一般考虑以下情况：❶任何一个合营方均不能单独控制合营企业的生产经营活动；❷涉及合营企业基本经营活动的决策需要各合营方一致同意；❸各合营方可能通过合同或协议的形式任命其中的一个合营方对合营企业的日常经营活动进行管理，但必须在各合营方已经一致同意的财务和经营政策范围内行使管理权。

（三）施加重大影响——对联营企业的投资

施加重大影响下的长期股权投资，是指投资方持有的能够对被投资方的财务和经营政策有参与决策的权力，但不具控制或共同控制的权益性投资。投资方能够对被投资方施加重大影响的，被投资方为本企业的联营企业。施加重大影响的界定，一般是以投资方是否拥有被投资方20%或以上至50%的表决权资本来加以区分。

一、长期股权投资的初始计量原则

长期股权投资在取得时应按照初始投资成本入账，其取得方式按照是否形成控股合并可分为两大类：**一类是**形成控股合并对子公司实施单独控制权的长期股权投资；**另一类是**未形成控股合并对联营企业实施共同控制权、对合营企业金融工具确认和计量的长期股权投资。所谓**控股合并**，是指一家公司通过股权投资取得对另外一家公司控制权的行为。形成控股合并的长期股权投资，按照是否属于同一控制又分为：❶同一控制下控股合并形成的长期股权投资；❷非同一控制下控股合并形成的长期股权投资。不论是同一控制下控股合并还是非同一控制下控股合并，都是实施控制权下的对子公司的投资。在不同的取得方式下，长期股权投资初始投资成本的确定有所不同。

二、形成同一控制下控股合并取得的长期股权投资

同一控制下控股合并，大多情况是母公司从整合集团内部资产负债角度出发进行的，合并双方的合并行为并非完全自愿而是由控制方主导，它属于参与合并各方资产和负债的重新组合，这种企业合并不属于市场交易行为。由于存在最终控制方，合并双方在合并过程中交易价格的确定会受到最终控制方的影响，可能不公允。

一个企业集团内部两个子公司之间发生购并交易的情况下，无论子公司之间怎样确定交易价格，对母公司来讲，只能是原来已经能够控制的一部分资产空间位置的转移，最终控制方（母公司）所控制的资产并未发生变化，也不会产生新的资产和负债。因此，合并方在企业合并中取得的被合并方的资产和负债，应当按照合并日其在被合并方的账面价值计量，不按照公允价值计量。

（一）同一控制下控股合并取得的长期股权投资的处理原则

（1）合并方应在合并日，按照所取得的被合并在最终控制方合并财务报表中净资产（或所有者权益）账面价值的份额作为长期股权投资的初始投资成本。

$$\text{同一控制下控股合并取得长期股权投资的初始投资成本} = \text{被合并方在最终控制方合并财务报表中净资产的账面价值} \times \text{持股比例}$$

（2）长期股权投资初始投资成本与支付的现金、转让的非现金资产账面价值（简称"对价"）之间的差额计入资本公积：❶前者**大于**后者的差额，调增资本公积，贷记"资本公积"账户；❷前者**小于**后者的差额，调减资本公积，借记"资本公积"账户；❸资本公积不足冲减的部分，依次冲减盈余公积和未分配利润。

拓展阅读

初始投资成本与享有份额的差额如何处理更合理？

（3）企业取得长期股权投资时，如果实际支付的对价中包含已宣告但尚未发放的现金股利或利润，不论是同一控制下的企业合并还是非同一控制下的企业合并，应将其单独作为应收项目入账，借记"应收股利"或"应收利润"账户，不构成长期股权投资的初始投资成本。

（4）合并方为进行企业合并所发生的审计费用、评估费用、法律服务费用等各项直接

相关费用，不论是同一控制下的企业合并还是非同一控制下的企业合并，都应当计入当期损益，根据直接相关费用的价款（假定不考虑有关直接费用的增值税进项税额因素，下同），借记"管理费用"账户，贷记"银行存款"等账户。

（二）不同对价方式实现同一控制下控股合并的账务处理

（1）**合并方以支付现金、转让非现金资产或承担债务方式取得被合并方的股权**：❶应在合并日按照取得被合并方的净资产的账面价值份额，作为长期股权投资的初始投资成本，借记"长期股权投资——投资成本"账户；❷按支付的合并对价的账面价值，贷记"银行存款"以及相应的资产或负债等账户；❸按应交增值税额，贷记"应交税费——应交增值税（销项税额）"账户。

【例6-1】同为风华公司所属的子公司甲公司和乙公司达成合并协议，约定甲公司以银行存款为500万元和部分非现金资产（土地使用权）并承担乙公司部分债务，向乙公司投资并占乙公司股份总额的60%，双方协商的价格为2 700万元，并于当日起能够对乙公司实施控制。此外，甲公司以银行存款支付审计、评估费用20万元。合并日：❶乙公司所有者权益总额为4 000万元；❷甲公司参与企业合并的土地使用权成本为2 000万元，已摊销400万元；❸甲公司承担乙公司600万元的债务（长期借款）；❹甲公司"资本公积——资本溢价"账户贷方余额320万元。甲公司的相关账务处理如下：

❶支付审计、评估费用等与企业合并有关的直接费用。

| 借：管理费用 | 200 000 | |
| 贷：银行存款 | | 200 000 |

❷控股合并形成长期股权投资。

甲公司应确认的初始投资成本=4 000×60%=2 400（万元）

合并对价的账面价值=（2 000-400）+500+600=2 700（万元）

应确认的资本公积减少=2 700-2 400=300（万元）

借：长期股权投资——投资成本	24 000 000	
累计摊销	4 000 000	
资本公积——资本溢价	3 000 000	
贷：无形资产		20 000 000
长期借款		6 000 000
银行存款		5 000 000

请思考：假设以上合并对价的账面价值为2 300万元，或者双方协商的价格为2 300万元，甲公司应如何进行账务处理？

（2）**合并方以发行权益性证券（股票、债券）方式取得被合并方的股权**：❶如果为发行股票方式，应在合并日按照取得被合并方所有者权益账面价值的份额确认初始投资成本，借记"长期股权投资——投资成本"账户；❷如果为发行债券方式，应在合并日按照取得被合并方所有者权益账面价值的份额与支付的手续费及佣金等之和确认初始投资成本，借记"长期股权投资——投资成本"账户；❸按照发行权益性证券的面值总额确认股本，贷记"股本"账户。

【例6-2】风华公司下属的A、B两个子公司于2025年2月1日达成合并协议，A公司以发行每股面值 1 元的股票 900 万股，换取 B 公司 65% 的股权，实现控股合并。股票发行过程中支付相关手续费、佣金等 300 万元。合并日 B 公司所有者权益账面价值为 6 000 万元。则 A 公司的账务处理如下：

❶ A 公司的初始投资成本 = 6 000×65% = 3 900（万元）

❷ 股本溢价 = 3 900−900×1−300 = 2 700（万元）

借：长期股权投资——投资成本	39 000 000
贷：股本	9 000 000
资本公积——股本溢价	27 000 000
银行存款	3 000 000

三、形成非同一控制下控股合并取得的长期股权投资

对于非同一控制下控股合并，通常被认为是一项投资方取得了被投资方净资产的交易，其与企业直接从外部购入机器设备、存货等资产并无区别。从这个角度出发，非同一控制下的控股合并是合并各方自愿进行的市场交易行为。作为一种公平的交易，购买方通过企业合并形成的对被合并方的长期股权投资应以公允价值为计价基础。

（一）非同一控制下控股合并取得的长期股权投资的处理原则

购买方在购买日应按照《企业会计准则第 20 号——企业合并》（以下简称"企业合并准则"）中规定的合并成本作为长期股权投资的初始投资成本。按照"企业合并准则"的规定，合并成本包括购买方付出的资产、发生或承担的负债、发行的权益性证券的公允价值（不包括已宣告但尚未发放的现金股利或利润，下同），即购买方所付出合并对价的公允价值。该合并对价的公允价值与其账面价值的差额，计入当期损益。

$$\text{非同一控制下控股合并取得的长期股权投资的初始投资成本} = \text{付出资产的公允价值} + \text{发生或承担负债的公允价值} + \text{发行权益性证券的公允价值}$$

（二）不同对价方式实现非同一控制下控股合并的账务处理

1. 购买方以支付现金、转让非现金资产或承担债务方式作为合并对价

（1）购买方以货币资金作为对价的，应视同购买处理。在购买日，按确定的合并成本，作为长期股权投资的初始投资成本，借记"长期股权投资——投资成本"账户，贷记"银行存款"账户。

（2）购买方以存货作为对价的，应当作为视同销售处理。在购买日：❶ 按确定的合并成本（包含存货视同销售的增值税销项税额），作为长期股权投资的初始投资成本，借记"长期股权投资——投资成本"账户；❷ 按存货的公允价值，贷记"主营业务收入""其他业务收入""应交税费——应交增值税"账户；❸ 在以上确认视同销售收入的同时，按存货的账面价值，同时结转相应的成本，借记"主营业务成本""其他业务成本""存货跌价准备"账户，贷记"库存商品""原材料"等账户。

（3）购买方以固定资产作为对价的，视同固定资产处置处理。在购买日：❶ 将固定资产转入处置，注销固定资产的账面价值，借记"固定资产清理""累计折旧""固定资产减值准备"账户，贷记"固定资产"账户。❷ 按固定资产的公允价值（含增值税销项税额），作为长期股权投资的初始投资成本，借记"长期股权投资——投资成本"账户；按

应计的增值税销项税额，贷记"应交税费——应交增值税（销项税额）"；按固定资产不含增值税的处置价格，贷记"固定资产清理"账户，同时，结转固定资产处置损益，借记或贷记"固定资产清理"账户，贷记或借记"资产处置损益"账户。

（4）购买方以无形资产作为对价的，视同固定资产处置处理。在购买日：❶按无形资产的公允价值（含增值税销项税额），作为长期股权投资的初始投资成本，借记"长期股权投资——投资成本"账户；❷注销无形资产账面价值并确认处置损益，借记"累计摊销""无形资产减值准备"账户，贷记"无形资产""应交税费——应交增值税（销项税额）"账户，贷记或借记"资产处置损益"账户。

【例6-3】2025年3月1日，方元公司以货币资金及一批库存商品、原材料、机器设备为对价购入正大公司60%的股权，对正大公司实施控制。假定合并前方元公司与正大公司不存在任何关联方关系。参与合并对价的有关资料如下：❶货币资金100万元；❷库存商品账面价值300万元，不含增值税的公允价值400万元，应计增值税销项税额52万元；❸原材料账面余额为250万元，已计提存货跌价准备30万元，不含增值税的公允价值200万元，应计增值税销项税额26万元；❹机器设备的原始价值700万元，累计折旧120万元，不含增值税的公允价值600万元，应计增值税销项税额78万元。另外支付某公司评估费用等各项合并费用10万元。相关账务处理如下：

❶方元公司初始投资成本=100+（400+52）+（200+26）+（600+78）=1 456（万元）
❷购买日控股合并形成长期股权投资。

借：长期股权投资——投资成本	14 560 000	
管理费用	100 000	
贷：银行存款		1 100 000
主营业务收入		4 000 000
其他业务收入		2 000 000
固定资产清理		6 000 000
应交税费——应交增值税（销项税额）		1 560 000

❸固定资产转入清理并确认处置损益。

借：固定资产清理	5 800 000	
累计折旧	1 200 000	
贷：固定资产		7 000 000
借：固定资产清理	200 000	
贷：资产处置损益		200 000

❹结转存货成本。

借：主营业务成本	3 000 000	
其他业务成本	2 200 000	
存货跌价准备	300 000	
贷：库存商品		3 000 000
原材料		2 500 000

2.购买方以发行权益性证券（发行股票）方式作为合并对价

购买方在购买日：❶按发行股票等的公允价值，作为长期股权投资的初始投资成本，借记"长期股权投资——投资成本"账户；❷按发行股份的面值总额，贷记"股本"账户；❸按照长期股权投资初始投资成本与所发行股份面值总额之间的差额，贷记"资本公积——股本溢价"账户。

特别强调：为发行权益性证券支付给有关证券承销机构等的手续费、佣金等与权益性证券发行直接相关的税费（简称"发行费用"），不构成取得长期股权投资的成本，发行费用应自权益性证券的溢价发行收入中扣除，权益性证券的溢价收入不足冲减的，应依次冲减盈余公积和未分配利润。购买方为进行长期股权投资发生的审计、法律服务、评估咨询等中介费用以及其他相关费用，应于发生时计入当期损益，借记"管理费用""应交税费——应交增值税（进项税额）"等账户，贷记"银行存款"等账户。

【例6-4】2025年3月1日，宏苑公司发行1 000万股股票（每股面值1元）作为合并对价取得光明公司100%的股权，支付发行费用150万元。该股票的公允价值为2 000万元。合并期间，宏苑公司支付评估费用等各项合并直接费用10万元。合并前与光明公司不存在任何关联方关系。假定不考虑相关税费（下同）。相关账务处理如下：

借：长期股权投资——投资成本	20 000 000	
管理费用	100 000	
贷：股本		10 000 000
资本公积——股本溢价		8 500 000
银行存款		1 600 000

四、未形成控股合并取得的长期股权投资

未形成控股合并取得的长期股权投资，是指企业以支付现金、转入非现金资产、发行权益性证券等方式，取得的对被投资方不具有控制的长期股权投资，包括取得对合营企业和联营企业的权益性投资。

未形成控股合并取得的长期股权投资，其初始投资成本的确定与形成非同一控制下控股合并的长期投资成本的确定方法基本相同。其区别是对发生的审计、评估、咨询、法律等中介费用，前者计入长期股权投资的成本，后者计入当期损益。

【例6-5】W公司2025年1月20日以支付货币资金方式购入H公司40%的股权。实际支付价款330万元（包含已宣告但尚未发放的现金股利30万元），另为购买该股权支付审计、评估咨询费等相关费用10万元。W公司取得该部分股权后，能够对H公司产生重大影响。W公司的相关账务处理如下：

借：长期股权投资——投资成本（H公司）	3 100 000	
应收股利	300 000	
贷：银行存款		3 400 000

【例6-6】环宇公司2025年3月20日通过增发50万股本公司普通股（每股面值1元）的方式取得华明公司40%的股权，确认为长期股权投资，对华明公司产生重大影响。该股票增发前后的平均股价为6元/股。为增发该部分股份，环宇公司向证券承销机构等支付相关佣金和手续费20万元。环宇公司的相关账务处理如下：

借：长期股权投资——投资成本（华明公司）   3 000 000
　　贷：股本   500 000
　　　　资本公积——股本溢价   2 300 000
　　　　银行存款   200 000

第三节 长期股权投资的后续计量

企业进行长期股权投资时，最初是以投资的初始投资成本计量的，但在取得长期股权投资后的持有期间，则要视投资方在被投资方所占的股份比例以及所能产生的影响程度等因素，采用不同的计量方法对其进行后续计量，包括成本法、权益法。其中：❶成本法适用于对子公司的长期股权投资。❷权益法适用于对合营企业和联营企业的长期股权投资。

一、长期股权投资核算的成本法

长期股权投资核算的成本法，是投资成本的计价方法，即长期股权投资按照初始投资成本计量后，除追加投资或收回投资外，一般不对长期股权投资的账面价值进行调整。成本法适用于投资方能够单独对被投资方实施控制的长期股权投资，即对子公司的股权投资，包括形成同一控制控股合并和形成非同一控制控股合并的长期股权投资。采用成本法核算长期股权投资，其核算程序如下：

（1）投资时：❶按初始投资成本作为长期股权投资的入账价值，借记"长期股权投资——投资成本"账户。投资入账后，除追加投资或收回投资外，长期股权投资的账面价值一般保持不变，即"长期股权投资——投资成本"账户的借方余额就是该股权投资的账面价值。❷长期股权投资初始投资成本，应分形成同一控制控股合并和形成非同一控制控股合并的方式进行确认，参见【例6-1】至【例6-3】的账务处理。❸当追加或减少投资时，应调增或调减长期股权投资的账面价值。❹当发生减值时，应通过"长期股权投资减值准备"账户，调整长期股权投资的账面价值。

（2）股权持有期间：❶被投资方实现利润或发生亏损，投资方不需要作任何会计处理；❷被投资方宣告分派股票股利时，投资方只作备查登记，调整持股数量，不作账务处理；❸当被投资方宣告分派现金股利或利润时，投资方才按应享有的份额（持股比例），确认为当期投资收益，借记"应收股利"账户，贷记"投资收益"账户。

（3）采用成本法核算的长期股权投资，其处置与减值的账务处理参见本章第四节。

【例6-7】承【例6-3】有关资料。方元公司根据以下发生的有关长期股权投资业务，编制会计分录如下：

❶2025年4月1日，正大公司宣告分派现金股利200万元时：

借：应收股利（2 000 000×60%）   1 200 000
　　贷：投资收益   1 200 000

❷2025年4月20日，方元公司收到现金股利120万元时：

借：银行存款   1 200 000
　　贷：应收股利   1 200 000

❸2025年正大公司实现净利润500万元时：

不作账务处理。

二、长期股权投资核算的权益法

（一）权益法及其适用范围

长期股权投资核算的权益法，是指投资以初始投资成本计量后，在投资持有期间根据投资方享有被投资方所有者权益份额的变动对投资的账面价值进行调整的方法。权益法适用于以下**两类**长期股权投资：（1）投资方对被投资方能够实施共同控制的长期股权投资，即对**合营企业**的投资；（2）投资方对被投资方能够施加重大影响的长期股权投资，即对**联营企业**的投资。

对合营企业和联营企业的投资，之所以采用权益法核算，是由于投资方不编制合并财务报表，但因其在被投资方的所有者权益中占有较大份额，而采用权益法就可以反映这种份额的增减变动情况。

（二）权益法的核算程序

采用权益法核算长期股权投资，其核算程序如下：

（1）初始投资或追加投资时，一方面按照初始投资成本或追加投资的投资成本，增加长期股权投资的账面价值。同时，比较初始投资成本与投资时应享有被投资方可辨认净资产公允价值的份额。

（2）持有投资期间，随着被投资方所有者权益的变动，投资方相应调整长期股权投资的账面价值。在持有投资期间，被投资方能够提供合并财务报表的，应当以被投资方的合并净利润和其他投资变动为基础进行核算。

（三）权益法核算应设置的账户

为分别反映长期股权投资的初始投资成本，以及因被投资方所有者权益发生增减变动而对长期股权投资账面价值进行调整的金额，应设置**"长期股权投资"**账户，并在该账户下设置"投资成本""损益调整""其他综合收益""其他权益变动"等明细账户。

（1）**"投资成本"**明细账户。核算：❶长期股权投资的初始成本；❷初始成本小于投资时应享有被投资方可辨认净资产公允价值份额之间的差额，应调增的初始投资成本。

（2）**"损益调整"**明细账户。核算：❶投资方应享有或承担的被投资方实现的净利润或发生的净亏损的份额；❷被投资方分派的现金股利或利润中投资方应获得的份额。

（3）**"其他综合收益"**明细账户。核算投资方应享有或承担的被投资方确认的其他综合收益的份额。

（4）**"其他权益变动"**明细账户。核算投资方应享有或承担的被投资方确认的除净收益、其他综合收益以外的所有者权益变动的份额。

（四）权益法下初始投资成本的调整

权益法的特点是长期股权投资的账面价值随着被投资方所有者权益的变动而同向变动，其账面价值基本上代表了投资方在被投资方所有者权益中所享有的份额，当然也可能包括商誉的价值。由于被投资方净资产的"账面价值"与其"公允价值"不一定相等，投资方为了更客观地反映在被投资方所有者权益中享有的份额，应将初始投资成本按被投资方可辨认净资产的公允价值与持股比例进行调整。计算公式如下：

微课视频

长期股权投资
权益法（一）

$$应享有被投资方可辨认净资产公允价值份额 = 投资时被投资方可辨认净资产公允价值总额 \times 投资方持股比例$$

初始投资成本与应享有被投资方可辨认净资产公允价值份额之间的差额，应分以下两种情况进行处理。

1."初始投资成本"大于"应享有被投资方可辨认净资产公允价值份额"

"初始投资成本"大于"应享有被投资方可辨认净资产公允价值份额"之间的差额，其性质与"商誉"相同，可以理解为投资方购买被投资方的"商誉"付出的代价，这一差额不调整长期股权投资的初始投资成本，在投资持有期间也不摊销。

【例6-8】 承【例6-5】有关资料，假设2025年1月20日（购买日）被投资方H公司可辨认净资产的公允价值为700万元，则投资方W公司取得的份额为280万元（700×40%），初始投资成本310万元大于280万元，多支付了30万元，应视为购买商誉，对投资成本不予调整。

2."初始投资成本"小于"应享有被投资方可辨认净资产公允价值份额"

"初始投资成本"小于"应享有被投资方可辨认净资产公允价值份额"之间的差额，其性质与"捐赠利得"相同，可以理解为被投资方对投资方作出的让步，该部分经济利益流入应作为投资方的收益处理，计入取得投资当期的损益，同时调增长期股权投资的账面价值，借记"长期股权投资——投资成本"账户，贷记"营业外收入"账户。

【例6-9】 承【例6-5】有关资料，假设2025年1月20日（购买日）被投资方H公司可辨认净资产的公允价值为900万元，则投资方W公司取得的份额为360万元（900×40%），初始投资成本310万元小于360万元，少支付了50万元，应将其记入"利得"并调整增加长期股权投资的投资成本。相关账务处理如下：

借：长期股权投资——投资成本（H公司）　　500 000

贷：营业外收入　　　　　　　　　　　　　　　　 500 000

（五）权益法下投资损益的确认

学有余力

权益法投资损益确认的调整因素

投资方取得长期股权投资后，应按照被投资方实现的净利润或发生的净亏损中，投资方应享有或应承担的份额确认投资损益，同时相应调整长期股权投资的账面价值。

在权益法下，由于投资方长期股权投资的初始投资成本已按照购买日被投资方可辨认净资产的公允价值进行了调整，而被投资方实现的净利润或发生的净亏损是按照账面价值确认的，所以，投资方在反映长期股权投资损益时，应以购买日被投资方各项可辨认资产等的公允价值为基础进行调整后加以确定，而不应仅按照被投资方的账面净利润与持股比例计算的结果简单确定。

1.权益法投资收益的确认

（1）有关资产的账面价值与公允价值的差额对投资收益的影响。

微课视频

长期股权投资权益法（二）

在长期股权投资的持有期间，投资方应按照被投资方实现的净利润和持股比例计算确认投资收益，以"损益调整"的方式，调增长期股权投资的账面价值并确认为当期投资收益，借记"长期股权投资——损益调整"账户，贷记"投资收益"账户。而被投资方实现的净利润，既包括被投资方的"账面净利润"，又包括投资方对被投资方有关资产账面价值与公允价值之间差额进行调整的部分。也即，投资方在确认投资收益时，应在被投资方账面净利润的基础上，根据取得投资时有关资产账面价值与公允价值差额的影响进行调整。

【例6-10】承【例6-5】和【例6-9】有关资料。假设投资方W公司2025年1月20日（购买日）取得投资时，被投资方H公司：❶A项固定资产账面价值为350万元，公允价值为500万元，按照账面价值计提的年折旧额为28万元，按照公允价值计提的年折旧额为40万元；❷其他可辨认资产的账面价值与公允价值一致；❸2025年度实现账面净利润162万元。假设不考虑所得税的影响。其他条件同【例6-9】。W公司有关分析计算及应编制的会计分录如下：

$$\text{投资时被投资方固定资产公允价值与账面价值之差调增折旧额应调减的净利润}=40-28=12（万元）$$

特别注意： 调增折旧额应调减的净利润12万元继续对以后年度产生影响。

调整后应确认的投资收益=（162-12）×40%=60（万元）

借：长期股权投资——损益调整（H公司）　　　　　600 000
　　贷：投资收益　　　　　　　　　　　　　　　　　　　　600 000

2025年12月31日，长期股权投资的账面余额为4 200 000元。

其中：投资成本=3 100 000+500 000=3 600 000（元）

　　　损益调整=600 000元

（2）有关内部交易形成的内部利润对投资收益的影响。

权益法下，如果投资方与被投资方之间发生内部交易，不论是投资方向被投资方销货（即顺流交易），还是被投资方向投资方销货（即逆流交易），其未实现的内部损益中属于投资方享有的份额，投资方应在确认投资收益时予以扣除，即将其中属于投资方享有的份额在确认投资收益时予以抵销。

拓展阅读

内部销货的
顺流交易与
逆流交易

【例6-11】承【例6-10】有关资料，假设被投资方H公司2026年度实现的账面净利润为302万元。2026年W公司与H公司之间发生如下内部交易：❶W公司向H公司销售甲商品20件，不含增值税的销售价格为100万元，销售成本为60万元，但甲商品在H公司只销售了其中的50%；❷H公司向W公司销售乙商品10台，不含增值税的销售价格为200万元，销售成本为140万元；❸W公司将从H公司购入的乙商品确认为生产用固定资产，折旧年限为6年，采用直线法计提折旧，不考虑净残值。其他条件同【例6-10】。W公司有关分析计算及相关账务处理如下：

（1）继续调整A项固定资产公允价值与账面价值之差调增折旧额应调减的净利润为12万元。

（2）资产内部交易视为未实现利润应调减的净利润。

❶甲商品内部交易应调减的净利润=（100-60）×50%=20（万元）

❷乙商品内部交易应调减的净利润=200-140=60（万元）

❸投资方作为固定资产提取折旧应调增的净利润=（200-140）÷6=10（万元）

（3）调整后被投资方2026年应确认的投资收益额。

应确认的投资收益额=（302-12-20-60+10）×40%=88（万元）

（4）根据以上计算结果编制会计分录。

借：长期股权投资——损益调整（H公司）　　　　　880 000
　　贷：投资收益　　　　　　　　　　　　　　　　　　　　880 000

2.权益法投资损失的确认

如果被投资方发生亏损：❶投资方也应按持股比例确认应承担的损失，借记"投资收益"账户，贷记"长期股权投资——损益调整"账户；❷被投资方的净亏损也应以其购买日各项可辨认资产等的公允价值为基础进行调整后加以确定；❸如发生内部交易，其未实现内部损益也应一并调整；❹由于投资方承担有限责任，因此投资方在确认投资损失时，应以长期股权投资账面价值减记至零为限，投资方负有承担额外损失义务的除外；❺对于未确认的投资损失应在"投资损失备查簿"中进行登记；❻被投资方以后扭亏为盈，投资方享有的投资收益按照前述确认投资收益的方法进行确认，借记"长期股权投资——损益调整"账户，贷记"投资收益"账户。

学有余力
长期权益的价值减记
至零后的额外负担

【例6-12】N公司持有M公司30%的股权并能够对M公司施加重大影响。2024年12月31日，N公司"长期股权投资"账户及其所属明细账户的记录如下："投资成本"账户借方余额为100万元，"损益调整"账户借方余额为20万元。(1) 2025年度，M公司发生严重亏损，以各项可辨认资产等公允价值为基础调整后的净亏损为200万元；(2) 2026年度M公司继续发生亏损，以各项可辨认资产等公允价值为基础调整后的净亏损为300万元，其他条件不变；(3) 2027年度M公司扭亏为盈，以各项可辨认资产等公允价值为基础调整后的净利润为450万元，其他条件不变。N公司确认投资损益的分析计算及相关账务处理如下：

(1) 2025年年末，N公司承担M公司亏损并确认投资损失。

N公司应承担的投资损失=200×30%=60（万元）

> 借：投资收益　　　　　　　　　　　　　　　600 000
> 　　贷：长期股权投资——损益调整（M公司）　　　600 000

2025年年末N公司的长期股权投资账面价值为60万元（100+20-60）。

(2) 2026年年末，N公司承担M公司亏损并继续确认投资损失。

N公司应承担M公司亏损的投资损失=300×30%=90（万元）

N公司以长期股权投资账面价值为限应实际确认的投资损失=60万元

N公司未确认的投资损失=90-60=30（万元）

> 借：投资收益　　　　　　　　　　　　　　　600 000
> 　　贷：长期股权投资——损益调整（M公司）　　　600 000

2026年年末，N公司长期股权投资账面价值为零。对于未确认的投资损失30万元应在"投资损失备查簿"中进行登记。

(3) 2027年年末，N公司享受M公司扭亏为盈享有的投资收益并实际确认投资收益。

N公司应享有的投资收益=450×30%=135（万元）

N实际确认的投资收益=135-30=105（万元）

> 借：长期股权投资——损益调整（M公司）　　　1 050 000
> 　　贷：投资收益　　　　　　　　　　　　　　　1 050 000

2027年年末，N公司长期股权投资账面价值105万元（"投资成本"账户借方100万元，"损益调整"账户贷方余额5万元）。

（六）权益法下投资方分派股利的调整

权益法下，投资方在投资持有期间从被投资方分得的利润或股利，应视为投资的收回。❶投资方应按照被投资方宣告分派的现金股利和持股比例计算应分得的现金股利，相应减少长期股权投资的账面价值，借记"应收股利"账户，贷记"长期股权投资——损益调整"账户；❷实际收到分派的现金股利时，借记"银行存款"账户，贷记"应收股利"账户。

【例6-13】承【例6-10】有关资料，假设被投资方H公司：❶2026年5月10日宣告分派现金股利2 400 000元；❷2026年5月20日实际发放现金股利 。**根据以上资料**，编制W公司确认及收到现金股利的会计分录如下：

W公司应确认的现金股利=2 400 000×40%=960 000（万元）

借：应收股利　　　　　　　　　　　　　　　　960 000
　　贷：长期股权投资——损益调整（H公司）　　　　960 000
借：银行存款　　　　　　　　　　　　　　　　960 000
　　贷：应收股利　　　　　　　　　　　　　　　　960 000

（七）权益法下被投资方其他综合收益和其他权益的调整

采用权益法进行长期股权投资的核算，除了净损益以外，被投资方确认的其他综合收益和其他权益变动，也会影响被投资方所有者权益总额，进而影响投资方应享有被投资方所有者权益的份额。投资方应调整长期股权投资的账面价值并分别计入其他综合收益和资本公积（其他资本公积），借记或贷记"长期股权投资——其他综合收益""长期股权投资——其他权益变动"账户，贷记或借记"其他综合收益""资本公积——其他资本公积"账户。

【例6-14】承【例6-13】有关资料，假设被投资方H公司2026年其他综合收益增加800 000元。**根据以上资料，**W公司确认其他综合收益调整的账务处理如下：

W公司其他综合收益增加=800 000×40%=320 000（元）

借：长期股权投资——其他综合收益（H公司）　　320 000
　　贷：其他综合收益　　　　　　　　　　　　　　320 000

2026年12月31日，投资方W公司长期股权投资的账面价值，即"长期股权投资"账户的借方期末余额为4 440 000元。

其中：投资成本=3 100 000+500 000=3 600 000（元）
　　　损益调整=600 000+880 000-960 000=520 000（元）
　　　其他综合收益=320 000元

学有余力

长期股权投资成本法与权益法的比较

第四节　长期股权投资的处置与减值

一、长期股权投资的处置

长期股权投资处置，是指投资方将持有的长期股权投资全部抛售或部分出售的情形。处置长期股权投资时，其账面价值与实际取得价款的差额应当计入当期损益。❶按实际收到的金额，借记"银行存款"等账户；❷按所处置长期股权投资的账面价值，贷记"长期股权投资"账户；❸按以上账户借方金额与贷方金额的差额，贷记或借记"投资收益"账户；❹采用权益法核算的长期股权投资，因被投资方除净损益以外所有者权益的其他变动而计入其他综合收益的金额，也应转入当期损益。

【例6-15】承【例6-14】有关资料，2027年1月10日，W公司将持有的H公司股权全部出售，收到转让价款4 539 000元。根据以上资料，W公司处置长期股权投资的账务处理如下：

❶投资成本=3 100 000+500 000=3 600 000（元）

❷损益调整=600 000+880 000-960 000=520 000（元）

❸其他综合收益=320 000元

❹转让损益=4 539 000-3 600 000-520 000-320 000=99 000（元）

（1）处置长期股权投资。

```
借：银行存款                              4 539 000
    贷：长期股权投资——投资成本                    3 600 000
                  ——损益调整                      520 000
                  ——其他综合收益                  320 000
        投资收益                                   99 000
```

（2）同时，结转其他综合收益。

```
借：其他综合收益                          320 000
    贷：投资收益                                    320 000
```

【例6-16】承【例6-14】有关资料，假设2027年1月10日，W公司将持有的H公司股权出售其中的50%，取得转让价款2 269 500元。转让该部分股权后，仍能对H公司施加重大影响，对剩余20%（40%-40%×50%）的股权仍采用权益法核算。根据以上资料，W公司处置部分长期股权投资的账务处理如下：

W公司转让损益=2 269 500-1 800 000-260 000-160 000=49 500（元）

（1）处置其中50%的长期股权投资。

```
借：银行存款                              2 269 500
    贷：长期股权投资——投资成本                    1 800 000
                  ——损益调整                      260 000
                  ——其他综合收益                  160 000
        投资收益                                   49 500
```

（2）同时，结转其他综合收益。

```
借：其他综合收益                          160 000
    贷：投资收益                                    160 000
```

二、长期股权投资的减值

（一）长期股权投资的可回收金额

每年年末，企业应对长期股权投资的账面价值进行检查。如果出现减值迹象，应对其可回收金额进行估计。即"以资产的公允价值减去处置费用后的净额"与"资产未来现金流量的现值"进行比较，取两者之间的较高者作为"资产的可回收金额"。

（二）长期股权投资减值损失的确认

如果长期股权投资可回收金额的计量结果表明其可回收金额低于其账面价值，说明长期股权投资发生减值，应将其账面价值减记至可回收金额，借记"资产减值损失"账户，贷记"长期股权投资减值准备"账户。长期股权投资减值损失一经确认，在以后期间不得转回。

【例6-17】承【例6-3】有关资料，2025年12月31日，方元公司确认持有正大公司长期股权投资的可回收金额为1 300万元，确认长期股权投资减值损失156万元。2026年1月15日，方元公司将持有的正大公司股权全部售出，收取价款1 310万元。根据以上资料，编制方元公司确认减值损失与投资收益的账务处理如下：

（1）2025年12月31日，确认长期股权投资减值损失：

借：资产减值损失　　　　　　　　　　1 560 000
　　贷：长期股权投资减值准备　　　　　　　　　　1 560 000

（2）2026年1月15日，处置长期股权投资并确认投资收益。

处置长期股权投资的投资收益＝收取价款－长期股权投资账面价值

$$=1\ 310-（1\ 456-156）=10（万元）$$

借：银行存款　　　　　　　　　　13 100 000
　　长期股权投资减值准备　　　　　1 560 000
　　贷：长期股权投资——投资成本　　　　　　14 560 000
　　　　投资收益　　　　　　　　　　　　　　100 000

第五节　长期股权投资核算方法的转换

根据投资方对被投资方的影响程度不同，企业对被投资方的股权投资，在会计处理上分为以下三种情况进行核算：成本法核算的长期股权投资、权益法核算的长期股权投资、公允价值计量的金融资产。投资方追加投资或处置部分投资，会使投资方与被投资方的关系发生变化，从而导致其会计核算方法的转换。以下按照追加部分投资和处置部分投资两条主线进行阐述。

一、追加投资导致会计核算方法的转换

投资方追加投资后，持股比例增加，会使投资方与被投资方的关系发生变化，从而导致会计核算方法的转换，包括：公允价值计量转权益法核算、公允价值计量转成本法核算、权益法核算转成本法核算。

（一）公允价值计量转权益法核算

公允价值计量转权益法核算，是指企业投资其他上市公司的交易性股票或者非上市公司的非交易性股权投资，按照"金融工具确认和计量准则"，分类为按交易性金融资产核算和其他权益工具投资核算的金融资产（如"持股比例<20%"），因追加投资能够对被投资方施加重大影响或共同控制但不构成控制的——对联营企业、合营企业投资（如"20%≤持股比例≤50%"），应由按"金融工具确认和计量准则"的金融资产核算转按长期股权投资权益法核算。具体分析与账务处理如下：

（1）投资方应按原持有股权投资在转换日的公允价值与为取得新增股权投资而支付对价的公允价值之和，作为改按权益法核算确认的初始投资成本。

（2）如原股权投资分类为按交易性金融资产核算的，其在转换日的公允价值与原账面

价值之间的差额，应转入改按权益法核算的当期损益。

（3）如原股权投资分类为按其他权益工具投资核算的，其在转换日的公允价值与原账面价值之间的差额以及原计入其他综合收益的累计公允价值变动，应在改按权益法核算的当期转入留存收益。

（4）追加股权投资日，改按权益法核算形成的"商誉"或"利得"，应先比较改按权益法核算后确认的初始投资成本与按新持股比例享有转换日被投资方可辨认净资产公允价值的份额，然后进行如下处理：❶如果前者大于后者，差额属于**"商誉"**，不需要调整长期股权投资成本；❷如果前者小于后者，差额属于**"利得"**，应调增长期股权投资的账面价值并计入取得投资当期的损益，借记"长期股权投资——投资成本"账户，贷记"营业外收入"账户。

【例6-18】丙公司2024年1月1日持有非关联方的非上市公司A公司10%的股权，指定为其他权益工具投资。（1）2025年年初有关账户余额如下："其他权益工具投资"账户所属明细账"成本"账户借方余额1 000万元、"公允价值变动"账户借方余额100万元。（2）2025年7月1日，丙公司又以1 575万元的现金自另一非关联方取得A公司15%的股权，另支付相关审计、评估费用65万元，相关手续当日完成，能够对A公司施加重大影响。（3）当日，A公司可辨认净资产公允价值为12 300万元、丙公司原持有A公司10%股权的公允价值为1 230万元。（4）丙公司盈余公积计提比例为10%，不考虑相关税费等其他因素。则丙公司计算有关初始投资成本、转换投资收益及应编制的会计分录如下：

（1）2025年7月1日再次购入股权时，直接按照长期股权投资权益法确认初始投资成本1 640万元（1 575+65）。

```
借：长期股权投资——投资成本            16 400 000
    贷：银行存款                            16 400 000
```

（2）2025年7月1日将其他权益工具投资转为长期股权投资，注销原股权投资账面价值、确认转换留存收益，并结转计入其他综合收益的累计公允价值变动至留存收益。

❶确认转换留存收益=1 230-（1 000+100）=130（万元）

❷当期留存收益总额=130+100=230（万元）

```
借：长期股权投资——投资成本            12 300 000
    其他综合收益——其他权益工具投资公允价值变动
                                          1 000 000
    贷：其他权益工具投资——成本            10 000 000
                      ——公允价值变动        1 000 000
        利润分配——未分配利润              2 300 000
```

（3）2025年7月1日，确认改按权益法核算的商誉或利得。

比较差额：12 300×25%=3 075（万元）>2 730万元，确认为"利得"345万元。

```
借：长期股权投资——投资成本             3 450 000
    贷：营业外收入                          3 450 000
```

（二）公允价值计量或权益法核算转成本法核算

公允价值计量或权益法核算转成本法核算，包括公允价值计量转成本法核算和权益法核算转成本法核算两种。（1）公允价值计量转成本法核算，是指投资方原持有的对被投方按照"金融工具确认和计量准则"核算的股权投资，因追加股权投资导致持股比例增加到大于50%构成实施控制权——对子公司的投资，应改按成本法进行核算。即追加投资由金融资产转为对子公司投资，会计核算由交易性金融资产核算、其他权益工具投资核算，转为按长期股权投资的成本法核算。(2)权益法核算转成本法核算，是指投资方因追加股权投资，由"20%<持股比例≤50%"变为"持股比例>50%"，导致原持有的对联营企业或合营企业的投资转换为对子公司的投资，长期股权投资的核算方法应由权益法转为成本法。以上两种方法的转换，最终都转换为"实施控制权——对子公司的投资"并按长期股权投资成本法核算，而追加投资后对被投资方形成控制，又包括同一控制下控股合并和非同一控制下控股合并，所以，将以上两种方法的转换合在一起进行阐述。

1.由于追加投资形成同一控制下控股合并

由于同一控制下控股合并不属于市场交易行为，应以账面价值计量。控股合并前，投资方股权投资核算可分为以下三种：按交易性金融资产进行核算、按其他权益工具投资进行核算、按长期股权投资权益法进行核算。因追加投资转换为长期股权投资，在转按成本法核算时的核算程序与账务处理如下：

(1)**确定同一控制下控股合并形成的长期股权投资的初始投资成本。**在控股合并日按照取得被合并方所有者权益在最终控制方合并财务报表中的账面价值的份额，确认为转换后的长期股权投资初始投资成本，借记"长期股权投资——投资成本"账户。

(2)**长期股权投资初始投资成本与合并对价账面价值之间的差额的处理。**控股合并日长期股权投资初始投资成本，与达到控股合并前的股权投资的账面价值加上新取得股份支付对价的账面价值之和的差额：❶如原股权投资为交易性金融资产的，计入转换当期损益，贷记或借记"投资收益"账户；❷如原股权投资为其他权益工具投资的，计入转换当期留存收益，贷记或借记"利润分配——未分配利润"账户；❸如原采用长期股权投资权益法核算转为长期股权投资成本法核算的，因其初始投资成本确认的方法相同，所以不会产生差额，其账面价值不需要调整。

(3)**注销原股权投资的账面价值：**❶如原股权投资按照交易性金融资产核算的，贷记"交易性金融资产——成本"账户，贷记或借记"交易性金融资产——公允价值变动"账户；❷如原股权投资按照其他权益工具投资核算的，贷记"其他权益工具投资——成本"账户，贷记或借记"其他权益工具投资——公允价值变动"账户；❸如原股权投资按照长期股权投资权益法核算的，贷记"长期股权投资——投资成本"账户，贷记或借记"长期股权投资——损益调整""长期股权投资——其他综合收益"账户。

(4)**权益法转换为成本法，权益法核算产生的所有者权益变动：**❶确认的其他综合收益，暂不进行会计处理，应当在处置该项投资时采用与被投资方直接处置相关资产或负债一致的方法进行会计处理；❷确认的其他权益变动，暂不进行会计处理，待处置该项投资时再从资本公积转入处置当期的损益。

【例6-19】丙公司和A公司都属于B公司的子公司。丙公司2024年1月1日持有A公司10%的股份。购买时根据管理意图将其确认为交易性金融资产。(1)2025年年初有关账户余额如下："交易性金融资产——成本"账户借方余额1 000万元、"交易性金融资产——公允价值变动"账户借方余额100万元。(2)2025年7月1日，丙公司又以银行存款6 000万元取得A公司50%有表决权的股份。相关股权划转手续于当日完成，形成同一控制下控股合并，确认为长期股权投资并按**成本法**核算。（3）2025年7月1日，A公司净资产在B公司合并财务报表中净资产的账面价值为12 000万元。

根据以上资料，丙公司有关长期股权投资初始投资成本确认、转换差额的计算及应编制的会计分录如下：

❶ 长期股权投资初始投资成本=12 000×（10%+50%）=7 200（万元）

❷ 转换差额（计入投资收益）=7 200-（1 000+100+6 000）=100（万元）

```
借：长期股权投资——投资成本              72 000 000
    贷：银行存款                                    60 000 000
        交易性金融资产——成本                        10 000 000
                    ——公允价值变动                   1 000 000
        投资收益                                      1 000 000
```

2.由于追加投资形成非同一控制下控股合并

由于非同一控制下控股合并属于市场交易行为，购买方通过企业合并形成的对被合并方的长期股权投资应以公允价值计量为基础。控股合并前，投资方股权投资按照"金融工具确认和计量准则"核算的（包括交易性金融资产核算、其他权益工具投资核算）和按照权益法核算的，因追加投资应转换为按成本法核算。

（1）**原股权投资按照金融资产核算转按成本法核算**：❶确认控股合并初始投资成本时，应按照原持有金融资产的公允价值加上新追加投资支付对价的公允价值之和，作为改按成本法核算的初始投资成本；❷如原股权投资按照交易性金融资产核算的，原股权投资公允价值与原账面价值之间的差额转入改按成本法核算的当期损益；❸如原股权投资按照其他权益工具投资核算的，原股权投资公允价值与账面价值的差额及原计入其他综合收益的累计公允价值变动，转入改按成本法核算的当期留存收益。

（2）**原股权投资按照权益法核算转按成本法核算**：❶确认控股合并初始投资成本时，原采用权益法核算的长期股权投资的账面价值不需要调整，追加投资日新增投资的成本按照支付对价的公允价值确认，即以购买日之前所持被购买方的股权投资的账面价值与购买日新增投资成本之和，作为改按成本法核算的初始投资成本，也就是不用再追溯调整了。❷其他有关内容的核算，与由于追加投资形成同一控制下控股合并的核算基本相同。

【例6-20】丁公司2024年1月1日持有确认为其他权益工具投资核算的上市公司D公司股票100万股，持股比例为10%，当日该股票市价为10元/股，丁公司和D公司不存在关联关系。（1）2025年年初有关账户余额如下："其他权益工具投资——成本"账户借方余额1 000万元，"其他权益工具投资——公允价值变动"账户贷方余额110万元。（2）2025年4月25日，丁公司以银行存款6 050万元（含宣告发放现金股利50万元）向D公司的大股东收购D公司50%的股权，相关手续于当日办理完毕，持股比例达到60%，实现非同一控制下控股合并，改按"成本法"核算。购买日D公司股票市价为12元。

根据以上资料，丁公司有关长期股权投资初始投资成本的账务处理如下：

❶ 原持有股权投资的公允价值=100×12=1 200（万元）

❷ 长期股权投资初始投资成本=1 200+6 000=7 200（万元）

❸ 原股权投资公允价值与账面价值的差额=1 200-（1 000+110）=90（万元）

借：长期股权投资——投资成本　　　　72 000 000
　　应收股利　　　　　　　　　　　　 500 000
　　贷：银行存款　　　　　　　　　　　　　　 60 500 000
　　　　其他权益工具投资——成本　　　　　　 10 000 000
　　　　　　　　　　　　——公允价值变动　　　 1 100 000
　　　　利润分配——未分配利润　　　　　　　　 900 000

同时，原确认为其他权益工具投资计入其他综合收益的前期公允价值变动，结转计入转换当期的留存收益。

借：其他综合收益——其他权益工具投资公允价值变动 1 100 000
　　贷：利润分配——未分配利润　　　　　　　　　　　　 1 100 000

二、处置股权投资导致会计核算方法的转换

投资方处置股权投资后，持股比例降低，会使投资方与被投资方的关系发生变化，从而导致会计核算方法的转换，包括：成本法核算转权益法核算、权益法核算转公允价值计量、成本法核算转公允价值计量。

（一）成本法核算转权益法核算

成本法核算转权益法核算，是指投资方（母公司）因处置部分股权投资，导致对被投资方由能够实施控制转为具有重大影响或者与其他方一起实施共同控制的（如由"持股比例>50%"变为"20%≤持股比例≤50%"），导致原持有的对子公司的投资转换为对联营企业或合营企业的投资，投资方在其个别报表中应当将成本法追溯调整为权益法，并对剩余股权视同自取得即采用权益法核算进行调整。在转按权益法核算时的具体分析与账务处理如下：

（1）投资方应按处置投资的比例结转应终止确认的长期股权投资成本并确认投资收益。按照实际收取的价款，借记"银行存款"账户，按照处置投资成本比例，贷记"长期股权投资——投资成本"账户，按照两者之间的差额，贷记或借记"投资收益"账户。

（2）剩余长期股权投资成本的调整。投资方应当将剩余长期股权投资成本与按照剩余持股比例计算确定原投资时应享有被投资方可辨认净资产公允价值的份额进行比较：❶如果前者大于后者，属于投资作价中体现的"商誉"部分，不调整长期股权投资的账面价值。其原理参见【例6-8】。❷如果前者小于后者，其差额应在调整长期股权投资成本的同时，调整当期损益或留存收益，借记"长期股权投资——投资成本"账户，贷记"营业外收入"账户（处置投资与原取得投资属于同一会计年度）或贷记"利润分配——未分配利润"账户（处置投资在原取得投资的以后会计年度）。其原理参见【例6-9】。

（3）按剩余股权原投资日至处置投资日之间被投资方实现净损益、其他综合收益和其他资本公积中投资方应享有的份额，调整长期股权投资的账面价值和留存收益、当期损益、其他综合收益和资本公积。一方面，按投资方应享有的份额调整长期股权投资的账面价值，借记"长期股权投资——损益调整"（净损益部分）、"长期股权投资——其他综合收益"（其他综合收益部分）、"长期股权投资——其他权益变动"（其他资本公积部分）账户。另一方面：❶对于原投资日至处置投资当期期初被投资方实现的净损益（扣除已宣告发放的现金股利和利润）中享有的份额，调整留存收益，贷记或借记"利润分配——未分

配利润"账户；❷对于处置投资当期期初至处置投资之日被投资方实现的净损益（扣除已宣告发放的现金股利和利润）中享有的份额，计入当期损益，贷记或借记"投资收益"账户；❸在被投资方其他综合收益和其他权益变动中应享有的份额，调整其他综合收益和资本公积，贷记或借记"其他综合收益""资本公积——其他资本公积"账户。

【例6-21】华苑公司于2025年7月1日将原持有强盛公司股权投资中的50%出售给非关联方，即对强盛公司的持股比例由80%减少为40%，由成本法改按权益法核算。2025年7月1日处置该股权50%时有关资料如下：（1）**华苑公司**：❶"长期股权投资——投资成本"账户借方余额600万元；❷2025年7月1日，将持有强盛公司股权投资的50%出售，收取价款340万元。（2）**强盛公司**：❶2023年1月1日（原控股合并日），可辨认净资产公允价值为720万元（假定可辨认净资产公允价值与账面价值相同）；❷2023年度实现净利润60万元，未分配现金股利；❸2024年度实现净利润50万元，分配现金股利40万元，其他综合收益增加15万元；❹2025年7月1日，可辨认净资产公允价值总额为800万元（假定可辨认净资产公允价值与账面价值相同）；❺2025年7月1日至2025年年末，实现净利润100万元（假设无调整项目）。

华苑公司出售部分股权后，由成本法核算转权益法核算的账务处理如下：

（1）2025年7月1日处置投资时。

计算并确认投资出售收益=340-600×50%=40（万元）

借：银行存款	3 400 000
贷：长期股权投资——投资成本	3 000 000
投资收益	400 000

（2）调整剩余长期股权投资的账面价值。

处置投资后，剩余长期股权投资的账面价值为300万元（600-300），原取得投资时，按照剩余持股比例计算享有强盛公司可辨认净资产公允价值的份额为288万元（720×40%），前者大于后者的差额12万元，属于投资作价中体现的"商誉"部分，不调整长期股权投资的账面价值。

（3）采用权益法按新持股比例对享有强盛公司2023年1月1日至2025年6月30日净资产变动份额进行调整。

❶调整年初未分配利润=（60+50-40）×40%=28（万元）

❷调整当年投资收益=40×40%=16（万元）

❸调整其他综合收益=15×40%=6（万元）

借：长期股权投资——损益调整	440 000
——其他综合收益	60 000
贷：利润分配——未分配利润	280 000
投资收益	160 000
其他综合收益	60 000

经过上述调整后，华苑公司长期股权投资按权益法核算的账面价值为350万元（600-300+44+6），其中，享有按原投资日强盛公司可辨认净资产公允价值持续计量的公允价值40%的份额为320万元（800×40%），投资商誉为30万元，华苑公司不需要进行调整。

（4）采用权益法按新持股比例确认对强盛公司的收益40万元（100×40%）。

借：长期股权投资——损益调整　　　　　　　　　　400 000
　　贷：投资收益　　　　　　　　　　　　　　　　　　　　400 000

经过上述调整后，华苑公司2025年年末长期股权投资的账面价值为390万元，其中，投资成本为300万元，损益调整为84万元，其他综合收益调整6万元。

（二）权益法核算转公允价值计量

权益法核算转公允价值计量，是指投资方（母公司）因处置部分股权投资，导致对被投资方由能够实施控制转为不具有控制、共同控制或重大影响的，如由"20%≤持股比例≤50%"变为"持股比例<20%"，应将剩余股权由长期股权投资（权益法核算）转换为以公允价值计量并按照"金融工具确认和计量准则"核算的金融资产。剩余股权投资在权益法转按公允价值计量时的具体分析与账务处理如下：

（1）**终止原确认的股权投资并确认处置损益。** 在按照处置投资比例终止原确认长期股权投资的同时确认处置损益。❶按照实际收到的处置价款，借记"银行存款"账户；❷按照处置股权投资的账面价值，贷记"长期股权投资——投资成本"账户，贷记或借记"长期股权投资——损益调整""长期股权投资——其他综合收益""长期股权投资——其他权益变动"账户；❸按照实收价款与账面价值的差额，贷记或借记"投资收益"账户。

（2）**剩余股权转为按照公允价值计量的金融资产。** 将剩余股权在丧失控制之日（即转换日）按照公允价值重新计量并改按金融资产核算。❶根据管理意图，按照剩余股权的公允价值，借记"交易性金融资产——成本"或者"其他权益工具投资——成本"账户。❷按照剩余股权的账面价值，贷记"长期股权投资——投资成本"账户，贷记或借记"长期股权投资——损益调整""长期股权投资——其他综合收益""长期股权投资——其他权益变动"账户。❸按照剩余股权的公允价值与账面价值之间的差额：**若转按交易性金融资产核算的，** 则贷记或借记"投资收益"账户；**若转按其他权益工具投资核算的，** 则贷记或借记"其他综合收益""资本公积——其他资本公积"账户。

（3）**其他综合收益和其他权益变动的调整。** 原采用权益法核算的相关其他综合收益和其他权益变动应当在终止采用权益法核算时，采用与被投资方直接处置相关资产或负债相同的基础进行会计处理，因被投资方除净损益、其他综合收益和利润分配以外的其他所有者权益变动而确认的所有者权益，应当在终止采用权益法核算时全部转入当期损益，借记或贷记"其他综合收益""资本公积——其他资本公积"账户，贷记或借记"投资收益"账户。

【例6-22】承【例6-21】有关资料，2026年度发生的有关业务如下：❶12月31日再次将持有强盛公司30%的股权出售给B公司，收取价款318万元；❷持股比例由40%变为10%，对强盛公司不再具有重大影响；❸当日剩余股权的公允价值为103万元，根据管理意图确认为交易性金融资产；❹2026年度强盛公司实现净利润60万元，未分派现金股利；❺2026年度强盛公司有一项由其他权益工具投资公允价值变动确认的其他综合收益20万元。**根据以上资料，** 华苑公司2026年12月31日与处置长期股权投资相关的账务处理如下：

（1）2026年12月31日按照权益法确认投资收益和其他综合收益时。

投资收益=60×40%=24（万元）

其他综合收益调整=20×40%=8（万元）

借：长期股权投资——损益调整　　　　　　　　　240 000
　　　　　　　　　　——其他综合收益　　　　　　　　80 000

	贷：投资收益	240 000
	其他综合收益	80 000

（2）处置投资注销长期股权投资权益法的账面价值并确认处置损益时。

❶处置投资的投资成本=300×30%÷40%=225（万元）

❷处置投资的损益调整=（84+24）×30%÷40%=81（万元）

❸处置投资的其他综合收益调整=（6+8）×30%÷40%=10.5（万元）

❹处置投资的账面价值=（390+24+8）×30%÷40%=316.5（万元）

	借：银行存款	3 180 000
	贷：长期股权投资——投资成本	2 250 000
	——损益调整	810 000
	——其他综合收益	105 000
	投资收益	15 000

（3）由于终止采用权益法核算，将原确认的相关其他综合收益14万元（6+8）转入当期损益。

	借：其他综合收益	140 000
	贷：投资收益	140 000

（4）将剩余投资账面价值确认为交易性金融资产并注销其账面价值，同时确认转换损益时。

❶剩余投资的投资成本=300−225=75（万元）

❷剩余投资的损益调整=（84+24）−81=27（万元）

❸剩余投资的其他综合收益调整=14−10.5=3.5（万元）

❹剩余投资的账面价值=75+27+3.5=105.5（万元）

❺确认转换损益=103−105.5=−2.5（万元）

	借：交易性金融资产——成本	1 030 000
	投资收益	25 000
	贷：长期股权投资——投资成本	750 000
	——损益调整	270 000
	——其他综合收益	35 000

请思考：假设上例中由权益法改按金融资产核算时，根据管理意图，将剩余股权投资确认为"其他权益工具投资"，其他条件不变，应如何进行账务处理？

（三）成本法核算转公允价值计量

投资方（母公司）因处置部分股权投资，导致对被投资方由能够实施控制转为不具有控制、共同控制或重大影响的（如由"持股比例>50%"变为"持股比例<20%"），应将剩余股权由长期股权投资（成本法核算）转换为以公允价值计量并按照"金融工具确认和计量准则"核算的金融资产。成本法核算转公允价值计量具体是指成本法转按交易性金融资产核算和成本法转按其他权益工具投资核算。剩余股权投资在成本法核算转按公允价值计量时的具体分析与账务处理如下：

（1）终止原确认的股权投资并确认处置损益。与上述权益法核算转公允价值计量基本相同，只是成本法核算的账面价值没有"损益调整""其他综合收益""其他权益变动"，只有"投资成本"。

（2）**剩余股权转为按照公允价值计量的金融资产**。与上述权益法核算转公允价值计量基本相同，只是剩余股权投资的账面价值没有"损益调整""其他综合收益""其他权益变动"，只有"投资成本"。

【例6-23】2025年5月10日，方正公司将原确认为长期股权投资（成本法核算）并占甲公司60%的股份出售了50%，持股比例由60%变为10%，对甲公司不再形成控制，根据管理意图，改按"其他权益工具投资"核算。（1）2025年年初方正公司"长期股权投资——投资成本"账户借方余额为300万元（即账面价值）；（2）2025年5月10日收到出让价款500万元；（3）出售日剩余股权投资的公允价值为90万元。方正公司的相关账务处理如下：

（1）确认处置投资损益并注销出让按成本法核算的长期股权投资的成本。

```
借：银行存款                        5 000 000
    贷：长期股权投资——投资成本              2 500 000
        投资收益                         2 500 000
```

（2）比较剩余股权投资在处置日的公允价值与账面价值之间的差额，注销剩余股权，原按成本法核算的成本计入当期投资收益。

```
借：其他权益工具投资——成本            900 000
    贷：长期股权投资——投资成本              500 000
        投资收益                          400 000
```

请思考：假设上例中由成本法改按公允价值计量时，根据管理意图，将剩余股权投资确认为"交易性金融资产"，其他条件不变，应如何进行账务处理？

━━━━━━━━━━ 【思考题】 ━━━━━━━━━━

1.简述长期股权投资的概念及特征。

2.长期股权投资核算的成本法包括哪些内容？

3.长期股权投资核算的权益法包括哪些内容？

4.长期股权投资核算的成本法和权益法的优缺点主要有哪些？

5.如何确认长期股权投资的处置损益？

➤➤➤ 练习题在线 ◀◀◀

练习6-1　单项选择题在线回答

单项选择题每小题给出的4个备选项中，只有1个符合题意。**要求**：扫描"单项选择题"二维码进行在线回答，回答完毕并提交可查看参考答案与答案解析。

单项选择题1—8　　　　单项选择题9—18　　　　单项选择题19—23

练习6-2　多项选择题在线回答

多项选择题每小题给出的5个备选项中，至少有2个符合题意。**要求**：扫描"多项选择题"二维码进行在线回答，回答完毕并提交可查看参考答案与答案解析。

多项选择题1—8   多项选择题9—16   多项选择题17—24

练习6-3 判断题在线回答

请判断各判断题每小题的正误，正确的点击"正确"按钮，错误的点击"错误"按钮。

要求：扫描"判断题"二维码进行在线回答，回答完毕并提交可查看参考答案与答案解析。

判断题1—8   判断题9—16   判断题17—24

练习6-4 长期股权投资取得的核算

（一）资料及账务处理要求

1.同一控制下控股合并形成对子公司的投资。 假设远华公司分别与甲公司、乙公司为同一母公司A公司控制下的两个子公司。2025年4月5日，远华公司分别与甲公司和乙公司达成以下控股合并协议：

（1）**以付出现金和非现金资产的方式取得对子公司（甲公司）的投资。** ❶以银行存款2 130万元和固定资产（10台数控机床）作为合并对价取得甲公司60%的股权。该10台数控机床的账面原价为1 500万元，累计折旧为300万元，已计提资产减值准备100万元，该固定资产的公允价值为1 000万元、增值税额130万元。❷在该项企业合并中，远华公司以银行存款支付审计费、评估费、法律服务费等直接合并费用合计50万元。❸企业合并日，甲公司在最终控制方A公司合并财务报表中净资产的账面价值为5 600万元。**根据以上资料**，编制远华公司固定资产处置、长期股权投资成本确认及支付相关直接费用的会计分录（答案中的金额单位用万元表示，下同）。

（2）**以增发权益性证券的方式取得对子公司（乙公司）的投资。** ❶2026年1月1日，以增发每股面值为1元的3 000万股普通股作为合并对价取得乙公司80%的股权；❷以银行存款支付发行手续费及佣金120万元（假设不考虑相关直接合并费用）；❸企业合并日，乙公司所有者权益账面价值总额为9 000万元。**根据以上资料**，编制远华公司长期股权投资成本确认的会计分录，相关直接合并费用应编制的会计分录略。

2.非同一控制下企业控股形成对子公司的投资。 假设南海公司分别与A公司、B公司、C公司为两个互不关联的独立企业，合并之前不存在任何关联方关系。南海公司根据资本运作规划，2025年分别与A公司、B公司、C公司达成如下合并协议：

（1）**以发行权益性证券的方式取得对子公司（A公司）的投资。** ❶南海公司以发行的每股面值1元、发行价为每股4元（公允价值）的2 000万股股票作为合并对价，取得A公司100%的股权；❷以银行存款支付发行手续费及佣金160万元；❸南海公司另以银行存款支付审计费、评估费等直接合并费用80万元。**根据以上资料**，编制南海公司的会计分录。

（2）**以付出非现金资产的方式取得对子公司（B公司）的投资。** 南海公司以一项无形资产作为合并对价取得B公司80%的股权。该无形资产的账面余额为2 000万元，累计摊销为 500 万元，已计提资产减值准备 100 万元，公允价值为 1 300 万元（直接合并费用略）。**根据以上资料**，编制南海公司的会计分录。

（3）以付出现金资产和非现金资产的方式取得对子公司（C公司）的投资。❶南海公司以银行存款 1 380 万元和一栋写字楼作为合并对价取得 C 公司 60% 的股权。❷该固定资产的账面原价为 3 000 万元，累计折旧为 1 500 万元，未计提资产减值准备，经评估其公允价值为 1 620 万元（直接合并费用略）。**根据以上资料**，编制南海公司的会计分录（有关固定资产转入清理的会计分录略）。

3.非企业合并方式形成对联营企业及合营企业投资的核算。东海公司根据资本运作规划，2025 年分别与几个在对其投资之前不存在任何关联方关系的公司达成如下投资协议：

（1）以支付现金的方式取得对N公司的投资。❶2025 年 5 月 3 日，以支付现金的方式取得 N 公司 26% 的股权，实际支付价款为 300 万元（包含已宣告但尚未发放的现金股利 20 万元），另支付手续费等相关费用 10 万元。❷投资日 N 公司可辨认净资产公允价值为 1 000 万元。**根据以上资料**，编制确认初始投资成本的会计分录。

（2）以发行权益性证券的方式取得对M公司的投资。❶2025 年 3 月 1 日，通过定向增发 2 000 万股普通股股票作为对价取得 M 公司 20% 的股权，每股面值 1 元、发行价为 3 元。❷向证券承销机构支付发行手续费及佣金等直接相关费用 100 万元。❸东海公司取得该部分股权后，能够对 M 公司的生产经营决策施加重大影响。**根据以上资料**，编制初始投资成本确认的会计分录。

（3）以非货币性资产交换方式取得长期股权投资。❶2025 年 5 月 1 日，东海公司以其特种设备一台交换甲公司持有的对乙公司的长期股权投资，于当日完成相关手续并支付相关费用 3 万元，对丙公司具有重大影响，作为长期股权投资核算；❷该股权投资当日公允价值为 1 500 万元；❸换出设备原值 1 000 万元，累计折旧 200 万元，当日该设备的公允价值为 900 万元，应计增值税销项税额为 117 万元；❹以银行存款向甲公司支付补价 450 万元。**根据以上资料**，假设上述交换具有商业实质，编制确认长期股权投资初始投资成本的会计分录。

（二）完成作业练习要求

（1）扫描"练习 6-4 答题表"二维码，并根据下载地址下载空白练习表 6-1 word 文档到计算机上；（2）在练习表 6-1 中完成相关的账务处理；（3）根据注册的班级群账号，提交完成的作业请授课教师批阅。

练习 6-4

答题表

练习6-5 长期股权投资成本法的核算

（一）资料及账务处理要求

1.甲公司于 2023 年 1 月 1 日以现金资产取得非关联方乙公司 80% 的股权，实现非同一控制下控股合并，采用长期股权投资成本法核算。（1）为确定乙公司净资产的公允价值，甲公司聘请资产评估机构对乙公司的资产进行评估，支付评估费用 200 万元（假设不考虑增值税进项税额因素），经评估，乙公司净资产的公允价值为 7 200 万元，实际支付价款 7 200 万元；（2）2023 年度，乙公司实现净利润 1 200 万元；（3）2024 年 4 月 10 日，乙公司宣告分配现金股利 400 万元和股票股利 200 万元；（4）2024 年 5 月 10 日，收到现金股利 320 万元；（5）2024 年度，乙公司发生亏损 20 万元；（6）2025 年度，乙公司发生巨额亏损。2025 年年末甲公司预计对乙公司投资按当时市场收益率确定的未来现金流量现值（预计对乙公司长期股权投资的可回收金额）为 6 950 万元；（7）2026 年 3 月 15 日，甲公司将持有的乙公司80% 的股权转让给非关联方丙公司，收到股权转让款 7 000 万元（假设不考虑相关增值税因素）。**根据以上资料**，完成长期股权投资成本法确认初始投资成本、投资收益或亏损确认、资产减值损失确认及处置投资的账务处理（答案中的金额单位用万元表示，下同）。

2.A 公司和 B 公司为同一母公司甲公司控制下的两个子公司。2025 年 7 月 1 日，A 公司以定向增发普通股方式取得 B 公司 100% 的股权，实现同一控制下控股合并，合并后 B 公司仍维持其独立法人资格继续经营，采用长期股权投资成本法核算。（1）A 公司定向增发2 000 万股普通股，每股面值 1 元，市价为 4 元；（2）A 公司为此合并支付相关审计、评估费用 8 万元；（3）为定向增发股票支付手续费及佣金等发行费用 60 万元；（4）合并日，B公司净资产账面价值为 4 500 万元。**根据以上资料**，完成长期股权投资成本法确认初始投资成本、投资收益或亏损确认、资产减值损失确认及处置投资的账务处理。**提示**：同一控制下控股合并与非同一控制下控股合并，有关投资收益或亏损确认、资产减值损失确认及处置投资的账务处理相同，略。

练习 6-5

答题表

（二）完成作业练习要求

（1）扫描"练习 6-5 答题表"二维码，并根据下载地址下载空白练习表 6-2word 文档到计算机上；（2）在练习表 6-2 中完成相关的账务处理；（3）根据注册的班级群账号，提交完成的作业请授课教师批阅。

练习 6-6 长期股权投资权益法的核算

1.资料及账务处理要求

2025 年 1 月 20 日（合并日），M 公司以支付货币资金和转让存货作为合并对价购入非关联方 N 公司 40% 的股权，能够对 N 公司产生重大影响，属于未形成控股合并取得的长期股权投资，采用权益法核算。2025 年 1 月 20 日至 2028 年度发生如下业务：

（1）**初始投资成本的确认与调整**。2025 年 1 月 20 日：❶被投资方（被合并方）N 公司可辨认净资产的公允价值为 900 万元；❷投资方支付货币资金 230 万元（包含已宣告但尚未发放的现金股利 30 万元）；❸投资方转让的库存商品的账面价值为 90 万元（未计提存货跌价准备），不含增值税的公允价值为 100 万元，应计增值税销项税额为 13 万元；❹为购买该股权支付审计、评估咨询费等相关费用 10 万元（假设不考虑增值税进项税额因素）。**根据以上资料**，编制确认初始投资成本的会计分录（答案中的金额单位用万元表示，下同）。

（2）**投资损益的确认与调整**。❶N 公司 2025 年度实现账面净利润 168 万元；❷合并日N 公司有一 AB 大型设备的账面价值为 400 万元，公允价值为 500 万元，按照账面价值计提的折旧额为 32 万元，按照公允价值计提的年折旧额为 40 万元；❸其他可辨认资产的账面价值与公允价值一致。**根据以上资料**，假设不考虑所得税影响，进行 M 公司的有关分析计算并编制按照公允价值调整后的投资收益确认的会计分录。

（3）2025 年度 M 公司与 N 公司发生以下经济业务：❶4 月 20 日，N 公司宣告分派现金股利 100 万元并于 5 月 10 日实际发放或支付；❷N 公司该年度实现账面净利润 308 万元；❸发生顺流交易：M 公司向 N 公司销售甲商品 20 件，不含增值税的销售额为 100 万元，销售成本为 60 万元，但甲商品在 N 公司只销售了其中的 60%；❹发生逆流交易：N 公司向 M 公司销售乙商品 10 台，不含增值税的销售价格为 200 万元，销售成本为 140 万元；❺M 公司将购入的乙商品确认为生产用固定资产，折旧年限为 6 年，采用直线法计提折旧，不考虑净残值。根据以上资料，进行M公司的有关分析计算并编制会计分录。提示：上年度AB大型设备的公允价值与账面价值之差调增折旧额应调减的净利润，本年度应继续调整。

（4）2026年度M公司与N公司发生以下经济业务：2026年度N公司发生亏损，以各项可辨认资产的公允价值为基础调整后的净亏损为950万元，其他条件不变。根据以上资料，进行M公司的有关分析计算并编制会计分录。

（5）2027年度N公司扭亏为盈，以各项可辨认资产的公允价值为基础调整后的净利润为985万元，包含年初购入某公司公开发行的债券划分为以公允价值计量且其变动计入其他综合收益的金融资产，由于公允价值上升所确认的其他综合收益30万元，其他条件不变。根据以上资料，进行2027年度M公司的有关投资损益计算并编制会计分录。

（6）2028年2月10日，M公司将持有的N公司股权全部出售，收到转让价款389万元。根据以上资料，编制M公司处置长期股权投资的会计分录。

2.完成作业练习要求

（1）扫描"练习6-6答题表"二维码，并根据下载地址下载空白练习表6-3 word文档到计算机上；（2）在练习表6-3中完成相关的账务处理；（3）根据注册的班级群账号，提交完成的作业请授课教师批阅。

练习6-6
答题表

练习6-7 追加投资长期股权投资核算方法转换的核算

1.资料及账务处理要求

（1）甲公司与非关联方乙公司发生股票交易的有关资料如下：❶甲公司于2024年7月5日，从二级市场上以每股10元购入乙公司的股票100万股，另支付交易费用10万元（假设不考虑增值税进项税额因素），占乙公司股本的10%，确认为交易性金融资产。❷2024年12月31日，该股票市价为10.4元/每股。❸2025年3月5日，甲公司又以每股市价11元购入该股票150万股，占乙公司具有表决权股份的15%，支付价款1 650万元，另支付交易费用15万元，能够对乙公司施加重大影响，确认为长期股权投资。❹增资日乙公司可辨认净资产公允价值为11 000万元。❺2025年年末乙公司实现账面净利润120万元，假设乙公司可辨认净资产的账面价值与公允价值一致。根据以上资料，编制甲公司购入乙公司股票的相关会计分录（答案中的金额单位用万元表示，下同）。

（2）A公司与非关联方B公司发生股权交易的有关资料如下：❶A公司于2024年10月10日，以每股10.15元的价格购入B公司发行的股票100万股，占B公司有表决权股份的10%，另支付交易费用5万元，根据管理意图将其确认为其他权益工具投资。❷2024年12月31日，该股票市价为每股9.7元。❸2025年4月5日，A公司又以每股10.6元的价格购入B公司股票200万股，支付价款2 120万元，另支付交易费用10万元，能够对B公司施加重大影响，确认为长期股权投资。❹合并日B公司可辨认净资产公允价值为10 600万元。根据以上资料，编制A公司购入B公司股票的相关会计分录。

（3）丙公司发生的有关股权投资业务如下：❶2024年10月15日，丙公司支付价款1 000万元，购入非关联方W公司发行的股票200万股（每股5元），占W公司有表决权股份的10%，另支付相关交易费用10万元，根据管理意图将其确认为其他权益工具投资。❷2024年12月31日，该股票市价为每股5.6元。❸2025年7月1日，丙公司又以银行存款6 000万元购入丙公司的母公司H公司所属子公司W公司发行的股票1 000万股（每股6元），占W公司有表决权股份的50%；另支付相关交易费用12万元；相关股权划转手续于当日完成，**形成多次交易分步取得同一控制下的控股合并**，确认为长期股权投资并按**成本法**核算。❹2025年7月1日，W公司在最终控制方H公司合并财务报表中的净资产的账面价值为12 000万元。❺假定丙公司与W公司采用的会计政策与会计期间一致，不考虑相关税费等其他因素的影响（下同）。**根据以上资料**，编制丙公司有关长期股权投资初始投资成本确认、转换差额的会计分录。

（4）丁公司发生的有关股权投资业务如下：❶2024年10月15日，自公开市场购入非关联方C公司20%的股份，实际支付价款2 000万元，另支付手续费等相关费用50万元，并于当日完成了相关手续；丁公司取得该部分股权后能够对C公司施加重大影响，按照长期股权投资权益法核算；取得投资日C公司可辨认净资产公允价值为12 000万元，与账面价值相同。❷2024年度，C公司共实现净利润800万元，未分配现金股利；确认因其他权益工具投资公允价值变动利得100万元，除以上外再无其他所有者权益变动。❸2025年3月20日，丁公司又支付现金4 000万元（含手续费等相关费用100万元）自另一非关联方购买C公司的40%股权，取得该股权后**形成多次交易分步取得非同一控制下的控股合并**，转按**成本法**核算。假定取得投资后双方未发生任何内部交易，且采用的会计政策与会计期间一致。**根据以上资料**，编制丁公司长期股权投资权益法核算转成本法核算初始投资成本确认的会计分录。

2.完成作业练习要求

（1）扫描"练习6-7答题表"二维码，并根据下载地址下载空白练习表6-4 word文档到计算机上；（2）在练习表6-4中完成相关的账务处理；（3）根据注册的班级群账号，提交完成的作业请授课教师批阅。

练习6-8　处置投资长期股权投资核算方法转换的核算

1.资料及账务处理要求

（1）**成本法转按权益法的核算**。光明公司发生的有关股权投资业务如下：❶光明公司2023年1月1日以银行存款420万元购入磊落公司60%的股权，属于非同一控制下的控股合并，按成本法核算；当日，磊落公司可辨认净资产公允价值为760万元（与账面价值相同）。❷磊落公司2023年度至2025年度实现的损益及其分配情况如下：2023年度实现净利润60万元，未分配现金股利；2024年度实现净利润80万元，分配现金股利40万元；2025年度实现净利润40万元，分配现金股利60万元，因金融资产公允价值变动计入其他综合收益金额为100万元。❸2025年12月31日，光明公司将持有磊落公司的1/3股权出售，持股比例由60%变为40%，收取价款180万元。❹2025年12月31日，磊落公司可辨认净资产公允价值为900万元，账面价值为880万元（即按照原投资日可辨认净资产公允价值持续计量的公允价值）。❺取得投资后双方未发生任何内部交易，且会计年度及采用的会计政策相同。**根据以上资料**，编制光明公司长期股权投资成本法核算转权益法核算后，有关处置投资、追溯调整初始投资成本、追溯调整损益调整、追溯调整其他综合收益的会计分录（答案中的金额单位用万元表示，下同）。

（2）**权益法转按公允价值计量的核算**。欣欣公司发生的有关股权投资业务如下：❶欣欣公司原持有非关联方向荣公司30%的股权并采用权益法核算，2025年年末有关账户余额如下："长期股权投资"账户借方余额为450万元，所属明细账户"投资成本"、"损益调整"、"其他综合收益"（源自其他权益工具投资累计公允价值变动）的借方余额分别为300万元、

90万元、60万元。❷2025年1月1日，欣欣公司将持有向荣公司股权的2/3出售给华联公司，收取价款320万元，持股比例由30%变为10%，对向荣公司不再具有重大影响，改按公允价值计量核算；当日剩余股权的公允价值为160万元。**根据以上资料**，编制欣欣公司的以下会计分录：**A.**处置2/3股权投资并确认投资收益；**B.**终止采用权益法核算结转原确认的相关其他综合收益转入当期损益；**C.**假设将剩余股权转按交易性金融资产核算；**D.**假设将剩余股权转按其他权益工具投资核算。

（3）**成本法转按公允价值计量的核算。**奋发公司发生的有关股权投资业务如下：❶奋发公司2024年1月1日以银行存款480万元购入图强公司60%的股权，属于非同一控制下的控股合并，按成本法核算。❷2025年2月20日，奋发公司将持有图强公司50%的股权对外出售，收取价款500万元；处置后，奋发公司对剩余股权不再具有重大影响且不准备随时出售，改按其他权益工具投资核算；当日，剩余股权的公允价值为100万元。**根据以上资料**，编制与股权投资处置部分和剩余部分相关的会计分录。

2.完成作业练习要求

（1）扫描"练习6-8答题表"二维码，并根据下载地址下载空白练习表6-5 word文档到计算机上；（2）在练习表6-5中完成相关的账务处理；（3）根据注册的班级群账号，提交完成的作业请授课教师批阅。

练习6-8

答题表

7 第七章　固定资产

1. 了解固定资产的概念、特征及确认的条件。
2. 重点掌握不同方式取得固定资产的成本确定及其账务处理。
3. 重点掌握不同的折旧方法及其对成本费用的影响。
4. 掌握不同方式处置固定资产的账务处理。

第一节　固定资产概述

一、固定资产的概念与特征

固定资产——企业为生产商品、提供劳务、出租或经营管理而持有的，预计使用寿命超过一个会计年度的有形资产，一般包括房屋、建筑物、机器设备、运输工具及工具器具等。从定义看，固定资产具有以下三个特征：

（1）**固定资产是有形资产**。固定资产具有实物特征，这一特征将固定资产与无形资产区别开来。有些无形资产可能同时符合固定资产的其他特征，如为生产商品、提供劳务而持有，使用寿命超过一个会计年度，但是由于它没有实物形态，所以不属于固定资产。

（2）**可供企业长期使用**。固定资产属于长期耐用资产，其使用寿命超过一个会计年度。固定资产的使用寿命，是指企业使用固定资产的预计期间，或者该固定资产所能生产产品或提供劳务的数量。如自用房屋建筑物的使用寿命，表现为企业对该建筑物的预计使用年限；再如某些机器设备或运输设备等固定资产的使用寿命，表现为以该固定资产所能生产产品或提供劳务的数量；还有汽车或飞机等，按其预计行驶或飞行里程估计使用寿命。

（3）**不以投资和销售为目的**。企业取得的各种固定资产是为了服务于企业自身的生产经营活动：❶可以通过固定资产生产出产品并通过产品的销售而赚取销售收入；❷可以通过提供劳务而赚取劳务收入；❸可以将固定资产出租给他人使用而赚取租金收入；❹可以用于企业的行政管理而提高企业的管理水平或效率。

二、固定资产的确认条件

固定资产在符合定义的前提下，应当同时满足以下两个条件，才能予以确认：

1. 与该固定资产有关的经济利益很可能流入企业

资产最重要的特征是预期会给企业带来经济利益。企业在确认固定资产时，需要判断与该项固定资产有关的经济利益是否很可能流入企业。如果与该项固定资产有关的经济利益很可能流入企业，并同时满足固定资产确认的其他条件，那么企业应将其确认为固定资产；否则不应将其确认为固定资产。

2. 该固定资产的成本能够可靠地计量

成本能够可靠地计量是资产确认的一项基本条件。企业在确定固定资产成本时必须取得确凿证据，但是，有时需要根据所获得的最新资料，对固定资产的成本进行合理的估计。比如，企业对于已达到预定可使用状态但尚未办理竣工决算的固定资产，需要根据工程预算、工程造价或者工程实际发生的成本等资料，按估计价值确定其成本；办理竣工决算后，再按照实际成本调整原来的暂估价值。

三、固定资产的分类

企业的固定资产种类繁多、规格不一、用途各异，为加强管理和核算，必须对固定资产科学合理地进行分类。根据不同的需要，可以按不同标准进行分类。

1. 按经济用途分类

按经济用途，固定资产可以分为以下两类：❶生产经营用固定资产——直接参加或直接服务于生产经营过程的各种固定资产；❷非生产经营用固定资产——不直接服务于生产经营过程的各种固定资产。

2. 按使用情况分类

按使用情况，固定资产可以分为以下三类：❶使用中的固定资产——正在使用中的生产经营性和非生产经营性固定资产。季节性停用、大修理停用以及经营租出的固定资产也属于使用中的固定资产。❷未使用的固定资产——尚未交付使用的新增固定资产以及因更新改造而暂停使用的固定资产。❸不需用的固定资产——企业多余或不适用、待处置的固定资产。

3. 按所有权分类

按所有权，固定资产可分为以下两类：❶自有固定资产——企业拥有的可供企业自由支配使用的固定资产；❷租入固定资产——企业采用租赁方式从其他单位租入的固定资产。

第二节　固定资产取得的核算（生）

企业固定资产的取得，是指企业从不同来源渠道增加的固定资产，按照《企业会计准则第4号——固定资产》的规定，应当按照成本对其进行初始计量（即确定固定资产的入账价值），并在此基础上进行有关取得固定资产业务的核算。由于企业取得的固定资产有外购、自行建造、投资者投入、非货币性资产交换、债务重组、企业合并、融资租赁等多种渠道或方式，其成本构成及确定的方法也不尽相同。

一、外购固定资产

企业外购固定资产的成本包括：实际支付的买价、相关税费、使固定资产达到预定可使用状态前所发生的应归属于固定资产的运输费、装卸费、安装费、税金和专业人员服务费等。以一笔款项购入多项没有单独标价的固定资产，应当按照各项固定资产公允价值比例对总成本进行分配，分别确定各项固定资产的成本。

企业购入的固定资产：❶如果不需安装，直接以购入固定资产所确定的入账成本及其可抵扣的增值税进项税额，借记"固定资产""应交税费"等账户，贷记"银行存款"账户；❷如果需要安装，从支付价款、设备运抵企业，到设备正式投入使用，尚需经过设备安装过程，并发生各种安装成本等，应先记入"在建工程"等账户，待设备安装完成后，一并由"在建工程"账户转入"固定资产"账户。

（一）购置不需要安装的固定资产

企业购入不需要安装就可以直接交付使用的固定资产，应按购入时实际支付的买价、运输费、包装费等相关税费入账。

【例7-1】风华公司从明星机械厂购入2台不需要安装的设备。取得的各种增值税专用发票上注明：❶设备价款为400 000元、增值税额为52 000元；❷发生运输费价款为10 000元、增值税额为900元；❸发生保险费价款为5 000元、增值税额为300元。以上款项均以银行存款支付。相关账务处理如下：

固定资产的入账成本=400 000+10 000+5 000=415 000（元）

借：固定资产 415 000
　　应交税费——应交增值税（进项税额） 53 200
　　　贷：银行存款 468 200

（二）购置需要安装的固定资产

企业购入需要安装的固定资产，应在固定资产投入安装时，先将购置成本及安装成本（包括出包方式的安装成本和自营方式的安装成本）记入"在建工程"账户，待该资产达到预定可使用状态时，将其成本从"在建工程"账户转入"固定资产"账户。

【例7-2】风华公司从外地锦绣机器厂购入2台需要安装的A设备并采用自营方式直接投入安装。取得的各种增值税专用发票上注明：❶该设备的买价为600 000元、增值税额为78 000元；❷发生的运输费价款20 000元、增值税额为1 800元；❸发生的装卸费价款1 000元、增值税额60元；❹自营方式安装从仓库领用原材料5 000元，发生安装工人的工资4 000元（假设不考虑其他税费）。设备安装完毕达到预定可使用状态并交付使用。相关账务处理如下：

工程物资入账价值=600 000+20 000+1 000=621 000（元）

（1）购入设备并投入安装。

借：在建工程——A设备安装工程 621 000
　　应交税费——应交增值税（进项税额） 79 860
　　　贷：银行存款 700 860

（2）安装过程中发生材料费用和安装人员工资费用。

借：在建工程——A设备安装工程 9 000
　　贷：原材料 5 000
　　　应付职工薪酬 4 000

（3）设备安装完毕达到预定可使用状态并交付使用。

借：固定资产 630 000
　　贷：在建工程——A设备安装工程 630 000

二、自行建造固定资产

企业自行建造的固定资产，是指企业利用自己的力量自营建造或出包给他人建造的固定资产。其入账价值（即固定资产成本或固定资产原值）由建造该项固定资产达到预定可使用状态前所发生的必要支出构成。

（一）自营建造固定资产

自营建造固定资产，是指企业自行采购工程物资、自行组织施工而建造的固定资产。其入账价值，原则上应包括建造期间发生的直接材料、直接人工、其他与自营建造固定资产相关的支出以及在固定资产达到预定可使用状态前发生的长期负债利息。自营工程的账务处理如下：

（1）企业自行采购的工程物资，一般应单独进行核算。当企业购入自营工程所需的材料物资时，应根据实际支付的买价和应计入工程物资成本的包装费、运杂费等，借记"工程物资"账户，根据可实际抵扣的增值税，借记"应交税费——应交增值税（进项税额）"账户，贷记"银行存款"等账户。

（2）企业自营工程在建造过程发生的支出，应按其实际成本转入所建项目的成本。❶领用工程物资、原材料或库存商品的，借记"在建工程"账户，贷记"工程物资""原材料""库存商品"等账户；❷根据应负担或分摊的职工薪酬、辅助生产部门为之提供的水、电、修理、运输等劳务，借记"在建工程"账户，贷记"应付职工薪酬""生产成本——辅助生产成本"等账户；❸根据自营建造的固定资产在交付使用前应负担的长期负债利息，借记"在建工程"账户，贷记"应付利息"或"长期借款——应计利息"等账户。

（3）自营工程发生的工程物资盘盈、盘亏、报废、毁损，在减去残料价值以及保险公司、过失人等赔款后的净损失。❶在自营工程建设期间发生的，计入所建工程成本，借记"在建工程"账户，贷记"工程物资"等账户；❷在自营工程完工后发生的，计入当期损益，借记"营业外支出"账户，贷记"工程物资"或"在建工程"等账户。

（4）工程完工后已领出的剩余物资，应办理退库手续。根据退库的剩余物资的成本，借记"工程物资"账户，贷记"在建工程"账户。

（5）自营工程完工并达到预计可使用状态的，应结转工程成本。❶已办理竣工结算并交付使用的，根据实际成本，借记"固定资产"账户，贷记"在建工程"账户。❷在未办理竣工结算前交付使用的，应根据预估价，借记"固定资产"账户，贷记"在建工程"账户；按预估价入账的，在办理竣工结算时，应对原入账金额进行调整，按照差额，借记或贷记"固定资产"账户，贷记或借记"在建工程"账户。

【例7-3】甲公司自行制造一台生产用设备。2025年1月15日至6月15日，在建工程发生下列业务：❶用银行存款购入工程物资，价款64 000元，增值税额8 320元，工程物资验收入库；❷工程实际领用工程物资64 000元；❸工程领用库存材料一批，实际成本5 568元；❹工程领用产成品20件，实际成本7 888元；❺工程应负担直接人工费用8 020元；❻6月15日，工程完工并达到预定可使用状态。其账务处理如下：

（1）购入工程物资并验收入库

| 借：工程物资 | 64 000 |
| 应交税费——应交增值税（进项税额） | 8 320 |

<table>
<tr><td></td><td>贷：银行存款</td><td>72 320</td></tr>
</table>

（2）领用工程物资、库存材料、库存商品。

借：在建工程		77 456
贷：工程物资		64 000
原材料		5 568
库存商品		7 888

（3）结转应由工程负担的直接人工费用。

借：在建工程	8 020
贷：应付职工薪酬	8 020

（4）工程完工，计算并结转工程成本。

实际成本＝64 000+5 568+7 888+8 020=85 476（元）

借：固定资产	85 476
贷：在建工程	85 476

应该说明的是，当固定资产达到预定可使用状态并交付使用时（不论是否办理竣工决算手续），应停止借款费用的资本化并开始计提折旧。

（二）出包建造固定资产

出包建造固定资产，是指企业通过招标等方式将工程发包给建筑承包商，由承包商组织施工而建造的固定资产。其入账价值，由实际支付的全部工程价款以及应负担的长期负债利息等构成。应设置"在建工程"账户及其所属明细账户：❶"预付工程款"明细账户核算已经支付但尚未进行结算的工程款；❷"工程成本"明细账户核算已经结算的工程成本。出包工程的账务处理程序如下：

（1）**预付工程款**。根据出包合同预付给承包商的工程价款，借记"在建工程——预付工程款（××工程）"账户，贷记"银行存款"账户。

（2）**结算工程进度款**。❶根据结算的价款（含增值税，下同），借记"在建工程——工程成本（××工程）""应交税费——应交增值税（进项税额）"账户；❷冲销原已预付的工程款，贷记"在建工程——预付工程款（××工程）"账户；❸根据补付的工程进度款，贷记"银行存款"账户。

（3）**工程完工结算全部工程价款**。应根据补付的工程价款，借记"在建工程——工程成本（××工程）""应交税费——应交增值税（进项税额）"账户，贷记"银行存款"账户。

（4）**符合资本化条件的借款费用**。根据出包工程在达到预定可使用状态前应负担的长期负债利息，借记"在建工程——工程成本（××工程）"账户，贷记"应付利息"或"长期借款——应计利息"账户。

（5）**出包工程全部完工，应结转为固定资产**。根据"在建工程——工程成本（××工程）"账户的借方发生额（即为该工程实际成本），借记"固定资产"账户，贷记"在建工程——工程成本（××工程）"账户。

【例7-4】A企业将新建厂房工程出包给W建筑公司。合同规定：❶全部工程价款800万元、增值税额72万元，合同签订日预付25%工程款；❷工程完成60%时，结算工程进度款；❸工程全部完工并验收合格时，支付剩余工程款。A企业根据发生的经济业务，编制如下会计分录：

（1）根据工程出包合同规定，A企业预付给W建筑公司工程款2 000 000元。

借：在建工程——预付工程款（厂房）　　　　2 000 000
　　贷：银行存款　　　　　　　　　　　　　　　　　2 000 000

（2）工程完成60%，结算工程进度款480万元、增值税43.2万元（480×9%）。

借：在建工程——工程成本（厂房）　　　　　4 800 000
　　应交税费——应交增值税（进项税额）　　432 000
　　贷：在建工程——预付工程款（厂房）　　　　　2 000 000
　　　　银行存款　　　　　　　　　　　　　　　　　3 232 000

（3）厂房全部完工，验收合格，支付剩余款项320万元、增值税28.8万元。

借：在建工程——工程成本（厂房）　　　　　3 200 000
　　应交税费——应交增值税（进项税额）　　288 000
　　贷：银行存款　　　　　　　　　　　　　　　　　3 488 000

（4）厂房交付使用，结转为固定资产。

实际工程成本=480+320=800（万元）

借：固定资产　　　　　　　　　　　　　　　8 000 000
　　贷：在建工程——工程成本（厂房）　　　　　　　8 000 000

三、取得附有弃置义务的固定资产

对于特殊行业的特定固定资产，确定其初始入账成本时，还应考虑弃置费用。

弃置费用，是指根据国家法律和行政法规、国际公约等规定，企业承担的环境保护和生态恢复等义务而在未来弃置固定资产时预计发生的支出。如核电站核设施等的弃置和恢复环境义务预计发生的大额支出。弃置费用应作为固定资产初始入账成本的一部分，通过提取折旧的方式予以补偿。

弃置费用是将来若干年后预计发生的大额支出，显然按将来的支出金额计入固定资产的初始成本极不合理，应当按照取得固定资产时的实际利率进行折现，将其现值计入固定资产的原始价值，借记"固定资产""在建工程"等账户，贷记"预计负债"账户。

预计未来将发生的弃置费用与其现值（计入固定资产原始价值）之间的差额，应在固定资产使用期间内分期确认为财务费用。即在固定资产的使用寿命内，按照预计负债的账面价值（摊余成本）和取得固定资产时的实际利率计算的利息，确认各期应负担的财务费用，借记"财务费用"账户，贷记"预计负债"账户。

───── 第三节　固定资产折旧的核算（老）

一、固定资产折旧的性质及影响因素

（一）固定资产折旧的性质

微课视频

固定资产折旧

固定资产具有长期服务于企业的生产经营过程而保持其原有实物形态的特性，但其价值却随着实物磨损或技术进步在逐渐减少，并逐渐转移到生产的产品中或构成企业费用，通过产品（商品）销售从而使这部分价值损耗得到补偿。所以，固定资产折旧是指在固定资产的使用寿命内，按一定方法将其损耗价值逐渐转移到成本费用中所进行的价值分摊过程。

固定资产发生损耗的因素分为物质因素和功能因素两种。❶物质因素是指由于固定资产受自然力的影响而引起的使用价值和价值的减损。❷功能因素亦称经济因素，指由于技术进步等原因引起的使用价值和价值的减损，这种减损的特点是固定资产在物质形态上仍具有一定的服务潜力，但企业若继续使用已无经济价值。

物质因素决定了固定资产的最大使用年限，功能因素则决定了固定资产的实际使用年限。会计上认为，无论是物质因素引起的减损，还是功能因素引起的减损，都应当在固定资产的使用年限内进行分摊，形成折旧费用，计入产品成本或期间费用。因此，会计中的折旧不是一个计价过程，而被认为是固定资产成本的分配过程。

（二）影响固定资产折旧的因素

（1）**固定资产原价**——固定资产取得时确认的入账成本，是固定资产折旧的基数。

（2）**预计净残值**——在固定资产使用寿命期满时，企业预计从该项资产的处置收益中扣除预计处置费用后的金额。

（3）**固定资产的使用寿命**。在确定固定资产使用寿命时，除应充分考虑该项资产的有形损耗和无形损耗外，还应考虑该项资产的预计生产能力及法律对该项资产的使用限制。

二、固定资产折旧方法

深入理解

固定资产分类折旧率的适用性分析

常用的固定资产折旧方法可以分为直线法和加速折旧法两类。企业可以根据固定资产价值损耗的特性确定合理的折旧方法。折旧方法一经确定，不得随意变更。

（一）直线法

直线法——按照时间或完成的工作量平均计提折旧的方法。直线法主要包括平均年限法和工作量法。

1.平均年限法

平均年限法——按固定资产使用年限平均计算折旧额的一种方法。其计算公式如下：

$$年折旧额 = \frac{固定资产原价 - 预计净残值}{预计使用寿命（年）}$$

$$月折旧额 = 年折旧额 \div 12$$

上述计算公式为固定资产折旧平均年限法的一般原理。在实际工作中，可以合理确定预计净残值率（预计净残值占固定资产原价的比率），再计算年折旧率和月折旧率，每月用固定资产原价乘以月折旧率即可求得月折旧额。

$$年折旧率 = \frac{1 - 预计净残值率}{预计使用寿命（年）}$$

$$月折旧率 = 年折旧率 \div 12$$

$$月折旧额 = 固定资产原价 \times 月折旧率$$

在实务中，企业可以根据固定资产的规模数量和核算管理的需要分别采用以下三种折旧率计提折旧：❶个别折旧率——按单项固定资产计算的折旧率；❷分类折旧率——按照固定资产的类别分类计算的折旧率；❸综合折旧率——按企业全部固定资产计算的折旧率。

2. 工作量法

工作量法——亦称生产数量法，是指按照固定资产所能完成的工作总量计算每个工作量折旧额，然后按每期实际完成的工作量计提折旧的一种方法。其计算公式如下：

$$某项固定资产单位工作量折旧额=\frac{该项固定资产应计提折旧总额}{该项固定资产预计完成的工作总量}$$

某项固定资产月折旧额=该项固定资产当月实际工作量×该项固定资产单位工作量折旧额

（二）加速折旧法

加速折旧法——亦称递减费用法，是指在固定资产使用初期计提折旧较多而在后期计提折旧较少，从而相对加速折旧的方法。加速折旧法的计算公式是按年计算的，所以，月折旧额一般按年折旧额除以12计算。较常用的加速折旧法有年数总和法与双倍余额递减法两种。

1. 年数总和法

年数总和法——按固定资产应计提折旧总额和某年尚可使用年数占各年尚可使用年数总和（简称年数总和）的比重（即年折旧率）来计提折旧的方法。具体来讲，年数总和法就是以固定资产的应计提折旧总额作为折旧基数，各年分别以一个逐年递减的分数作为折旧率来计提各期折旧额的一种方法。在这个逐年递减的分数中，分母是使用寿命的逐年数字之总和，如使用寿命为4年，则分母的年数总和=1+2+3+4=10；分子则为固定资产尚可使用的年数。计算公式如下：

❶ $年折旧率=\dfrac{该年尚可使用年数}{预计使用年限的年数总和}$

❷ 年折旧额=（固定资产原价-预计净残值）×年折旧率

❸ $月折旧额=\dfrac{年折旧额}{12}$

【例7-5】风华公司一台机器原价为100 000元，预计使用寿命为5年，预计净残值为4 000元。采用年数总和法计算年折旧额，见表7-1。

表7-1　　　　　　固定资产折旧计算表（年数总和法）　　　　金额单位：元

使用年份	应计提折旧总额	年折旧率	年折旧额	资产折余价值
1	96 000	5/15	32 000	68 000
2	96 000	4/15	25 600	42 400
3	96 000	3/15	19 200	23 200
4	96 000	2/15	12 800	10 400
5	96 000	1/15	6 400	4 000

提示：❶固定资产折旧的年份为固定资产的使用年份，而非日历年份；❷表中最后4 000元的资产折余价值为预计净残值，可通过资产的报废处置而收回。

2. 双倍余额递减法

双倍余额递减法——以固定资产的年初账面余额（即固定资产净值）为折旧基数，以双倍的直线法折旧率（不考虑净残值）来计算各期折旧额的一种方法。采用双倍余额递减法计算折旧率时，不考虑固定资产的预计净残值，会导致使用寿命结束时已计提折旧总额不等于应计提折旧总额。为解决这一问题，我国企业会计准则规定，采用双倍余额递减法计提折旧时，应当在固定资产使用到期的前两年内，将固定资产账面净值减去预计净残值后的金额平均摊销。计算公式如下：

❶ 双倍直线折旧率（年折旧率）$= \dfrac{2}{\text{预计使用年限}} \times 100\%$

❷ 年折旧额=该年年初账面净值×年折旧率

❸ 月折旧额$= \dfrac{\text{年折旧额}}{12}$

【例7-6】承【例7-5】有关资料，采用双倍余额递减法计提折旧，年折旧率及各年折旧额计算（从第4年起改按年限平均法计提折旧）见表7-2。

表7-2　　　　　　固定资产折旧计算表（双倍余额递减法）　　　　金额单位：元

使用年份	期初净值	年折旧率	年折旧额	累计折旧	期末净值
1	100 000	40%	40 000	40 000	60 000
2	60 000	40%	24 000	64 000	36 000
3	36 000	40%	14 400	78 400	21 600
4	21 600	—	8 800	87 200	12 800
5	12 800	—	8 800	96 000	4 000

加速折旧法下，固定资产使用前期计提折旧额高，在固定资产使用后期计提折旧额低。与直线法比较，加速折旧法既能反映收支配比要求，体现会计的谨慎性原则，又能尽快收回投资，实现固定资产快速更新。

三、计提固定资产折旧的范围

深入理解

固定资产折旧计提时点规定的沿革与反思

按现行企业会计准则规定，除已提足折旧仍继续使用的固定资产、按规定单独估价作为固定资产入账的土地外，企业应对所有固定资产计提折旧。

在确定固定资产折旧范围时，还应注意以下几点：❶固定资产应当按月计提折旧，当月增加的固定资产，当月不计提折旧，从下月起计提折旧；当月减少的固定资产，当月仍计提折旧，从下月起停止计提折旧。❷提前报废的固定资产，不再补提折旧，在采用个别折旧率的情况下，未提足折旧的净损失应计入营业外支出。❸因进行大修理而停用的固定资产，应当照提折旧；因更新改造而停止使用的固定资产，应将其账面价值转入在建工程，不再计提折旧，待改造完成达到预定可使用状态转为固定资产后，再按重新确定的使用寿命和折旧方法计提折旧。

四、固定资产折旧的账务处理

企业按月计提的折旧，应当通过"累计折旧"账户核算，计提的折旧额记入贷方，因固定资产减少而应转销的折旧额记入借方，期末余额在贷方，反映企业实有固定资产的累计折旧额。同时，计提的折旧还应根据用途计入相关资产的成本或当期损益。❶企业自行建造固定资产过程中使用的固定资产，其折旧额记入"在建工程"账户；❷基本生产车间使用的固定资产，其折旧额记入"制造费用"账户；❸行政管理部门使用的固定资产，其折旧额记入"管理费用"账户；❹销售部门使用的固定资产，其折旧额记入"销售费用"账户；❺经营租出的固定资产，其折旧额记入"其他业务成本"账户。

企业至少应当于每年年度终了，对固定资产的使用寿命和预计净残值进行复核。如有确凿证据表明固定资产的使用寿命及预计净残值与原先估计数有差异，应当调整其使用寿命和预计净残值。

固定资产使用过程中所处的各种环境的变化也可能使与固定资产有关的经济利益的预期实现方式发生重大改变，企业应相应改变固定资产折旧的计提方法。固定资产使用寿命、预计净残值和折旧方法的改变应作为会计估计变更，按相关准则的规定处理。

第四节　固定资产后续支出的核算（病）

固定资产的后续支出——固定资产在使用过程中为延长其寿命、或为提高其生产能力、或为维护其正常运转而发生的支出。人最怕的是"老年病来磨"，资产亦同。固定资产使用时间长了，多少总会有一些毛病，维修费用也就在所难免。固定资产的后续支出视其性质，可分为费用化支出和资本化支出两种。

一、资本化的后续支出

（一）固定资产改扩建的特点

资本化的后续支出，主要是指固定资产投入使用后发生的改扩建支出。固定资产的改扩建，是指对原有固定资产进行的改良和扩建。其目的是提高固定资产的质量（如以自动装置代替非自动装置）和提高固定资产的生产能力（如房屋增加楼层），其结果是使固定资产原值有所增加或延长使用年限，通常可以满足固定资产确认条件。因此，其支出应予以资本化并计入固定资产成本，同时将被替换部分的账面价值扣除。

（二）固定资产改扩建的核算

（1）**注销固定资产原值与折旧并将其净值转入在建工程**。企业在固定资产进行改扩建期间，应于改扩建工程开始的次月停止计提折旧，同时将该资产的原价、累计折旧和已计提的减值准备转销，将其账面净值转入在建工程，借记"在建工程""累计折旧""固定资产减值准备"账户，贷记"固定资产"账户。

（2）**固定资产改扩建发生的可资本化的后续支出**。❶固定资产改扩建工程支出的核算与自营工程支出的核算方法相同，应通过"在建工程"账户核算；❷固定资产改扩建过程中拆除的原有部件的残值，冲减改扩建工程支出，借记"原材料""银行存款"等账户，贷记"在建工程"账户；❸固定资产改扩建工程完工后，应将改扩建工程的全部成本转入改扩建后的固定资产原值，借记"固定资产"账户，贷记"在建工程"账户。

（3）**改扩建后固定资产的折旧重新计算**。固定资产改扩建后，应按重新确定的固定资产使用寿命和预计净残值，在完工后的次月计提折旧，借记"制造费用"等账户，贷记"累计折旧"账户。

【例7-7】风华公司将一幢厂房发包给清源建筑安装工程公司进行改造。❶该厂房账面原价为1 500 000元，已计提折旧800 000元，采用年限平均法计提折旧；❷用银行存款支付工程价款300 000元、增值税27 000元；❸改造厂房拆除部件的残料计价3 000元，已入原材料库；❹该工程完工并重新投入使用，该厂房预计可再使用10年，采用年限平均法计提折旧，预计净残值率为4%。**根据以上资料，**编制从改扩建工程开始到完工投入使用的会计分录如下：

（1）转销固定资产的账面记录。

借：在建工程——厂房改造工程　　　　　　　700 000
　　累计折旧　　　　　　　　　　　　　　　800 000
　　　贷：固定资产——厂房　　　　　　　　　　　　1 500 000

（2）支付工程款项：

借：在建工程——厂房改造工程　　　　　　　300 000
　　应交税费——应交增值税（进项税额）　　 27 000
　　　贷：银行存款　　　　　　　　　　　　　　　　 327 000

（3）拆除部件残料入库：

借：原材料　　　　　　　　　　　　　　　　　3 000
　　　贷：在建工程——厂房改造工程　　　　　　　　　3 000

（4）工程达到预定可使用状态：

改扩建后的固定资产原值=700 000+300 000-3 000=997 000（元）

借：固定资产——厂房　　　　　　　　　　　　997 000
　　　贷：在建工程——厂房改造工程　　　　　　　　　997 000

（5）从下月起每月计提折旧：

❶年折旧额=997 000×（1-4%）÷10=95 712（元）

❷月折旧额=95 712÷12=7 976（元）

借：制造费用　　　　　　　　　　　　　　　　7 976
　　　贷：累计折旧　　　　　　　　　　　　　　　　　7 976

二、费用化的后续支出

企业对固定资产进行维护和局部修理，一般分为日常修理和大修理两类，其目的是确保固定资产保持正常的工作状态，并不导致固定资产性能的改变或其未来经济利益的增加，其支出不满足固定资产确认条件。因此，其修理支出或耗费应予以费用化。

日常修理的特点是修理范围小、修理次数多、间隔时间短；大修理的特点是修理范围大、修理次数少、间隔时间长。两者虽然各有其特点，但界限的划分比较困难，且支出或耗费数额多少又是相对而言的，因此在会计实务中日常修理和大修理往往一并核算。

一般将费用化的后续支出直接计入产品成本或当期损益，即按发生的地点或用途，借记"制造费用""管理费用"等账户；按支付的增值税进项税额，借记"应交税费——应交增值税（进项税额）"账户；按发生的全部价款及领用的材料等，贷记"银行存款""原材料"等账户。

如果固定资产修理支出或耗费的金额较大，也可以将其确认为长期待摊费用并在一定期间内分摊。❶在发生的当时，借记"长期待摊费用""应交税费——应交增值税（进项税额）"账户，贷记"银行存款"等账户；❷分期摊销时再借记有关账户，贷记"长期待摊费用"账户。

第五节　固定资产清理的核算（死）

一、固定资产清理及其账户设置

固定资产清理——在固定资产出售或不能继续使用而报废时对固定资产进行的处置。 凡是处于处置状态和预期通过使用或处置不能产生经济利益的固定资产，应作终止确认并予以处置。

企业处置固定资产，应通过"固定资产清理"账户核算。该账户是用来核算转入清理过程的固定资产账面价值、清理支出、变价收入和其他收入的取得以及清理损益的情况。❶借方登记清理过程中发生的清理费用以及转入清理过程的固定资产账面净值。❷贷方登记清理过程中发生的清理收入，包括转让收入、残料收入以及向保险公司或有关责任者收取的赔偿款等。❸该账户贷方发生额大于借方发生额的差额，应作为处置收益或营业外收入并从该账户借方转出；反之，应作为处置损失或营业外支出并从该账户贷方转出。经过上述转出后，该账户应无余额。

二、固定资产出售的核算

（一）固定资产出售的账务处理步骤

（1）**固定资产转入清理**。企业出售、报废和毁损的固定资产转入清理时，应按固定资产的账面价值，借记"固定资产清理"账户，按已提折旧，借记"累计折旧"账户，按已提减值准备，借记"固定资产减值准备"账户，按固定资产原价，贷记"固定资产"账户。

（2）**发生的清理费用**。根据固定资产清理过程中发生的清理费用，如支付拆除人员的工资、发包给外单位支付的拆除费用等，借记"固定资产清理"账户，贷记"银行存款"等账户。

（3）**出售固定资产的收入**。根据出售固定资产企业实际收到的价款和增值税额，借记"银行存款"等账户，贷记"固定资产清理""应交税费"等账户。

（4）**企业应由保险公司或过失人赔偿的损失**。根据由保险公司或过失人赔偿的金额，冲减清理支出，借记"其他应收款""银行存款"等科目，贷记"固定资产清理"账户。

（5）**结转出售固定资产净损益**。根据固定资产清理完成后的净损益，借记或贷记"资产处置损益"账户，贷记或借记"固定资产清理"账户。

（二）固定资产出售的账务处理举例

【例7-8】风华公司出售一座仓库，原价为1 000 000元，已计提折旧400 000元，计提减值准备100 000元；经双方协商售价为600 000元，适用的增值税税率为13%，款已划入公司存款账户；移交前公司对仓库进行了全面清理，发生清理费用10 000元，用银行存款支付。相关账务处理如下：

（1）将出售仓库转入清理。

借：固定资产清理	500 000
累计折旧	400 000
固定资产减值准备	100 000

贷：固定资产	1 000 000

（2）收到出售仓库的价款。

借：银行存款	678 000
贷：固定资产清理	600 000
应交税费——应交增值税（销项税额）	78 000

（3）支付清理费用。

借：固定资产清理	10 000
贷：银行存款	10 000

（4）结转清理净收益（利得）。

借：固定资产清理	90 000
贷：资产处置损益	90 000

三、固定资产报废的核算

固定资产报废的原因一般有两类：**一类是**由于使用期限已满不再继续使用而形成的正常报废；**另一类是**由于对折旧年限估计不准确或非正常原因造成的提前报废，如因管理不善或自然灾害造成的固定资产毁损等。

（1）**正常报废的固定资产**。正常报废的固定资产已提足折旧，其账面净值为预计净残值。但由于实际净残值与预计净残值往往不一致，因而在清理过程中也会发生净损益。

（2）**提前报废的固定资产**。❶提前报废的固定资产未提足折旧，为了简化核算，对未提足的折旧部分不再补提，而是在计算固定资产清理损益时一并考虑。❷毁损的固定资产，有可能取得保险公司或过失人的赔款，也视为清理过程中的一部分收入。

（3）**结转出售固定资产净损益**。固定资产报废的核算方法与出售的核算方法基本相同，均需要通过"固定资产清理"账户进行核算。不同之处在于，固定资产报废不属于日常经营活动，因此其净损益计入营业外收入或营业外支出。

【例7-9】风华公司一小型制冷系统的原值为1 500 000元，预计净残值为30 000元，预计使用年限为10年，现已使用11年（超龄使用1年），由于不能继续使用而报废。报废时残料计价35 000元入库，用银行存款支付清理费用4 000元。**根据以上资料**，编制固定资产从转入清理到结转清理损益的会计分录如下：

（1）注销固定资产原值和累计折旧。

累计折旧额=1 500 000−30 000=1 470 000（元）

借：固定资产清理	30 000
累计折旧	1 470 000
贷：固定资产	1 500 000

（2）支付清理费用。

借：固定资产清理	4 000
贷：银行存款	4 000

（3）残料计价入库。

借：原材料	35 000
贷：固定资产清理	35 000

（4）结转固定资产清理净损益。

固定资产清理净收益=35 000－30 000－4 000=1 000（元）

借：固定资产清理　　　　　　　　　　　　　　　1 000
　　贷：营业外收入——固定资产清理利得　　　　　　　　1 000

【例7-10】甲公司一座仓库因遭受自然灾害而毁损，转入清理。❶该仓库原价为500 000元，已计提折旧100 000元；❷清理中发生费用80 000元，以银行存款支付；❸清理出残料出售，收取价款40 000元、增值税5 200元，款项已存入银行；❹经保险公司核定，甲公司可获赔偿款350 000元，款项尚未转入甲公司账户。根据以上资料，甲公司编制固定资产从转入清理到结转清理损益的会计分录如下：

（1）转入清理。

借：固定资产清理　　　　　　　　　　　　　　400 000
　　累计折旧　　　　　　　　　　　　　　　　100 000
　　贷：固定资产　　　　　　　　　　　　　　　　500 000

（2）支付清理费用。

借：固定资产清理　　　　　　　　　　　　　　80 000
　　贷：银行存款　　　　　　　　　　　　　　　　80 000

（3）出售残料。

借：银行存款　　　　　　　　　　　　　　　　45 200
　　贷：固定资产清理　　　　　　　　　　　　　　40 000
　　　　应交税费——应交增值税（销项税额）　　　　5 200

（4）确认应收保险公司赔偿款。

借：其他应收款——某保险公司　　　　　　　　350 000
　　贷：固定资产清理　　　　　　　　　　　　　350 000

（5）结转毁损仓库的净损失。

固定资产清理净损失=（400 000＋80 000）－（40 000＋350 000）=90 000（元）

借：营业外支出——非常损失　　　　　　　　　90 000
　　贷：固定资产清理　　　　　　　　　　　　　90 000

第六节　固定资产的期末计价及报表列示

一、固定资产期末计价

固定资产的期末计价——在会计期末判断固定资产是否发生减值，对已发生减值的固定资产进行减值损失确认，同时将损失金额计入当期损益并计提相应的减值准备。

（一）固定资产减值迹象的判断

企业应当在期末或者至少在每年年度终了，对固定资产逐项进行检查，以判定固定资产是否发生减值。企业在期末对固定资产进行检查时，如发现下列情况，则表明该项固定资产可能发生了减值：（1）资产的市价在当期大幅度下跌，其跌幅明显高于因时间的推移或者正常使用而预计的下跌；（2）企业经营所处的经济、技术或者法律等环境以及资产所处的市场在当期或者将在近期发生重大变化，从而对企业产生不利影响；（3）市场利率或者其他市场投资报酬率在当期已经提高，从而影响企业计算资产预计未来现金流量现值的折现率，导致资产可回收金额大幅度降低；（4）有证据表明资产已经陈旧过时或者其实体已经损坏；（5）资产已经或者将被闲置、终止使用或者计划提前处置；（6）企业内部报告的证据表明资产的经济绩效已经低于或者将低于预期，如资产所创造的净现金流量或者实现的营业利润（或者亏损）远远低于（或者高于）预计金额等；（7）其他表明资产可能已经发生减值的迹象。

（二）固定资产可回收金额的计量

（1）**固定资产可回收金额**：应当根据固定资产的公允价值减去处置费用后的净额，与固定资产预计未来现金流量的现值两者之间的较高者确定。固定资产的公允价值减去处置费用后的净额，通常就是固定资产如果被出售或处置时可以收回的现金净收入。

（2）**固定资产的公允价值的确定**：❶应当根据公平交易中销售协议价格确定；❷不存在销售协议但存在资产活跃市场的，应当根据固定资产的市场价格确定，即根据资产购买方的出价确定；❸不存在以上两种价格的，应当以可获取的最佳信息为基础，估计固定资产的公允价值；❹企业按照上述规定仍然无法可靠估计固定资产的公允价值减去处置费用后的净额的，应当以该固定资产预计未来现金流量的现值作为其可回收金额。

（3）**固定资产预计未来现金流量的现值**：固定资产在持续使用中和最终处置时所产生的预计未来现金流量按照固定资产投资报酬率（折现率）折算的现值。

（4）**处置费用**：可以直接归属于固定资产处置的增量成本，包括与固定资产处置有关的但不含财务费用和所得税费用的其他所有相关税费，如运输费、销售费用、法律费用等。

（三）固定资产减值损失的确定

固定资产估计可回收金额低于账面价值的，应计提固定资产减值准备。❶将固定资产的账面价值减记至可回收金额，借记"资产减值损失"账户，贷记"固定资产减值准备"账户。❷固定资产减值损失确认后，减值固定资产的折旧费用应当在未来期间作相应调整，即在计提该项（组）固定资产折旧时，应以账面原价减去减值准备后的金额作为应计折旧额。❸在未来计提折旧时，应当以新的固定资产账面价值为基础计提每期折旧。❹固定资产减值损失一经确认，在以后会计期间不得转回。

【例7-11】风华公司于2024年年末对一组同期投入使用的10辆载重汽车进行减值测试。❶该组载重汽车的账面价值为6 000 000元，预计尚可使用4年；❷在测算中，参考当前市场价格确定该组汽车的公允价值减去预计处置费用后的净额约为4 500 000元，预计2025年至2028年的净收益分别为2 000 000元、1 800 000元、1 500 000元、1 000 000元，2028年使用期满处置该组汽车可获得净收益104 200元（即预计净残值）；❸公司以当前市场借款利率10%为折现率。则预计未来现金流量的现值计算见表7-3。

表7-3　　　　　　　　　　**预计未来现金流量现值计算表**　　　　　　　　金额单位：元

年份（n）	预计未来现金流量	复利现值系数（i=10%）	预计未来现金流量的现值
2025	2 000 000	0.909	1 818 000
2026	1 800 000	0.826	1 486 800
2027	1 500 000	0.751	1 126 500
2028	1 100 000	0.683	751 300
合计			5 182 600

经过测算，该组载重汽车的预计未来现金流量的现值为 5 182 600 元，较公允价值减去预计处置费用后的净额 4 500 000 元要高。因此，应当以 5 182 600 元作为可回收金额。而该组汽车的账面价值 6 000 000 元又高于可回收金额。所以，应当确认减值损失，计提固定资产减值准备。相关账务处理如下：

应计提减值准备=6 000 000-5 182 600=817 400（元）

借：资产减值损失——固定资产减值损失　　　　　817 400
　　贷：固定资产减值准备　　　　　　　　　　　　　　　817 400

2025 年 1 月起的月折旧额。

月折旧额＝（5 182 600-104 200）÷（12×4）=105 800（元）

二、报表列示

（1）"固定资产"项目。在资产负债表中，"固定资产"项目以原始价值（"固定资产"账户的期末借方余额）扣除累计折旧（"累计折旧"账户的期末贷方余额）和固定资产减值准备（"固定资产减值准备"账户的期末贷方余额）后的净额再加减"固定资产清理"账户的期末余额列示。

（2）"在建工程"项目。在资产负债表中，"在建工程"项目以在建工程的账面余额（"在建工程"账户的期末借方余额）扣除在建工程减值准备后的净额和"工程物资"账面余额扣除工程物资减值准备后的净额列示。

【思考题】

1.如何确认固定资产？固定资产有哪些特征？

2.影响固定资产折旧的因素有哪些？如何确定其折旧的范围？

3.简述直线法与加速折旧法的特点及其优缺点。

4.如何进行固定资产后续支出的账务处理？

5.如何进行固定资产处置的核算？

▶ 练习题在线 ◀

练习 7-1　单项选择题在线回答

单项选择题每小题给出的 4 个备选项中，只有 1 个符合题意。要求：扫描"单项选择题二维码"进行在线回答，回答完毕并提交后可查看参考答案与答案解析。

单项选择题 1—10　　　　单项选择题 11—20　　　　单项选择题 21—30

练习 7-2　多项选择题在线回答

多项选择题每小题给出的 5 个备选项中，至少有 2 个符合题意。要求：扫描"多项选择题二维码"进行在线回答，回答完毕并提交后可查看参考答案与答案解析。

多项选择题 1—10　　　　多项选择题 11—20　　　　多项选择题 21—30

练习7-3 判断题在线回答

请判断各判断题每小题的正误，正确的点击"正确"按钮，错误的点击"错误"按钮。**要求**：扫描"判断题二维码"进行在线回答，回答完毕并提交后可查看参考答案与答案解析。

判断题1—10

判断题11—20

判断题21—30

练习7-4 直线法和加速折旧法下折旧额的计算

1.资料及账务处理要求

某企业2025年12月1日购入不需要安装的设备一台，增值税专用发票上注明的货款为96 000元、增值税额为12 480元，由顺丰物流公司承运，取得的增值税专用发票注明运费金额为3 000元、增值税额270元，支付运杂费1 000元。该设备预计净残值为4 000元，预计使用年限为5年。**根据以上资料**：(1) 确认固定资产的入账价值；(2) 采用年限平均法计算该固定资产的年折旧额；(3) 分别采用双倍余额递减法和年数总和法计算该项设备第1年至第5年的折旧额。

练习7-4
答题表

2.完成作业练习要求

(1) 扫描"练习7-4答题表"二维码，并根据下载地址下载空白练习表7-1 word文档到计算机上；(2) 在练习表7-1中完成相关的账务处理；(3) 根据注册的班级群账号，提交完成的作业请授课教师批阅。

练习7-5 自行建造固定资产的核算

1.资料及账务处理要求

(1) 自营方式建造固定资产。2025年9月1日，新华公司购建一套需要安装的设备并以自营方式进行安装，建造期间发生的有关经济业务如下：❶购买设备一台并直接交付安装，支付价款100万元、增值税额13万元，支付运费价款10万元、增值税额0.9万元。❷购买工程用材料，支付价款30万元、增值税额3.9万元，已验收入库。❸领用工程物资25万元、库存原材料成本10万元、库存商品20万元。❹分摊安装工程人员工资30万元、分摊为自营工程提供的水电费10万元。❺工程完工盘点工程物资，盘亏2万元，应转出进项税额0.26万元，报批后由责任人赔偿0.5万元，其他盘亏物资计入工程成本；剩余工程物资3万元转入企业存货。❻2025年12月31日，工程完工经验收合格并交付使用。**根据以上资料**，编制该工程从建造开始至完工并交付使用的会计分录。

(2) 出包方式建造固定资产。东盛公司为扩大生产能力，计划建造一条生产流水线。❶2025年4月1日，为该工程从银行取得期限为2年、年借款利率为6%、按季度支付利息、到期还本的长期借款600万元。❷2025年4月1日，与南方机电公司签订出包合同并规定：全部工程价款（不含增值税）为800万元；合同签订日预付25%工程款；工程完成60%时，结算工程进度款；工程全部完工并验收合格时，支付剩余工程款。❸以银行存款支付为该工程发生的可行性研究费、监理费等10万元（未取得增值税专用发票）。❹2025年9月30日，该工程完工，验收合格并交付使用。**根据以上资料**，编制该工程取得长期借款、工程建造并完工交付使用以及2025年年末按季计息的会计分录。

2.完成作业练习要求

（1）扫描"练习7-5答题表"二维码，并根据下载地址下载空白练习表7-2 word文档到计算机上；（2）在练习表7-2中完成相关的账务处理；（3）根据注册的班级群账号，提交完成的作业请授课教师批阅。

练习7-5
答题表

练习7-6　固定资产的综合核算

1.资料及账务处理要求

方元公司属于增值税一般纳税人，其存货和机器设备适用的增值税税率为13%，2020年至2025年发生与固定资产有关的业务资料如下：

（1）2020年12月1日，该公司自行建造了一条生产线并投入使用：❶建造成本为400万元；❷采用直线法计提折旧，预计使用年限10年，预计净残值为20万元。根据以上资料，编制固定资产取得及2020年度该生产线计提折旧的会计分录。

（2）2022年12月31日，对该生产线进行检测时发现其已经发生减值：❶经计算，其预计可回收金额为300万元；❷计提减值准备后，该设备原预计使用年限、预计净残值、折旧方法保持不变。根据以上资料，计算并编制计提资产减值准备的会计分录。

（3）2023年12月31日，为扩大生产能力，决定采用出包方式对该生产线进行改扩建。❶该生产线于当日停止使用转入改扩建；❷合同规定，改扩建工程完工验收合格后支付工程价款，该工程于2025年4月10日完工并验收合格，支付工程价款300万元、增值税额39万元；❸改扩建工程完工后达到预定可使用状态并于当日投入使用，预计可使用10年，预计净残值为25万元，采用直线法计提折旧。根据以上资料，编制生产线转入改扩建工程、工程完工后支付工程款、结转改扩建工程成本、按月计提折旧的会计分录。

（4）2025年10月31日，该生产线因遭受自然灾害发生严重毁损，对其进行处置：❶支付清理费用5万元；❷变卖残料取得价款100万元、增值税销项税额13万元；❸收到保险公司赔偿款200万元。根据以上资料，计算并编制固定资产清理过程及结转处置损益的会计分录。

2.完成作业练习要求

（1）扫描"练习7-6答题表"二维码，并根据下载地址下载空白练习表7-3 word文档到计算机上；（2）在练习表7-3中完成相关的账务处理；（3）根据注册的班级群账号，提交完成的作业请授课教师批阅。

练习7-6
答题表

第八章　无形资产和投资性房地产

第一节　无形资产

一、无形资产的特征与分类

（一）无形资产及其特征

无形资产——企业拥有或者控制的没有实物形态的可辨认非货币性资产。无形资产通常是企业拥有的一些法定权利，企业可以凭借这些权利获得更多的经济利益，与其他资产相比它具有如下显著特征：

1.不具有实物形态

不具有实物形态，是无形资产区别于固定资产和其他有形资产的主要标志，它们通常表现为某种权利、技术或获取超额利润的综合能力，如专利权、土地使用权、非专利技术等。无形资产以非实物形态存在，为企业创造经济利益，或使企业获得超额收益。不过无形资产的存在及产生效益必须有赖于实物载体，如企业的专利权只有借助于劳动资料和劳动对象等实物资产才能为企业带来经济效益。但这并不改变无形资产本身不具有实物形态的特征。

2.具有可辨认性

无形资产满足下列条件之一者，则认为具有可辨认性：❶能够从企业中分离出来，单独或者与资产、负债和相关合同一起用于出售、租赁或交换，例如，由于商誉无法与企业分离，不具有可辨认性，不能作为企业的无形资产；❷无形资产所表现的权利源自合同或法定权利，而无论这些权利是否可以从企业或其他权利和义务中转移或者分离，例如，一方通过与另一方签订特许权合同而获得的特许使用权，通过法律程序申请获得的商标权、专利权等。

3.属于非货币性非流动资产

属于非货币性非流动资产，是无形资产的又一特征。货币性资产，如应收款项、银行存款等也没有实物形态，因此仅以有无实物形态与其他资产加以区分是不够的。无形资产属于非流动资产，主要是因为它们能在超过一个营业周期的长时间内为企业创造经济利益。

4.以企业使用而非出售为目的的资产

企业持有无形资产的目的不是为了出售而是为了生产经营，即利用无形资产来生产商品、提供劳务、出租给他人或为企业经营管理服务。

5.存在较大的不确定性

资产必须能给企业带来经济利益，无形资产也不例外。但在某种程度上，无形资产创造的经济利益具有不确定性，因为它必须与其他资产结合，而且其成果还要接受市场的考验，如企业利用某种专利权生产的产品市场接受程度高，企业利益就大，反之就小。无形资产的这一特征，要求企业对无形资产的取得和管理持更为谨慎的态度。

（二）无形资产的分类

无形资产包括专利权、非专利技术、商标权、著作权、土地使用权、特许权等。

1.专利权

专利权，是指国家专利主管机关依法授予发明创造专利申请人对其发明创造在法定期限内所享有的特有权利，包括发明专利权、实用新型专利权和外观设计专利权。

2.非专利技术

非专利技术也称专有技术，它是指不为外人所知、在生产经营活动中已采用了的、不享有法律保护的各种技术和经验。非专利技术一般包括工业专有技术、商业贸易专有技术、管理专有技术等。非专利技术可以用蓝图、配方、技术记录、操作方法的说明等具体资料表现出来，也可以通过卖方派出技术人员进行指导，或接受买方人员进行技术实习等手段来实现。非专利技术具有经济性、机密性和动态性的特点。

3.商标权

商标，是用来辨认特定商品和劳务的标记。商标权是专门在某类指定的商品或产品上使用特定名称或图案的权利。商标权包括独占使用权和禁止权两个方面。

4.著作权

著作权又称版权，指作者对其创作的文学、科学和艺术作品依法享有的某些特殊权利。著作权包括两方面的权利，即精神权利（人身权利）和经济权利（财产权利）。前者指作品署名、发表作品、确认作者身份、保护作品完整性、修改已经发表的作品等权利，包括发表权、署名权、修改权和保护作品完整权；后者是指以出版、表演、展览、录制唱片、摄制影片等方式使用作品及因授权他人使用作品而获得经济利益的权利。

5.土地使用权

土地使用权，是指国家准许某企业在一定期间内对国有土地享有开发、利用、经营的权利。我国企业取得土地使用权的方式大致有行政划拨取得、外购取得、投资者投入取得等。

拓展阅读

土地使用权应确认为何种资产？

6.特许权

特许权，又称经营特许权、专营权，是指企业在某一地区经营或销售某种特定商品的权利或是一家企业接受另一家企业使用其商标、商号、技术机密等的权利。

二、无形资产的取得

企业取得的无形资产在符合其定义的基础上，还必须同时满足以下两个条件：❶与该无形资产有关的经济利益很可能流入企业；❷该无形资产的成本能够可靠地计量。

为了核算无形资产的取得、摊销和转让，应设置"无形资产"账户：❶借方登记企业购入或自行创造并按法律程序申请取得的，以及投资者投入的各种无形资产的价值；❷贷方登记企业向外单位投资转出、转让出售的无形资产价值及分期摊销的无形资产的价值；❸期末借方余额反映企业已入账但尚未摊销的无形资产价值；❹该账户应按其类别设置明细分类账。

（一）外购的无形资产

企业外购的无形资产应当按成本进行初始计量，包括购买价款、相关税费以及直接归属于使该项资产达到预定用途所发生的其他支出。

企业购入的无形资产按实际支付的价款，借记"无形资产""应交税费"账户，贷记"银行存款"等账户。若企业购入的专利权、商标权等无形资产只有使用权时，也应把使用权作为无形资产入账。

【例8-1】2025年10月8日，风华公司以银行存款购入一项非专利技术，一次性支付不含增值税价款50 000元，增值税为3 000元。相关账务处理如下：

```
借：无形资产——非专利技术                    50 000
    应交税费——应交增值税（进项税额）          3 000
    贷：银行存款                                    53 000
```

特别注意：购买无形资产的价款超过正常信用条件延期支付，实质上具有融资性质的，无形资产的初始成本以购买价款的现值为基础确定。实际支付的价款与购买价款的现值之间的差额，除按照借款费用的有关规定应予以资本化的以外，应当在信用期间内采用实际利率法进行摊销，计入当期损益。

（二）投资者投入的无形资产

投资者投入的无形资产，应以投资各方确认的价值作为入账价值。但合同或协议约定的价值不公允的除外。借记"无形资产"账户，贷记"实收资本"账户。

【例8-2】风华公司接受一研究所投资的一项生产新型产品的专利权，双方确认的含增值税价值为190 800元。编制会计分录如下：

```
借：无形资产——专利权                        180 000
    应交税费——应交增值税（进项税额）         10 800
    贷：实收资本                                   190 800
```

（三）自行研究开发的无形资产

企业自行研究开发项目的支出，应当区分为研究阶段支出与开发阶段支出。

1.研究阶段支出

研究——为获取新的技术和知识等进行的独创性的有计划调查。其特点在于研究阶段是探索性的，为进一步的开发活动进行资料及相关方面的准备，从已经进行的研究活动看，将来是否会转入开发、开发后是否会形成无形资产等具有较大的不确定性。为此，企业研究阶段的支出全部费用化，计入当期损益。

2.开发阶段支出

开发——在进行商业性生产或使用前，将研究成果或其他知识应用于某项计划或设计，以生产出新的或具有实质性改进的材料、装置、产品等。企业内部发生的开发阶段支出，同时满足下列条件的，应当予以资本化，确认为无形资产：❶完成该项无形资产以使其能够使用或出售在技术上具有可行性；❷具有完成该无形资产并使用或出售的意图；❸无形资产能够为企业带来未来经济利益；❹有足够的技术、财务资源和其他资源支持，以完成该无形资产的开发，并有能力使用或出售该无形资产；❺归属于该无形资产开发阶段的支出能够可靠地计量。

企业对于研究开发的支出应当能够单独核算。比如，直接发生的研发人员工资、材料费以及相关设备折旧费等能够对象化；同时从事多项研究开发活动的，所发生的支出能够按照合理的标准在各项研究开发活动之间进行分配。研发支出无法明确分配的，应当计入当期损益，不计入开发活动的成本。

企业自行开发无形资产，应设置"研发支出"账户核算研究开发过程中的相关支出。该账户应当按照研究开发项目，分别设置"费用化支出"与"资本化支出"进行明细核算。

无形资产研发支出：❶借记"研发支出——费用化支出"账户（不满足资本化条件）或"研发支出——资本化支出"账户（满足资本化条件），贷记"原材料""银行存款""应付职工薪酬"等账户；❷企业以其他方式取得的正在进行中的研究开发项目，应按确定的金额，借记"研发支出——资本化支出"账户，贷记"银行存款"等账户。

研究开发项目达到预定用途形成无形资产的，应按"研发支出——资本化支出"账户的余额，借记"无形资产"账户，贷记"研发支出——资本化支出"账户。期末，企业应将"研发支出——费用化支出"账户余额转入"管理费用"账户，借记"管理费用"账户，贷记"研发支出——费用化支出"账户。"研发支出"账户期末借方余额，反映企业正在进行的研究开发项目中满足资本化条件的支出。

【例8-3】2025年3月，风华公司董事会批准自行研发某项新型技术。❶在开发过程中发生材料费用500 000元，人工费用300 000元，用银行存款支付其他费用100 000元、增值税6 000元，总计支出906 000元，其中，符合资本化条件的支出为700 000元；❷2025年10月，该项新型技术已达到预定用途，用银行存款支付注册登记费60 000元，增值税3 600元。根据以上资料，编制会计分录如下：

（1）发生各项研发支出时：

借：研发支出——费用化支出	200 000
——资本化支出	700 000
应交税费——应交增值税（进项税额）	6 000
贷：原材料	500 000
应付职工薪酬	300 000
银行存款	106 000

（2）期末结转费用化支出：

借：管理费用	200 000
贷：研发支出——费用化支出	200 000

（3）注册登记后（特别注意：无法区分研究阶段支出和开发阶段支出的，应当将所发生的研发支出全部费用化）：

借：无形资产	760 000
应交税费——应交增值税（进项税额）	3 600
贷：研发支出——资本化支出	700 000
银行存款	63 600

三、无形资产的摊销

微课视频

无形资产的
后续计量

（一）无形资产的摊销期限

无形资产属于企业的非流动资产，能在较长的时间内给企业带来经济效益。但无形资产也有一定的有效期限，其价值将随着时间的推移而消失。因此，无形资产的成本应在其有效的经济寿命内加以摊销。但是，当无法预见无形资产为企业带来经济利益的期限时，应当视为使用寿命不确定的无形资产并不进行摊销。

对于使用寿命有限的无形资产，其应摊销金额应当在使用寿命内系统合理地摊销。无形资产通常来源于合同性权利或是其他法定权利且规定有明确的使用年限，如果预计使用寿命超过了相关合同规定的受益年限或法律规定的有效年限，无形资产的摊销期限一般按下列原则确定：❶合同规定了受益年限，而法律未规定有效年限，摊销年限以合同规定的受益年限为上限；❷合同未规定受益年限，而法律规定了有效年限，摊销年限以法定有效年限为上限；❸合同规定了受益年限，法律也规定了有效年限，摊销年限以受益年限与法定有效年限中较短者为上限。

（二）无形资产应摊销金额的确定与方法选择

在确定摊销期限后，还应确定无形资产应摊销的金额并选择合理的摊销方法。

1.无形资产的应摊销金额

无形资产的应摊销金额为其成本扣除预计残值后的金额。已计提减值准备的无形资产，还应扣除已计提的无形资产减值准备累计金额。

2.无形资产摊销方法选择

企业选择的摊销方法应当反映与该项无形资产有关的经济利益的预期实现方式，如直线法、工作量法、双倍余额递减法、年数总和法等。企业至少应当于每年年度终了，对使用寿命有限的无形资产的使用寿命及摊销方法进行复核。无形资产的使用寿命及摊销方法与以前估计不同的，应当改变摊销期限和摊销方法。

（三）无形资产摊销的账务处理

无形资产的摊销金额一般应计入当期损益，但如果某项无形资产包含的经济利益是通过所生产的产品或其他资产实现的，其摊销金额应当计入相关资产的成本。

无形资产的价值应自受益之日起，在有效期内按月摊销。摊销时，并不直接冲减无形资产，而是在增加成本费用的同时增加累计摊销，即借记"管理费用""制造费用""其他业务成本"等账户，贷记"累计摊销"账户。

【例8-4】2025年12月，风华公司购得一项能提高产品质量的专利权，该专利权的成本为90 000元，有效期为3年，本月应该摊销2 500元（90 000÷3÷12）。根据以上资料，编制会计分录如下：

借：制造费用——无形资产摊销	2 500
贷：累计摊销	2 500

四、无形资产的处置

无形资产的处置，主要包括无形资产出售、对外出租、对外捐赠等，应予以转销并终止确认。

（一）无形资产的出售

无形资产出售——企业将所拥有的无形资产的所有权让渡给他人的行为。无形资产出售以后，企业不再对该无形资产拥有占有、使用、收益、处置的权利。❶企业应按实际取得的转让收入和应计增值税额，借记"银行存款"账户、贷记"应交税费——应交增值税（销项税额）"账户；❷按该资产已提摊销额，借记"累计摊销"账户；❸按无形资产的原始价值，贷记"无形资产"账户（如果计提了减值准备，还应借记"无形资产减值准备"账户）；❹按支付的相关税费，贷记"银行存款"账户；❺按相关费用的应计增值税额，借记"应交税费——应交增值税（进项税额）"账户；❻按以上借贷差额，贷记或借记"资产处置损益"账户。

【例8-5】2025年12月20日，风华公司将拥有的一项专利权出售。❶收取价款200 000元、增值税12 000元；❷以银行存款支付律师费5 000元、增值税300元；❸该专利权原始价值为280 000元，累计摊销80 000元，计提减值准备20 000元。相关账务处理如下：

出售该无形资产净损益=200 000-（280 000-80 000-20 000）-5 000=15 000（元）

借：银行存款	206 700
累计摊销	80 000
无形资产减值准备	20 000
应交税费——应交增值税（进项税额）	300
贷：应交税费——应交增值税（销项税额）	12 000
无形资产	280 000
资产处置损益	15 000

（二）无形资产报废

如果无形资产预期不能为企业带来经济利益，不再符合无形资产的定义，应将其转销。

企业在判断无形资产是否预期不能为企业带来经济利益时，应根据以下迹象加以判断：❶该无形资产是否已被其他新技术替代，且已不能为企业带来经济利益；❷该无形资产是否不再受法律保护，且不能给企业带来经济利益。比如，某企业的一项无形资产的法定有效年限已过，且使用其生产的产品没有市场。

转销时：❶应按已计提的累计摊销和无形资产减值准备，借记"累计摊销""无形资产减值准备"账户；❷按其账面余额，贷记"无形资产"账户；❸按其差额，借记"营业外支出"账户。

【例8-6】风华公司拥有的某项专利权已被其他新技术替代，预期不能为企业带来经济效益，决定予以转销。❶该专利权的账面成本为600 000元，已计提减值准备160 000元；❷采用直线法进行摊销，摊销期限为5年，已摊销3年，累计摊销360 000元。根据以上资料，编制会计分录如下：

借：累计摊销	360 000
无形资产减值准备	160 000
营业外支出	80 000
贷：无形资产——专利权	600 000

五、无形资产的期末计价及报表列报

（一）无形资产的期末计价

期末对无形资产进行摊销之后，还应对其进行减值测试。如果无形资产已经发生减值，应对其计提减值准备。

衡量无形资产是否发生减值的标准是其可回收的金额。可回收金额应当根据无形资产的公允价值减去处置费用后的净额与无形资产预计未来现金流量的现值两者之间较高者确定。

无形资产可回收金额低于其账面价值的，应当将无形资产的账面价值减记至可回收金额，借记"资产减值损失"账户，贷记"无形资产减值准备"账户。

无形资产减值损失确认后，减值无形资产的摊销费用应当在未来期间做相应的调整，即按照可回收金额在剩余的使用寿命内进行摊销。

无形资产减值损失一经确认，在以后会计期间不得转回。

【例8-7】风华公司2019年1月5日购入一项实际成本为600 000元、预计使用年限为10年的专利权，按直线法摊销：❶2022年12月31日经测试，其发生减值损失，该项专利权预计未来现金流量的现值为240 000元，公允价值为220 000元；❷该项专利权发生减值损失以后，预计剩余使用年限为5年；❸2025年1月5日，风华公司将该专利权出售，收取价款120 000元，增值税7 200元。根据以上资料，相关账务处理如下：

（1）计算该项专利权在2022年12月31日计提减值准备前的累计摊销和账面余额。

❶累计摊销=600 000÷10×4=240 000（元）

❷账面余额=600 000-240 000=360 000（元）

（2）计提减值准备。

❶可回收金额=240 000元

❷应计提的减值准备=360 000-240 000=120 000（元）

借：资产减值损失	120 000	
贷：无形资产减值准备		120 000

（3）计算剩余使用年限内年摊销额。

剩余使用年限内年摊销额=240 000÷5=48 000（元）

（4）计算该专利权在2025年1月5日的累计摊销和账面价值。

❶2023年1月至2024年12月的累计摊销额=48 000×2=96 000（元）

❷累计摊销=240 000+96 000=336 000（元）

❸账面价值=600 000-120 000-336 000=144 000（元）

（5）2025年出售该项专利权。

出售无形资产净损益=120 000-144 000=-24 000（元）

借：银行存款	127 200	
累计摊销	336 000	
无形资产减值准备	120 000	
资产处置损益	24 000	
贷：无形资产		600 000
应交税费——应交增值税（销项税额）		7 200

（二）无形资产的报表列示

（1）"无形资产"项目。在资产负债表中以全部无形资产的账面价值反映，即以无形资产的原始价值扣除累计摊销和无形资产减值准备后的净额列示。

（2）"开发支出"项目。反映全部处于开发阶段的研发项目符合资本化条件的支出，在资产负债表中按照"研发支出"账户的余额直接列示。

第二节　投资性房地产

投资性房地产——为赚取租金或资本增值，或两者兼有而持有的房地产。具体包括：❶已出租的土地使用权——企业通过出让或转让方式取得并以经营租赁方式出租的土地使用权；❷持有并准备增值后转让的土地使用权——企业通过出让或转让方式取得的、准备增值后转让的土地使用权；❸已出租的建筑物——企业拥有产权并以经营租赁方式出租的房屋等建筑物，包括自行建造或开发活动完成后用于出租的建筑物。

拓展阅读

拟出租房屋建筑物在会计实务中如何进行资产确认?

一、投资性房地产计量模式

投资性房地产的计量可以采用以下两种模式：

成本模式——对投资性房地产进行后续计量时，应当分别按照固定资产或无形资产的有关规定，按期（月）计提折旧或摊销。存在减值迹象的，还应按照资产减值的有关规定进行减值测试，计提相应的减值准备。

公允价值模式——对投资性房地产进行后续计量时，不计提折旧（或摊销）和减值准备，而应当以资产负债表日投资性房地产的公允价值为基础调整其账面价值，公允价值与原账面价值之间的差额计入当期损益。

二、投资性房地产的取得

企业取得投资性房地产，不论其是外购还是自行建造或开发，均应按照取得成本进行初始计量。其取得成本的确认与计量方法与取得固定资产或无形资产的方法相同。

应设置"投资性房地产"账户：❶借方登记企业外购、自行建造等取得的房地产成本；❷贷方登记企业将投资性房地产转为自用、处置投资性房地产的成本；❸期末余额在借方，反映企业采用成本模式计量的投资性房地产成本，或者反映企业采用公允价值模式计量的投资性房地产的公允价值。

在该账户下应分计量模式分别设置有关明细账：❶采用成本模式计量的投资性房地产按照投资性房地产项目设置明细账，如办公楼、写字楼、商品房、厂房、土地使用权等；❷采用公允价值模式计量的投资性房地产，还应当设置"成本"和"公允价值变动"进行明细核算。**特别提示**：由于"公允价值模式"下投资性房地产不计提折旧，因折旧减少的房地产价值反映在其公允价值变动之中，所以，在"投资性房地产"账户下还应设置"公允价值变动"明细账户。

企业取得投资性房地产：❶在采用"成本模式"计量下，借记"投资性房地产——××项目"账户，贷记"银行存款"等账户；❷在采用"公允价值模式"计量下，借记"投资性房地产——成本（××项目）"账户，贷记"银行存款"等账户。

【例8-8】2025年1月1日，风华公司购入一栋写字楼用于对外出租，实际支付价款3 600万元，适用的增值税税率为9%，增值税额324万元。采用成本模式计量，假设不考虑其他因素。根据以上资料，编制会计分录如下：

借：投资性房地产——写字楼 36 000 000
　　应交税费——应交增值税（进项税额） 3 240 000
　　贷：银行存款 39 240 000

【例8-9】承【例8-8】资料，假设风华公司的投资性房地产符合采用公允价值模式计量的条件，并采用公允价值模式计量。根据以上资料，编制会计分录如下：

借：投资性房地产——成本（写字楼） 36 000 000
　　应交税费——应交增值税（进项税额） 3 240 000
　　贷：银行存款 39 240 000

三、投资性房地产的出租收入

就房地产开发企业而言，投资性房地产业务属于经常性活动，取得的租金收入或转让的增值收益，应确认为企业的主营业务收入；而对大部分非房地产开发企业而言，其属于与经常性活动相关的其他经营活动，取得的租金收入或转让的增值收益构成企业的其他业务收入。

对非房地产开发企业的投资性房地产，不论采用何种计量模式，其对外出租取得的出租收入，属于其他业务收入。❶企业取得收入时，应根据收取的全部价款，借记"银行存款"等账户；❷根据确认的收入金额，贷记"其他业务收入"账户；❸根据收取的增值税额，贷记"应交税费——应交增值税（销项税额）"账户。

四、投资性房地产的后续计量

投资性房地产的后续计量，通常采用成本模式，当满足特定条件的情况下也可采用公允价值模式，或将成本模式转换为公允价值模式。但同一企业只能采用一种计量模式对持有的投资性房地产进行后续计量。

（一）投资性房地产采用成本模式进行后续计量

企业按期（月）对投资性房地产计提折旧或进行摊销时，借记"其他业务成本"账户，贷记"投资性房地产累计折旧（或摊销）"账户；计提投资性房地产减值准备时，借记"资产减值损失"账户，贷记"投资性房地产减值准备"账户。

【例8-10】承【例8-8】资料，风华公司与甲公司签订的租赁合同规定，甲公司每年年末支付租金240万元（不含增值税）；按照年限平均法计提折旧，预计使用寿命为20年，预计净残值为零；2026年年末该写字楼发生减值迹象，经减值测试，可回收金额为3 000万元，该写字楼以前未计提减值准备。假设不考虑其他因素。根据以上资料，相关账务处理如下：

（1）每月计提折旧。

每月计提的折旧额=3 600÷20÷12=15（万元）

借：其他业务成本 150 000
　　贷：投资性房地产累计折旧 150 000

（2）每月确认租金收入。

每月确认的租金收入=240÷12=20（万元）

借：其他应收款 218 000

贷：其他业务收入 200 000

应交税费——应交增值税（销项税额） 18 000

（3）年末收取租金。

借：银行存款 2 616 000

贷：其他应收款 2 616 000

（4）2026年年末计提减值准备。

可回收金额3 000万元，小于账面价值3 240万元（3 600-180×2），应计提减值准备240万元。

借：资产减值损失 2 400 000

贷：投资性房地产减值准备 2 400 000

（二）投资性房地产采用公允价值模式进行后续计量

采用公允价值模式计量的投资性房地产，应当同时满足下列条件：

（1）投资性房地产所在地有活跃的投资性房地产交易市场。所在地，通常是指投资性房地产所在的城市。对于大中型城市，应当为投资性房地产所在的城区。

（2）企业能够从该活跃的房地产交易市场中取得同类或类似房地产的市场交易价格及其他相关信息，从而对投资性房地产的公允价值作出合理估计。

资产负债表日，投资性房地产的公允价值高于其账面价值的差额，借记"投资性房地产——公允价值变动（××项目）"账户，贷记"公允价值变动损益"账户；公允价值低于其账面价值的差额作相反的账务处理。

【例8-11】承【例8-9】资料和【例8-10】有关租金收入的资料，2025年年末该写字楼的公允价值为3 700万元，2026年年末为3 200万元。每月确认租金收入及每年年末收取租金的账务处理同【例8-10】。假设不考虑其他因素，**根据以上资料**，编制2025年年末及2026年年末按照公允价值调整账面价值的会计分录如下：

（1）2025年年末，公允价值高于账面价值100万元（3 700-3 600），调增账面价值并确认公允价值变动收益100万元。

借：投资性房地产——公允价值变动（写字楼）

1 000 000

贷：公允价值变动损益 1 000 000

（2）2026年年末，公允价值低于账面价值500万元（3 200-（3 600+100）），调减账面价值并确认公允价值变动损失500万元。

借：公允价值变动损益 5 000 000

贷：投资性房地产——公允价值变动（写字楼） 5 000 000

（三）投资性房地产后续计量模式的变更

在房地产市场比较成熟、能够满足采用公允价值模式条件的情况下，可以允许企业对投资性房地产从成本模式计量转换为公允价值模式计量；但是，投资性房地产计量模式不能由公允价值模式计量转换为成本模式计量。成本模式计量转换为公允价值模式计量的，属于会计政策变更，需要进行追溯调整。追溯调整，就是要将该交易或事项从产生时就视同采用公允价值模式进行计量处理，将其与成本模式计量下的差额进行调整。

（1）**应将以前年度计提的折旧或摊销予以冲销，将投资性房地产的账面价值还原为初始成本，并调整期初留存收益及当年的其他业务成本。**按照投资性房地产的初始成本和已提折旧（摊销）额及计提的减值准备，借记"投资性房地产——成本（××项目）""投资性房地产累计折旧（或摊销）""投资性房地产减值准备"账户，贷记"投资性房地产——××项目""利润分配——未分配利润""其他业务成本"等账户。

（2）**将投资性房地产初始成本按照变更日当年年初的公允价值进行调整。**按照变更日当年年初的公允价值与投资性房地产初始成本的差额进行调整：❶若前者大于后者，借记"投资性房地产——公允价值变动（××项目）"账户，贷记"利润分配——未分配利润"账户；❷若前者小于后者，做与以上相反的会计分录。

（3）**将投资性房地产变更日当年年初的公允价值调整为变更日的公允价值。**按照公允价值变更日与变更日当年年初的公允价值的差额进行调整：❶若前者大于后者，借记"投资性房地产——公允价值变动（××项目）"账户，贷记"公允价值变动损益"账户；❷若前者小于后者，做与以上相反的会计分录。

【例8-12】2023年1月1日，风华公司将当日以960万元的价格购入的一栋写字楼经营租赁给明星公司使用，风华公司于当日起将该写字楼确认为投资性房地产并采用成本模式进行后续计量。该写字楼预计寿命为20年，采用直线法计提折旧，净残值为零。按照租赁合同的约定，租期5年，明星公司每月向风华公司支付租金10万元（不含增值税）。2024年12月31日，该写字楼发生减值迹象，经测试可回收金额为842.40万元。2025年6月30日，该写字楼满足采用公允价值模式计量的条件，风华公司决定采用公允价值模式对该写字楼进行后续计量。当日该写字楼的公允价值（不含增值税，本例下同）为880万元，2025年年初的公允价值为850万元。假设不考虑其他因素，根据以上资料，2025年6月30日该写字楼由成本模式计量改为公允价值模式计量的相关会计处理如下：

（1）冲销以前年度已计提折旧和减值准备。

以前年度（2023年和2024年）累计折旧额=960÷20×2=96（万元）

2024年年末计提的减值准备=842.40-（960-96）=-21.60（万元）

2025年1—6月已提折旧额=（842.40÷18÷12）×6=23.40（万元）

变更日前累计折旧额=96+23.40=119.40（万元）

借：投资性房地产——成本（写字楼）	9 600 000	
投资性房地产累计折旧	1 194 000	
投资性房地产减值准备	216 000	
贷：投资性房地产——写字楼		9 600 000
其他业务成本		234 000
利润分配——未分配利润		1 176 000

（2）调整初始成本（2023年年初）与变更日当年年初的公允价值差额。

变更日当年年初的公允价值小于初始成本的差额=850-960=-110（万元）

| 借：利润分配——未分配利润 | 1 100 000 | |
| 贷：投资性房地产——公允价值变动 | | 1 100 000 |

（3）调整变更日与其当年年初的公允价值差额。

变更日公允价值大于变更日当年年初公允价值的差额=880-850=30（万元）

| 借：投资性房地产——公允价值变动 | 300 000 | |
| 贷：公允价值变动损益 | | 300 000 |

五、投资性房地产的转换

投资性房地产的转换——因房地产用途发生改变，而对其进行的重新分类，即投资性房地产与其他资产的互相转换。

（一）其他资产转换为投资性房地产

其他资产（非投资性房地产）转换为投资性房地产，是指企业将作为存货的房地产改用于出租，或将自用的土地使用权改用于出租或资本增值，或将自用房屋建筑物改用于出租，应于转换日将上述其他资产转换为投资性房地产。其账务处理因采用的后续计量模式不同而不同。

1.转换后的投资性房地产采用成本模式计量

采用成本模式计量时，应将其他资产转换前的账面价值作为转换后投资性房地产的入账价值。

（1）**企业将存货转换为采用成本模式计量的投资性房地产。❶**按照房地产在转换日的账面价值，借记"投资性房地产——××项目"账户；**❷**按照房地产已计提的存货跌价准备，借记"存货跌价准备"账户；**❸**按照房地产的账面余额，贷记"开发产品"账户。

【例8-13】 2025年3月15日，万科房地产开发公司与盛大公司签订经营租赁协议，将其开发的一栋写字楼整体出租给盛大公司，租赁期开始日为2025年3月15日，当日该写字楼的账面余额为800万元，已计提减值准备20万元。转换后采用成本模式计量。**根据以上资料**，编制的会计分录如下：

借：投资性房地产——写字楼	7 800 000	
存货跌价准备	200 000	
贷：开发产品——写字楼		8 000 000

（2）**企业将自用房地产转换为采用成本模式计量的投资性房地产。❶**按自用房地产的账面价值，借记"投资性房地产——××项目"账户，贷记"固定资产""无形资产"账户；**❷**同时，结转自用房地产已计提的累计折旧、累计摊销、减值准备，借记"累计折旧""累计摊销""固定资产减值准备""无形资产减值准备"账户，贷记"投资性房地产累计折旧""投资性房地产累计摊销""投资性房地产减值准备"账户。**提示：**也可以将以上两笔会计分录进行合并。

【例8-14】 2025年6月30日，风华公司将原本公司自用的办公楼用于出租并与乙公司签订了租赁协议，租赁期开始日为2025年7月1日，租赁期为5年。2025年7月1日，该办公楼的账面余额为4 800万元，已提折旧1 600万元。假设风华公司对投资性房地产采用成本模式计量。**根据以上资料**，编制的会计分录如下：

借：投资性房地产——办公楼	48 000 000	
累计折旧	16 000 000	
贷：固定资产		48 000 000
投资性房地产累计折旧		16 000 000

2.转换后的投资性房地产采用公允价值模式计量

自用房地产或存货转换为采用公允价值模式计量的投资性房地产时，应将转换当日的公允价值作为投资性房地产的入账价值。转换当日的公允价值小于原账面价值的差额计入当期损益（公允价值变动损益），反之计入所有者权益（其他综合收益）。

（1）企业将存货转换为采用公允价值模式计量的投资性房地产。❶转换当日存货的公允价值小于原账面价值的：按转换当日存货的公允价值、已计提的存货跌价准备、公允价值小于其账面价值的差额，分别借记"投资性房地产——成本（××项目）""存货跌价准备""公允价值变动损益"账户；按转换当日存货账面余额，贷记"开发产品"账户。❷转换当日存货的公允价值大于原账面价值的：按转换当日存货的公允价值、已计提的存货跌价准备，分别借记"投资性房地产——成本（××项目）""存货跌价准备"账户；按转换当日存货的账面余额、公允价值大于原账面价值的差额，分别贷记"开发产品""其他综合收益"账户。

【例8-15】承【例8-13】有关资料，并假定转换日的公允价值为750万元，转换后采用公允价值模式计量。相关账务处理如下：

公允价值变动损失=750-780=-30（万元）

借：投资性房地产——成本（写字楼）	7 500 000
存货跌价准备	200 000
公允价值变动损益	300 000
贷：开发产品——写字楼	8 000 000

（2）企业将自用房地产转换为采用公允价值模式计量的投资性房地产。❶转换当日自用房地产的公允价值小于原账面价值的：按转换当日的公允价值，已计提的累计折旧、累计摊销、固定资产减值准备、无形资产减值准备，公允价值小于其账面价值的差额，分别借记"投资性房地产——成本（××项目）""累计折旧""累计摊销""固定资产减值准备""无形资产减值准备""公允价值变动损益"账户；按转换当日房地产的账面余额，贷记"固定资产""无形资产"账户。❷转换当日自用房地产的公允价值大于原账面价值的：按转换当日的公允价值，已计提的累计折旧、累计摊销、固定资产减值准备、无形资产减值准备，分别借记"投资性房地产——成本（××项目）""累计折旧""累计摊销""固定资产减值准备""无形资产减值准备"账户；按转换当日自用房地产的账面余额，贷记"固定资产""无形资产"账户；按转换当日公允价值大于原账面价值的差额，贷记"其他综合收益"账户。

【例8-16】承【例8-14】有关资料，并假定转换日的公允价值为3 260万元，转换后采用公允价值模式计量。根据以上资料，编制的会计分录如下：

公允价值变动收益=3 260-（4 800-1 600）=60（万元）

借：投资性房地产——成本（办公楼）	32 600 000
累计折旧	16 000 000
贷：固定资产	48 000 000
其他综合收益	600 000

（二）投资性房地产转换为其他资产

1.投资性房地产转换为存货

房地产开发企业将经营租出的房地产重新用于对外销售的，应于转换日，将投资性房地产转换为存货。其账务处理因采用的后续计量模式不同而不同。

（1）**采用成本模式计量的投资性房地产转换为存货**。❶按投资性房地产在转换日的账面价值、已计提的累计折旧、已计提的减值准备，分别借记"开发产品""投资性房地产累计折旧（或摊销）""投资性房地产减值准备"账户；❷按投资性房地产的账面价值，贷记"投资性房地产——成本（××项目）"账户。

【例8-17】万科房地产开发公司将原采用成本模式计量的一栋写字楼收回，准备对外销售。该写字楼收回前的账面价值为350万元（原价500万元-已提折旧120万元-已计提减值准备30万元）。根据以上资料，编制的会计分录如下：

借：开发产品	3 500 000
投资性房地产累计折旧	1 200 000
投资性房地产减值准备	300 000
贷：投资性房地产——写字楼	5 000 000

（2）**采用公允价值模式计量的投资性房地产转换为存货**。❶按投资性房地产在转换日的公允价值，借记"开发产品"账户；❷按投资性房地产的成本、累计确认的公允价值，贷记"投资性房地产"账户所属"成本（××项目）""公允价值变动"明细账户；❸按投资性房地产的公允价值与其账面价值的差额，贷记"公允价值变动损益"账户（公允价值>账面价值），或借记"公允价值变动损益"账户（公允价值<账面价值）。

【例8-18】万科房地产开发公司将原采用公允价值模式计量的一栋写字楼收回，准备对外销售。在该写字楼收回前，"投资性房地产"账户所属明细账户的记录为："成本（写字楼）"明细账户为借方余额90万元，"公允价值变动"明细账户为贷方余额8万元，转换日该写字楼的公允价值为88万元。根据以上资料，编制的会计分录如下：

借：开发产品	880 000
投资性房地产——公允价值变动	80 000
贷：投资性房地产——成本（写字楼）	900 000
公允价值变动损益	60 000

请思考：假设"公允价值变动"明细账户为借方余额4万元，其他条件不变，如何进行账务处理？再假设该写字楼在转换日的公允价值为78万元，其他条件不变，又该如何进行账务处理？

2.投资性房地产转换为自用房地产

企业将原本用于赚取租金或资本增值的房地产改用于生产商品、提供劳务或者经营管理（例如，企业将出租的厂房收回，并用于生产本企业的产品），投资性房地产相应地转为固定资产或无形资产；其账务处理因采用的后续计量模式不同而不同。

深入理解

自用房屋转出租后又转回自用的转换问题分析与解决

（1）**企业采用成本模式计量的投资性房地产转换为自用房地产**。❶按投资性房地产的账面原价、已计提的累计折旧（或摊销）、已计提的减值准备，分别借记"固定资产""无形资产""投资性房地产累计折旧（或摊销）""投资性房地产减值准备"账户；❷按投资性房地产的账面原价、已计提的折旧（或摊销）、已计提的减值准备，分别贷记"投资性房地产——××项目""累计折旧（或累计摊销）""固定资产（或无形资产）减值准备"账户。

【例8-19】2025年8月15日，风华公司将原出租给盛华公司并采用成本模式计量的太原路厂房收回作为公司的固定资产。在收回前，该厂房原价为300万元，已计提折旧120万元，已计提减值准备10万元。**根据以上资料**，编制的会计分录如下：

借：固定资产——厂房	3 000 000	
投资性房地产累计折旧	1 200 000	
投资性房地产减值准备	100 000	
贷：投资性房地产——厂房		3 000 000
累计折旧		1 200 000
固定资产减值准备		100 000

（2）**企业采用公允价值模式计量的投资性房地产转换为自用房地产。❶按投资性房地产在转换当日的公允价值，借记"固定资产""无形资产"账户；❷按投资性房地产的成本、累计确认的公允价值变动，贷记"投资性房地产"账户所属"成本（××项目）""公允价值变动"明细账户；❸按投资性房地产公允价值与其账面价值的差额，贷记**（公允价值>账面价值）**或借记**（公允价值<账面价值）**"公允价值变动损益"账户。**

【例8-20】2025年10月10日，风华公司将原出租给南海公司并采用公允价值模式计量的永济路厂房收回作为公司的固定资产。在收回前，该厂房的"成本（厂房）"和"公允价值变动"明细账户余额分别为85万元和10万元（借方）；转换日该厂房的公允价值为97万元。**根据以上资料**，编制的会计分录如下：

借：固定资产——厂房	970 000	
贷：投资性房地产——成本（厂房）		850 000
——公允价值变动		100 000
公允价值变动损益		20 000

六、投资性房地产的处置

投资性房地产的处置是指因出售或转让、毁损或报废等而减少，应当终止确认的投资性房地产。企业出售、转让、报废投资性房地产或者发生投资性房地产毁损，应当将处置收入扣除其账面价值和相关税费后的金额计入当期损益。

（一）处置按成本模式计量的投资性房地产

处置按照成本模式进行后续计量的投资性房地产时：❶取得处置收入时，按实际收到的处置收入和增值税额，借记"银行存款"等账户，贷记"其他业务收入""应交税费——应交增值税（销项税额）"账户。❷按该投资性房地产的账面价值、已计提的累计折旧或摊销、已计提的减值准备，分别借记"其他业务成本""投资性房地产累计折旧（或摊销）""投资性房地产减值准备"账户；按投资性房地产的账面余额，贷记"投资性房地产——××项目"账户。

深入理解

投资性房地产处置收入作为营业收入的争议

【例8-21】风华公司将其出租的一栋写字楼确认为投资性房地产，采用成本模式计量。租赁期届满后，风华公司将该栋写字楼出售给AB公司，通过银行收到价款5 000万元、增值税额450万元。出售时，该栋写字楼的成本（原值）为8 000万元，已计提折旧3 900万元，已计提减值准备50万元。**根据以上资料**，编制的会计分录如下：

借：银行存款	54 500 000	

贷：其他业务收入		50 000 000
应交税费——应交增值税（销项税额）		4 500 000
借：其他业务成本	40 500 000	
投资性房地产累计折旧	39 000 000	
投资性房地产减值准备	500 000	
贷：投资性房地产——写字楼		80 000 000

（二）处置按公允价值模式计量的投资性房地产

处置按照公允价值模式进行后续计量的投资性房地产时：❶应将实际收到的处置收入计入其他业务收入；❷将处置投资性房地产的账面余额、累计确认的公允价值变动损益，转入其他业务成本；❸若存在转换日计入其他综合收益的金额，也一并转入其他业务成本。

（1）**取得处置收入时**：按实际收到的处置收入和增值税额，借记"银行存款"等账户，贷记"其他业务收入""应交税费——应交增值税（销项税额）"账户。

（2）**结转投资性房地产的账面价值时**：❶按该投资性房地产的账面价值（成本±公允价值变动），分别借记"其他业务成本""投资性房地产——公允价值变动"（公允价值变动净减少）账户；❷按投资性房地产的成本和公允价值变动净增加，贷记"投资性房地产"账户所属"成本（××项目）""公允价值变动"明细账户。

（3）**结转已确认的公允价值变动损益时**：根据投资性房地产累计公允价值变动的金额，借（或贷）记"公允价值变动损益"账户，贷（或借）记"其他业务成本"账户。

（4）**结转原转换日计入其他综合收益的金额时**：根据转换日计入其他综合收益的金额，借记"其他综合收益"账户，贷记"其他业务成本"账户。

【例8-22】绿地集团公司为一家房地产开发企业，2023年7月1日，绿地集团公司与长江实业公司签订了租赁协议，并于同日将其开发的一栋写字楼出租给乙企业使用，租期为2年，当日该写字楼的账面余额为1 500万元，公允价值为1 700万元。2023年12月31日，该项投资性房地产的公允价值为1 800万元。2024年12月31日，该写字楼的公允价值为1 650万元，2025年6月30日租赁期届满，绿地集团公司收回该项投资性房地产，并以2 180万元（含应收的增值税额）出售，出售款项已收到。绿地集团公司对投资性房地产采用公允价值模式计量。**根据以上资料**，编制的会计分录如下：

（1）2023年7月1日，将存货转换为投资性房地产。

借：投资性房地产——成本（写字楼）	17 000 000	
贷：开发产品——写字楼		15 000 000
其他综合收益		2 000 000

（2）2023年12月31日，确认公允价值变动增加。

公允价值变动增加=1 800-1 700=100（万元）

借：投资性房地产——公允价值变动	1 000 000	
贷：公允价值变动损益		1 000 000

（3）2024年12月31日，确认公允价值变动减少。

公允价值变动减少=1 650-1 800=-150（万元）

借：公允价值变动损益	1 500 000	
贷：投资性房地产——公允价值变动		1 500 000

（4）2025年6月，出售投资性房地产。

❶确认收入时：

借：银行存款 21 800 000

　　贷：其他业务收入 20 000 000

　　　　应交税费——应交增值税（销项税额） 1 800 000

❷结转投资性房地产的账面价值时：

公允价值变动净额=100-150=-50（万元）

借：其他业务成本 16 500 000

　　投资性房地产——公允价值变动 500 000

　　贷：投资性房地产——成本（写字楼） 17 000 000

❸结转投资性房地产累计公允价值变动时：

借：其他业务成本 500 000

　　贷：公允价值变动损益 500 000

❹结转转换日计入其他综合收益的金额时：

借：其他综合收益 2 000 000

　　贷：其他业务成本 2 000 000

【思考题】

1.无形资产有哪些特征？

2.如何确定自行开发无形资产的成本？

3.投资性房地产的后续计量模式有哪几种？其主要区别是什么？

练习题在线

练习8-1 单项选择题在线回答

单项选择题每小题给出的4个备选项中，只有1个符合题意。**要求**：扫描"单项选择题"二维码进行在线回答，回答完毕并提交可查看参考答案与答案解析。

单项选择题1—8

单项选择题9—16

单项选择题17—23

练习8-2 多项选择题在线回答

多项选择题每小题给出的5个备选项中，至少有2个符合题意。**要求**：扫描"多项选择题"二维码进行在线回答，回答完毕并提交可查看参考答案与答案解析。

多项选择题1—8

多项选择题9—16

练习8-3 判断题在线回答

请判断各判断题每小题的正误，正确的点击"正确"按钮，错误的点击"错误"按钮。

要求：扫描"判断题"二维码进行在线回答，回答完毕并提交可查看参考答案与答案解析。

练习8-4　无形资产取得、开发与处置的核算

1.资料及账务处理要求

（1）江河公司2025年10月发生以下无形资产取得业务：❶10月31日购入A专利技术，一次性支付不含增值税价款120 000元，增值税为7 200元，有效期为4年。以上款项均以银行存款支付。❷10月31日接受一研究所投资的生产新型产品的B专利权，双方确认的含增值税价值为190 800元，有效期为5年。❸该公司无形资产采用直线法摊销。根据以上资料，计算并编制无形资产取得及每月摊销的会计分录。

（2）江河公司2025年3月经公司董事会批准自行研发C新型技术。❶在开发过程中发生材料费用150 000元、人工费用30 000元，用银行存款支付其他费用10 000元、增值税600元，总计支出190 600元，其中，符合资本化条件的支出为138 000元；❷2025年10月31日C新型技术已达到预定用途，用银行存款支付注册登记费6 000元，增值税360元，法律规定该专利权的有效期限为4年并采用直线法摊销。根据以上资料，编制C新型技术从开始研发投入到成功并注册登记的会计分录。

（3）江河公司于2025年11月30日将自行开发的C新型技术出售。❶收取价款130 000元、增值税7 800元；❷以银行存款支付律师费2 000元、增值税120元。根据以上资料，计算该无形资产的出售损益并编制与出售有关的会计分录。

2.完成作业练习要求

（1）扫描"练习8-4答题表"二维码，并根据下载地址下载空白练习表8-1 word文档到计算机上；（2）在练习表8-1中完成相关的账务处理；（3）根据注册的班级群账号，提交完成的作业请授课教师批阅。

练习8-5　无形资产减值与报废的核算

1.资料及账务处理要求

海虹公司2018年1月20日购入实际成本为400 000元、预计使用年限为10年的D专利技术。❶2021年12月31日经测试其发生减值损失，该项专利权预计未来现金流量的现值为160 000元，减去处置费用后的公允价值为150 000元。❷该项专利权发生减值损失以后，预计剩余使用年限为5年。❸该专利技术已被其他新技术替代，2026年6月30日经批准予以转销。根据以上资料：（1）计算并结转该无形资产的减值准备；（2）计算并结转该无形资产的报废损失。

2.完成作业练习要求

（1）扫描"练习8-5答题表"二维码，并根据下载地址下载空白练习表8-2 word文档到计算机上；（2）在练习表8-2中完成相关的账务处理；（3）根据注册的班级群账号，提交完成的作业请授课教师批阅。

练习8-6　投资性房地产取得及后续计量的核算

1.资料及账务处理要求

盛华公司发生如下与投资性房地产有关的业务：

（1）2023年1月1日，购入一栋A写字楼并用于对外出租。❶实际支付价款1 800万元，适用的增值税税率为9%，增值税额162万元；❷同日，与甲公司签订租赁合同，合同规定租期3年，每年年末支付租金120万元（不含增值税）。根据以上资料，进行确认投资性房地产与每月租金收入的账务处理。

（2）假设盛华公司的投资性房地产——A写字楼采用成本模式计量。❶按照年限平均法计提折旧，预计使用寿命为20年，预计净残值为零；❷2025年年末该写字楼发生减值迹象，经减值测试，可收回金额为1 512万元；❸租赁期届满后，将该栋写字楼出售给甲公司，通过银行收到价款1 500万元、增值税额135万元。根据以上资料，进行每月计提折旧、确认资产减值损失和租期届满处置的账务处理。

（3）假设盛华公司投资性房地产——A写字楼采用公允价值模式计量。❶2023年年末A写字楼的公允价值为1 850万元；❷2025年年末A写字楼的公允价值为1 600万元；❸2025年12月31日租期届满并出售给甲公司，通过银行收到价款1 720万元（即当日的公允价值）和增值税额154.8万元。根据以上资料，进行A写字楼公允价值变动确认及租期届满处置的账务处理。

2.完成作业练习要求

（1）扫描"练习8-6答题表"二维码，并根据下载地址下载空白练习表8-3word文档到计算机上；（2）在练习表8-3中完成相关的账务处理；（3）根据注册的班级群账号，提交完成的作业请授课教师批阅。

练习8-6

答题表

练习8-7 投资性房地产转换的核算

1.资料与账务处理要求

光明公司发生如下与投资性房地产转换有关的业务：

（1）自用房地产转换为投资性房地产。2025年1月1日将一账面余额为4 800万元、已提折旧为1 600万元的自用办公楼转换为投资性房地产。❶假设转换后采用成本模式计量；❷假设转换后采用公允价值模式计量，转换日的公允价值为3 260万元。根据以上资料，进行该办公楼转换的账务处理。

（2）2025年6月15日，将原出租给盛大公司并采用成本模式计量的南京路厂区收回作为公司的固定资产和无形资产。在收回前，该厂区的厂房原价为600万元，已计提折旧240万元，已计提减值准备20万元；该厂区的土地使用权账面余额为1 200万元，已计提摊销440万元，已计提减值准备30万元。根据以上资料，按照有关要求进行投资性房地产转换的账务处理。

（3）2025年1月1日将原采用公允价值模式计量的一幢出租用厂房收回，作为企业的固定资产处理。在出租收回前，该投资性房地产的成本和公允价值变动明细账户分别为700万元和100万元（借方）。转换当日该厂房的公允价值为780万元。根据以上资料，按照有关要求进行投资性房地产转换在转换日的账务处理。

（4）2027年6月1日，将原采用成本模式计量的写字楼转换为公允价值模式计量，转换日"投资性房地产——成本"账户借方余额为480万元、"投资性房地产累计折旧"账户贷方余额为57.25万元（其中该账户年初为贷方余额48万元）、"投资性房地产减值准备"账户贷方余额为32.4万元，转换日该写字楼的公允价值为460万元，2027年年初的公允价值为430万元。根据以上资料，进行该公司2027年有关计量模式转换的账务处理。

2.完成作业练习要求

（1）扫描"练习8-7答题表"二维码，并根据下载地址下载空白练习表8-4 word文档到计算机上；（2）在练习表8-4中完成相关的账务处理；（3）根据注册的班级群账号，提交完成的作业请授课教师批阅。

第九章　流动负债

1. 了解流动负债的性质及入账价值。
2. 熟悉短期借款的核算。
3. 掌握应付票据及应付账款的核算。
4. 掌握短期薪酬的账务处理。
5. 重点掌握增值税及消费税的账务处理。

第一节　流动负债概述

一、流动负债的概念

　　流动负债，是指企业在1年或超过1年的一个营业周期内，需要以流动资产或增加其他负债来抵偿的债务。满足下列条件之一的负债应当归为流动负债：❶预计在一个正常营业周期内清偿；❷主要为交易目的而持有；❸自资产负债表日起1年内到期应予以清偿；❹企业无权自主地将清偿推迟至资产负债表日后1年以上。其主要包括：短期借款、应付票据、应付账款、预收账款、应付职工薪酬、应交税费等。

　　确认流动负债的目的，主要是将其与流动资产进行比较，反映企业的短期偿债能力。短期偿债能力是债权人非常关心的财务指标，在资产负债表上必须将流动负债与非流动负债分别列示。

二、流动负债的分类

（一）按照形成方式分类

1.融资活动形成的流动负债

融资活动形成的流动负债，是指企业从银行和其他金融机构筹集资金形成的流动负债。

2.营业活动形成的流动负债

营业活动形成的流动负债，是指企业在正常的生产经营活动中形成的流动负债。可以分为外部结算业务形成的流动负债和内部往来形成的流动负债。❶外部结算业务形成的流动负债，主要包括：应付票据、应付账款、预收账款、应交税费、其他应付款中应付外单位的款项等；❷内部往来形成的流动负债，主要包括：应付职工薪酬和其他应付款中应付企业内部单位或职工的款项。

（二）按照偿付金额是否确定分类

1.金额可以确定的流动负债

金额可以确定的流动负债，是指有确切的债权人和偿付日期并有确切的偿付金额的流动负债。其主要包括：短期借款、应付票据、已取得结算凭证的应付账款、预收账款、应付职工薪酬、应付股利、应付利息、应交税费和其他应付款等。

2.金额需要估计的流动负债

金额需要估计的流动负债，是指没有确切的债权人和偿付日期，或虽有确切的债权人和偿付日期但其偿付金额需要估计的流动负债。其主要包括没有取得结算凭证的应付账款等。

3.金额视经营结果而定的流动负债

这类流动负债须在经营期末才能确定金额，在经营期末之前负债金额不能以货币计量，如应交税费、应付股利等。

三、流动负债的入账价值

负债是企业在未来应偿付的债务。从理论上说，其入账价值应按未来应付金额的现值计量。但是，流动负债的偿付期限较短，其到期值或面值与现值之间的差异不会很大。基于重要性和谨慎性原则，在我国会计实务中，流动负债均按未来应付金额或面值来计量并列示于资产负债表中。

第二节　短期借款

短期借款，是指企业从银行或其他金融机构借入的偿还期在1年以内（特殊情况下在超过1年的一个营业周期以内）的款项。短期借款一般是企业为维持正常的生产经营而借入的款项或者为抵偿某项债务而借入的款项。

一、短期借款的取得

企业从银行或其他金融机构借入款项时，应签订借款合同，注明借款金额、借款利率和还款时间等。取得短期借款时，应借记"银行存款"账户，贷记"短期借款"账户。"短期借款"账户应按债权人以及借款种类设置明细账。

【例9-1】2024年4月1日，风华公司从银行取得偿还期为6个月的借款60万元，年利率为6%，每季度结息一次。相关账务处理如下：

借：银行存款　　　　　　　　　　　　　　　600 000
　　贷：短期借款　　　　　　　　　　　　　　　　600 000

二、短期借款的利息费用

企业取得短期借款而发生的利息费用，一般应计入当期损益，作为财务费用处理。银行或其他金融机构一般按季度在季末月份结算借款利息，每季度的前两个月不支付利息。

按照权责发生制原则，当月应负担的利息费用，即使在当月没有支付，也应作为当月的利息费用处理。❶应在月末估计当月的利息费用数额并进行预提，借记"财务费用"账户，贷记"应付利息"账户。❷在实际支付利息的月份（一般为季末月份），应根据已经预提的数额，借记"应付利息"账户；实际支付的利息大于预提数的差额，为当月应负担的利息费用，借记"财务费用"账户；根据实际支付的利息，贷记"银行存款"账户。

在实际支付利息的季末月份，也可以根据实际支付的利息，借记"应付利息"账户，贷记"银行存款"账户；月末再调整应付利息的差额，借记"财务费用"账户，贷记"应付利息"账户。

【例9-2】承【例9-1】有关资料，该企业采用预提法进行利息费用的核算。相关账务处理如下：

每月利息费用=600 000×6%÷12=3 000（元）

（1）2024年4月、5月各预提利息费用3 000元，共预提6 000元。

借：财务费用   3 000
　　贷：应付利息   3 000

（2）6月份实际支付借款利息9 000元。

借：应付利息   6 000
　　财务费用   3 000
　　贷：银行存款   9 000

如果短期借款的数额不多，各月负担的利息费用数额不大，利息也是集中支付的，可以采用简化的核算方法，将其全部作为支付利息当月的财务费用处理，借记"财务费用"账户，贷记"银行存款"账户。一般来说，企业的会计报表应于年末（或6月末）对外报送，采用这种方法，不会对年度会计报表提供的会计信息产生影响。但在年末，如果有应由本年负担但尚未支付的借款利息，应予预提，否则会影响年度所得税的计算。

三、短期借款的偿还

企业在短期借款到期偿还借款本金时，应借记"短期借款"账户，贷记"银行存款"账户。

【例9-3】承【例9-1】有关资料，该企业偿还短期借款600 000元。相关账务处理如下：

借：短期借款   600 000
　　贷：银行存款   600 000

第三节　应付票据和应付账款

一、应付票据

应付票据，是指企业采用商业汇票结算方式延期付款购入货物应付的票据款。在我国，商业汇票的付款期限最长为6个月，因而应付票据属于流动负债。

（一）商业汇票的签付

商业汇票结算方式是一种延期付款的结算方式：❶企业采用商业汇票结算方式购入货物，应向供货单位签付已承兑的商业汇票。❷企业也可以签付商业汇票，用以抵偿应付账款。

商业汇票按承兑人的不同分为商业承兑汇票和银行承兑汇票。与应收票据一样，应付票据有不带息票据和带息票据之分。

1.不带息商业汇票

企业签付不带息的商业汇票（亦称光票），不论是商业承兑汇票还是银行承兑汇票，其到期价值即为票面价值。按照重要性原则，应付票据应按业务发生时的金额即票面价值（即到期价值）入账。企业取得结算凭证并签付商业汇票后，应按票面价值借记"原材料""应交税费"等账户，贷记"应付票据"账户。企业向银行申请承兑支付的手续费，应借记"财务费用"账户。

【例9-4】2024年2月1日，风华公司采用商业汇票结算方式从东海公司购入原材料一批，买价为200万元，增值税额为26万元，原材料已验收入库。该企业签付一张付款期限为4个月、金额为226万元的商业承兑汇票。该企业的原材料核算采用实际成本法。相关账务处理如下：

借：原材料　　　　　　　　　　　　　　　　　　2 000 000
　　应交税费——应交增值税（进项税额）　　　　260 000
　　贷：应付票据——东海公司　　　　　　　　　　　　2 260 000

2.带息商业汇票

企业签付带息的商业汇票，不论是商业承兑汇票还是银行承兑汇票，其到期价值为票面价值与应计利息之和。在这种情况下，其票面价值为应付票据的现值，应付票据仍应按业务发生时的金额即票面价值（即现值）入账。企业取得结算凭证并签付商业汇票后，应按结算凭证上注明的价款借记"原材料""应交税费"等账户，按商业汇票的票面价值贷记"应付票据"账户。企业向银行申请承兑支付的手续费，应计入财务费用。

【例9-5】2024年2月1日，风华公司采用商业汇票结算方式从南海公司购入原材料一批，买价为300万元，增值税额为39万元，原材料已验收入库。该企业签付了一张金额为339万元、付款期限为6个月、票面年利率为12%的银行承兑汇票。该企业的原材料核算采用实际成本法。相关账务处理如下：

借：原材料　　　　　　　　　　　　　　　　　　3 000 000
　　应交税费——应交增值税（进项税额）　　　　390 000
　　贷：应付票据——南海公司　　　　　　　　　　　　3 390 000

（二）带息商业汇票的利息费用

带息商业汇票利息费用的核算，一般有以下几种方法：

1.按月计提

按月计提利息，适用于票面价值较大、利息费用较多的商业汇票利息费用的核算。采用这种方法，应于每月月末计算当月应付的商业汇票利息费用，计入财务费用，借记"财务费用"账户，贷记"应付利息"账户。

【例9-6】承【例9-5】有关资料，2024年2月底计提商业汇票利息费用33 900元（3 390 000×12%÷12）。相关账务处理如下：

借：财务费用　　　　　　　　　　　　　　　　　33 900
　　贷：应付利息　　　　　　　　　　　　　　　　　　33 900

以后各月计提商业汇票利息费用的账务处理同上。

2.到期计提

到期计提利息，适用于票面价值较小、利息费用较少且签发日与到期日在同一个会计年度的商业汇票利息费用的核算。采用这种方法，每月月末不需要计提利息费用，而是在到期日一次计算确认全部利息费用，计入财务费用。到期确认利息费用时，可以单独进行账务处理，也可以与支付票面金额等一并进行账务处理。

（1）**到期单独确认利息费用**。应借记"财务费用"账户，贷记"应付利息"账户；付款时，应借记"应付票据""应付利息"账户，贷记"银行存款"账户。

（2）**到期与支付票面金额等一并进行账务处理**。❶应按商业汇票的票面价值，借记"应付票据"账户；❷按全部应计利息，借记"财务费用"账户；❸按商业汇票的票面价值与应计利息之和，贷记"银行存款"或"应付账款"账户。

3.年末及到期计提

年末及到期计提利息，适用于票面价值较小、利息费用较少但签发日与到期日不在同一个会计年度的商业汇票利息费用的核算。采用这种方法：❶虽然在每月月末不需要计提利息费用，但由于签发日与到期日不在同一个会计年度，按照权责发生制原则应在年末计提当年的利息费用，在到期日再计算确认其余利息费用；❷年末计提利息费用的核算方法，与按月计提利息费用的核算方法相同；❸到期日确认其余利息费用的核算方法，与到期确认利息费用的核算方法相同。

（三）**商业汇票的到期**

企业签付的商业汇票到期时，应无条件支付票据款。由于企业筹集付款资金的方法和能力有所不同，到期时可能会出现有能力支付票据款和无力支付票据款两种情况。

1.有能力支付票据款

在商业汇票到期时，如果企业有能力支付票据款，则企业在收到开户银行的付款通知时，核销应付票据。

（1）**支付不带息的票据款时**：应借记"应付票据"账户，贷记"银行存款"账户。

【例9-7】承【例9-4】有关资料，该票据到期并收到开户银行的付款通知。相关账务处理如下：

```
借：应付票据——东海公司          2 260 000
    贷：银行存款                         2 260 000
```

（2）**支付带息的票据款时**：应按商业汇票账面价值借记"应付票据"账户，按已计提的利息借记"应付利息"账户，按尚未计提的应计利息借记"财务费用"账户；按实际支付的票据款贷记"银行存款"账户。

【例9-8】承【例9-5】有关资料，该票据到期并收到开户银行的付款通知。相关账务处理如下：

```
借：应付票据——南海公司          3 390 000
    应付利息                     169 500
    财务费用                      33 900
    贷：银行存款                         3 593 400
```

2.无力支付票据款

商业汇票到期时，企业如果无力支付票据款项，应当考虑承兑人的不同而进行相应处理。❶对于商业承兑汇票，企业应当将"应付票据"的账面价值结转至"应付账款"账户；❷对于银行承兑汇票，承兑银行向持票人无条件付款，同时对出票人尚未支付的汇票金额转做逾期贷款处理，借记"应付票据"账户，贷记"短期借款"账户。

二、应付账款

应付账款，是指企业在正常的生产经营过程中因购进货物或接受劳务应在1年以内偿付的债务，属于流动负债。

（一）应付账款的入账时间

从理论上讲，应付账款的入账时间应为结算凭证取得的时间。在赊购情况下，企业取得结算凭证的同时可以取得货物，也意味着取得了该项货物的产权，应在确认资产的同时确认负债。在实际工作中，由于应付账款的偿付期限较短，往往在月内能够付款。为了简化核算工作，一般在取得结算凭证时不作账务处理，而在实际支付货款时作为资产入账。但是，结算凭证已到而月末仍未支付货款，则应同时确认资产和负债。

如果购进的货物已验收入库，而结算凭证在月末仍未到达，企业应对其进行估价，同时确认资产和负债。但为了规范实际支付货款时的核算方法，应在下月1日编制红字会计凭证予以冲销。

（二）应付账款的入账价格

（1）应付账款一般按照业务发生时的金额即未来应付的金额入账。❶企业确认应付账款，应借记"原材料"等有关账户，贷记"应付账款"账户；❷偿付应付账款时，应借记"应付账款"账户，贷记"银行存款"等账户。

（2）如果应付账款中含有现金折扣并在折扣期内支付了货款。取得现金折扣，则将其视为提前付款取得的利息收入，冲减财务费用。❶按应付账款的总价借记"应付账款"账户；❷按实际支付的价款贷记"银行存款"账户；❸按取得的现金折扣贷记"财务费用"账户；❹如果未取得现金折扣，按总价支付货款时，应借记"应付账款"账户，贷记"银行存款"账户。

【例9-9】2024年5月3日，风华公司赊购原材料一批，增值税专用发票中注明的买价为400 000元，增值税为52 000元，共计452 000元，原材料已经入库。付款条件为"2/10，1/20，N/30"。5月13日实际支付价款442 960元［452 000×（1-2%）］，取得现金折扣9 040元。相关账务处理如下：

（1）5月3日购入原材料时：

借：原材料	400 000	
应交税费——应交增值税（进项税额）	52 000	
贷：应付账款		452 000

（2）5月13日支付价款442 960元并取得现金折扣9 040元时：

借：应付账款	452 000	
贷：银行存款		442 960
财务费用		9 040

第四节　应付职工薪酬

一、职工薪酬的概念及内容

职工薪酬，是指企业为获得职工提供的服务或解除劳动关系而给予的各种形式的报酬或补偿。

（1）**职工薪酬中的职工**。职工薪酬中的职工是指下列人员：❶与企业订立劳动合同的所有人员，含全职、兼职和临时职工；❷虽未与企业订立劳动合同但由企业正式任命的人员（如董事会、监事会和内部审计委员会成员等）；❸未与企业订立劳动合同或未由其正式任命，但向企业所提供服务与职工所提供服务类似的人员，也属于职工的范畴，包括通过企业与劳务中介公司签订用工合同而向企业提供服务的人员。

（2）**职工薪酬的内容**。❶职工薪酬主要包括以下四类：短期薪酬、离职后福利、辞退福利、其他长期职工福利；❷企业提供给职工配偶、子女、受赡养人、已故员工遗属及其他受益人等的福利，也属于职工薪酬。

为了反映职工薪酬的发放和提取情况，应设置"应付职工薪酬"账户进行核算，该账户应按照职工薪酬的类别设置明细账户。

二、应付短期薪酬

（一）短期薪酬及其包括的内容

短期薪酬，是指企业在职职工提供相关服务的年度报告期间结束后12个月内需要全部予以支付的职工薪酬，因解除与职工的劳动关系给予的补偿除外。其主要包括：职工工资、奖金、津贴和补贴，职工福利费，"五险一金"，工会经费和职工教育经费，非货币性福利等。

（二）应付职工工资、奖金、津贴和补贴的核算

企业应付的职工工资、奖金、津贴和补贴的核算，统称为应付工资的核算。具体包括应付工资总额、应付工资分配与应付工资结算三个方面。

1.应付工资总额

应付工资总额，是指企业在一定时期内实际支付给职工的劳动报酬总数。企业的工资总额一般由计时工资、计件工资、奖金、津贴和补贴、加班加点工资和特殊情况下支付的工资等部分组成。

学有余力

应付工资总额
构成的具体内容

2.应付工资分配

按照权责发生制的原则以及保证成本费用的真实性，应付工资分配，是指根据上述工资总额的构成，以职工当月的出勤或产量记录计算的工资额，按照工资的用途分别记入有关成本费用或资产类账户。❶生产车间生产工人的工资，借记"生产成本"账户；❷车间管理人员的工资，借记"制造费用"账户；❸销售人员的工资，借记"销售费用"账户；❹在建工程人员的工资，借记"在建工程"账户；❺自行开发无形资产人员的工资，借记"研发支出"账户；❻其他人员的工资，借记"管理费用"账户；❼根据应付职工工资额，贷记"应付职工薪酬——工资"账户。

【例9-10】AB公司10月份，根据当月的考勤或产量记录计算的工资额所编制的"工资分配汇总表"见表9-1。

表9-1

工资分配汇总表

2024 年 10 月 31 日

单位：元

应借账户	生产工人	车间管理人员	销售人员	企业管理人员	在建工程人员	合计
生产成本	1 600 000					1 600 000
制造费用		90 000				90 000
销售费用			66 000			66 000
管理费用				294 000		294 000
在建工程					130 000	130 000
合计	1 600 000	90 000	66 000	294 000	130 000	2 180 000

根据表9-1，编制会计分录如下：

```
借：生产成本                    1 600 000
    制造费用                       90 000
    销售费用                       66 000
    管理费用                      294 000
    在建工程                      130 000
    贷：应付职工薪酬——工资                 2 180 000
```

"应付职工薪酬——工资"账户10月末为贷方余额2 180 000元。

3.应付工资结算

应付工资结算，包括应付工资的计算和应付工资发放。❶企业应根据上月的出勤和产量记录计算的工资总额在月度的上旬或中旬发放工资；❷企业代扣按照上年工资基数应由个人负担的"三险一金"，包括代扣的社会保险费（计提比例为8%、2%、0.5%的养老保险费、医疗保险费、失业保险费）、住房公积金（12%）；❸企业代扣个人所得税等；❹应付工资总额减去代扣款项，即为应付给职工的款项。

企业将应发给职工的工资通过银行转账方式直接转入职工的银行存款账户。❶按照实发工资数额，借记"应付职工薪酬——工资"账户，贷记"银行存款"账户；❷结转代扣款时，借记"应付职工薪酬——工资"账户，贷记"其他应付款——社会保险费""其他应付款——住房公积金""应交税费——代扣个人所得税"账户；❸缴纳应由个人负担的社会保险费时，借记"其他应付款"账户及其所属"社会保险费""住房公积金"明细账户，贷记"银行存款"账户；❹缴纳预扣的个人所得税时，借记"应交税费——代扣个人所得税"账户。

【例9-11】AB公司11月10日编制的"应付工资结算汇总表"见表9-2。

根据表9-2，编制会计分录如下：

（1）通过银行转账方式，实际发放工资。

```
借：应付职工薪酬——工资          1 668 000
    贷：银行存款                          1 668 000
```

（2）结转代扣款。

```
借：应付职工薪酬——工资            512 000
```

贷：其他应付款——社会保险费						228 900
——住房公积金						261 600
应交税费——代扣个人所得税						21 500

表 9-2 应付工资结算汇总表

2024 年 11 月 10 日　　　　　　　　　　　　　　　　单位：元

车间、部门及用途	应付工资	代扣款项				实发工资
		社会保险费	住房公积金	个人所得税	合　计	
生产工人	1 600 000	168 000	192 000	8 100	368 100	1 231 900
车间管理人员	90 000	9 450	10 800	1 200	21 450	68 550
销售人员	66 000	6 930	7 920	2 300	17 150	48 850
企业管理人员	294 000	30 870	35 280	5 400	71 550	222 450
在建工程人员	130 000	13 650	15 600	4 500	33 750	96 250
总　计	2 180 000	228 900	261 600	21 500	512 000	1 668 000

（3）缴纳应由个人负担的社会保险费和住房公积金。

借：其他应付款——社会保险费			228 900
——住房公积金			261 600
贷：银行存款			490 500

（4）缴纳预扣的个人所得税。

借：应交税费——代扣个人所得税	21 500
贷：银行存款	21 500

（三）应付福利费的核算

在我国，企业职工从事生产经营活动除了领取劳动报酬以外，还享受一定的福利待遇或补助，如职工生活困难补助、职工因公负伤赴外地就医路费等。为了反映职工福利的支付与分配情况，应在"应付职工薪酬"账户下设置"职工福利"明细账户。

（1）**应付福利费的支出**。发生应付福利费支出时，应借记"应付职工薪酬——职工福利"账户，贷记"银行存款"等账户。

（2）**应付福利费的分配**。月末，企业一般应按照用途对实际发生的职工福利费进行分配，借记"生产成本""制造费用""销售费用""管理费用""在建工程"等账户，贷记"应付职工薪酬——职工福利"账户。

（四）应付"五险一金"的核算

"五险"——养老保险、医疗保险、失业保险、工伤保险和生育保险（统称"社会保险费"），按国家的规定由企业和职工共同负担或由企业负担。"一金"——住房公积金，按照国家的规定由企业和职工共同负担，用于解决职工住房问题。其中由职工负担的"三险一金"属于职工薪酬的范畴，这里所讲的"五险一金"是指应由企业负担的费用。

为了反映"五险一金"的提取和缴纳情况，应在"应付职工薪酬"账户下设置"社会保险费"和"住房公积金"明细账户。

应由企业负担的"五险一金"费用，应在职工为其提供服务的会计期间，根据当期职工工资的一定比例（养老保险16%、医疗保险10%、失业保险1%、工伤保险1%、生育保险1%、住房公积金12%）计算，按照规定的用途进行分配，借记"生产成本""制造费用""销售费用""管理费用""在建工程"等账户，贷记"应付职工薪酬"账户及其所属"社会保险费""住房公积金"明细账户。

企业缴纳"五险一金"时，借记"应付职工薪酬"账户及其所属"社会保险费""住房公积金"明细账户，贷记"银行存款"账户。

【例9-12】AB公司10月31日编制的"企业负担的五险一金计提分配表"见表9-3。

表9-3 企业负担的五险一金计提分配表

2024年10月31日　　　　　　　　　　　　　　　　　单位：元

车间、部门及用途	应付工资	社会保险费 计提比例29%	住房公积金 计提比例12%	合　计
生产工人	1 600 000	464 000	192 000	656 000
车间管理人员	90 000	26 100	10 800	36 900
销售人员	66 000	19 140	7 920	27 060
企业管理人员	294 000	85 260	35 280	120 540
在建工程人员	130 000	37 700	15 600	53 300
总　计	2 180 000	632 200	261 600	893 800

根据表9-3，编制会计分录如下：

（1）计提企业负担的"五险一金"。

```
借：生产成本                        656 000
    制造费用                         36 900
    销售费用                         27 060
    管理费用                        120 540
    在建工程                         53 300
    贷：应付职工薪酬——社会保险费              632 200
              ——住房公积金              261 600
```

（2）缴纳企业负担的"五险一金"。

```
借：应付职工薪酬——社会保险费          632 200
          ——住房公积金          261 600
    贷：银行存款                          893 800
```

（五）应付工会经费及职工教育经费的核算

1.应付工会经费

工会经费，是按照国家的规定由企业负担的用于工会活动方面的经费。为了反映工会经费的提取和使用情况，应设置"应付职工薪酬——工会经费"账户。

（1）**工会经费的计提**。企业计提工会经费时，应根据职工工资总额的一定比例（2%）计算，并按职工工资的用途进行分配，借记"生产成本""制造费用""销售费用""管理费用""在建工程"等账户，贷记"应付职工薪酬——工会经费"账户。

（2）**工会经费的使用**。企业的工会作为独立的法人，一般可以在银行独立开户，实行独立核算。❶企业划拨工会经费时，应借记"应付职工薪酬——工会经费"账户，贷记

"银行存款"账户。❷如果企业的工会经费由企业代管，则在发生工会经费支出时，借记"应付职工薪酬——工会经费"账户，贷记有关账户。

2.应付职工教育经费

职工教育经费，是按照国家的规定由企业负担的用于职工教育培训方面的经费。为了反映职工教育经费的支付和分配情况，应设置"应付职工薪酬——职工教育经费"账户。

（1）**职工教育经费的列支**。职工教育经费一般应在职工工资总额的8%以内据实列支。企业发生各项教育经费支出时，应借记"应付职工薪酬——职工教育经费"等账户，贷记"银行存款"等账户。

（2）**职工教育经费的分配**。企业分配职工教育经费时，应根据实际发生的职工教育经费，按职工工作的性质进行分配，借记"生产成本""制造费用""销售费用""管理费用""在建工程"等账户，贷记"应付职工薪酬——职工教育经费"账户。

（六）非货币性福利的核算

非货币性福利——企业以非货币性资产支付给职工的非工资性薪酬。其主要包括：企业以自己的产品或其他有形资产发给职工作为福利、向职工无偿提供自己拥有的资产供其使用、为职工无偿提供医疗保健服务等。

（1）**非货币性福利的支付**。支付非货币性福利时应借记"应付职工薪酬——非货币性福利"账户，贷记"主营业务收入""应交税费——应交增值税（销项税额）"等账户。

（2）**非货币性福利的分配**。企业应按照用途对实际发生的非货币性福利进行分配，借记"生产成本""制造费用""销售费用""管理费用""在建工程"账户等，贷记"应付职工薪酬——非货币性福利"账户。

学有余力
非货币性福利
的核算

三、应付职工薪酬其他项目的核算

应付职工薪酬其他项目，包括应付离职后福利、应付辞退福利和应付其他长期职工福利等。其中其他长期职工福利在大多数企业中不经常发生。

（一）应付离职后福利的核算

离职后福利计划，是指企业与职工就离职后福利达成的协议，或者企业为向职工提供离职后福利制定的规章或办法等。离职后福利计划，包括设定提存计划设定受益计划两项内容。

1.设定提存计划

设定提存计划，是指向独立的基金缴存固定费用后，企业不再承担进一步支付义务的离职后福利计划，主要包括企业负担的待业、养老等社会保险费。

企业应当在职工为其提供服务的会计期间，将根据设定提存计划确定的应缴存金额确认为负债，并计入当期损益或相关资产成本。

为了反映设定提存计划的提取和支付情况，应在"应付职工薪酬"账户下设置"设定提存计划"明细账户。其提取与缴存的账务处理与前述社会保险费的账务处理方法相同，这里不再赘述。

2.设定受益计划

设定受益计划，是指除设定提存计划以外的离职后福利计划。企业应当计量设定受益计划所产生的义务，并确定相关义务的归属期间。

企业应当将受益计划所产生的义务予以折现，以确定设定受益计划义务的现值和当期服务成本。

为了反映设定受益计划的提取和支付情况，应在"应付职工薪酬"账户下设置"设定受益计划"明细账户。❶企业确认设定受益计划产生的应付职工薪酬，应借记"生产成本"等账户，贷记"应付职工薪酬——设定受益计划"账户；❷年末确认相关的利息费用，借记"财务费用"账户，贷记"应付职工薪酬——设定受益计划"账户。

学有余力
设定受益计划的账务处理举例

（二）应付辞退福利的核算

辞退福利——企业因解除与职工的劳动关系给予的补偿。辞退福利包括两方面的内容：❶职工没有选择权的辞退福利——指在职工劳动合同尚未到期前，不论职工本人是否愿意，企业都决定解除与职工的劳动关系而给予的补偿；❷职工有选择权的辞退福利——在职工劳动合同尚未到期前，企业为鼓励职工自愿接受裁减而给予的补偿，职工有权选择继续在职或接受补偿离职。

（1）**账户设置**。为了反映辞退福利的提取和支付情况，应在"应付职工薪酬"账户下设置"辞退福利"明细账户。

（2）**辞退福利的提取**。❶辞退福利通常采取解除劳动关系时一次性支付补偿的方式，或者将职工薪酬的工资部分支付到辞退后未来某一期末；❷企业应当按照辞退计划条款的规定，合理预计并确认辞退福利产生的应付职工薪酬；❸由于被辞退职工不再能够给企业带来任何经济利益，所以，辞退福利应当计入当期损益而不计入资产成本；❹企业应根据已确认的辞退福利，借记"管理费用"账户，贷记"应付职工薪酬——辞退福利"账户。

学有余力
应付其他长期职工福利的核算

（3）**辞退福利的支付**。企业实际支付辞退福利时，借记"应付职工薪酬——辞退福利"账户，贷记"银行存款"等账户。

第五节　应交税费

应交税费，是指企业在生产经营活动中产生的按照规定应向国家缴纳而尚未缴纳的各种税费。其主要包括：增值税、消费税、所得税、城市维护建设税和教育费附加等。

按照权责发生制的原则，应缴税费尚未缴纳前形成企业的一项负债，通过设置"应交税费"账户核算，"应交税费"账户下根据不同的税种设置二级明细账户。

一、应交增值税的核算

（一）应交增值税核算概述

1.增值税及其纳税义务人

增值税，是以商品（含应税劳务、应税行为）在流转过程中产生的增值额作为计税依据而征收的一种流转税。按照我国增值税法的规定，增值税是对在境内销售货物或者提供加工修理修配劳务（以下简称"应税劳务"）、服务、无形资产或者不动产（以下简称"应税行为"）以及进口货物的单位和个人，就其货物销售或提供应税劳务、应税行为的增值额和货物进口金额为计税依据而课征的一种流转税。

凡在我国境内销售货物或者提供应税劳务和应税行为以及进口货物的单位和个人，为增值税纳税义务人。按照我国现行与增值税有关的规定，纳税义务人分为一般纳税人和小规模纳税人两种。小规模纳税人，是指年销售额在规定的数额以下、会计核算不健全的纳税义务人，其应交增值税采用简化的核算方法。

2.增值税税率与征收率

一般纳税人适用的增值税税率或征收率，按照业务内容分为以下5档：

（1）**基本税率13%**。销售或者进口货物，提供加工、修理修配劳务，租赁有形动产，适用的增值税税率为13%。

（2）**低税率9%**。销售或者进口下列货物、提供服务，适用的税率为9%：❶粮食等农产品、食用植物油；❷自来水、暖气、冷气、热水、煤气、石油液化气、天然气、沼气、居民用煤炭制品；❸图书、报纸、杂志、音像制品、电子出版物；❹饲料、农药、化肥、农机、农膜、二甲醚；❺提供交通运输、邮政、基础电信、建筑、不动产租赁服务；❻销售不动产、转让土地使用权等。

（3）**低税率6%**。提供除上述（1）（2）项以外的服务，适用的税率为6%。其主要包括现代服务业、金融保险业以及租赁、转让无形资产（土地使用权除外）、提供增值电信服务等。

（4）**征收率3%**。采用简易计税方法的项目征收率为3%。

（5）**零税率**。仅适用于法律不限制或不禁止的报关出口货物，以及输往保税区、保税工厂、保税仓库的货物。零税率不但不需要缴税，还可以退还以前纳税环节所缴纳的增值税，因而零税率意味着退税。

3.增值税应纳税额的计算

根据税法的规定，一般纳税人实行进项抵扣法。一般纳税人凭借增值税专用发票及其合法扣税凭证注明或计算的税款进行抵扣，其应交增值税的计算公式为：

当期应交增值税＝当期销项税额－当期进项税额

4.会计账户及专栏设置

增值税一般纳税人应当在"应交税费"账户下设置有关明细账户进行核算。常用的有"应交增值税""未交增值税""待转销项税额""简易计税"等明细账户。其中"应交增值税"明细账还应按照应交增值税的过程内容设置有关专栏：❶在借方一般设置"进项税额""已交税金""转出未交增值税""减免税款""出口抵减内销产品应纳税额"等专栏，❷在贷方一般设置"销项税额""进项税额转出""出口退税""转出多交增值税"等专栏。贷方专栏中的"进项税额转出"和"出口退税"两项为借方专栏中"进项税额"的抵减项目。

（二）增值税进项税额的核算

增值税进项税额，是指一般纳税人购进货物、接受应税劳务和应税行为而支付或负担的增值税。在同一项购销业务中，进项税额与销项税额相对应，即销售方收取的销项税额就是购买方支付的进项税额。

增值税一般纳税人应交增值税的核心，用收取的销项税额扣除其支付的进项税额，余额就是纳税人实际缴纳的增值税额，但并非所有的进项税额都可以扣除。对此，税法明确规定了进项税额的抵扣范围。

1.不得抵扣的进项税额及其账务处理

（1）用于简易计税项目、免征增值税项目、集体福利或个人消费的购进货物、加工修理修配劳务、服务、无形资产或不动产。用于企业的交际应酬消费属于个人消费。

（2）非正常损失的购进货物及相关的加工修理修配劳务、交通运输服务。

（3）非正常损失的在产品、产成品所耗用的购进货物（不包括固定资产）、加工修理修配劳务、交通运输服务。

（4）非正常损失的不动产，以及该不动产所耗用的购进货物、设计服务和建筑服务。

（5）非正常损失的不动产在建工程所耗用的购进货物、设计服务和建筑服务。新建、改建、扩建、修缮、装饰不动产，均属于不动产在建工程。

（6）购进的旅客运输服务、贷款服务、餐饮服务、居民日常服务和娱乐服务。

（7）财政部和国家税务总局规定的其他项目。

2.可以抵扣的进项税额

一般来说，凡是未明确规定不得抵扣的进项税额，都是可以抵扣的进项税额，又分为以下两种情况：

（1）取得增值税扣税凭证应抵扣的进项税额。

企业购进货物、接受应税劳务和应税服务取得扣税凭证并经税务机关认证的增值税额，可以作为进项税额不计入购进货物或应税劳务的成本，而是从销项税额中抵扣。❶企业应根据增值税专用发票上注明的价款，借记"原材料""固定资产""在建工程""管理费用"等账户；❷根据经税务机关认证的增值税专用发票上注明的增值税额，借记"应交税费——应交增值税（进项税额）"账户；❸根据价税合计金额，贷记"银行存款""应付账款"等账户。

特别说明：企业从依照3%征收率计算缴纳增值税的小规模纳税人处取得农产品增值税专用发票的，以增值税专用发票上注明的价款和9%的扣除率计算进项税额，相当于多抵扣6个百分点。❶企业应根据增值税专用发票注明的价款和9%扣除率计算确定的进项税额，借记"应交税费——应交增值税（进项税额）"账户；❷根据增值税专用发票上注明的价税合计减去按9%扣除率计算确定的进项税额的差额，借记"原材料"等账户；❸根据增值税专用发票上注明的价税合计金额，贷记"银行存款"等账户。

（2）未取得增值税扣税凭证应抵扣的进项税额。

企业购进的免税农产品，由于销售方无须缴纳增值税，因而购买方无法取得增值税专用发票，但按照增值税的相关规定，可以根据农产品销售发票或收购发票，以免税农产品买价的9%计算确定进项税额。企业购进农产品时，应按买价的91%，借记"原材料"等账户；按买价的9%，借记"应交税费——应交增值税（进项税额）"账户；按照买价，贷记"银行存款"账户。

企业取得注明旅客身份信息的航空运输电子客票行程单、铁路车票和公路水路等其他客票，分别按照下列公式计算进项税额：

航空旅客运输进项税额=（票价+燃油附加费）÷（1+9%）×9%

铁路和公路、水路旅客运输进项税额=票面金额÷（1+3%）×3%

（三）增值税待认证进项税额

增值税待认证进项税额，是指一般纳税人购进货物等已经取得增值税专用发票，但尚未经过税务机关认证而不得从当期销项税额中抵扣的增值税额。应设置"应交税费——待认证进项税额"账户：❶在未经税务机关认证前，借记"应交税费——待认证进项税额"账户；❷待税务机关认证后，借记"应交税费——应交增值税（进项税额）"账户，贷记"应交税费——待认证进项税额"账户。

【例9-13】2024年6月，风华公司发生下列有关增值税待认证进项税额的业务，相关账务处理如下：

（1）购进一批原材料，买价为300 000元，增值税为39 000元；价税合计339 000元并用银行存款支付；材料已经验收入库，已经收到增值税专用发票但尚未经税务机关认证。

借：原材料　　　　　　　　　　　　　　　　　300 000
　　应交税费——待认证进项税额　　　　　　　 39 000
　　贷：银行存款　　　　　　　　　　　　　　　　　 339 000

（2）购入免税农产品一批并作为原材料入库，收购价为80 000元并已通过银行付讫，增值税尚未经税务机关认证。

借：原材料　　　　　　　　　　　　　　　　　 72 800
　　应交税费——待认证进项税额　　　　　　　　7 200
　　贷：银行存款　　　　　　　　　　　　　　　　　　80 000

（四）增值税进项税额转出

拓展阅读

待认证进项税额可能出现的几种情况

进项税额转出，是记录企业购进货物、在产品、产成品等发生非正常损失及改变用途等其他原因时，不应从销项税额中抵扣，而应按规定转出的进项税额。❶当企业购进货物或应税劳务已抵扣了进项税额，则应将该项购进货物或应税劳务的进项税额从当期发生的进项税额中扣减。❷无法准确确定进项税额的，按当期实际成本计算应扣减的进项税额；❸企业的固定资产、无形资产或者不动产改变用途用于不得抵扣进项税额的项目或发生非正常损失时，其不得抵扣的进项税额计算方法如下：

不得抵扣的进项税额=固定资产、无形资产或者不动产净值×适用税率

进项税额转出时，借记有关账户，贷记"应交税费——应交增值税（进项税额转出）"账户。

【例9-14】风华公司2024年6月份发生下列有关增值税进项税额转出的业务，相关账务处理如下：

（1）由于管理不善毁损原材料一批，实际成本60 000元，已抵扣进项税额为7 800元。

借：待处理财产损溢　　　　　　　　　　　　　67 800
　　贷：原材料　　　　　　　　　　　　　　　　　　60 000
　　　　应交税费——应交增值税（进项税额转出）　 7 800

（2）一栋原用于生产经营的房屋改用于集体福利，原值200 000元，已提折旧为50 000元，净值为150 000元。

不得抵扣的进项税额=150 000×9%=13 500（元）

| 借：固定资产 | | 13 500 | |
| 贷：应交税费——应交增值税（进项税额转出） | | | 13 500 |

（五）增值税销项税额

增值税销项税额，是指增值税纳税人销售货物、加工修理修配劳务、服务、无形资产或者不动产，按照销售额和适用税率计算并向购买方收取的增值税额。

1.计征增值税的销售额

销售额，包括向购买方收取的全部价款和价外费用。价外费用，主要包括价外向购买方收取的手续费、包装费、违约金、滞纳金、延期付款利息、赔偿金和自营运杂费等。

2.销项税额的计算

企业如果采用不含税定价的方法，销项税额可直接依据不含税的销售额乘以增值税税率计算；如果采用合并定价的方法，销项税额应根据下列公式计算：

不含税销售额=含税销售额÷（1+增值税税率）

销项税额=不含税销售额×增值税税率

3.销货退回与折让

（1）**增值税专用发票的处理**。❶如原增值税专用发票未做认证，应将发票退回；❷如原增值税专用发票已做认证，应根据税务机关的"销货退回与折让证明单"，开具红字（或负数）增值税专用发票。

（2）**账务处理**。企业应根据冲减的销售额，借记"主营业务收入"等账户；根据应冲减的销项税额，借记"应交税费——应交增值税（销项税额）"账户；根据退回的价税合计金额，贷记"银行存款"等账户。

4.视同销售

视同销售行为——企业在会计核算中未作销售处理，而税法中要求按照销售缴纳增值税的行为。其主要包括以下内容：❶将自产或委托加工的货物用于集体福利或个人消费；❷将自产、委托加工或购买的货物以及无形资产和不动产，投资给其他单位或个体经营者；❸将自产、委托加工或购买的货物分配给股东和投资者；❹将自产、委托加工或购买的货物以及无形资产和不动产无偿赠送他人；❺向其他单位或者个人无偿提供服务。

对于税法上某些视同销售的行为，在会计准则引入公允价值的情况下，公允价值计量和确认收入的计量是一样的，确认收入以后，按照这个公允价值计算确定增值税销项税额，在确认收入的同时结转成本。

（六）增值税待转销项税额

增值税待转销项税额，是指企业销售货物、加工修理修配劳务、服务、无形资产或不动产，已确认相关收入或利得但尚未发生增值税纳税义务，而需要于以后期间确认为销项税额的增值税额。如短期分期收款销售商品的待转销项税额，在商品销售时，贷记"应交税费——待转销项税额"账户；在收到货款时，按收款比例计算应确认的增值税销项税额，借记"应交税费——待转销项税额"账户，贷记"应交税费——应交增值税（销项税额）"账户。

【例9-15】2024年8月至10月，风华公司发生有关待转销项税额业务，相关会计处理如下：

（1）8月10日，采用分期收款方式销售A产品60套，不含税价款为800万元，增值税税率为13%，合同约定于9月15日和10月15日分别收取货款452万元；增值税法律制度规定，增值税纳税义务的发生时点为合同约定的收款日期，确认待转销项税额104万元。

借：应收账款　　　　　　　　　　　　　　　9 040 000
　　贷：主营业务收入　　　　　　　　　　　　　8 000 000
　　　　应交税费——待转销项税额　　　　　　　1 040 000

（2）9月15日，通过银行收到销售A产品的货款452万元。

借：银行存款　　　　　　　　　　　　　　　4 520 000
　　贷：应收账款　　　　　　　　　　　　　　　4 520 000
借：应交税费——待转销项税额　　　　　　　　520 000
　　贷：应交税费——应交增值税（销项税额）　　520 000

（3）10月15日，通过银行收到销售A产品的货款452万元。

借：银行存款　　　　　　　　　　　　　　　4 520 000
　　贷：应收账款　　　　　　　　　　　　　　　4 520 000
借：应交税费——待转销项税额　　　　　　　　520 000
　　贷：应交税费——应交增值税（销项税额）　　520 000

（七）增值税出口退税及出口抵减内销产品应纳税额

1.出口货物增值税零税率

按照增值税税法的规定，出口货物实行增值税零税率，即出口货物在出口环节不征增值税，但出口货物的生产经过多个生产环节，在以前各环节耗用原材料时还是要照章支付增值税进项税额，企业支付的增值税额按规定可以先计入增值税进项税额，在货物出口后，再根据出口报关单等有关凭证，向税务机关申报办理该项出口货物的退税。

2.退税率<征收率

按照现行制度的规定，为出口货物照章支付的增值税进项税额，大多数不全额退还并通过退税率大小的调整来体现国家的财政政策和产业政策。退税率大小的变化，体现的是国家财政政策和产业政策的变化，并非体现出口产品所包含进项税额的变化。未退还的部分，作为进项税额转出，计入出口货物的销售成本，借记"主营业务成本"账户，贷记"应交税费——应交增值税（进项税额转出）"账户。

3.实行增值税"免、抵、退"办法的出口退税

经营出口业务的企业，一部分企业完全出口，一部分企业既有内销业务又有出口业务。如果企业的货物既有出口又有内销，出口货物要退税而内销货物要交税，而出口退税有严格和繁杂的程序，企业收到的退税款往往滞后。为了减少手续并有利于企业资金周转，国家对应退的出口退税款将不再直接退还，而是允许企业将这部分出口退税款抵减内销产品的销项税额，只有外销货物应退的增值税大于内销货物要交的增值税时，才予以退税。这种处理方法简称为增值税的"免、抵、退"。

（1）"免"税——对生产企业出口自产的货物，免征本企业生产销售环节增值税。（2）"抵"税——生产企业出口自产的货物所耗用的原材料、零部件、燃料、动力等所含应予退还的进项税额，抵顶内销货物的应纳税额。（3）"退"税——生产企业出口自产的货物在当月内应抵顶的进项税额大于应纳税额时，对未抵顶完的部分予以退税。❶企业应根据按照规定计算的当期出口货物的进项税抵减内销产品的应纳税额，借记"应交税费——应交增

值税（出口抵减内销产品应纳税额）"账户，贷记"应交税费——应交增值税（出口退税）"账户。❷在规定期限内，内销产品应纳税额不足以抵减出口货物的进项税额，不足部分按有关税费规定给予退税的，应在实际收到退税款时，借记"银行存款"账户，贷记"应交税费——应交增值税（出口抵减内销产品应纳税额）"账户。以下将会计分录中的"出口抵减内销产品应纳税额"简称为"出口抵内销税"。

4.未实行"免、抵、退"办法的出口退税

未实行"免、抵、退"办法的企业出口货物按规定退税的：❶应根据按照相关规定计算的应收出口退税额，借记"应收出口退税款"账户，贷记"应交税费——应交增值税（出口退税）"账户；❷收到出口退税款时，借记"银行存款"账户，贷记"应收出口退税款"账户。

【例9-16】风华公司2024年8月份发生有关出口退税业务（该公司实行"免、抵、退"办法），相关会计处理如下：

（1）出口某大型设备2套，价款折合人民币300万元，尚未收到，成本为200万元。

借：应收账款	3 000 000	
贷：主营业务收入		3 000 000
借：主营业务成本	2 000 000	
贷：库存商品		2 000 000

（2）出口某大型设备2套的进项税额为20万元，申报退税后，应退回税款15万元，允许企业抵减内销产品销项税额。

借：应交税费——应交增值税（出口抵内销税）	150 000	
贷：应交税费——应交增值税（出口退税）		150 000

（3）出口某大型设备2套所耗用原材料等未退回的进项税额为5万元（20-15）计入销售成本。

借：主营业务成本	50 000	
贷：应交税费——应交增值税（进项税额转出）		50 000

（八）增值税减免税款

增值税减免税款是指按照增值税的有关规定，当期直接减免的增值税额。企业应根据税务机关批准的当期直接减免的增值税额，借记"应交税费——应交增值税（减免税款）"账户，贷记"营业外收入"账户。

【例9-17】风华公司8月份根据发生的有关增值税减免税款业务，编制会计分录如下：

（1）提供技术服务，通过银行收取价款200 000元，增值税12 000元。

借：银行存款	212 000	
贷：其他业务收入		200 000
应交税费——应交增值税（销项税额）		12 000

（2）经税务机关批准，可以全额抵减当期销项税额。

借：应交税费——应交增值税（减免税款）	12 000	
贷：营业外收入		12 000

（九）增值税的已交、应交、转出与未交

1.按日预缴增值税

企业增值税的缴纳，应根据企业的规模大小、每月应缴增值税额的多少、经营所在地与征税机关所在地路程的远近等具体情况，按日、按3日、按5日、按旬、按半月等为一个纳税期的，自期满之日起5日内预缴税款。当期预缴增值税时，应借记"应交税费——应交增值税（已交税金）"账户，贷记"银行存款"等账户。

2.当月应交增值税与实缴增值税

纳税人以1个月或1个季度为一个纳税期的，自期满之日起15日内申报纳税并结清税款。企业根据当月"应交税费——应交增值税"账户的借、贷方有关专栏的发生额，可以计算出当月应交增值税额，其计算公式为：

$$\text{本期应交增值税} = \text{销项税额} - (\text{进项税额} - \text{进项税额转出} - \text{出口退税}) - \text{减免税款} - \text{出口抵减内销产品应纳税额}$$

本期实交增值税＝本期应交增值税－已交税金

如果本期应交增值税大于已交税金，本期实交增值税为本期应交而未交的增值税；反之，本期实交增值税为本期多交的增值税。

3.未交（或多交）增值税转出

为了分别反映增值税一般纳税人欠交增值税款和待抵扣增值税的情况，确保企业及时足额上交增值税，避免出现企业用以前月份欠交增值税抵扣以后月份未抵扣的增值税的情况，企业应在"应交税费"账户下设置"未交增值税"明细账户，核算企业月份终了从"应交税费——应交增值税"账户转入的当月未交或多交的增值税；同时，在"应交税费——应交增值税"账户下设置"转出未交增值税"和"转出多交增值税"明细账户。

月末，企业应将"本期实交增值税"从"应交税费——应交增值税"账户转出，转入"应交税费——未交增值税"账户。❶当转出应交而未交的增值税时，借记"应交税费——应交增值税（转出未交增值税）"账户，贷记"应交税费——未交增值税"账户；❷当转出多交增值税时，借记"应交税费——未交增值税"账户，贷记"应交税费——应交增值税（转出多交增值税）"账户；❸按照税务机关规定的结清税款日缴纳未交增值税时，借记"应交税费——未交增值税"账户，贷记"银行存款"账户。

【例9-18】风华公司2024年10月、11月发生有关增值税应交业务，相关会计处理如下：

（1）2024年10月末，"应交税费——应交增值税"账户各明细账户的记录为：进项税额为141万元，已交税金为40万元，销项税额为190万元，进项税额转出为20万元。

应交增值税＝190－（141－20）＝69（万元）

未交增值税＝69－40＝29（万元）

借：应交税费——应交增值税（转出未交增值税）　290 000
　　贷：应交税费——未交增值税　　　　　　　　　　　　　　290 000

（2）2024年11月10日（税务机关规定的结清税款日）缴纳上月未交增值税290 000元。

借：应交税费——未交增值税　　　　　　　　　　290 000
　　贷：银行存款　　　　　　　　　　　　　　　　　　　　　290 000

（3）2024年11月末，"应交税费——应交增值税"账户各明细账户的记录为：进项税额为269万元，已交税金为62万元，销项税额为320万元，减免税款为15万元，进项税额转出为20万元。

应交增值税=320-（269-20）-15=56（万元）

未交增值税=56-62=-6（万元）

借：应交税费——未交增值税   60 000

   贷：应交税费——应交增值税（转出多交增值税）   60 000

特别提示： 上月多交的增值税并不实际退还，在本月有预缴增值税的情况下，应用已交税金抵扣未交增值税，借记"应交税费——应交增值税（已交税金）"账户，贷记"应交税费——未交增值税""银行存款"账户。在以1个月或1个季度为一个纳税期的情况下，按照"应交税费——未交增值税"账户贷方余额，借记"应交税费——未交增值税"账户，贷记"银行存款"账户。

（十）小规模纳税人增值税的会计处理

小规模纳税人应交增值税的核算采用简化的方法，即购进货物或接受应税劳务支付的增值税进项税额，一律不予抵扣，均计入购进货物和接受应税劳务的成本；销售货物或提供应税劳务时，按应征增值税销售额的3%计算。自2020年2月1日起，所有小规模纳税人均可以自愿使用增值税发票管理系统自行开具增值税专用发票，不受月销售额标准及原8个行业的限制。

小规模纳税人的应征增值税销售额计算方法与一般纳税人相同。一般来说，小规模纳税人采用销售额和应纳税额合并定价的方法，销售货物或提供应税劳务后，应进行价税分离。其计算公式如下：

不含税销售额=含税销售额÷（1+3%）

应纳增值税额=不含税销售额×3%

小规模纳税人的应征税额也不计入销售收入。在销售货物或提供应税劳务时，应按全部价款借记"银行存款"等账户，按不含税的销售额贷记"主营业务收入"等账户，按应征税额贷记"应交税费——应交增值税"账户。

【例9-19】 某企业为小规模纳税人，某年7月销售一批产品，开出的普通发票上注明的产品价款（含税）为24 720元，货款尚未收到。该批产品的成本为20 800元。适用的增值税征收率为3%。**根据以上资料，** 编制的会计分录如下：

不含税销售额=24 720÷（1+3%）=24 000（元）

应交增值税=24 000×3%=720（元）

借：应收账款   24 720

   贷：主营业务收入   24 000

     应交税费——应交增值税   720

同时结转商品成本：

借：主营业务成本   20 800

   贷：库存商品   20 800

二、应交消费税的核算

（一）消费税概述

1.消费税及其纳税义务人

消费税，是指在我国境内从事生产、委托加工和进口应税消费品的单位和个人，就其应税消费品的销售额或销售数量征收的一种流转税。在我国的税制结构体系中，消费税是与增值税配套的一个税种。它是在普遍征收增值税的基础上，有选择地对少数消费品再征收一道特殊的流转税。

消费税的纳税义务人，是指在中华人民共和国境内生产、委托加工和进口应税消费品的单位和个人。❶自1995年1月1日起，金银首饰消费税改在零售环节征收，在我国境内从事金银首饰零售业务的单位和个人，为金银首饰消费税的纳税人，委托加工、委托销售金银首饰的，受托方也是纳税人；❷自2009年5月1日起，对卷烟在批发环节加征一道消费税，从事卷烟批发的单位和个人也是消费税纳税人。

2.消费税税目及计征方法

消费税的征收范围，具体包括以下15个税目：烟、酒、高档化妆品、贵重首饰及珠宝玉石、鞭炮焰火、成品油、摩托车、小汽车、高尔夫球及球具、高档手表、游艇、木制一次性筷子、实木地板、电池、涂料。

消费税实行从价定率、从量定额，或者从价定率与从量定额复合计税的方法计算应纳税额，计算公式如下：

从价定率法计算的应纳税额＝销售额×税率

从量定额法计算的应纳税额＝销售数量×单位税额

复合计税法计算的应纳税额＝销售额×税率+销售数量×单位税额

上列公式中的销售额，与计征增值税的销售额口径相同，是指销售应税消费品向购买方收取的不含增值税的全部价款和价外费用。

在应纳消费税消费品中：❶黄酒、啤酒和成品油实行从量定额计征消费税；❷甲类卷烟、乙类卷烟和白酒实行复合计税方法计征消费税；❸其他应纳消费税消费品一律实行从价定率计征消费税。

（二）销售产品应交消费税

消费税属于价内税，即产品销售收入中包含消费税，也就是说，消费税应由产品销售收入来补偿。在核算消费税时，应设置"税金及附加"账户。❶企业结转应交消费税时，借记"税金及附加"账户，贷记"应交税费——应交消费税"账户；❷实际缴纳消费税时，应借记"应交税费——应交消费税"账户，贷记"银行存款"账户。

【例9-20】甲公司2024年5月5日，销售应税消费品一批，价款为500 000元，增值税额为65 000元，价税合计为565 000元，款项已通过银行收到。销售该产品的消费税税率为10%，结转应交消费税50 000元。应编制的会计分录如下：

借：银行存款	565 000	
贷：主营业务收入		500 000
应交税费——应交增值税（销项税额）		65 000
借：税金及附加	50 000	

（三）视同销售应交消费税

企业将自产的应税消费品用于本企业的生产经营、在建工程、集体福利、个人消费，或用于对外投资、分配给股东或投资者或无偿捐赠给他人，均应视同销售，计算缴纳消费税，其销售额应按生产同类消费品的销售价格计算。

【例9-21】乙公司2024年5月发生的有关视同销售及消费税业务并编制的会计分录如下：

（1）将一批自产的应税消费品A产品用于一项集体福利房屋建造工程。该批产品的生产成本为480 000元，售价为640 000元。❶该产品适用的增值税税率为13%，应确认的增值税销项税额为83 200元（640 000×13%）；❷该产品适用的消费税税率为10%，应交消费税为64 000元（640 000×10%）。应编制的会计分录如下：

借：在建工程	627 200	
贷：库存商品		480 000
应交税费——应交增值税（销项税额）		83 200
——应交消费税		64 000

（2）将一批自产的应税消费品B产品对外捐赠，实际成本为120 000元，同类产品的销售价格为200 000元，增值税税率为13%，消费税税率为20%。

增值税销项税额=200 000×13%=26 000（元）

应交消费税=200 000×20%=40 000（元）

营业外支出=200 000+26 000=226 000（元）

借：营业外支出	226 000	
贷：主营业务收入		200 000
应交税费——应交增值税（销项税额）		26 000
借：税金及附加	40 000	
贷：应交税费——应交消费税		40 000

（四）委托加工应交消费税

按照税法的规定，企业如有委托加工的应税消费品，应由受托方在向委托方交货时代收代缴消费税。

（1）企业收回委托加工的应税消费品，如果用于连续生产应税消费品：❶缴纳的消费税款按规定准予抵扣，应借记"应交税费——应交消费税"账户，贷记"银行存款"等账户；❷在企业最终销售应税消费品时，再根据销售额计算应交的全部消费税，借记"税金及附加"账户，贷记"应交税费——应交消费税"账户；❸应交的全部消费税扣除收回委托加工应税消费品时缴纳的消费税为应补交的消费税，借记"应交税费——应交消费税"账户，贷记"银行存款"账户

（2）企业收回委托加工的应税消费品，如果不再加工而是直接出售：❶缴纳的消费税应计入收回的应税消费品的成本，借记"委托加工物资"等账户，贷记"银行存款"等账户；❷在应税消费品出售时，不必再计算缴纳消费税；❸如果以高于受托方的计税价格出售的，不属于直接出售，需按规定申报缴纳消费税，在计税时准予扣除受托方已代收代缴的消费税。

深入理解

视同销售的
全面解析

【例9-22】 丙公司2024年5月发生的有关委托加工应税消费品业务并编制的会计分录如下：

（1）发出原材料一批，实际成本为50 000元，委托加工应税消费品。

借：委托加工物资　　　　　　　　　　　　50 000
　　贷：原材料　　　　　　　　　　　　　　　　50 000

（2）收回委托外单位加工的应税消费品并作为原材料入库，应付加工费用30 000元、增值税3 900元，经税务机关认证可以抵扣；采用从价定率办法计算缴纳消费税，消费税税率为20%，应付消费税20 000元（（50 000+30 000）÷（1-20%）×20%）。价税合计53 900元已用银行存款支付。

❶如果收回的应税消费品用于连续生产应税消费品。

借：委托加工物资　　　　　　　　　　　　30 000
　　应交税费——应交增值税（进项税额）　　3 900
　　　　　　　——应交消费税　　　　　　　20 000
　　贷：银行存款　　　　　　　　　　　　　　53 900
借：原材料　　　　　　　　　　　　　　　80 000
　　贷：委托加工物资　　　　　　　　　　　　80 000

❷如果收回的应税消费品直接出售。

借：委托加工物资　　　　　　　　　　　　50 000
　　应交税费——应交增值税（进项税额）　　3 900
　　贷：银行存款　　　　　　　　　　　　　　53 900
借：原材料　　　　　　　　　　　　　　100 000
　　贷：委托加工物资　　　　　　　　　　　100 000

（五）缴纳消费税

企业实际缴纳消费税时，应借记"应交税费——应交消费税"账户，贷记"银行存款"账户。

三、城市维护建设税及教育费附加和地方教育附加

城市维护建设税，是我国为了加强城市的维护建设，扩大和稳定城市维护建设资金的来源而开征的税种。教育费附加和地方教育附加，是为了加快发展地方教育事业，扩大地方教育经费的资金来源而征收的一种附加费。

缴纳增值税、消费税的单位和个人，应当以本期实际缴纳的增值税、消费税税额为计税依据并按照规定的税费率，计算确定本期应交城市维护建设税、应交教育费附加和地方教育附加的金额。

企业按规定的计税依据和税费率，计算确定应交城市维护建设税、应交教育费附加和地方教育附加，借记"税金及附加"账户，贷记"应交税费"账户及其所属"应交城市维护建设税""应交教育费附加""应交地方教育附加"明细账户。企业实际缴纳城市维护建设税、教育费附加和地方教育附加时，借记"应交税费"账户及其所属"应交城市维护建设税""应交教育费附加""应交地方教育附加"明细账户，贷记"银行存款"账户。

一、预收账款

预收账款，是指企业向购货方预收的购货订金或部分货款。企业在收到款项后，应在合同规定的期限内给购货单位发出货物或提供劳务，否则，必须如数退还预收的款项。

企业应设置"预收账款"账户核算预收账款业务。企业收到预收货款时，借记"银行存款"等账户，贷记"预收账款"账户；待企业以商品或劳务偿还时，借记"预收账款"账户，贷记"主营业务收入""应交税费——应交增值税（销项税额）"等账户。

企业销售商品或提供劳务后，如果预收账款的金额不足以支付全部价款和相关税费，则应当在收到剩余补付款金额时，借记"银行存款"账户，贷记"预收账款"账户。

二、其他应付款

其他应付款——除了短期借款、应付票据、应付账款、应付职工薪酬、应交税费等以外的各种偿付期在1年以内的款项，如出租、出借包装物收取的押金等。

其他应付款的数额一般能够直接确定。发生其他应付款时，借记有关账户，贷记"其他应付款"账户；偿付其他应付款时，借记"其他应付款"账户，贷记"银行存款"等账户。

【思考题】

1. 应付票据与应付账款的区别是什么？
2. 应付账款、合同负债与应付账款的区别是什么？
3. 职工薪酬包括哪些内容？
4. 企业缴纳的各项税费应如何列支？其主要区别点是什么？

▶ 练习题在线 ◀

练习9-1　单项选择题在线回答

单项选择题每小题给出的4个备选项中，只有1个符合题意。要求：扫描"单项选择题二维码"进行在线回答，回答完毕并提交后可查看参考答案与答案解析。

单项选择题1—10　　单项选择题11—20　　单项选择题21—30

练习9-2　多项选择题在线回答

多项选择题每小题给出的5个备选项中，至少有2个符合题意。要求：扫描"多项选择题二维码"进行在线回答，回答完毕并提交后可查看参考答案与答案解析。

多项选择题1—10

多项选择题11—20

练习9-3 判断题在线回答

请判断各判断题每小题的正误，正确的点击"正确"按钮，错误的点击"错误"按钮。**要求**：扫描"判断题二维码"进行在线回答，回答完毕并提交后可查看参考答案与答案解析。

判断题1—10

判断题11—20

练习9-4 应付票据的核算

1.资料及账务处理要求

（1）**将原欠货款改为以银行承兑汇票结算。** 2025年1月1日，与债权单位三沙市造船厂协商，将原欠三沙市造船厂的货款改为以银行承兑汇票结算，签发一张面值为100万元、期限为3个月、年利率为6%的带息银行承兑汇票，按照承兑金额的5‰支付银行承兑手续费5 000元。票据利息按月计提。**根据以上资料，**进行该汇票从签发至到期兑付的全部账务处理。

（2）**采购原材料开具汇票。** 2025年2月1日，从南海公司购入原材料一批，买价为300万元，增值税为39万元，共计339万元，原材料已验收入库，采用商业汇票结算方式进行结算。该企业签发一张付款期限为6个月的带息银行承兑汇票，年利率为12%。该企业的原材料核算采用实际成本法。**根据以上资料，**进行该汇票从签发至到期兑付的全部账务处理。

（3）**到期无力支付银行承兑汇票。** 一张票面金额为40万元、期限为6个月、年利率为6%的带息银行承兑汇票，2025年3月31日到期无力兑付，银行承兑协议规定到期无力兑付时，按照逾期未付金额的2%支付罚息。假设该企业对应付票据利息采取年末及到期计提方法。**根据以上资料，**进行2025年3月份该票据无力兑付的账务处理。

（4）**到期无力支付商业承兑汇票。** 一张票面金额为80万元、期限为6个月、年利率为6%的带息商业承兑汇票，2025年9月30日到期无力兑付。假设该企业对应付票据利息采取到期计提方法。**根据以上资料，**进行2025年9月份该票据无力兑付的账务处理。

练习9-4 答题表

2.完成作业练习要求

（1）扫描"练习9-4答题表"二维码，并下载空白练习表9-1 word文档到计算机上；（2）在练习表9-1中完成相关的账务处理；（3）根据注册的班级群账号，提交完成的作业请授课教师批阅。

练习9-5 应付职工薪酬的核算

1.资料及账务处理要求

甲公司是一家冰箱生产企业，为增值税一般纳税人，适用的增值税税率为13%。2025年甲公司与职工薪酬相关的业务资料如下：

（1）**递延奖金计划。** 2025年年初，甲公司存在一项于2024年年初为其销售精英设定的递延年金计划：将2023年利润的6%作为奖金，但要3年后，即2026年年末才向仍然在职的员工发放。甲公司在2024年年初预计3年后企业为此计划的现金支出为900万元。甲公司选取同期同币种的国债收益率作为折现率，2024年年初的折现率为8%，2024年年末的折现率变更为6%，假定不考虑死亡率和离职率等因素的影响，2025年年末折现率仍为6%。**根据以上资料，**进行2025年与递延奖金计划有关的账务处理。

（2）**奖励职工汽车计划。** 2025年4月，甲公司上一季度销售业绩再创新高。该公司为了奖励优秀销售人员，4月2日从公司外部购入30辆汽车，每辆汽车的价税合计为40万元，以每辆20万元的价格销售给30名优秀销售人员，并且规定，销售人员接受奖励之后需要自2025年4月2日起，在公司继续服务满2年。**根据以上资料，**进行2025年与奖励职工汽车相关的账务处理。

（3）**带薪休假处理。** 2025年12月，甲公司本期业绩良好，董事会决定奖励管理人员3天的带薪休假，若截至2027年年底仍未使用，则相关权利作废。甲公司共计50名管理人员，甲公司预计将会有39名管理人员在2026年和2027年内使用全部带薪休假，已知甲公司管理人员日平均薪酬为0.08万元。**根据以上资料，**进行2025年年末与带薪假有关的账务处理。（计算结果保留两位小数）

2.完成作业练习要求

（1）扫描"练习9-5答题表"二维码，并下载空白练习表9-2 word文档到计算机上；（2）在练习表9-2中完成相关的账务处理；（3）根据注册的班级群账号，提交完成的作业请授课教师批阅。

练习9-6　应交增值税的核算

1.资料及账务处理要求

前进机械公司为增值税一般纳税人，2024年5月发生以下经济业务。

（1）购入A材料一批，价款100 000元，增值税额13 000元，共计113 000元，以银行存款支付。

（2）销售产品价款60 000元，向客户收取增值税额7 800元，共计67 800元，收到款项送存银行。

（3）收购农产品以银行存款支付价款30 000元。

（4）以原材料对B单位投资，该批原材料的账面成本为300 000元，与公允价值相同，计税价格为330 000元，增值税税率为13%。

（5）将自产的一批产品用于一生产线改造工程，该批产品的成本为15 000元，计税价格为20 000元，该产品的增值税税率为13%。

（6）缴纳本月应交增值税16 000元。

（7）购入一台机器设备，价款80 000元，增值税额为10 400元，款项已经以银行存款支付。

（8）第一车间厂房改造工程领用A材料一批，账面价值40 000元。

（9）计算并结转本月应纳增值税额。

2.完成作业练习要求

（1）扫描"练习9-6答题表"二维码，并下载空白练习表9-3 word文档到计算机上；（2）在练习表9-3中完成相关的账务处理；（3）根据注册的班级群账号，提交完成的作业请授课教师批阅。

练习9-7　应交消费税的核算

1.资料及账务处理要求

致远公司为增值税一般纳税人，2024年6月发生以下经济业务：

（1）**销售消费品**。销售应税A消费品一批，价款400万元，增值税税率为13%，消费税税率为10%，货款尚未收到。该已售A商品的成本为320万元。根据以上资料，编制产品销售、结转已销产品成本和应交消费税的会计分录。

（2）**视同销售**。以应税A消费品价款100万元，换取同样价款的原材料一批。该应税消费品成本为80万元，增值税税率为13%，消费税税率为10%。原材料验收入库。根据以上资料，编制确认视同销售与采购、结转视同销售商品成本、结转应交消费税的会计分录。

（3）**将消费品对外投资**。将应税A消费品对外投资，该批消费品成本为160万元，计税价格为200万元，增值税税率为13%，消费税税率为10%。根据以上资料，编制该业务的会计分录。

（4）**委托加工物资**。委托晋安公司加工应税消费品甲材料：❶发出E材料一批，成本80万元；❷应付加工费10万元，应税消费品甲材料的消费税税率为20%，由受托方代收代交消费税；❸甲材料加工收回后用于继续生产应税消费品；❹以银行存款支付加工费和消费税。根据以上资料，编制发出E材料委托加工、支付加工费及由受托方代收代交消费税税款、委托加工物资收回的会计分录。

2.完成作业练习要求

（1）扫描"练习9-7答题表"二维码，并下载空白练习表9-4 word文档到计算机上；（2）在练习表9-4中完成相关的账务处理；（3）根据注册的班级群账号，提交完成的作业请授课教师批阅。

练习9-7

答题表

10

第十章　非流动负债

【学习目标与要求】

1. 了解非流动负债与流动负债的区别。
2. 理解货币的时间价值及复利现值与终值。
3. 掌握借款费用及其资本化的条件与账务处理。
4. 重点掌握一般企业债券与可转换债券的账务处理。
5. 掌握预计负债的确认及账务处理。

第一节　非流动负债概述

一、非流动负债的特点及分类

非流动负债——亦称长期负债，是流动负债以外的负债，通常是指偿还期限在1年以上或者超过1年的一个营业周期以上的债务。与流动负债相比较，非流动负债具有偿还期限长、债务金额大、可分期偿还等特点。这就决定了其会计处理具有不同于流动负债的特点。

（1）由于非流动负债的偿还期限较长且金额较大，未来的现金流出量（未来支付的利息及本金）与其现值之间的差额较大，债务在计量时宜按其现值入账，而不宜按其未来应偿付金额入账。

（2）由于非流动负债的利息金额往往较大且其偿还有分期支付和到期还本时一次支付之分，因而非流动负债的应付未付利息既可能是流动负债，也可能是非流动负债。

常见的非流动负债主要有长期借款、应付债券等。

二、非流动负债利息的计算与货币时间价值

构成非流动负债的借款利息，因时间不同，货币价值也不同。现在的货币价值称之为现值；未来的货币价值称之为终值。

交易的形态也影响币值的计算，在利息计量期间内，只发生一次交易者，采用复利计算，而发生n次交易（n≥2）且每次交易金额相同者，采用年金计算。币值的基本类型见表10-1。

表 10-1　　　　　　　　　　　币值的基本类型

交易方式 时间	交易次数	
	一次（复利）	n次（年金）
现在价值	复利现值（P）	年金现值（PA）
未来价值	复利终值（F）	年金终值（FA）

*交易在期末发生。

（一）单利与复利

1.单利

单利，是在涉及两个或两个以上的计息期的情况下，各期的利息均只按最初的本金计算，所生利息不加入本金计算以后期间的利息。计算公式如下：

单利利息＝本金×利率×计息期数

本利和＝本金×（1+利率×计息期数）

【例10-1】某企业向银行借入4年期借款100 000元，年利率10%，按单利计算，到期一次还本付息。

每年的利息＝100 000×10%＝10 000（元）

四年利息总额＝100 000×10%×4＝40 000（元）

本利和＝100 000×（1+10%×4）＝140 000（元）

2.复利

复利，是一种将前期利息加入后期本金计算利息的方法，俗称利滚利。计算公式如下：

本利和＝本金×（1+利率）^{n}

若用R表示本利和，P表示本金，i表示利率，n表示期数，则有：

R＝P×（1+i）^{n}

【例10-2】假设【例10-1】中借款利息按复利计算。

本利和＝100 000×（1+10%）^{4}＝100 000×1.4641＝146 410（元）

各年的利息可分别计算如下：

第1年：100 000×10%＝10 000（元）

第2年：（100 000+10 000）×10%＝11 000（元）

第3年：（100 000+10 000+11 000）×10%＝12 100（元）

第4年：（100 000+10 000+11 000+12 100）×10%＝13 310（元）

四年累计利息：10 000+11 000+12 100+13 310＝46 410（元）

（二）终值或复利终值

终值（或复利终值）——就是终点或未来到期的价值或金额（未来某个时点付款或收款的金额），即本金加利息（本利和）。

上述"复利"的计算公式就是终值的计算公式，式中"（1+i）^{n}"被称为"复利终值系数"或"复利终值因子"，可记为（F/P，i，n）。对终值概念的理解如图10-1所示。

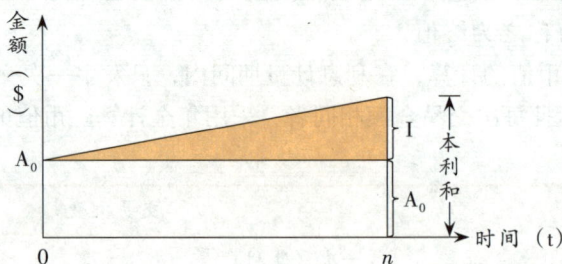

图10-1 终值

（三）现值或复利现值

现值（或复利现值）——就是现在的货币金额或价值（即现在付款或收款的金额）。

现值与终值的概念正好相反，互为倒数。

若用R表示本利和，P表示本金，i表示利率，n表示期数，则有：

$P = R \times (1 + i)^{-n}$

式中"$(1+i)^{-n}$"被称为"复利现值系数"或"复利现值因子""贴现系数"，可记为$(P/F，i，n)$。

为简化计算工作，复利终值系数与复利现值系数均可查表得到。例如，【例10-2】中，复利终值系数=（F/P，10%，4）=1.4641。

（四）年金

年金——在若干期内每期等额付款或收款，称为年金。其包括年金终值和年金现值。

1.年金终值

年金终值——交易期间n期，每期的交易金额固定（每期等额付款或收款），在特定利率水平下，各期复利终值的总和。（年金终值有n次交易，复利终值只有一次交易，换言之，n次交易的复利终值的总和，就是年金终值）

如果在每期期末付款或收款，则称为普通年金。若用R表示每期的付款或收款额，则普通年金的终值可计算如下：

$$年金终值 = R(1 + i)^0 + R(1 + i)^1 + R(1 + i)^2 + R(1 + i)^{n-2} + R(1 + i)^{n-1}$$
$$= R[(1 + i)^0 + (1 + i)^1 + (1 + i)^2 + (1 + i)^{n-2} + (1 + i)^{n-1}]$$
$$= R \sum (1 + i)^{t-1}$$

式中"$\sum (1 + i)^{t-1}$"，称为年金终值系数（或年金终值因子），可记作（F/A，i，n）；对年金终值概念的理解如图10-2所示。

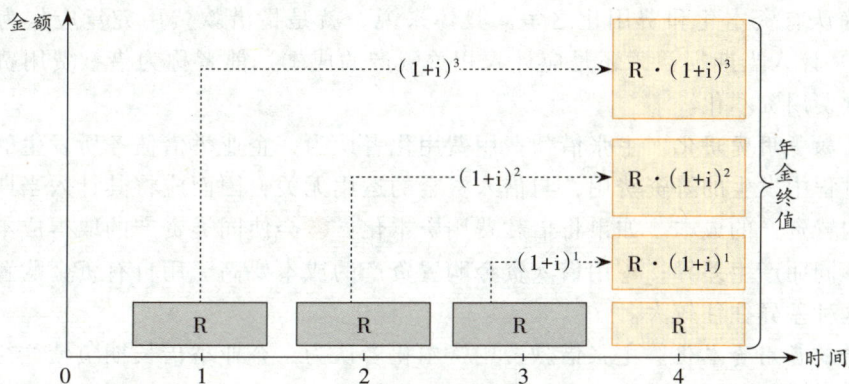

图10-2 年金终值

2.年金现值

年金现值——交易期间n期，每期的交易金额固定（每期等额付款或收款），在特定利率水平下，各期复利现值的总和。年金现值与年金终值的概念正好相反，互为倒数。

$$年金现值 = R/(1+i)^n + R/(1+i)^{n-1} + \cdots + R/(1+i)^3 + R/(1+i)^2 + R/(1+i)^1$$
$$= R \sum 1/(1 + i)^t$$

式中"$\sum 1/(1 + i)^t$"称为年金现值系数，或年金现值因子、年金贴现系数，可记作

$(P/A, i, n)$。

为简化计算工作，年金终值系数与年金现值系数均可查表得到。对年金现值概念的理解如图10-3所示。

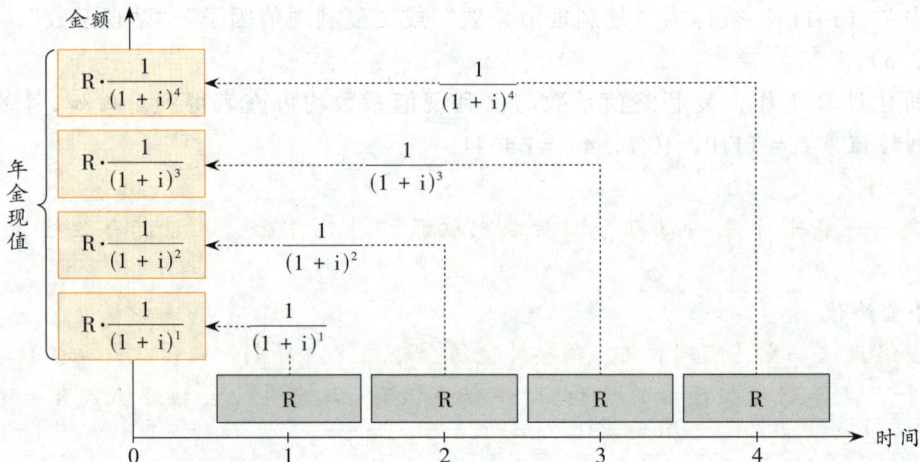

图10-3　年金现值

三、非流动负债的筹措费用

非流动负债的筹措费用，包括直接支付的利息费用和辅助费用、因票面利率与实际利率不同形成的债券折价或溢价的摊销、因外币借款而发生的汇兑损益等。这些筹措费用统称为借款费用。

由于举借非流动负债的目的一般是购置大型设备和房地产、增建和扩建厂房等，其借款费用的确认有资本化和费用化之争。具体来说，就是指借款费用究竟应作为期间费用（财务费用）计入当期损益，还是应计入相关资产的成本。前者称为借款费用费用化，后者称为借款费用资本化。

（1）**借款费用费用化**。主张借款费用费用化者认为，企业举借债务所发生的借款费用属于筹资过程中发生的筹资费用，与借入资金的运用无关，因而应将其计入当期损益，而不应计入购置资产的成本。如果将借款费用资本化：❶会使同类资产的取得成本仅仅由于筹资方式不同而产生差异；❷用借入资金购置资产的成本要高于用自有资金购置资产的成本，而且这种差异往往较大。

（2）**借款费用资本化**。主张借款费用资本化者认为，企业举借长期负债往往是为了取得某项长期资产，其借款费用与所取得的资产有紧密的联系，它与构成资产成本的其他要素并无本质上的区别，因而应将借款费用计入所取得资产的成本。而如果将借款费用费用化，会导致还款前的各个会计期间，因巨额的利息费用而使盈利偏少乃至亏损，而借款所购置的资产往往在还款之后的相当长时期内仍然发挥作用。因此，借款费用费用化不利于正确反映各期损益。

我国《企业会计准则第17号——借款费用》规定：❶企业发生的借款费用，可直接归属于符合资本化条件的资产的购建或者生产的，应当予以资本化，计入相关资产成本；❷其他借款费用应当在发生时根据其发生额确认为费用，计入当期损益。

第二节　长期借款

一、长期借款及其核算的内容

（一）长期借款的含义和种类

长期借款——企业从银行或其他金融机构借入的期限在1年以上的款项所形成的债务。与流动负债相比，长期借款具有数额较大，偿还期限较长，通常是企业为扩大经营规模，进行长期性的理财活动而产生的。

长期借款一般有以下分类：❶按其偿还方式可分为定期偿还的借款和分期偿还的借款；❷按其付息方式可分为到期一次还本付息的借款和在借款期限内分期付息的借款；❸按其名义利率与实际利率是否一致分为收到款项与本金一致的借款和收到款项与本金不一致的借款（包括折价与溢价）；❹按其借款的用途可分为生产经营借款和基本建设借款。

（二）长期借款核算的内容

企业长期借款的核算主要包括长期借款的借入、支付长期借款利息以及到期归还长期借款。

二、借款费用的计算与确认

（一）借款费用的概念及内容

借款费用，是指企业因借款而发生的利息、借款折价或溢价的摊销、相关辅助费用以及因外币借款而发生的汇兑差额等。其中：❶借款折价或溢价，是指长期借款因名义利率与实际利率不一致，实际收到款项与借款本金的差额，其实质是对借款本金名义利息的调整，属于借款费用的范畴；❷辅助费用，是指企业在借款过程中发生的诸如手续费、佣金等费用，因其为安排借款而发生，也属于借入资金所付出的代价，是借款费用的构成部分。特别提示：企业发行债券也会产生以上费用，其具体内容参见本章"应付债券"的核算。

借款费用本质上是企业因借入资金所付出的代价，其确认解决的主要问题，是将每期发生的借款费用予以资本化还是予以费用化的选择。

（二）借款费用资本化确认的特定期间

上述借款费用中的每个项目都是指在每一会计期间按照权责发生制应当予以确认的借款费用。"因借款而发生的利息"是指特定会计期间应予以资本化的应计利息费用，这一"特定会计期间"是指借款的利息计息期间和借款项目开始建造（或生产）至完工达到预定可使用（或可销售）状态期间相重合的期间，而非指某项借款在其存续期间的全部利息费用，它不包括该会计期间之前和之后发生的利息费用。"特定会计期间"的应计利息应予以资本化，非"特定会计期间"的应计利息应予以费用化。具体包括以下三个时点：❶借款费用开始资本化的时点；❷借款费用暂停资本化的时点；❸借款费用停止资本化的时点。

对借款费用资本化确认的特定期间的理解如图10-4-1、图10-4-2所示。

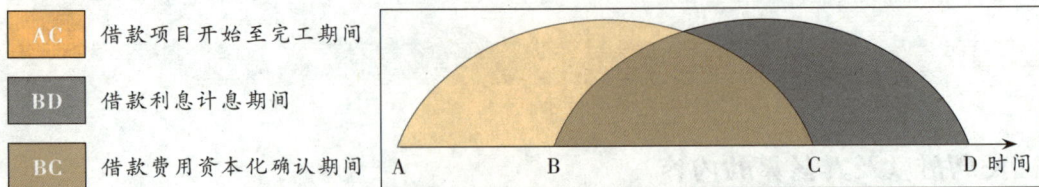

图10-4-1　借款费用应予以资本化确认的特定期间（1）

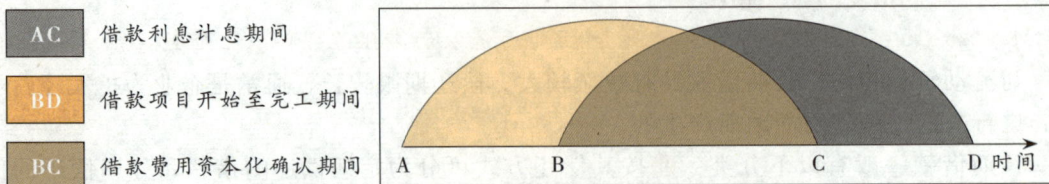

图10-4-2　借款费用应予以资本化确认的特定期间（2）

学有余力

借款费用资本化或费用化确认的期间

（三）借款费用资本化金额的计算

（1）**为购建或者生产符合资本化条件的资产而借入的专门借款。**借入该专门借款，应当以专门借款当期实际发生的利息费用（包括折价或溢价的摊销），减去将尚未动用的长期借款资金存入银行取得的利息收入或进行暂时性投资取得的投资收益后的金额确定资本化金额，即将当期实际发生的净利息费用全部进行资本化处理。

【例10-3】2024年7月1日，甲企业为建造厂房从银行取得3年期借款1 200万元，年利率为6%，按单利计算，到期一次归还本息。借入款项存入银行，工程于2024年年底达到预定可使用状态。2024年10月1日，用银行存款支付工程价款600万元并开始厂房的建造，该项专门借款在2024年第三季度的利息收入为12万元，第四季度的利息收入为6万元。甲企业2024年借款费用的资本化金额计算如下：

该项专门借款的资本化时点为2024年10月1日。

资本化期间为2024年10月1日至2024年年底。

2024年借款费用的资本化金额=1 200×6%×3÷12-6=12（万元）

（2）**为购建或者生产符合资本化条件的资产而占用的一般借款。**借入该一般借款，企业应当根据累计资产支出超过专门借款部分的资产支出加权平均数乘以所占用一般借款的资本化率，计算确定一般借款应予资本化的利息金额。资本化率应当根据一般借款加权平均利率确定。

【例10-4】乙公司计划新建一栋厂房并出包给丙建筑公司，合同规定工期为1年零6个月。发生的与该工程有关的经济业务如下：

（1）2024年1月1日，从银行取得专门借款3 000万元用于建造厂房，借款期限为3年，年利率为8%，利息按年支付。

（2）该工程：❶于2024年4月1日开工；❷2024年4月1日、2024年10月1日和2025年4月1日，分别向施工方支付工程进度款2 000万元、2 000万元和3 000万元；❸该工程于2025年9月30日完工并达到预定可使用状态。

（3）乙公司为建造该厂房还使用了两笔一般借款：❶2023年3月1日发行期限为5年、年利率为8%的公司债券6 000万元，利息按年支付；❷2023年5月1日向银行借入期限为6年、年利率为6%的长期借款4 000万元，利息按年支付。

（4）专门借款未动用的部分（闲置资金）全部用于固定收益债券短期投资，该短期投资的月收益率为0.5%。

根据以上资料，计算并确认与该工程有关的借款费用应予资本化和费用化的金额。

❶由于该工程于2024年4月1日开工、2025年9月30日完工，所以本例中借款费用应予资本化的期间为2024年4月1日至2025年9月30日，在此期间以外的期间所发生的借款利息应予以费用化；❷专门借款中，有3 000万元闲置3个月，有1 000万元闲置6个月，闲置借款资金的短期投资收益应从予以费用化金额中扣除；❸由于该工程既借入了专门借款又使用了一般借款，所以应分别计算专门借款的利息资本化金额和一般借款的利息资本化金额。

（1）计算专门借款的利息资本化金额和费用化金额。

❶2024年专门借款应付利息=3 000×8%=240（万元）

❷2024年专门借款闲置期间的投资收益=3 000×0.5%×3+1 000×0.5%×6=45+30=75（万元）

❸2024年专门借款利息应予费用化金额=3 000×8%×90/360=60（万元）

❹2024年专门借款利息应予资本化金额=240−75−60=105（万元）

❺2025专门借款利息应予资本化金额=3 000×8%×270/360=180（万元）

❻2025专门借款利息应予费用化金额=3 000×8%×90/360=60（万元）

（2）计算一般借款的利息资本化金额和费用化金额。

为购建或者生产符合资本化条件的资产：❶如果只占用一笔一般借款，则资本化率为该项借款的利率；❷如果占用了两笔及两笔以上的一般借款，由于借款利率不同，则资本化率为这些借款的加权平均利率。其计算公式如下：

$$加权平均利率=\frac{所占用一般借款当期实际发生的利息之和}{所占用一般借款本金加权平均数}×100\%$$

加权平均利率=（6 000×8%+4 000×6%）/（6 000+4 000）×100%=7.2%

由于一般借款的利率为年利率，因此，应将占用一般借款本金的期间换算为年度。其计算公式如下：

$$一般借款本金加权平均数=\sum\left(每笔一般借款本金×\frac{每笔一般借款在当期所占用的天数}{会计期间涵盖的天数}\right)$$

❶2024年占用一般借款本金加权平均数=1 000×90/360=250（万元）

❷2024年应予资本化的一般借款利息金额=250×7.2%=18（万元）

❸2025年占用一般借款本金加权平均数=（1 000+3 000）×270/360
=3 000（万元）

❹2025年应予资本化的一般借款利息金额=3 000×7.2%=216（万元）

（四）借款费用处理的两种基本方法

微课视频

借款费用的处理有两种基本方法：❶借款费用费用化——将借款费用作为流量处理，于发生的当期确认为费用，计入当期损益，纳入当年的利润表；❷借款费用资本化——将借款费用作为存量处理，于发生的当期计入相关资产成本，纳入当年的资产负债表，并随该资产的价值流转而流转。

借款费用资本化
金额的确定

综上所述，借款费用应予费用化还是资本化，不仅仅根据其用途来确定，还要考虑借款费用发生的所属期间。一般来讲，用于经营周转的长期借款所发生的借款费用应全部予以费用化计入当期损益；而用于非经营周转的长期借款所发生的借款费用，只有符合应予资本化条件的才能予以资本化计入相关资产成本，不符合应予资本化条件的应予费用化计入当期损益。

三、长期借款核算的账务处理

（一）账户设置

为了总括反映长期借款的取得和归还以及利息确认等有关借款费用的增减变动情况，企业应设置"长期借款"账户。取得长期借款应记入该账户的贷方，偿还长期借款则应记入该账户的借方。

对于长期借款合同利率与实际利率不一致所形成的借款折价与溢价，以及利息到期一次支付所形成的非流动负债，在"长期借款"账户下设置"长期借款——本金""长期借款——应计利息"和"长期借款——利息调整"三个明细账户，分别核算长期借款本金的取得与偿还、到期一次还本付息所形成非流动负债的利息的分期确认与到期支付，以及因借款折价与溢价所形成的利息调整的确认与分期摊销。

（二）合同利率与实际利率一致的长期借款

（1）取得长期借款时： 按借款本金，借记"银行存款"账户，贷记"长期借款——本金"账户。

（2）资产负债表日计提利息时： ❶按应计提的利息，区分应予费用化的利息和应予资本化的利息，分别借记"财务费用""在建工程"等账户；❷如为到期一次支付利息的，则该利息属于非流动负债，应贷记"长期借款——应计利息"账户；❸如为分期支付利息的，则该利息属于流动负债，应贷记"应付利息"账户。

（3）分期确认的利息实际支付时： ❶在采用到期一次付息的方式下，尚未到期的长期借款的应计利息不予支付。❷在采用分期付息的方式下，应借记"应付利息"账户，贷记"银行存款"账户。

（4）长期借款到期偿还时： ❶在采用到期一次付息的方式下，分借款本金和应计利息，借记"长期借款"账户所属"本金""应计利息"明细账户，按照本息之和，贷记"银行存款"账户；❷在采用分期付息的方式下，到期偿还本金与支付最后一期的利息可以合并进行账务处理，借记"长期借款——本金""应付利息"账户，贷记"银行存款"账户。

【例10-5】 甲公司2024年1月1日为建造厂房，从工商银行取得3年期专门借款300万元，借款利率按市场年利率确定为10%，按复利计算，每年计息一次，到期一次还本付息。该厂房工程于2024年1月1日动工，于2025年12月31日竣工并达到预定可使用状态。2026年12月31日还本付息。**根据以上资料**，编制长期借款取得、利息确认与到期一次还本付息的会计分录如下：

（1）取得借款时。

借：银行存款	3 000 000
贷：长期借款——本金	3 000 000

（2）2024年年末计提利息。

第1年应计利息=300×10%=30（万元）

借：在建工程	300 000
贷：长期借款——应计利息	300 000

（3）2025年年末计提利息。

第2年应计利息＝（300+30）×10%=33（万元）

借：在建工程   330 000
  贷：长期借款——应计利息   330 000

（4）2026年年末计提利息。

第3年应计利息＝（330+33）×10%=36.30（万元）

借：财务费用   363 000
  贷：长期借款——应计利息   363 000

（5）2026年年末到期还本付息。

"长期借款——应计利息"账户贷方余额＝30+33+36.30=99.30（万元）

借：长期借款——本金   3 000 000
     ——应计利息   993 000
  贷：银行存款   3 993 000

【例10-6】承【例10-4】有关借款费用计算与确认的资料。根据以上资料，编制各期借款费用确认的会计分录如下：

（1）2024年12月31日，确认借款费用时。

❶2024年实际应付借款利息总额＝3 000×8%+6 000×8%+4 000×6%=960（万元）

❷2024年利息资本化金额＝105+18=123（万元）

❸2024年利息费用化金额＝3 000×8%×90/360+6 000×8%+4 000×6%-18=762（万元）

借：在建工程   1 230 000
  财务费用   7 620 000
  应收利息   750 000
  贷：应付利息   9 600 000

（2）2025年9月30日工程完工，确认借款费用时。

❶2025年前3个季度实际借款利息总额＝960×3/4=720（万元）

❷2025年前3个季度利息资本化金额＝180+216=396（万元）

❸2025年前3个季度利息费用化金额＝（6 000×8%+4 000×6%）×3/4-216=324（万元）

借：在建工程   3 960 000
  财务费用   3 240 000
  贷：应付利息   7 200 000

（3）2025年9月30日工程完工后，应停止借款费用资本化，所发生的借款费用应全部予以费用化。

（三）合同利率与实际利率不一致的长期借款

（1）**取得长期借款时**：❶按实际收到的款项金额，借记"银行存款"账户；❷按长期借款本金，贷记"长期借款——本金"账户；❸按以上两者的差额，贷记（合同利率＞实际利率）或借记（合同利率＜实际利率）"长期借款——利息调整"账户。

（2）**资产负债表日计提利息时**：❶按摊余成本和实际利率计算确定实际利息费用并区分费用化和资本化，分别借记"财务费用""在建工程"等账户；❷按借款本金和合同利率计算确定应付利息并区分一次支付利息和分期支付利息，贷记"长期借款——应计利息""应付利息"账户；❸按以上两者的差额，贷记（前者＞后者）或借记（前者＜后者）

"长期借款——利息调整"账户。

（3）**分期确认的利息实际支付时：** ❶在采用到期一次付息的方式下，尚未到期的长期借款的应计利息不予支付。❷在采用分期付息的方式下，每期支付利息时，借记"应付利息"账户，贷记"银行存款"账户。

（4）**长期借款到期偿还时：** 此时"长期借款——利息调整"账户的余额已经调整至零。❶在采用到期一次付息的方式下，分尚未偿还本金和累计尚未支付的利息，借记"长期借款"账户所属的"本金""应计利息"明细账户；按本息之和，贷记"银行存款"账户。❷在采用分期付息的方式下，到期偿还本金与支付最后一期的利息可以合并进行账务处理，借记"长期借款——本金""应付利息"账户，贷记"银行存款"账户。

特别提示： 合同利率与实际利率不一致的长期借款，有关摊余成本的计算和利息调整的核算，请参考本章"应付债券"一节的有关内容。

第三节　应付债券

一、应付债券概述

（一）应付债券的概念及基本要素

这里所讲的债券是指公司债。所谓公司债，是指企业依照法定程序，约定未来某一特定日期偿还本金，并按期支付一定利息给债权人（投资者）的书面契约或承诺。应付债券是企业因发行债券筹措资金而形成的一种非流动负债。

债券的票面上一般都要载明以下内容：企业名称、债券面值、票面利率、还本期限和还本方式、利息的支付方式和债券的发行日期等。

与银行借款相比，债券具有金额较大、期限较长的优点。债券根据发行主体的不同，可以分为政府债券和公司债券。

企业发行债券通常须经董事会及股东会正式核准。若向社会公众公开发行，则须经有关证券管理机构核准。

为了便于债券的发行，债券发行企业可以聘请信托人充当债券持有者的权益代表。信托人一般是银行或大信托公司。

（二）应付债券的分类

企业发行的债券，可以按不同的方式进行分类。在很多情况下，债券的种类不同，其会计处理也不相同。

1.按偿还本金的方式分类

（1）一次还本债券——在一个固定的到期日偿还本金的债券。

（2）分期还本债券——按不同的到期日分期偿还本金的债券。

2.按支付利息的方式分类

（1）到期一次付息债券——在到期日支付全部利息的债券。

（2）分期付息债券——每隔一段时期支付一次利息的债券。例如，每半年付一次息，或每年付一次息。

3.按可否转换为发行企业股票分类

（1）可转换债券——可按一定条件转换为发行企业普通股的债券。

（2）不可转换债券——不能转换为发行企业普通股的债券。

4.按有无担保分类

（1）抵押债券——发行企业以特定资产作为抵押担保而发行的债券。

（2）信用债券——没有特定资产作为抵押担保，单凭发行企业的信用而发行的债券。

本节着重介绍一次还本、不可转换债券的会计处理，重点说明分期付息债券的会计处理，简要介绍一次付息债券的会计处理。

二、债券的发行与计价

前述债券是一种"书面契约或承诺"，债券一旦印制完毕，就已确定了债券发行之后债券发行企业应承担的未来付款义务——按面值偿还债券的本金以及支付按面值与票面利率计算的债券利息。这种未来付款义务在债券发行之后正式生效。

企业发行债券时，一方面具有向债券投资者收取一定数额的现金（包括现金等价物，下同）的权利；另一方面承担起未来支付一定金额的义务。

（一）影响债券发行价格的因素

按面值和票面利率确定的"未来支付一定金额的义务"是既定的，而向投资者"收取一定数额现金的权利"是按面值和市场利率决定的，因市场利率不一定与票面利率相同，如何做到"权利"与"义务"的对等，则体现在"售价"或"发行价格"上的变化。而债券的发行价格受很多因素的影响。

就公司内部而言，除了债券的面值、期限、票面利率、利息支付方式之外，发行企业自身的信用状况、资本结构等也会影响债券的发行价格。就企业外部来说，资本市场上的利率水平、供求关系等，也是影响债券发行价格的重要因素。但不论是影响债券发行价格的内部因素还是外部因素，最终都体现为市场利率与票面利率之差。当应付债券票面利率高于市场利率时，其售价高于面值；反之亦反之。

1.影响债券发行价格的市场利率因素

就某种债券来说，债券发行时发行企业与债券投资者双方均能接受的利率，称为该种债券的市场利率。它与债券的发行价格是紧密相连的。如果债券发行时的市场利率已知，则该种债券的发行价格，等于"到期偿还的债券面值按债券发行时的市场利率折算的现值"加上"债券票面利息按债券发行时的市场利率折算的现值"之和。**换个角度讲**，如果债券的发行价格已定，则该债券的市场利率是使发行企业的未来应偿付金额（面值与票面利息）的现值之和等于债券发行价格的折现率。

由此可知，市场利率是决定债券发行价格的主要因素。债券发行价格与市场利率的关系可表示如下：

债券发行价格=到期偿还面值按市场利率折算的现值+票面利息按市场利率折算的现值

由于利息支付方式有分期支付与期末一次支付之分：

（1）如为期末一次支付利息的债券，债券到期值为到期偿还面值与按单利计算的利息之和，则：

债券发行价格=债券到期值按市场利率折算的现值

（2）如为分期支付利息的债券，则：

债券发行价格=到期偿还面值按市场利率折算的现值+票面利息年金按市场利率折算的现值

式中："到期偿还面值按市场利率折算的现值"，简称为"本金复利现值"，本金面值和现值之间的关系如图 10-5 所示；"票面利息年金按市场利率折算的现值"，简称为"利息年金现值"，利息年金与现值之间的关系如图 10-6 所示。这样债券的发行价格可简要表述为：

债券发行价格=面值之复利现值+利息之年金现值

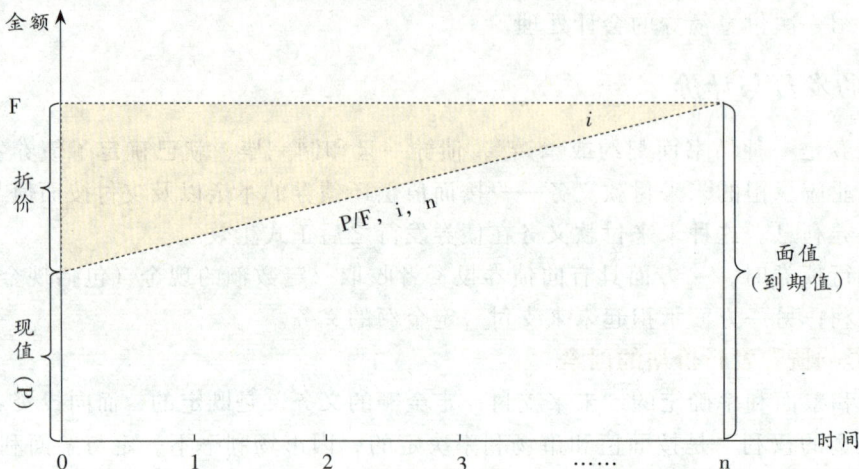

图10-5　本金面值和现值之间的关系

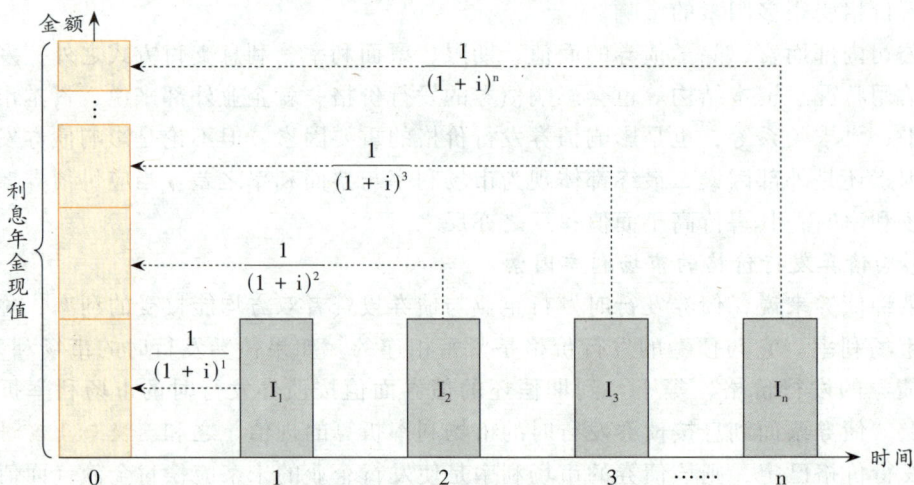

图10-6　利息年金与现值之间的关系

2.影响债券发行价格的实际利率（或者交易费用）因素

债券发行时支付的手续费、佣金和印花税等统称为交易费用。交易费用的会计处理方法有两种：

第一种方法是交易费用不计入债券的初始确认金额，而是一次性全部计入当期损益或相关资产的购建成本，借记"投资收益"或"在建工程"等账户。在这种情况下，债券发行时的实际利率等于市场利率，即债券的发行价格按照市场利率进行折现，债券的发行价格即为债券的入账金额。

第二种方法是交易费用计入债券的初始确认金额，也就是减少债券的入账金额（账面价值）。由复利现值和年金现值的计算原理可知，在未来现金流量既定的情况下：❶利率的高低决定着现值的大小并与现值成反比，当利率较低时现值较大，而当利率较高时现值较小；❷现值的大小要求着利率的高低并与利率成反比，当现值较大时利率较低，而当现值较小时利率较高。在由面值和票面利息组成的未来现金流量既定的情况下，由于债券的初始确认金额较原按市场利率折算的发行价格降低，必然要求着比原市场利率更高的利率，这一"要求着比原市场利率更高的利率"被称为*"实际利率"*——*将债券在预计存续期间内的未来现金流量折算为该债券当前账面价值所使用的利率（折现率）*。债券发行时的实际利率不等于市场利率，确切地说，债券的实际利率大于市场利率。债券的入账金额、发行价格与实际利率之间的关系可表示如下：

债券入账金额=债券发行价格-交易费用

或 　　　　　　=到期偿还面值按实际利率折算的现值+票面利息按实际利率折算的现值

具体到不同的付息方式下：

（1）当发行的债券为到期一次还本付息债券时：

债券入账金额=债券到期值按实际利率折算的现值

（2）当发行的债券为分期付息到期还本债券时：

$$债券入账金额=\frac{到期偿还面值按实际}{利率折算的现值}+\frac{票面利息年金按实际}{利率折算的现值}$$

我国现行会计准则要求对应付债券（不属于以公允价值计量且其变动计入当期损益的债券）的交易费用，采用计入债券的初始确认金额的方法。

（二）债券的发行方式与会计处理设计

1.票面利率与市场利率

票面利率——亦称契约利率（contract rate），是指债券上面所记载的利率，是法定利率，为计算并支付每期现金利息之基础。市场（实际）利率——在特定风险下，借贷双方愿意接受的利率水平。通常票面利率是固定不变的，但市场（实际）利率会受到各种经济因素的影响而变化。两者之间的关系如图10-7所示。

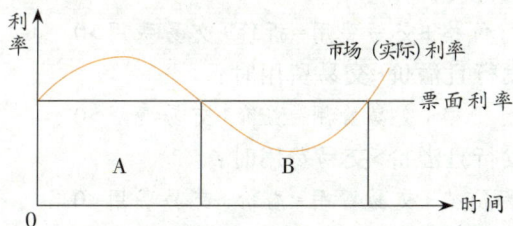

图10-7　票面利率与市场（实际）利率关系

（1）**折价发行**。票面利率低于市场利率（或实际利率）时，应付债券到期值采用市场利率（或实际利率）的折现值（包括复利现值和年金现值，下同）会低于票面利率折现值，故会产生折价发行的现象。

（2）**溢价发行**。票面利率高于市场利率（或实际利率）时，应付债券到期值采用市场利率（或实际利率）的折现值会高于票面利率折现值，故会产生溢价发行的现象。

（3）**平价发行**。在市场利率（或实际利率）等于票面利率时，则不会产生债券折价或溢价。

2.债券初始确认金额不包括交易费用的会计处理设计

在将交易费用计入当期损益或购建资产成本的方法下，应付债券的入账金额中只包括债券的发行价格。应付债券核算关注的重点是债券的溢价和折价即利息调整。在"应付债券"账户下应设置"面值"、"利息调整"和"应计利息"三个明细账户。

（1）债券**平价**发行时：债券的发行价格或入账金额等于面值，借记"银行存款"账户，贷记"应付债券"账户。

（2）债券**溢价**发行时：债券的入账金额应按照债券的面值和溢价金额分别反映。❶按照债券的发行价格（面值+溢价），借记"银行存款"账户；❷按照债券的面值，贷记"应付债券——面值"账户；❸按照溢价金额，贷记"应付债券——利息调整"账户。

（3）债券**折价**发行时：债券的入账金额应按照债券的面值和折价金额分别反映。❶按照债券的发行价格（面值−折价），借记"银行存款"账户；❷按照折价金额，借记"应付债券——利息调整"账户；❸按照债券的面值，贷记"应付债券——面值"账户。

3.债券初始确认金额包括交易费用的会计处理设计

在将交易费用计入应付债券的初始确认金额的方法下，应付债券的入账金额中不仅包括债券的发行价格还包括债券的交易费用，应付债券核算的关注重点仅仅是溢价和折价已经不够，需要将溢价、折价和交易费用合在一起考虑。

溢价作为对"应付债券"账户的调增、折价和交易费用作为对"应付债券"账户的调减，但交易费用对"应付债券"账户的调减和溢价对"应付债券"账户的调增相抵销后的差额，有可能是对其净调增也有可能是对其净调减，为了表达的方便，我们将折价、溢价和交易费用对"应付债券"账户的调整统称为"利息调整"。其计算公式如下：

利息调整=面值−发行价格+交易费用

（1）当债券为平价发行时：

利息调整=面值−发行价格+交易费用=交易费用>0

（2）当债券为折价发行时：

利息调整=面值−发行价格+交易费用=折价+交易费用>0

（3）当债券为溢价发行且溢价<交易费用时：

利息调整=面值−发行价格+交易费用=溢价+交易费用>0

（4）当债券为溢价发行且溢价>交易费用时：

利息调整=面值−发行价格+交易费用=溢价+交易费用<0

当"利息调整">0时，即应付债券的入账金额小于债券面值，其差额称为利息调整借差；当"利息调整"<0时，即应付债券的入账金额大于债券面值，其差额称为利息调整贷差。利息调整借差本质上是债券融资成本的组成部分，而贷差则是融资成本的减项。**特别注意**：这里的"借差"和"贷差"不能仅仅理解为折价和溢价，而是包括（或调整）了交易费用后的面值>初始入账金额的差额或面值<初始入账金额的差额，"借差"是以折价为主、"贷差"是以溢价为主。

（三）债券发行的账务处理及举例

在将交易费用计入应付债券的初始确认金额的情况下，为了方便分析和管理，应在

"应付债券"账户下设置"面值"和"利息调整"明细账户，也可以将"利息调整"细分为"利息调整借差"和"利息调整贷差"。

企业发行债券时，应按照发行债券的面值，贷记"应付债券——面值"账户；按照实际收到的全部价款扣除面值以后的差额，借记或贷记"应付债券——利息调整"账户；按照实际收到的全部价款，借记"银行存款"账户。

【例10-7】风华公司于2024年1月1日按面值发行总面值为500万元、票面利率为10%、5年期的债券，用于公司的经营周转。债券利息在每年12月31日支付。可以验证，该债券发行时的市场利率等于票面利率。相关账务处理如下：

对于分期付息债券来说，如果债券的票面利率正好等于其市场利率，则该种债券必然按面值发行。反过来说，如果债券按面值发行，则该种债券的市场利率必然等于其票面利率。

(1) 到期偿还面值的现值=5 000 000×（P/F, 10%, 5）=3 104 600（元）

(2) 各期利息（年金）的现值=5 000 000×10%×（P/A, 10%, 5）=1 895 400（元）

(3) 债券的现值（发行价格）=3 104 600+1 895 400=5 000 000（元）

| 借：银行存款 | 5 000 000 | |
| 贷：应付债券——面值 | | 5 000 000 |

【例10-8】甲公司2024年1月1日，经批准以3 886 580元的价格发行面值为4 000 000元、票面利率为5%、期限为5年、每年12月31日付息的公司债券。发行债券发生的交易费用为54 900元，交易费用从发行债券所收到的款项中扣除（下同）。发行该债券时的账务处理如下：

(1) 应付债券的入账金额=3 886 580-54 900=3 831 680（元）

(2) 应确认的利息调整借差=4 000 000-3 831 80=168 320（元）

借：银行存款	3 831 680	
应付债券——利息调整	168 320	
贷：应付债券——面值		4 000 000

【例10-9】乙公司于2024年年初以4 232 600元的价格发行面值为4 000 000元、票面利率为5%、期限为5年、每年年末付息的公司债券。发行债券发生的交易费用为54 600元。发行该债券的账务处理如下：

(1) 应付债券的入账金额=4 232 600-54 600=4 178 000（元）

(2) 应确认的利息调整贷差=4 178 000-4 000 000=178 000（元）

借：银行存款	4 178 000	
贷：应付债券——利息调整		178 000
——面值		4 000 000

【例10-10】丙公司于2024年年初以3 616 800元的价格发行面值为4 000 000元、票面利率为5%、5年期的到期一次付息债券。债券利息按单利计算，于到期时一次支付。发行该债券发生交易费用51 800元。发行该债券的账务处理如下：

应付债券的入账金额=3 616 800-51 800=3 565 000（元）

应确认的利息调整借差=4 000 000-3 565 000=435 000（元）

| 借：银行存款 | 3 565 000 | |
| 应付债券——利息调整 | 435 000 | |

贷：应付债券——面值   4 000 000

三、应付债券的摊余成本与利息费用的确定

企业债券发行之后，在每期期末应按期确认债券利息并进行后续计量。

（一）摊余成本与债券利息的确认

在每期期末，应按期计算实付利息、利息调整摊销和借款费用的金额。❶所谓实付利息，是指按照债券面值和票面利率计算的需要实际支付给债权人的利息；❷所谓利息调整摊销，是指在债券存续期内的各期对利息调整金额进行的分摊；❸所谓借款费用，是指在实付利息的基础上，加减摊销的利息调整得到的各期应确认的借款费用。

在会计实务中借款费用的确认一般是：❶先按照实付利息金额，借记"财务费用"等账户，贷记有关账户；❷然后按照每期应摊销的利息调整金额，借记（利息调整贷差）或贷记（利息调整借差）"财务费用"等账户，贷记或借记"应付债券——利息调整"账户；❸以上"财务费用"等账户的借方金额合计或借方与贷方的差额，即为各期应确认的借款费用。

1.实付利息的账务处理设计

实付利息的账务处理，因付息方式不同而有所区别。

（1）**到期一次付息的债券**。各期实付利息应作为一项非流动负债，借记"财务费用"等账户，贷记"应付债券——应计利息"账户。

（2）**分期付息的债券**。❶各期实付利息应作为一项流动负债，借记"财务费用"等账户，贷记"应付利息"账户；❷或者直接支付，借记"财务费用"等账户，贷记"银行存款"账户。

2.利息调整摊销的账务处理设计

债券的账面价值或入账金额将随着利息调整在各期的摊销而增加或减少，直至等于债券面值，所以，既不能按照债券面值和票面利率计算确认各期的借款费用（利息费用），也不能按照债券的初始入账金额和实际利率计算确认各期的借款费用（利息费用），而应当按照"摊余成本"和实际利率计算确认各期的借款费用（利息费用）。

所谓"摊余成本"，是指债券初始入账金额在调整了利息调整后的金额。❶在债券利息调整为借差的情况下，随着债券利息调整借差的摊销，其入账金额将逐渐增加到债券面值，借记"财务费用"等账户，贷记"应付债券——利息调整"账户；❷在债券利息调整为贷差的情况下，随着债券利息调整贷差的摊销，其入账金额将逐渐减少到债券面值，借记"应付债券——利息调整"账户，贷记"财务费用"等账户。

摊余成本的确定有直线法和实际利率法两种方法。我国现行会计准则要求采用实际利率法确定应付债券的摊余成本。（请注意：确定摊余成本的过程同时也是确认利息费用的过程）

（二）按直线法确定摊余成本

按直线法确定摊余成本，就是将应付债券的初始利息调整金额在债券的存续期内平均分摊。

【例10-11】承【例10-8】有关资料，假设甲公司采用直线法确定应付债券的摊余成本。其账务处理如下：

（1）直接支付利息。

每年应支付的利息=4 000 000×5%=200 000（元）

        借：财务费用   200 000
            贷：银行存款   200 000

（2）摊销利息调整借差。

每年应摊销的利息调整借差=168 320÷5=33 664（元）

        借：财务费用   33 664
            贷：应付债券——利息调整   33 664

直线法下甲公司每年应确认的债券利息费用=200 000+33 664=233 664（元）

【例10-12】承【例10-9】有关资料，假设乙公司采用直线法确定应付债券的摊余成本。其账务处理如下：

（1）直接支付利息。

每年应支付的利息=4 000 000×5%=200 000（元）

        借：财务费用   200 000
            贷：银行存款   200 000

（2）摊销利息调整贷差。

每年应摊销的利息调整贷差=178 000÷5=35 600（元）

        借：应付债券——利息调整   35 600
            贷：财务费用   35 600

直线法下乙公司每年应确认的债券利息费用=200 000-35 600=164 400（元）

【例10-13】承【例10-10】有关资料，假设丙公司采用直线法确定应付债券的摊余成本。其账务处理如下：

（1）应确认利息费用。

每年应支付的利息=4 000 000×5%=200 000（元）

        借：财务费用   200 000
            贷：应付债券——应计利息   200 000

（2）摊销利息调整借差。

每年应摊销的利息调整借差=435 000÷5=87 000（元）

        借：财务费用   87 000
            贷：应付债券——利息调整   87 000

直线法下丙公司每年应确认的债券利息费用=200 000+87 000=287 000（元）

采用直线法确定应付债券的摊余成本，摊销利息调整的操作比较简单。但这种方法存在一个概念上的缺陷，即每期确认的利息费用完全相同。从债券的账面价值来看，折价摊销会使债券的账面价值递增，而溢价摊销会使债券的账面价值递减。也就是说，公司债券各期的账面价值余额是不相等的，所以在利率相同的情况下，各期确认的利息费用应该不同。

（三）按实际利率法确定摊余成本

采用实际利率法确定应付债券的摊余成本，可以克服直线法的上述不足。实际利率法的要点是：以期初债券的账面价值乘以债券发行时的实际利率，据以确定当期应确认的利息费用，再将其与当期的票面利息相比较，以两者的差额作为该期应摊销的利息调整。按这种方法摊销债券折价或溢价，会使各期的利息费用随着债券账面价值的变动而变动。

在对应付债券的后续计量采用实际利率法的情况下，需要在债券发行时即确定所发行债券的实际利率。实际利率是使所发行债券的名义未来现金流量的现值等于该债券的入账金额的折现率。通常需要采用插值法确定债券的实际利率。其基本原理与具体计算参见第五章第三节【例5-8】。

依据【例10-8】的资料，设实际利率为i，则有：

$3\ 831\ 680=4\ 000\ 000\times$（P/F，i，5）$+4\ 000\ 000\times5\%\times$（P/A，i，5）

采用插值法确定债券的实际利率i为6%。

依据【例10-9】的资料，设实际利率为i，则有：

$4\ 178\ 000=4\ 000\ 000\times$（P/F，i，5）$+4\ 000\ 000\times5\%\times$（P/A，i，5）

采用插值法确定债券的实际利率i为4%。

依据【例10-10】的资料，设实际利率为i，则有：

$3\ 565\ 000=4\ 000\ 000\times$（P/F，i，5）$+4\ 000\ 000\times5\%\times5\times$（P/F，i，5）

采用插值法确定债券的实际利率i为7%。

【例10-14】承【例10-8】有关资料，甲公司发行债券后采用实际利率法确定应付债券的摊余成本。

已知所发行债券的实际利率为6%，其基本原理与账务处理如下：

（1）2024年12月31日，采用实际利率法摊销利息调整借差（金额保留到元，元以下四舍五入，下同）。

❶每期都按面值4 000 000元和票面利率5%计算实付利息。

实付利息=4 000 000×5%=200 000（元）

❷按债券期初摊余成本3 831 680元（第一次摊销为初始入账金额）和实际利率6%计算并确认利息费用。

确认利息费用=3 831 680×6%≈229 901（元）

❸按照本期确认的利息费用229 901元与实付利息200 000元的差额确认利息调整借差摊销。

利息调整借差摊销=229 901-200 000=29 901（元）

❹按照债券期初利息调整168 320元与本期利息调整借差摊销额29 901元的差额确定利息调整借差期末余额。

利息调整借差期末余额=168 320-29 901=138 419（元）

❺按照期初摊余成本3 831 680元与本期利息调整借差摊销29 901元之和确定本期末摊余成本。

本期末（下期初）摊余成本=3 831 680+29 901=3 861 581（元）

或者按照期初账面价值4 000 000元（3 831 680+168 320），或者发行面值4 000 000元与利息调整借差期末余额138 419元*之差*确定本期末摊余成本。

本期末（下期初）摊余成本=4 000 000-138 419=3 861 581（元）

（2）为了便于各期的账务处理，根据上述资料和基本原理，可编制债券利息调整借差摊销表，见表10-2。

表 10-2 　　　　　　　**债券利息调整借差摊销表（分期付息）**　　　　　　　　单位：元

期次 （年）	实付利息	利息费用	利息调整 借差摊销	利息调整 借差余额	摊余成本
	①=面值×5%	②=期初⑤×6%	③=②-①	④=期初④-③	⑤=面值-④
发行时				168 320	3 831 680
第1年年末	200 000	229 901	29 901	138 419	3 861 581
第2年年末	200 000	231 695	31 695	106 724	3 893 276
第3年年末	200 000	233 597	33 597	73 127	3 926 873
第4年年末	200 000	235 612	35 612	37 515	3 962 485
第5年年末	200 000	237 515	37 515	0	4 000 000
合计	1 000 000	1 168 320	168 320		

*倒挤=（200 000×5+168 320）-（229 901+231 695+233 597+235 612）

第1年年末（2024年12月31日）的账务处理如下：

（1）支付利息。

借：财务费用　　　　　　　　　　　　　　200 000

　　贷：银行存款　　　　　　　　　　　　　　　200 000

（2）摊销利息调整借差。

借：财务费用　　　　　　　　　　　　　　29 901

　　贷：应付债券——利息调整　　　　　　　　　29 901

同理，第5年年末（2028年12月31日）的账务处理如下：

（1）支付利息。

借：财务费用　　　　　　　　　　　　　　200 000

　　贷：银行存款　　　　　　　　　　　　　　　200 000

（2）摊销利息调整借差。

借：财务费用　　　　　　　　　　　　　　37 515

　　贷：应付债券——利息调整　　　　　　　　　37 515

【例10-15】承【例10-9】有关资料，乙公司发行债券后采用实际利率法确定应付债券的摊余成本。

已知所发行债券的实际利率为4%。为了便于各期的账务处理，可编制债券利息调整贷差摊销表，见表10-3。

表 10-3 　　　　　　　**债券利息调整贷差摊销表（分期付息）**　　　　　　　　单位：元

期次 （年）	实付利息	利息费用	利息调整 贷差摊销	利息调整 贷差余额	摊余成本
	①=面值×5%	②=期初⑤×4%	③=①-②	④=期初④-③	⑤=面值+④
发行时				178 000	4 178 000
第1年年末	200 000	167 120	32 880	145 120	4 145 120
第2年年末	200 000	165 805	34 195	110 925	4 110 925
第3年年末	200 000	164 437	35 563	75 362	4 075 362
第4年年末	200 000	163 014	36 986	38 376	4 038 376
第5年年末	200 000	161 624	38 376	0	4 000 000
合计	1 000 000	822 000	178 000		

*倒挤=（200 000×5-178 000）-（167 120+165 805+164 437+163 014）

　　　　　　　　　　　　　　　　　　　　第十章　非流动负债

第1年年末（2024年12月31日）的账务处理如下：

（1）支付利息。

借：财务费用 200 000
    贷：银行存款 200 000

（2）摊销利息调整贷差。

借：应付债券——利息调整 32 880
    贷：财务费用 32 880

同理，第5年年末（2028年12月31日）的账务处理如下：

（1）支付利息。

借：财务费用 200 000
    贷：银行存款 200 000

（2）摊销利息调整贷差。

借：应付债券——利息调整 38 376
    贷：财务费用 38 376

【例10-16】承【例10-10】有关资料，丙公司发行债券后采用实际利率法确定应付债券的摊余成本。

已知所发行债券的实际利率为7%。为了便于各期的账务处理，可编制债券利息调整借差摊销表，见表10-4。

表10-4   **债券利息调整借差摊销表（到期一次付息）**   单位：元

期次（年）	实付利息	利息费用	利息调整借差摊销	利息调整借差余额	摊余成本
	①=面值×5%	②=期初⑤×7%	③=②-①	④=期初④-③	⑤=面值-④+∑①
发行时				435 000	3 565 000
第1年年末	200 000	249 550	49 550	385 450	3 814 550
第2年年末	200 000	267 019	67 019	318 431	4 081 569
第3年年末	200 000	285 710	85 710	232 721	4 367 279
第4年年末	200 000	305 710	105 710	127 011	4 672 989
第5年年末	200 000	327 011	127 011	0	5 000 000
合计	1 000 000	1 435 000	435 000		

*倒挤=（200 000×5+435 000）－（249 550+267 019+285 710+305 710）

第1年年末（2024年12月31日）的账务处理如下：

（1）确认应计利息。

借：财务费用 200 000
    贷：应付债券——应计利息 200 000

（2）摊销利息调整借差。

借：财务费用 49 550
    贷：应付债券——利息调整 49 550

同理，第5年年末（2028年12月31日）的账务处理如下：

（1）确认应计利息。

借：财务费用 200 000

| | 贷：应付债券——应计利息 | 200 000 |

（2）摊销利息调整借差。

| 借：财务费用 | 127 011 | |
| | 贷：应付债券——利息调整 | 127 011 |

四、应付债券的偿还

（一）分期付息债券的偿还

企业发行的一次还本、分期付息债券到期时，其利息调整已摊销完毕。在支付了最后一期的利息之后，企业应偿还债券的数额就是到期债券的面值总额。

（二）到期一次付息债券的偿还

企业发行的一次还本付息债券到期时，其利息调整已摊销完毕并以"应付债券——应计利息"的形式和"应付债券——面值"一起构成了应付债券的成本。企业偿还债券的数额就是到期债券的面值与应计利息之和。

【例10-17】承【例10-16】有关资料，丙公司2024年1月1日发行的债券于2028年12月31日到期，用银行存款5 000 000元偿还债券的面值和全部利息。相关账务处理如下：

借：应付债券——面值	4 000 000	
	——应计利息	1 000 000
	贷：银行存款	5 000 000

第四节 可转换债券

一、可转换债券及其性质

可转换债券，是指公司发行的、债券持有人可在一定期间之后按规定转换比率或转换价格转换成发行公司股票的债券。

可转换债券具有债权性证券与权益性证券的双重特性，因而可称为混合性证券。可转换债券的优点为普通股所不具备的固定收益和一般债券不具备的升值潜力。其特点为：❶债权性——与其他债券一样，可转换债券也有规定的利率和期限，投资者可以选择持有债券到期，收取本息。❷股权性——可转换债券在转换成股票之前是纯粹的债券，但转换成股票之后，原债券持有人就由债权人变成了公司的股东，可参与企业的经营决策和红利分配，这会在一定程度上影响公司的股本结构。❸可转换性——可转换性是可转换债券的重要标志，债券持有人可以按约定的条件将债券转换成股票。

转股权，是投资者享有的、一般债券所没有的选择权。可转换债券在发行时就明确约定，债券持有人可按照发行时约定的价格将债券转换成公司的普通股。如果债券持有人不想转换，则可以继续持有债券，直到期满时收取本金和利息，或者在流通市场出售变现。如果债券持有人看好发债公司股票的增值潜力，在宽限期之后可以行使转换权，按照预定转换价格将债券转换成股票，发债公司不得拒绝。正因为具有可转换性，可转换债券利率一般低于普通公司债券利率，企业发行可转换债券可以降低筹资成本。

二、可转换债券的发行

可转换债券的售价（发行价格）由两部分组成：一是债券本金（面值）与票面利息按市场利率折算的现值；一是转换权的价值。转换权之所以有价值，是因为当股价上涨时，债权人可按原定转换比率将债券转换成股票，从而获得股票增值的利益。

企业发行的可转换债券，既含有负债成分又含有权益成分，根据《企业会计准则第37号——金融工具列报》的规定，应当在初始确认时将负债成分和权益成分进行分拆，分别进行处理：❶企业在进行分拆时，应当先确定负债成分的公允价值并以此作为其初始确认金额，确认为应付债券；❷再按照该可转换债券整体的发行价格扣除负债成分初始确认金额后的金额确定权益成分的初始确认金额，确认为其他权益工具。

负债成分的金额，为假设债券不附转换权时的发行价格，通常采用折现的方法确定其金额，即以不附转换权的债券的市场利率为折现率对债券未来现金流量折算的现值；权益成分的金额，为可转换债券的发行价格总额减去负债成分的金额后的余额；发行该可转换债券发生的交易费用，应当按照负债成分和权益成分的公允价值的比例进行分摊。

对于分期付息债券：

负债成分的公允价值=债券面值×（P/F，i，n）+年利息×（P/A，i，n）

对于到期一次付息还本债券：

负债成分的公允价值=（债券面值+利息总额）×（P/F，i，n）

利息调整金额=债券的面值−负债成分的公允价值

权益成分的公允价值=发行价格总额−负债成分的公允价值

企业在发行可转换债券时：❶按实际收到的款项，借记"银行存款"账户；❷按可转换债券的面值，贷记"应付债券——可转债券（面值）"账户；❸按权益成分的公允价值，贷记"其他权益工具"账户；❹按借贷双方之间的差额，借记或贷记"应付债券——可转债券（利息调整）"账户。

【例10-18】华远公司经批准于2024年1月1日发行面值为100万元、票面利率为10%、5年期的可转换债券，用于企业经营周转。规定每年12月31日支付利息。发行2年后，每100元债券可转换为该企业10股面值为1元的普通股。已知当时附转换权债券的市场利率为6%且确定的发行价格（即公允价值）为1 168 540元，不附转换权债券的市场利率为8%且确定的发行价格（即公允价值）为1 079 870元。假定不考虑交易费用。该公司采用实际利率法确定债券的摊余成本。相关账务处理如下：

（1）对债券的发行价格按负债成分和权益成分进行分拆。

负债成分金额=1 079 870元

转换权价值=1 168 540−1 079 870=88 670（元）

利息调整贷差=1 079 870−1 000 000=79 870（元）

（2）2024年1月1日发行可转换债券时：

借：银行存款	1 168 540
贷：应付债券——可转债券（面值）	1 000 000
——可转债券（利息调整）	79 870
其他权益工具	88 670

（3）2024年12月31日支付利息时：

实付利息=1 000 000×10%=100 000（元）

利息费用=1 079 870×8%≈86 390（元）

利息调整贷差摊销额=100 000-86 390=13 610（元）

借：财务费用　　　　　　　　　　　　　　　　86 390

　　应付债券——可转债券（利息调整）　　　　13 610

　　贷：银行存款　　　　　　　　　　　　　　　　　　100 000

三、可转换债券的转换

当债券持有人按规定将可转换债券转换为普通股时，一方面要注销这部分债券的账面价值，另一方面要反映所有者权益的增加。有两种会计处理方法可供选择：市价法和账面价值法。

市价法——换得股票的价值基础是其市价或被转换债券的市价中较可靠者，并确认转换损益。其理由是：债券转换成股票是公司重要的股票活动，且市价相当可靠，根据相关性和可靠性这两个信息质量要求，应单独确认转换损益。再者，采用市价法，股东权益的确认也符合历史成本原则。

账面价值法——将被转换债券的账面价值作为换发股票的价值，不确认转换损益。其理由是：公司不能因为发行证券而产生损益，即使有也应作为（或冲抵）资本公积或留存收益。再者，发行可转换债券旨在把债券换成股票，发行股票与债券转换为一笔完整的交易，而非两笔独立的交易，转换时不应确认损益。

我国现行企业会计准则要求采用账面价值法。企业在将可转换债券转换为股票时：按照转换债券的面值，借记"应付债券——可转债券（面值）"账户；按照转换部分权益成分的金额，借记"其他权益工具"账户；按照转换部分尚未摊销的利息调整金额，贷记"应付债券——可转债券（利息调整）"账户；按照转换的股数与股票面值之积，贷记"股本"账户；按照以上借贷的差额（即股本溢价），贷记"资本公积——股本溢价"账户。

【例10-19】承【例10-18】有关资料，假设华远公司发行的可转换债券的持有者于2026年1月1日行使转换权并将其80%的可转换债券转换为普通股。该债券在转换日前采用实际利率法计算并摊销，"应付债券——可转债券（利息调整）"账户贷方余额为51 455元，所以，该债券的账面价值为1 051 455元（1 000 000+51 455）。转换日2026年1月1日的账务处理如下：

已转换债券的账面价值=1 051 455×80%=841 164（元）

已转换债券的未摊销利息调整贷差=51 455×80%=41 164（元）

转换的普通股股数=（1 000 000÷100）×80%×10=80 000（股）

股本金额=80 000×1=80 000（元）

其他权益工具注销额=88 670×80%=70 936（元）

股本溢价金额=841 164+70 936-80 000=832 100（元）

借：应付债券——可转债券（面值）　　　　　　　800 000
　　　　　　　——可转债券（利息调整）　　　　41 164
　　其他权益工具　　　　　　　　　　　　　　　70 936
　贷：股本　　　　　　　　　　　　　　　　　　　　　80 000
　　资本公积——股本溢价　　　　　　　　　　　　　832 100

第五节　预计负债

一、预计负债的概念及特征

预计负债，是因或有事项可能产生的负债。根据或有事项准则的规定，与或有事项相关的义务同时符合以下三个条件的，企业应将其确认为负债：❶该义务是企业承担的现时义务；❷该义务的履行很可能导致经济利益流出企业，这里的"很可能"指"50%<可能性<90%"；❸该义务的金额能够可靠地计量。

根据负债的定义，负债按履行义务的时间和金额确定与否可分为三类：第一类是企业对履行义务的时间和金额能够控制的负债，即确定性负债；第二类是企业对履行义务的时间和金额的控制存在风险的负债，即预计负债；第三类是企业对履行义务的时间和金额不能完全控制的负债，即或有负债。

由此可见。预计负债是介于确定性负债与或有负债之间的一种负债，具有以下基本特征：❶预计负债是企业过去的交易或事项形成的现时义务，包括法定义务和推定义务。❷预计负债的结果具有风险性，但可合理估计。一方面，预计负债的结果具有风险性，这与或有负债有相似之处，但有别于确定性负债；另一方面，预计负债的结果能合理估计，这与确定性负债相似，但有别于或有负债。

二、预计负债的确认

根据《企业会计准则第13号——或有事项》的规定，当与或有事项相关的义务同时满足下列条件的，应当确认为预计负债：

（一）该义务是企业承担的现时义务

在现时条件下，企业没有其他现实的选择，只能履行该义务，如当企业与其他主体签订购货合同时，相关法律就要求供货企业必须履行与之相关的合同规定的以及有关各方合理预期企业应当履行的各项义务。

（二）履行该义务很可能导致经济利益流出企业

履行与或有事项相关的现时义务导致经济利益流出企业的可能性为"大于50%小于等于95%"时，可以确认该预计负债。❶当事项发生的概率区间为"大于95%小于100%"时，将结果的可能性定义为"基本确定"；❷当事项发生的概率区间为"大于50%小于等于95%"时，将结果的可能性定义为"很可能"；❸当事项发生的概率区间为"大于5%小于等于50%"时，将结果的可能性定义为"可能"；❹当事项发生的概率区间为"大于0小于等于5%"时，将结果的可能性定义为"极小可能"。这个可能性由于是一个估计值，可能会受到估计者的信息量及判断能力的影响，不一定非常准确。预计负债的确认如图10-8所示。

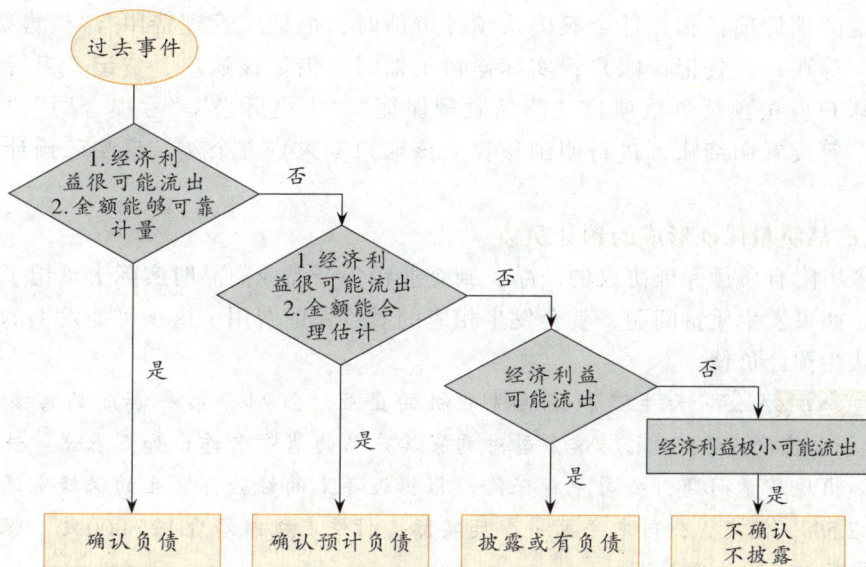

图10-8 预计负债的确认

（三）该义务的金额能够可靠地计量

该义务的金额能够可靠地计量，是指因为或有事项产生的现时义务的金额能够合理地估计。

三、预计负债的计量

（一）预计负债的初始计量

预计负债应当按照履行相关现时义务所需支出的最佳估计数进行初始计量。

（1）当所需支出存在一个连续范围，且该范围内各种结果发生的可能性相同时，最佳估计数应当按照该范围内的中间值确定。假设企业某项担保项目预计赔付的估计值为30万元到36万元，而且这个区间内每个金额的可能性都大致相同，则该预计负债的最佳估计数=（30+36）÷2=33（万元）。

（2）当所需支出不存在一个连续范围，或虽存在一个连续范围但该范围内各种结果发生的可能性不相同时，应分别根据或有事项涉及单个项目和涉及多个项目的不同情况确定：❶或有事项涉及单个项目的，按照最可能发生金额确定。假设上例中的预计赔付估计为：赔付30万元的可能性为60%，赔付36万元的可能性为40%。那么，企业应确认的预计负债值为30万元。❷或有事项涉及多个项目的，按照各种可能结果及相关概率计算确定。

（二）预计负债的后续计量

企业应当在资产负债表日对预计负债的账面价值进行复核。有确凿证据表明该账面价值不能真实反映当前最佳估计数的，应当按照当前最佳估计数对该账面价值进行调整。但属于会计差错的，应当根据会计政策、会计估计变更和差错更正准则进行处理。

四、预计负债的账务处理

为了正确核算预计负债，并与其他负债项目相区别，企业应设置"预计负债"账户。按规定的预计项目和预计金额确认预计负债时，借记"管理费用""销售费用""营业外支出"等账户，贷记该账户；实际偿付负债时，借记该账户，贷记"银行存款"等账户。该账户应按预计负债项目"产品质量保证""未决诉讼""亏损合同""固定资产弃置义务"等设置明细账，进行明细核算。该账户期末贷方余额，反映已预计但尚未支付的债务。

（一）产品质量保证形成的预计负债

企业售出附有质量保证协议的产品，则企业销售产品或商品时实际上承担了一种质量保证义务。如果发生质量问题，就会发生相应的质量保证费用。这一可能发生的质量保证费用应确认为预计负债。

【例10-20】A公司为生产和销售洗衣机的企业。2024年第一季度销售滚筒洗衣机4 000台，每台售价为2 500元。该公司对购买其产品的消费者作出如下承诺：洗衣机售出后一年内如出现质量问题，公司免费保修。根据近年来的经验，发生的保修费通常为销售额的1%～2.5%，假定A公司本年第一季度实际支付洗衣机维修费125 000元。**根据以上资料，**A公司有关账务处理如下：

（1）第一季度实际支付维修费时：

借：预计负债——产品质量保证　　　　　　　　125 000
　　贷：银行存款　　　　　　　　　　　　　　　　　125 000

（2）第一季度末确认产品质量保证负债：

第一季度末确认的产品质量保证负债的金额=4 000×2 500×（1%+2.5%）÷2=175 000（元）

借：销售费用　　　　　　　　　　　　　　　　175 000
　　贷：预计负债——产品质量保证　　　　　　　　　175 000

（二）未决诉讼形成的预计负债

企业因过去的经济行为被其他单位起诉，在会计期末，如果有证据表明企业很可能在未决诉讼中败诉，企业应将其确认为预计负债。

【例10-21】2024年10月10日，甲公司因产品质量不合格而被乙公司起诉。至2025年12月31日，该起诉讼尚未判决，甲公司估计很可能承担违约赔偿责任，赔偿20万元的可能性为70%，赔偿150万元的可能性为40%。甲公司基本确定能够从零件供应商（确认为直接责任人）处追回3万元。相关账务处理如下：

2025年12月31日，甲公司确认预计负债时：

借：营业外支出　　　　　　　　　　　　　　　200 000
　　贷：预计负债——未决诉讼　　　　　　　　　　　200 000

特别注意：甲公司基本确定能够从直接责任人处追回的3万元通过"其他应收款"账户核算，不能冲减预计负债的账面价值。

（三）亏损合同形成的预计负债

待执行合同变为亏损合同，同时该亏损合同产生的义务满足预计负债的确认条件的，应当确认为预计负债。其中：❶待执行合同——合同各方未履行任何合同义务，或部分履行了同等义务的合同。企业与其他企业签订的商品销售合同、劳务提供合同、租赁合同等，均属于待执行合同，待执行合同不属于或有事项。但是，待执行合同变为亏损合同的，应当作为或有事项。❷亏损合同——履行合同义务不可避免发生的成本超过预期经济利益的合同。预计负债的计量应当反映退出该合同的最低净成本，即履行该合同的成本与未能履行该合同而发生的补偿或处罚的较低者。

【例10-22】乙企业2024年1月1日与某外贸公司签订了一项产品销售合同，约定在2024年3月15日以每件产品400元的价格向外贸公司提供5 000件A产品，若不能按期交货，乙企业需要交纳600 000元的违约金。这批产品在签订合同时尚未开始生产，当企业开始筹备原材料以生产这批产品时，原材料价格突然上涨，预计生产每件产品的成本升至500元。

该例中，乙企业生产产品的成本为每件500元，而售价为每件400元，每销售1件产品亏损100元，共计损失500 000元。因此，这项销售合同是一项亏损合同。如果撤销合同，乙企业需要交纳600 000元的违约金。有关账务处理如下：

（1）由于该合同变为亏损合同，乙企业应当按照履行合同造成的损失与违约金的较低者确认一项预计负债。

借：营业外支出　　　　　　　　　　　　　　500 000
　　贷：预计负债——亏损合同　　　　　　　　　　500 000

（2）待相关产品生产完成后，按已确认的预计负债冲减产品成本。

借：预计负债——亏损合同　　　　　　　　　500 000
　　贷：库存商品　　　　　　　　　　　　　　　500 000

（四）固定资产弃置义务形成的预计负债

企业取得具有弃置义务的固定资产后，必须先确定未来弃置义务的金额，由于期限较长，未来需要支付的金额与现值相差较大，所以应当按照未来应支付金额的现值确定预计负债的金额，将现值与固定资产的取得成本一起合并计入固定资产原值，并随固定资产一起折旧。

【例10-23】西山煤电公司经批准建设4号矿井，2024年1月1日该矿井建造完成并交付使用，建造成本为8 000万元，预计使用寿命为10年，预计使用期满时将发生弃置费用500万元。假定折现率（实际利率）为10%。相关账务处理如下：

（1）2024年1月1日，固定资产交付使用时。

弃置费用的现值=5 000 000×（P/F，10%，10）=5 000 000×0.3855
　　　　　　　　=1 927 500（元）

固定资产原始价值=80 000 000+1 927 500=81 927 500（元）

借：固定资产　　　　　　　　　　　81 927 500
　　贷：在建工程　　　　　　　　　　　　80 000 000
　　　　预计负债——固定资产弃置义务　　　1 927 500

（2）2024年12月31日计算并确认应负担的利息。

2024年应负担的利息=1 927 500×10%=192 750（元）

借：财务费用　　　　　　　　　　　　192 750
　　贷：预计负债——固定资产弃置义务　　　192 750

（3）2025年12月31日计算并确认应负担的利息。

2025年应负担的利息=（1 927 500+192 750）×10%=212 025（元）

借：财务费用　　　　　　　　　　　　212 025
　　贷：预计负债——固定资产弃置义务　　　212 025

第3年至第10年计算并确认应负担的利息的账务处理略。

（4）假设该矿井的实际使用年限与预计使用年限相同，于2034年报废，实际发生弃置费用（外包）490万元。

借：预计负债——固定资产弃置费用　　　　　5 000 000
　　贷：财务费用　　　　　　　　　　　　　　　　　　100 000
　　　　银行存款　　　　　　　　　　　　　　　　　4 900 000

请思考：如果实际发生弃置费用510万元，该如何进行账务处理？

───── 【思考题】 ─────

1.应付债券的利息如何确认？
2.什么是或有事项？其有何特征？
3.期末年金与期初年金的区别是什么？
4.借款费用包括哪些内容？资本化确认的期间如何确定？
5.借款费用确认的基本原则是什么？如何计算资本化的金额？

➤ 练习题在线 ◄

练习10-1　单项选择题在线回答

单项选择题每小题给出的4个备选项中，只有1个符合题意。**要求**：扫描"单项选择题二维码"进行在线回答，回答完毕并提交后可查看参考答案与答案解析。

单项选择题1—10　　　　单项选择题11—20　　　　单项选择题21—29

练习10-2　多项选择题在线回答

多项选择题每小题给出的5个备选项中，至少有2个符合题意。**要求**：扫描"多项选择题二维码"进行在线回答，回答完毕并提交后可查看参考答案与答案解析。

多项选择题1—9　　　　　多项选择题10—18

练习10-3　判断题在线回答

请判断各判断题每小题的正误，正确的点击"正确"按钮，错误的点击"错误"按钮。

要求：扫描"判断题二维码"进行在线回答，回答完毕并提交后可查看参考答案与答案解析。

判断题1—9　　　　　判断题10—18

练习10-4　长期借款的核算

1.资料及账务处理要求

金光机械公司2023—2026年发生的长期借款的有关资料如下，根据如下资料按照相关要求进行账务处理。

（1）**取得长期借款用于生产经营周转**。2023年1月1日从银行取得长期借款100万元，用于企业的经营周转，期限为3年，年利率为10%，按复利计息，每年计息一次，到期一次归还本息。借入款项已存入开户银行。按照以下要求作出从取得借款至到期还本付息的全部账务处理：❶取得长期借款时；❷第1年年末计息时；❸第2年年末计息时；❹第3年年末计息时；❺到期偿还本息时。

（2）**取得借款用于建造厂房**。2024年1月1日，为建造厂房，从银行取得3年期借款500万元。年利率为12%，按单利计算，到期一次归还本息。借入款项存入银行。该工程采用出包方式，假设工程价款480万元于开工之日一次性支付。该工程于2024年4月1日开工，于2025年年底竣工并交付使用，总成本为540万元。请作出从取得借款至到期还本付息的全部账务处理。

2.完成作业练习要求

（1）扫描"练习10-4答题表"二维码，并下载空白练习表10-1 word文档到计算机上；（2）在练习表10-1中完成相关的账务处理；（3）根据注册的班级群账号，提交完成的作业请授课教师批阅。

练习10-5 借款费用资本化的核算

1.资料及账务处理要求

华远公司于2023年年初动工兴建一办公楼，发生的与该工程有关的资料如下：

（1）工程采用出包方式，工程于2024年6月30日完工并达到预计可使用状态。每半年预付一次工程进度款：❶2023年1月1日，支出3 000万元；❷2023年7月1日，支出5 000万元，累计支出8 000万元；❸2024年1月1日，支出3 000万元，累计支出11 000万元。

（2）为建造办公楼于2023年1月1日专门借款4 000万元，借款期限为3年，年利率为8%，按年支付利息。除此之外，无其他专门借款。

（3）办公楼的建造还占用两笔一般借款：❶从A银行取得长期借款4 000万元，期限为2022年12月1日至2025年12月1日，年利率为6%，按年支付利息；❷发行公司债券2亿元，发行日为2022年1月1日，期限为5年，假定不考虑交易费用，票面利率与实际利率相等，年利率为8%，按年支付利息。

（4）闲置专门借款资金用于固定收益债券临时性投资，假定临时性投资月收益率为0.5%。假定全年按360天计算。

根据以上资料：❶计算2023年和2024年专门借款利息资本化金额；❷计算2023年和2024年一般借款利息资本化金额；❸计算并结转2023年借款利息资本化金额；❹计算并结转2024年借款利息资本化金额和费用化金额。

2.完成作业练习要求

（1）扫描"练习10-5答题表"二维码，并下载空白练习表10-2 word文档到计算机上；（2）在练习表10-2中完成相关的账务处理；（3）根据注册的班级群账号，提交完成的作业请授课教师批阅。

练习10-6 应付债券采用实际利率法的核算

1.资料及账务处理要求

（1）应付债券溢价发行及利息调整贷差。

A公司2024年至2028年发生的有关发行债券的有关资料如下：❶2024年年初以

2 116 300 元的价格发行面值为 2 000 000 元、票面利率为 5%、期限为 5 年、每年年末付息、采用实际利率法确定应付债券摊余成本的债券，用于公司的经营周转。❷发行债券发生的交易费用为 27 300 元。❸已知所发行债券的实际利率为 4%；第 5 年应摊销的利息调整贷差金额为 19 188 元。

根据以上资料，进行与该债券有关的账务处理：❶债券发行时；❷第 1 年支付利息及利息调整摊销；❸第 5 年支付利息及利息调整摊销；❹债券到期还本。

（2）应付债券折价发行及利息调整借差。

B 公司 2024 年至 2028 年发生的发行债券的有关资料如下：❶2024 年年初以 1 808 400 元的价格发行面值为 2 000 000 元、票面年利率为 5%、期限为 5 年、采用实际利率法确定应付债券摊余成本的债券，用于公司的经营周转。❷债券利息按单利计算，于到期时一次支付。❸发行债券发生交易费用 25 900 元。❹已知所发行债券的实际利率为 7%；第 5 年应摊销的利息调整借差金额为 63 506 元。

根据以上资料，进行与该债券有关的账务处理：❶债券发行时；❷第 1 年确认利息费用及利息调整摊销；❸第 5 年确认利息费用及利息调整摊销；❹债券到期一次还本付息。

2. 完成作业练习要求

（1）扫描"练习 10-6 答题表"二维码并下载空白练习表 10-3 word 文档；（2）根据所给资料：在练习表 10-3 中完成相关的账务处理；（3）根据注册的班级群账号，提交完成的作业请授课教师批阅。

练习 10-7 预计负债的日常核算

1. 资料及账务处理要求

（1）**未决诉讼**。2023 年 12 月 28 日，昌盛机械公司因合同违约而涉及一桩诉讼案。根据企业的法律顾问判断，最终的判决很可能对公司不利。2023 年 12 月 31 日，该公司尚未接到法院的判决，因诉讼须承担的赔偿金额也无法准确地确定。不过，据专业人士估计，赔偿金额可能是 600 万元至 800 万元的某一金额。根据以上资料进行该公司资产负债表日有关预计负债确认的账务处理。

（2）**销售合同日后事项**。2023 年 10 月昌盛机械公司与东方公司签订商品销售合同，在 2024 年 5 月销售 2 000 件商品，估计单位成本为 12 000 元/件，合同单价 15 000 元/件；合同规定，如果供货方在 2024 年 5 月末不能按时交货，延迟交货商品的销售单价降为 10 500 元/件。2023 年 12 月，该公司因生产线损坏，估计到期只能提供 1 800 件商品，其余 200 件尚未投入生产，估计在 2024 年 6 月交货。根据以上资料进行该或有事项的相关账务处理。❶2023 年年末资产负债表日预计负债时（提示：应与估计的单位成本进行比较）；❷2024 年 6 月交付延期交货的商品时（提示：该公司在该批产品生产出来后，应按预计负债冲减存货成本）。

（3）**产品质量问题预计负债**。2024 年，该公司 A 产品的销售额为 20 000 万元。该公司的产品质量保证条款规定：A 产品售出后一年内，如发生质量问题将免费修理。根据以往经验，如果出现较小的质量问题，则须发生的修理费为销售额的 1.5%；而如果出现较大的质量问题，则须发生的修理费为销售额的 3%。据预测，本年度已售产品中，有 75% 不会发生质量问题，有 20% 将发生较小质量问题，有 5% 将发生较大质量问题。根据以上资料进行资产负债表日售后质保预计负债的相关账务处理。

2.完成作业练习要求

（1）扫描"练习10-7答题表"二维码并下载空白练习表10-4 word文档；

（2）根据所给资料：在练习表10-4中完成相关的账务处理；（3）根据注册的班级群账号，提交完成的作业请授课教师批阅。

第十一章　所有者权益

1. 了解所有者权益的分类并理解其与负债的区别。
2. 理解其他权益工具的核算。
3. 掌握其他综合收益的内容及其账务处理。
4. 熟悉留存收益的内容及其账务处理。

第一节　所有者权益概述

一、所有者权益的含义及性质

所有者权益——企业资产扣除负债后，由所有者享有的剩余权益。公司的所有者权益又称为股东权益。所有者权益代表所有者对企业净资产的索取权。

企业的所有者和债权人均是企业资金的提供者，但与负债相比，所有者权益具有以下特征：

（1）**性质不同**。负债是企业对债权人负担的经济责任，在企业清算时债权人对企业的资产有优先要求权；所有者权益则是所有者对剩余资产的要求权。

（2）**权利不同**。所有者可以参与企业的经营决策及收益分配；债权人只有获取企业用以清偿债务的资产的要求权，没有经营决策的参与权和收益分配权。

（3）**偿还期限不同**。企业的负债通常都有约定的偿还日期；所有者权益一般不存在约定的偿还日期，只有在企业清算时才予以偿还。

（4）**风险大小不同**。债权人获取的利息一般是按一定的利率计算、预先可以确定的固定数额，企业不论盈利与否均应按期付息，风险较小；所有者获得多少收益，则视企业的盈利能力水平而定，风险较大。

（5）**计量不同**。所有者权益是资产与负债计量以后形成的结果，属于间接计量；负债必须在发生时按规定的方法进行计量，属于直接计量。

二、企业的组织形式与所有者权益的特点

企业的组织形式可以分为两大类：公司制企业和非公司制企业。其中：❶非公司制企业，包括个人独资企业与合伙企业；❷根据我国《公司法》的规定，公司制企业包括国有独资公司、有限责任公司和股份有限公司。其中国有独资公司属于特殊有限责任公司。本书主要阐述公司制企业组织形式。

（一）有限责任公司和国有独资公司

有限责任公司——由1个以上50个以下股东出资设立，每个股东以其所认缴的出资额对公司承担有限责任，公司以其全部资产对公司债务承担责任的企业法人。

国有独资公司——国家单独出资、由国务院或者地方人民政府授权本级人民政府国有资产监督管理机构履行出资人职责的有限责任公司。国有独资公司除具有投资主体单一、不存在资本或股本溢价、资本无论如何计价都不会改变资本结构等特点外，其余与有限责任公司相同。

有限责任公司所有者权益的特点如下：

（1）独立的法律主体和纳税主体。❶有限责任公司具有独立的法人资格并具有与自然人同样的享有权利和承担义务的能力；❷属于资合公司，实行资本金制度，股东按出资比例对公司负责，即公司在清算时，如果公司的全部资产不足以清偿债务，则股东不必以个人的财产予以清偿；❸公司是纳税主体，取得的收益按照企业所得税法计算缴纳企业所得税。

（2）资金筹集方式与转让。❶有限责任公司不能公开募股，不能发行股票，公司应向股东签发出资证明；❷股东之间可以相互转让出资，但如向其他人转让出资，需经超过半数的股东同意；❸公司增资扩股时，新加入股东缴纳的出资额大于其在资本总额中所占份额的部分，应作为资本公积处理；❹公司的财务不必公开，但编制的会计报表须按期报送各股东。

（二）股份有限责任公司

股份有限责任公司——简称股份有限公司，是指全部资本由等额股份构成，并通过发行股票筹集资金，股东以其所持股份对公司承担有限责任，公司以全部资产对公司债务承担责任的企业法人。股份有限公司的设立可以采取"发起设立"与"募集设立"两种方式。

（1）发起设立——由发起人认购设立公司时应发行的全部股份而设立公司。发起人应当认足公司章程规定的公司设立时应发行的股份，且首次出资额不能低于其注册资本的20%。

（2）募集设立——由发起人认购设立公司时应发行股份的一部分，其余股份向特定对象募集或者向社会公开募集而设立公司。发起人认购的股份不得少于公司章程规定的公司设立时应发行股份总数的35%。

股份有限公司与有限责任公司比较，除具有以上有限责任公司的第一个特点外，还具有以下主要特点：❶资本划分为等额股份，每股金额与股份数的乘积即为股本总额；❷通过发行股票来筹集资本；❸股票可以按面值发行，也可以溢价发行，但不可以折价发行；❹应当有2人以上200人以下的发起人，其中须有半数以上的发起人在中国境内有住所；❺股票可以交易或转让；❻财务须公开，以供股东查阅。

三、所有者权益的构成内容

公司制企业所有者权益按其构成主要分为投入资本、资本增值和经营过程中获得的利润。具体包括以下项目。

（1）实收资本（或股本）——投资者投入资本形成法定资本的价值。❶对于有限责任公司，投入资本表现为投资者的实际出资额，称为实收资本；❷对于股份公司，投入资本表现为实际发行的股票的面值总额，称为股本。

（2）其他权益工具——企业发行的除普通股以外的归类为权益工具的各种金融工具。如企业发行的优先股、永续债。

（3）资本公积——收到投资者超出其在实收资本（或股本）中所占份额的投资，以及某些特定情况下直接计入所有者权益的项目。其主要包括资本溢价（或股本溢价）和其他资本公积。

（4）其他综合收益——企业根据会计准则的规定未在当期损益中确认的各项利得和损失。如外币报表折算差额、其他权益工具投资公允价值变动等。

（5）留存收益——归所有者所共有的、由利润转化而形成的所有者权益。其主要包括法定盈余公积、任意盈余公积和未分配利润。

第二节　实收资本（或股本）与其他权益工具

对于不同的企业，投入资本的会计处理有所区别。

一、一般企业投入资本

一般企业是指除股份有限公司以外的企业，主要包括国有独资公司和有限责任公司。

（一）一般企业投入资本的有关规定

一般企业接受股东投入的资本，应通过"实收资本"账户进行核算。在有限责任公司中，该账户应按股东设置明细账，反映各股东实缴注册资本的数额。股东投入的资本，从其形态上看，可以分为货币投资、实物投资和无形资产投资等。

（1）有限责任公司投入资本。有限责任公司在组建时股东投入企业的资本，全部作为实收资本入账。企业收到股东以货币资金投资时，应以实际收到的货币资金作为实收资本入账；企业接受股东以原材料、固定资产等实物和无形资产投资时，应对接受的实物和无形资产进行评估，以双方确认价作为实收资本入账金额。

（2）国有独资公司投入资本。在组建国有独资公司时，国家投入的资本全部作为实收资本入账，不会产生资本溢价。

（二）一般企业投入资本的账务处理

（1）**接受货币资金投资**。企业接受股东以货币资金投资时，其投资额为实际收到的货币资金，按实际收到的货币资金，借记"银行存款"账户，贷记"实收资本"账户。

（2）**接受实物资产和无形资产投资**。企业接受股东以原材料、固定资产等实物和无形资产投资时，其投资额为原材料、固定资产、无形资产等的含增值税的评估价值。❶按不含增值税的评估价值、增值税额，分别借记"原材料""固定资产""无形资产""应交税费——应交增值税（进项税额）"等账户；❷按含增值税的评估价值，贷记"实收资本"账户；❸如果材料核算采用计划成本计价，还应按不含增值税评估价值与计划成本的差额，借记（超支）或贷记（节约）"材料成本差异"账户；❹如果接受的机器设备投资为需要安装的固定资产，则应先通过"在建工程"账户核算，安装完毕交付使用时再转入"固定资产"账户。

特别提示：如果投资协议规定投资的材料、固定资产的运杂费由受资方负担，则运杂费应计入原材料、固定资产的价值，但不计入投资额。

【例11-1】甲公司由A、B、C、D四位股东出资设立。按照投资协议：❶A股东以现金出资200万元。❷B股东以原材料出资，确认的不含增值税的评估价值为100万元，增值税为13万元，甲公司材料采用计划成本核算，该材料的计划成本为105万元。❸C股东以一套不需要安装的、全新机器设备出资，确认的不含增值税的评估价值为200万元，增值税为26万元；投资协议规定运杂费由受资企业负担，受资企业通过银行支付运费价款10万元、增值税0.9万元。❹D股东以无形资产出资，确认的不含增值税的评估价值为100万元，增值税为6万元。**根据以上资料，编制的会计分录如下：**

实收资本入账价值=200+113+226+106=645（万元）

固定资产入账价值=200+10=210（万元）

借：银行存款	2 000 000	
原材料	1 050 000	
固定资产	2 100 000	
无形资产	1 000 000	
应交税费——应交增值税（进项税额）	459 000	
贷：银行存款		109 000
材料成本差异		50 000
实收资本——A股东		2 000 000
——B股东		1 130 000
——C股东		2 260 000
——D股东		1 060 000

二、股份有限公司投入资本

（一）公司股票的类别及有关规定

1.公司股票的类别

股份有限公司的实收资本划分为股份，每股份额相等。股票按持有人享有的权利不同可以分为普通股和优先股。

（1）**普通股**——是股份有限公司的基本股份。普通股享有以下权利：❶投票表决权；❷优先认股权；❸收益分配权；❹剩余财产权。

（2）**优先股**——是一种介于公司债券和普通股之间的混合性证券。❶优先股规定有固定的股利率，这方面与公司债券相似；❷没有固定的偿还日期，这方面又与普通股相似。

优先股股东与普通股股东比较，一般不具有投票表决权和优先认股权，其"优先"主要是在收益和剩余财产分配方面具有优先权。

2.公司股票发行的有关规定

（1）**股票发行方式**。企业发行股票取得的收入与股本总额往往不一致，公司发行股票取得的收入：❶大于股本总额的，称为溢价发行；❷小于股本总额的，称为折价发行；❸等于股本总额的，称为面值发行。**特别强调**：我国不允许企业折价发行股票。

（2）**股票认购出资方式**。❶发起人认购股票，出资方式可以是货币资金，也可以是实物或无形资产；❷社会公众认购股票，出资方式一般为货币资金。

（3）**发行费用**。❶企业在发行股票之前或发行过程中，发生的手续费、佣金和股票印刷成本等发行费用，应抵减股票溢价收入；❷如果溢价收入不足以抵减或者股票按面值发行的，应冲减盈余公积和未分配利润。

（二）股票发行的账务处理

1. 发行普通股

企业发行普通股，应设置"股本"账户进行核算。该账户核算股东投入企业的股本，企业应在"股本"账户下，按普通股股东单位和姓名设置明细账。

企业在发行普通股时：❶按照实际收到的股款，借记"银行存款"账户；❷按股票面值，贷记"股本"账户；❸按实际收到股款扣除股票面值和发行费用后的余额，贷记"资本公积——股本溢价"账户；❹溢价收入不足以抵减发行费用或者采用平价发行股票，不足以抵减的发行费用应冲减"盈余公积"和"未分配利润"账户。

【例11-2】正茂股份有限公司委托宏源证券公司代理发行普通股1 000万股，每股面值1元，按每股5元溢价发行。证券公司按发行收入的2%收取手续费，从溢价收入中扣除。根据以上资料，相关账务处理如下：

公司实收股款=5×1 000×（1-2%）=4 900（万元）

股本溢价=4 900-1×1 000=3 900（万元）

借：银行存款	49 000 000
贷：股本——普通股	10 000 000
资本公积——股本溢价	39 000 000

2. 发行优先股

企业发行优先股，应设置"其他权益工具——优先股"账户进行核算。优先股的账面价值应扣除发行费用，该账户贷方登记发行优先股扣除发行费用后收到的股款，借方登记优先股转换为普通股的账面价值；贷方余额反映发行在外的优先股账面价值。

企业发行优先股时：❶应按实际收到的股款，借记"银行存款"账户，贷记"其他权益工具——优先股"账户；❷优先股转换为普通股时，应按优先股的账面价值，借记"其他权益工具——优先股"账户；❸按照普通股的面值，贷记"股本"账户；❹按照其差额，贷记"资本公积——股本溢价"账户。

【例11-3】某公司根据发生的优先股业务，编制相关的会计分录如下：

❶发行归类为其他权益工具的优先股20万股，扣除相关交易费用后实收价款32万元。

借：银行存款	320 000
贷：其他权益工具——优先股	320 000

❷优先股全部转换为普通股40 000股，每股面值1元。

借：其他权益工具——优先股	320 000
贷：股本——普通股	40 000
资本公积——股本溢价	280 000

第三节　资本公积与其他综合收益

一、资本公积

资本公积——企业收到投资者超出其在企业注册资本（或股本）中所占份额的投资，以及某些特定情况下直接计入所有者权益的项目。

（一）资本（或股本）溢价

1.有限责任公司资本溢价

一般来讲，有限责任公司在初创时，股东按其在企业注册资本中所占的份额出资，不会形成溢价。但再有新的股东加入时，新股东的出资额往往会大于其在企业注册资本中所占的份额。

企业收到投资者投入的资本：❶按实际收到的金额或确定的价值，借记"银行存款""原材料""固定资产""无形资产"等账户；❷按其在注册资本中所占的份额，贷记"实收资本"账户；❸按其差额，贷记"资本公积——资本溢价"账户。

【例11-4】泰安有限责任公司由甲、乙、丙三股东各自出资100万元设立。设立时的实收资本为300万元。经过3年的经营，该企业留存收益为150万元。这时又有新股东有意参加该企业，并表示愿意出资175.5万元并占该企业股份的25%，通过银行收到丁的出资额。相关账务处理如下：

（1）计算丁的出资额中参与利润分配的金额。

设丁的出资额中参与利润分配的金额为X，则有如下方程式：

$$X/（3\,000\,000+X）\times100\%=25\%$$

解方程式得：

$$X=1\,000\,000元$$

（2）计算丁的超缴资本金并计入资本公积。

超缴资本金=1 755 000−1 000 000=755 000（元）

借：银行存款	1 755 000	
贷：实收资本——丁		1 000 000
资本公积——资本溢价		755 000

2.股份有限公司股本溢价

股份有限公司溢价发行股票，在收到现金等资产时，按实际收到的金额，借记"银行存款"等账户，按股票面值和核定的股份总额的乘积计算的金额，贷记"股本"账户，按溢价部分，贷记"资本公积——股本溢价"账户。

委托证券商代理发行股票而支付的手续费、佣金等，应从溢价发行收入中扣除，企业应按扣除手续费、佣金后的数额记入"资本公积"账户。

（二）股份支付

为了激励职工更好及较长时期地为企业服务，企业可以实行股票期权等奖励政策，股份支付就是企业为获取职工服务而授予其股票期权等。企业授予职工股票期权等以换取职工提供的服务，从而实现对职工的奖励或补偿，实质上属于职工薪酬的组成部分。股份支付按照股份结算的方式或对价结算的方式，可分为以权益结算的股份支付和以现金结算的股份支付，其中以权益结算的股份支付涉及资本公积。

1.以权益结算的股份支付

以权益结算的股份支付——企业为获取职工服务以期权等作为对价进行结算的交易。企业以权益结算的股份支付换取职工提供的服务，应当按授予职工期权的公允价值计量。

（1）期权的三个时间节点。作为期权，股份支付一般有"授予日"、"可行权日"和

"行权日"三个时间节点。❶授予日——股份支付协议获得批准的日期；❷可行权日——可行权条件得到满足、职工和其他方具有从企业取得权益工具或现金的权利的日期；❸行权日——职工和其他方行使权利、获取权益工具或现金的日期。

（2）**授予后立即可行权的股份支付**。应当在授予日，按权益工具的公允价值的全部，借记"管理费用——工资"账户，贷记"资本公积——其他资本公积"账户。

（3）**有约定条件可行权的股份支付**。职工完成约定期限内的服务或达到规定业绩条件才可行权的股份支付，在约定期限内的每个资产负债表日，应当以对可行权期权数量的最佳估计为基础，按照期权授予日的公允价值，借记"管理费用——工资"账户，贷记"资本公积——其他资本公积"账户。

（4）**股份支付的实际行权**。在行权日，企业根据实际行权的期权数量，计算确定应转入实收资本或股本的金额。❶根据收取的价款，借记"银行存款"等账户；❷根据已行权的权益工具账面余额，借记"资本公积——其他资本公积"账户；❸根据已行权的股本金额，贷记"股本"账户；❹根据前述确认金额的差额，贷记"资本公积——股本溢价"账户。

【例11-5】某公司2021年12月批准了一项股份支付协议。协议规定：2022年1月1日，公司向200名管理人员每人授予500股股票期权，并规定这些管理人员必须从授予日（2022年1月1日）起在公司连续服务3年，服务期满时可以每股10元的价格购买500股该公司的股票。公司估计该期权在授予日的公允价值为每股15元。

该公司估计3年中离开的管理人员比例将达到15%。第1年有10名管理人员离开公司；第2年又有6名管理人员离开公司，由于该公司的经营业绩持续上涨且前两年离开公司的管理人员较少，所以，公司将管理人员离开公司的比例修正为10%；第3年又有2名管理人员离开公司。2025年1月1日，未离开的管理人员全部行权获得股票。

根据以上资料，进行账务处理如下：

（1）第1年年初（2022年1月1日）授予日，只预计股份支付应负担的费用，不作任何账务处理。

公司预计支付股份应负担的费用=15×500×200=1 500 000（元）

（2）第1年年末（2022年12月31日）确认应负担的管理费用时：

公司预计支付股份应负担的费用=1 500 000×（1-15%）=1 275 000（元）

第1年应负担的管理费用=1 275 000÷3=425 000（元）

借：管理费用　　　　　　　　　　　　　425 000
　　贷：资本公积——其他资本公积　　　　　　　425 000

（3）第2年年末（2023年12月31日）确认应负担的管理费用时：

公司预计支付股份应负担的费用=1 500 000×（1-10%）=1 350 000（元）

第2年年末累计应负担的费用=1 350 000÷3×2=900 000（元）

第2年应负担的管理费用=900 000-425 000=475 000（元）

借：管理费用　　　　　　　　　　　　　475 000
　　贷：资本公积——其他资本公积　　　　　　　475 000

（4）第3年年末（2024年12月31日）确认应负担的管理费用时：

公司实际支付股份应负担的费用=15×500×（200-10-6-2）=1 365 000（元）

第 3 年应负担的管理费用=1 365 000-900 000=465 000（元）

借：管理费用　　　　　　　　　　　　465 000
　　贷：资本公积——其他资本公积　　　　　　　　465 000

（5）2025 年 1 月 1 日向职工发放股票并收取价款时：

应向职工收取价款=10×500×182=910 000（元）

应确认的股本=1×500×182=91 000（元）

应确认的股本溢价=（42.5+47.5+46.5+91）-9.1=218.4（万元）

借：银行存款　　　　　　　　　　　　910 000
　　资本公积——其他资本公积　　　　1 365 000
　　贷：股本　　　　　　　　　　　　　　　　　91 000
　　　　资本公积——股本溢价　　　　　　　　2 184 000

2.以现金结算的股份支付

以现金结算的股份支付——企业为获取职工服务以股票期权为基础计算确定的支付现金或其他资产义务的交易。企业以现金结算的股份支付，应当按照企业承担的以股票期权为基础计算确定的负债的公允价值计量。

（1）**授予后立即可行权的股份支付**。应当在授予日以企业承担负债的公允价值计入相关成本或费用，并相应增加负债，借记"管理费用——工资"等账户，贷记"应付职工薪酬——股份支付"账户。

（2）**有约定条件可行权的股份支付**。职工完成约定期限内的服务或达到规定业绩条件才可行权的股份支付，在约定期限内的每个资产负债表日，应当以对可行权情况的最佳估计为基础，按照企业承担负债的公允价值金额，将当期取得的服务计入成本或费用，并增加相应的负债，借记"管理费用——工资"账户，贷记"应付职工薪酬——股份支付"账户。

在资产负债表日，后续信息表明企业当期承担债务的公允价值与以前估计不同的，应当进行调整，并在可行权日调整至实际可行权水平。

（3）**股份支付公允价值变动的调整**。在可行权日之后的每个资产负债表日以及结算日，对负债的公允价值重新计量，其变动计入当期损益，借记或贷记"公允价值变动损益"账户，贷记或借记"应付职工薪酬——股份支付"账户。

（4）**股份支付的实际行权**。在行权日，企业应根据实际行权的金额，借记"应付职工薪酬——股份支付"账户，贷记"银行存款"等账户。

【例 11-6】某公司 2021 年 12 月批准了一项股份支付协议。协议规定：2022 年 1 月 1 日，公司向 100 名管理人员每人授予 1 000 股现金股票增值权，并规定这些管理人员必须从授予日（2022 年 1 月 1 日）起在公司连续服务 3 年，服务期满才能根据股价的增值幅度行权获得现金。公司估计该期权在授予日的公允价值为每股 15 元。

该公司估计 3 年中离开的管理人员的比例将达到 20%。第 1 年有 8 名管理人员离开公司，年末该期权的公允价值为每股 21 元；第 2 年又有 4 名管理人员离开公司，年末该期权的公允价值为每股 24 元，由于本公司的经营业绩持续上涨且前两年离开公司的管理人员较少，所以，公司将管理人员离开公司的比例修正为 15%；第 3 年又有 2 名管理人员离开公司，年末该期权的公允价值为每股27元。2025年1月1日，未离开的管理人员全部行权获得现金。

根据以上资料，进行账务处理如下：

（1）第1年年初（2022年1月1日）授予日，不作任何账务处理。

（2）第1年年末（2022年12月31日）确认应负担的管理费用时：

公司预计支付现金应负担的费用=21×1 000×100×（1-20%）=1 680 000（元）

第1年应负担的管理费用=1 680 000÷3=560 000（元）

借：管理费用	560 000
贷：应付职工薪酬——股份支付	560 000

（3）第2年年末（2023年12月31日）确认应负担的管理费用时：

公司预计支付现金应负担的费用=24×1 000×100×（1-15%）=2 040 000（元）

第2年年末累计应负担的费用=2 040 000÷3×2=1 360 000（元）

第2年应负担的管理费用=1 360 000-560 000=800 000（元）

借：管理费用	800 000
贷：应付职工薪酬——股份支付	800 000

（4）第3年年末（2024年12月31日）确认应负担的管理费用时：

公司实际支付现金应负担的费用=27×1 000×（100-8-4-2）=2 322 000（元）

第3年应负担的管理费用=2 322 000-1 360 000=962 000（元）

借：管理费用	962 000
贷：应付职工薪酬——股份支付	962 000

（5）2025年1月1日向职工兑现时：

借：应付职工薪酬——股份支付	2 322 000
贷：银行存款	2 322 000

资本公积（资本溢价或股本溢价）主要用于转增资本。企业按规定的程序增资时，应按资本溢价或股本溢价转增资本的数额，借记"资本公积"账户，贷记"实收资本"（或"股本"）账户。

二、其他综合收益

其他综合收益，是指企业根据企业会计准则的规定未在当期损益中确认的各项利得和损失。其他综合收益一般是由特定资产的计价变动而形成的，当处置特定资产时，其他综合收益也应一并处理，因此，其他综合收益不得用于转增资本（或股本）。具体包括以下几项：

（一）享有被投资单位其他综合收益变动的份额

采用权益法核算的长期股权投资，按照被投资单位实现的其他综合收益以及持股比例计算应享有或分担的金额，调整长期股权投资的账面价值，同时增加或减少其他综合收益。借记（或贷记）"长期股权投资——其他综合收益"账户，贷记（或借记）"其他综合收益"账户；待该项股权投资处置时，将原计入其他综合收益的金额转入当期损益，借记（或贷记）"其他综合收益"账户，贷记（或借记）"投资收益"账户。参见第六章第四节【例6-14】【例6-15】的账务处理。

（二）自用房地产或存货转换为投资性房地产公允价值与账面价值的差额

企业将自用房地产或存货转为采用公允价值模式计量的投资性房地产时，转换当日的公允价值大于原账面价值的差额，应计入其他综合收益，借记"其他综合收益"账户；处置该项投资性房地产时，因转换计入其他综合收益的部分应转入当期损益。参见第八章第二节【例8-16】【例8-22】的账务处理。

（三）其他债权投资、其他权益工具投资的公允价值变动

其他债权投资、其他权益工具投资的公允价值高于其账面余额的差额，应计入其他综合收益；反之，应冲减其他综合收益；处置其他债权投资、其他权益工具投资时，应转销与其相关的其他综合收益。参见第五章第四节【例5-19】和第五节【例5-23】的账务处理。

（四）债权投资转为其他债权投资公允价值与账面价值的差额

企业将债权投资转换为其他债权投资时，转换日该项债权投资的公允价值与其账面价值的差额，应计入其他综合收益，贷记（或借记）"其他综合收益"账户。债权投资转换为其他债权投资时公允价值与账面价值差额，属于企业在经营过程中形成的利得（或损失）。

有关其他综合收益的核算在前面章节中已经述及，这里不再赘述。

第四节 库存股

库存股——股份有限公司已发行的因各种原因予以回购为公司所持有且尚未注销的股票。根据我国《公司法》的规定，公司的库存股主要有：以减资为目的而回购的股票、以奖励职工为目的而回购的股票。

回购的股票应通过"库存股"账户核算。"库存股"账户作为权益类账户，用来核算公司收购的尚未转让或注销的本公司股票金额，其特性与未发行的股票类似，没有投票权和分配股利的权利。

一、以减资为目的而回购的股票

股份有限公司由于缩小经营规模、资本过剩等原因需要减资时，因其采用发行股票的方式筹集资本，所以，减少注册资本时需要回购股票。经有关部门批准，可以在《公司法》规定的股份有限公司最低注册资本以上的范围内回购已发行的股票以核销股本。同时《公司法》也规定，公司回购的股票，必须在10日内注销。

（1）**回购股票时：**按实际支付的价款计价，借记"库存股"账户，贷记"银行存款"账户。

（2）**回购的股票注销时：**❶按股票的面值，借记"股本"账户，差额依次冲减股本溢价、盈余公积和未分配利润，分别借记"资本公积——股本溢价""盈余公积""利润分配——未分配利润"账户；❷按注销库存股的账面余额，贷记"库存股"账户。

【例11-7】兴业股份有限公司因资本过剩需要减资，经办理有关手续后，收回本公司每股面值为1元、发行价为每股5元的普通股100 000股。现以每股6.4元的价格回购，款

项以银行存款支付。**相关账务处理**如下：

(1) 回购股票。

借：库存股	640 000	
贷：银行存款		640 000

(2) 注销库存股。

库存股面值=1×100 000=100 000（元）

冲销股本溢价=（5-1）×100 000=400 000（元）

冲销盈余公积=（6.4-5）×100 000=140 000（元）

借：股本	100 000	
资本公积——股本溢价	400 000	
盈余公积	140 000	
贷：库存股		640 000

二、以奖励职工为目的而回购的股票

回购库存股奖励给职工其实是以权益结算的股份支付，其和以权益结算的股份支付核算一样。

(1) **回购股份时：** 按照回购股份的全部支出，借记"库存股"账户，贷记"银行存款"账户。

(2) **企业将回购的股票奖励给本公司职工时：** ❶按实际向职工收取的价款、奖励股票期权的公允价值，分别借记"银行存款""资本公积——其他资本公积"账户；❷根据奖励库存股的账面余额，贷记"库存股"账户；❸根据前述确认金额的差额，贷记或借记"资本公积——股本溢价"账户。

【例11-8】甲公司2025年3月2日以800 000元回购本公司普通股100 000股。3月20日将100 000股奖励给职工，奖励时按每股6元确定奖励股份的实际金额，同时向职工收取每股1元的现金（甲公司有足够的溢价收入来抵减）。相关账务处理如下：

(1) 回购股份时。

借：库存股	800 000	
贷：银行存款		800 000

(2) 实际奖励时。

借：银行存款	100 000	
管理费用	600 000	
资本公积——股本溢价	100 000	
贷：库存股		800 000

第五节　留存收益

留存收益——公司在经营过程中所创造的，但由于公司经营发展的需要或由于法定的原因等，没有分配给所有者而留存在公司的盈利。

留存收益是企业从历年实现的净利润中提取或留存于企业的内部积累，它来源于企业的生产经营活动所实现的净利润，包括企业的盈余公积和未分配利润两个部分，其中盈余公积是有特定用途的累积盈余，未分配利润是没有指定用途的累积盈余。

一、盈余公积

（一）盈余公积及其来源

盈余公积——企业按照规定从净利润中提取的积累资金。其包括法定盈余公积、任意盈余公积等。

法定盈余公积——按照净利润（减弥补以前年度亏损后）的10%提取，法定盈余公积累计额已达注册资本的50%时可以不再提取。

任意盈余公积——公司制企业按照股东会的决议提取，其他企业也可根据需要提取任意盈余公积。

企业计提法定盈余公积时，应借记"利润分配——提取法定盈余公积"账户，贷记"盈余公积——法定盈余公积"账户；企业计提任意盈余公积时，应借记"利润分配——提取任意盈余公积"账户，贷记"盈余公积——任意盈余公积"账户。

（二）盈余公积的用途

盈余公积可用于弥补亏损、转增资本、发放现金股利或利润。用盈余公积弥补亏损或转增资本时，应先使用任意盈余公积，任意盈余公积不足时，再动用法定盈余公积。

1.弥补亏损

企业弥补经营亏损的方式有三种：一是用以后年度税前利润弥补，按规定，企业亏损在规定期限内可由税前利润弥补；二是用以后年度税后利润弥补，即指超过税前利润弥补期的剩余亏损额应由税后利润弥补；三是用盈余公积补亏。企业用盈余公积弥补亏损时，应借记"盈余公积"账户，贷记"利润分配——盈余公积补亏"账户。

2.转增资本（股本）

经股东大会决议，可将盈余公积转增资本。盈余公积转增资本时，应先办理增资手续，并按所有者（股东）的原出资比例增加资本。按规定，用法定盈余公积转增资本时，转增后应以法定盈余公积不少于转增前公司注册资本的25%为限。当盈余公积转增资本时，应借记"盈余公积"账户，贷记"实收资本（或股本）"账户。

3.分配现金股利或利润

股份有限公司分配股利应以实现一定的净利润为前提，在净利润没有实现时，原则上不分配股利。但是有时股份有限公司为了维护公司股票信誉，经股东大会特别决议，也可用部分盈余公积分配少量股利。

【例11-9】星云股份有限公司本年发生少量亏损，考虑公司前景和股票信誉，经股东大会决议，决定按股票面值的4%分配股利，由结存的任意盈余公积列支。假设该公司发行在外的普通股为2 000万股，每股面值1元，则本次用于发放股利的盈余公积为800 000元（20 000 000×1×4%）。根据以上资料，编制会计分录如下：

借：盈余公积——任意盈余公积 　　　　　　　　800 000
　　贷：利润分配——盈余公积补亏 　　　　　　　　　　800 000

同时：

借：利润分配——应付现金股利　　　　　　　800 000
　　贷：应付股利　　　　　　　　　　　　　　　　800 000

二、未分配利润

未分配利润——企业尚未向股东分配的净利润，包括企业以前年度积存的留待以后年度分配的净利润和当年待分配的净利润。这部分净利润既没有分配给股东，也没有指定用途，企业可随时分配使用。企业应于年度终了，将"本年利润"账户的余额转入"利润分配——未分配利润"账户；同时，将"利润分配"账户所属其他二级账户的余额转入"利润分配——未分配利润"账户。经过上述结转后，"利润分配——未分配利润"账户的余额如果在贷方，即为未分配利润；如果在借方，则为未弥补亏损。未弥补亏损为所有者权益的抵减账户。

【思考题】

1. 所有者权益与负债的区别是什么？
2. 公司制企业有何特点？
3. 股份支付包括哪些内容？
4. 其他权益工具的含义及账务处理的要求或原则是什么？
5. 回购股票减少股本如何进行账务处理？

◆练习题在线◆

练习11-1　单项选择题在线回答

单项选择题每小题给出的4个备选项中，只有1个符合题意。**要求**：扫描"单项选择题"二维码进行在线回答，回答完毕并提交可查看参考答案与答案解析。

单项选择题1—8　　　单项选择题9—16　　　单项选择题17—24

练习11-2　多项选择题在线回答

多项选择题每小题给出的5个备选项中，至少有2个符合题意。**要求**：扫描"多项选择题"二维码进行在线回答，回答完毕并提交可查看参考答案与答案解析。

多项选择题1—9　　　多项选择题10—17

练习11-3　判断题在线回答

请判断各判断题每小题的正误，正确的点击"正确"按钮，错误的点击"错误"按钮。**要求**：扫描"判断题"二维码进行在线回答，回答完毕并提交可查看参考答案与答案解析。

练习11-4　实收资本与其他权益工具的核算

（一）资料及账务处理要求

1.前进股份公司2025年年初负债200万元，实收资本160万元，资本公积16万元，盈余公积12万元，未分配利润12万元。本期发生亏损40万元，用盈余公积弥补亏损8万元。企业期末资产总额396万元，本期内实收资本和资本公积没有发生变化。根据以上资料，按照要求进行以下计算：（1）该公司年末未分配利润数额；（2）该公司年末的负债总额；（3）分析说明本期发生的亏损对公司期末资产和负债的影响。

2.金华公司2024—2025年发生的接受投资业务的有关资料及相关要求如下：❶2024年2月接受A公司的如下投资：货币投资人民币400万元；投入原材料一批，双方确认价值为900万元，税务部门认定增值税为117万元，并开具了增值税专用发票。❷2025年2月，B投资者向该企业投资，其缴付的出资额为人民币880万元，只有650万元作为企业注册资本。根据以上资料，编制金华公司与接受投资有关的会计分录。

3.欢喜公司2023—2025年成立与发生的接受投资业务的有关资料及相关要求如下：2023年1月1日由投资者A、B共同出资设立，每人出资200万元，各占50%的股份。经营2年后，投资者A、B决定增加公司资本到900万元，此时有一投资者C要求加入，经三方协商一致同意，投资后，三方投资者各拥有欢喜公司300万元实收资本，并各占1/3的股份。各投资者的出资情况如下：❶A投入一台设备，原价190万元，已提折旧95万元，投资合同中约定的价值为128.7万元（含增值税），并收到A开出的增值税专用发票；❷B投入一批原材料，账面价值105万元，合同约定价值110万元，税务部门认定应交增值税额为14.3万元，B已开具了增值税专用发票；❸C投入银行存款390万元。假定以上合同约定的价值是公允的。根据以上资料，进行与投资相关的账务处理。

（二）完成作业练习要求

（1）扫描"练习11-4答题表"二维码，并根据下载地址下载空白练习表11-1 word文档到计算机上；（2）在练习表11-1中完成相关的账务处理；（3）根据注册的班级群账号，提交完成的作业请授课教师批阅。

练习11-4

答题表

练习11-5　资本公积与其他综合收益的核算

（一）资料及账务处理要求

1.**资本注册与增资的核算**。喜来登公司（增值税一般纳税人）由甲、乙、丙三位股东于2022年12月31日共同出资设立，注册资本为800万元，出资协议规定，甲、乙、丙三位股东的出资比例分别为40%、35%、25%。2022—2024年发生的有关设立注资、利润分配、增资的资料如下：（1）2022年12月31日3位股东的出资方式及出资额如下：❶甲股东以货币资金267万元和一项价值为53万元的专利权出资；❷乙股东以货币资金54万元和一台价值为226万元的全新设备出资；❸丙股东以货币资金87万元和一辆价值为113万元的全新大卡车出资。以上出资额全部到位并已办妥有关法律手续；有关实物资产及无形资产的价值均含增值税，并收到有关增值税专用发票。（2）2023年实现净利润200万元，尚未进行分配；2024年实现净利润300万元，董事会决定分配现金股利100万元，计划在2025年2月10日支付。（3）2025年1月1日，喜来登公司为扩大生产规模实行增资吸收丁股东加入本公司，将注册资本由原来的800万元增加到1 000万元。丁股东愿意以银行存款217万元、原材料113万元（含增值税）出资，占增资后注册资本的20%；2025年1月1日，丁股东的出资已全部到位，并取得丁股东开出的增值税专用发票，有关的法律手续已经办妥。根据以上资料，进行与资本注册和增资相关的账务处理，并计算增资后各股东的持股比例。

2.利润分配、转增资本与弥补亏损的核算。东方公司现有股东情况如下：A股东占15%，B股东占25%，C股东占30%，其他各股东占30%。2023—2024年发生利润分配、转增资本及弥补亏损的有关资料如下：（1）2023年税后利润为200万元，公司董事会决定：按10%提取法定盈余公积、按25%提取任意盈余公积、分派现金股利60万元（其法定盈余公积未达注册资本50%）；（2）经股东大会决议，以盈余公积100万元转增资本，并已办妥转增手续；（3）2024年东方公司决议以盈余公积弥补以前年度的亏损20万元。根据以上资料，进行利润分配、转增资本及弥补亏损的账务处理。

（二）完成作业练习要求

（1）扫描"练习11-5答题表"二维码，并根据下载地址下载空白练习表11-2 word文档到计算机上；（2）在练习表11-2中完成相关的账务处理；（3）根据注册的班级群账号，提交完成的作业请授课教师批阅。

练习11-6　库存股的核算

（一）资料及账务处理要求

1.股票回购和注销。甲股份有限公司（以下简称甲公司）2024年12月31日发行在外的普通股为3 000万股，每股面值1元，资本公积（股本溢价）为500万元，盈余公积为300万元，未分配利润为200万元，经股东大会批准，甲公司以现金回购本公司股票300万股并注销。假定每股回购价分别为0.9元、3元、4元，按照以上资料，编制回购股票和注销股票的会计分录。

2.以权益结算的股份支付（一）。甲上市公司（以下简称"甲公司"）2021—2024年发生的以权益结算的股份支付的有关资料及要求如下：（1）2021年1月1日，经股东大会批准，公司与40名高管人员签署股份支付协议。协议规定：❶公司向每名高级管理人员授予2万股股票期权，行权条件为这些高级管理人员从授予期权之日起连续服务满3年；❷服务期满后每持有1股普通股股票期权可以自2024年1月1日起1年内，以每股8元的价格购买本公司面值为1元的1股普通股，在行权期间内未行权的股票期权将失效。甲公司估计授予日每股股票期权的公允价值为18元。（2）2021—2024年高级管理人员人数变动及各年年末每股股票期权的公允价值变化的有关资料如下：❶2021年有4名高级管理人员离开公司，该年末每股股票期权的公允价值为24元并预计未来2年将有8名高级管理人员离开公司；❷2022年有2名高级管理人员离开公司，该年末每股股票期权的公允价值为28元并预计未来1年将有5名高级管理人员离开公司；❸2023年有4名高级管理人员离开公司，该年末每股股票期权的公允价值为30元。（3）2024年3月，剩余的30名高级管理人员按照协议规定全部行权，相关股票的变更登记手续已办理完成。根据以上资料，按照要求进行有关股份支付的账务处理。

3.以权益结算的股份支付（二）。 旺旺上市公司（以下简称"旺旺公司"）2021—2024年发生的以权益结算的股份支付的有关资料及要求如下：**（1）** 2020年12月批准了一项股份支付协议。协议规定：2021年1月1日，公司向200名管理人员每人授予1 000份股票期权并规定这些管理人员必须从授予日（2021年1月1日）起在公司连续服务3年，服务期满时将以每股2元的价格购买该公司面值为1元的普通股1 000股。公司估计该股票期权在授予日的公允价值为每股18元。**（2）** 2021—2023年管理人员人数变动的有关资料如下：❶该公司估计3年中离开的管理人员比例将达到10%；❷第1年有10名管理人员离开公司；❸第2年又有13名管理人员离开公司，由于本公司的经营业绩持续下滑且前两年离开公司的管理人员较多，所以，公司将管理人员离开公司的比例修正为20%；❹第3年又有17名管理人员离开公司。**（3）** 2024年2月1日，未离开的管理人员全部行权并获得股票，相关股票的变更登记手续已办理完成。**根据以上资料，** 按照以下要求进行有关股份支付的账务处理（答案金额以万元为单位）。

4.以现金结算的股份支付。 光华股份有限公司有关股份支付的资料及要求如下：经股东大会批准，决定授予总经理10万份现金股票增值权，行权条件是从2021年1月1日起必须在公司连续服务3年，即可自2023年12月31日起根据股价增长幅度获取现金，该增值权应在2024年6月30日前行使完毕。**根据以上资料，** 进行该公司2021—2024年与股份支付有关的账务处理（答案金额以万元为单位）。

（二）完成作业练习要求

（1） 扫描"练习11-6答题表"二维码，并根据下载地址下载空白练习表11-3 word文档到计算机上；**（2）** 在练习表11-3中完成相关的账务处理；**（3）** 根据注册的班级群账号，提交完成的作业请授课教师批阅。

第十二章　收入、费用和利润

1.了解收入、费用和利润的基本概念。

2.掌握收入的确认和计量。

3.熟悉收入的种类、费用的分类，利润总额的内容和利润分配的一般程序。

4.掌握商品销售收入、提供劳务收入、让渡资产使用权收入的确认和计量。

5.掌握利润的构成及其计算与结转、利润的分配程序及其账务处理。

第一节　收入、费用和利润概述

一、收入概述

（一）收入的概念与分类

收入，是指企业在日常活动中形成的、会导致所有者权益增加的、与所有者投入资本无关的经济利益的总流入。

收入有广义和狭义之分。广义的收入包括：营业收入、投资收益、公允价值变动收益、资产处置收益、其他收益和营业外收入等。❶营业收入，是指企业从事销售商品、提供服务（包含各项劳务，下同）等日常经营业务活动取得的收入；❷投资收益，是指企业从事各项对外投资活动取得的净收入；❸公允价值变动收益，是指企业交易性金融资产等公允价值变动形成的收益；❹资产处置收益，主要是指固定资产、在建工程以及无形资产等处置产生的收益；❺其他收益，主要是指计入营业利润的政府补助等；❻营业外收入，是指企业在营业利润以外收取的与企业日常活动无关的接收捐赠收入等。按照对收入准则的理解及从利润（企业在一定期间的经营成果）的概念出发，收入是指一定会计期间内的经济利益的总流入，所以，本章所讲的收入是指广义的收入。广义收入扣除营业外收入，即为狭义收入。

会计准则变化

新旧准则对狭义收入和利得界定的变化与思考

（二）收入的确认原则

企业应当在履行了合同中的履约义务，即在客户取得相关商品控制权时确认收入。取得商品控制权主要包括以下三个方面：❶能力。其是指客户必须拥有现时权利，能够主导该商品或劳务的使用并从中获得全部经济利益。❷主导该商品的使用。其是指客户有使用该商品的权利。❸能够获得全部经济利益。商品的经济利益，是指该商品的潜在现金流量。

二、费用概述

（一）费用的概念与分类

企业在取得收入的过程中，必然要消耗一定量的经济资源，企业经济资源的消耗在会计上用"费用"表述。费用，是指企业在日常活动中形成的、会导致所有者权益减少的、与向所有者分配利润无关的经济利益的总流出。

费用也有广义和狭义之分。广义费用包括：营业成本、税金及附加、期间费用（包括销售费用、管理费用和财务费用）、研发费用、投资损失、公允价值变动损失、资产（信用）减值损失、资产处置损失、营业外支出和所得税费用。❶营业成本，是指为了取得营业收入发生的成本；❷税金及附加，是指应缴纳的除应交增值税、应交所得税等以外的各种税金及附加；❸期间费用，是指销售过程、生产经营管理过程、筹资过程中发生的应计入销售费用、管理费用、财务费用的耗费；❹研发费用，是指自行研发无形资产发生的应予费用化的支出；❺投资损失，是指企业在从事各项对外投资活动中发生的净损失；❻公允价值变动损失，是指交易性金融资产、以公允价值计量的投资性房地产等公允价值变动发生的损失；❼资产（信用）减值损失，是指各项非金融资产以及金融资产中长期股权投资（金融资产中的应收账款、债权投资、其他债权投资等资产）价值下跌发生的损失；❽资产处置损失，是指固定资产、在建工程及无形资产等处置过程中发生的净损失；❾营业外支出，是指企业在营业利润以外发生的与企业日常活动无关的支出；❿所得税费用，是指应在税前利润中扣除的所得税费用。

按照对收入准则的理解及从利润（企业在一定期间的经营成果）的概念出发，费用是指一定会计期间内的经济利益的总流出，所以，本章所讲的费用是指广义费用。广义费用扣除营业外支出，即为狭义费用。

新旧准则对狭义费用和损失界定的变化与思考

（二）费用、成本和支出的辨别

费用可以理解为一种耗费，表现为资产的减少或负债的增加。❶当这种耗费相对于资产而言时，应将其对象化，在对象化之前习惯上称之为费用，在对象化之后则称之为成本，如为产品生产而发生的耗费在对象化之前称之为生产费用，在对象化之后称之为生产成本。❷当这种耗费相对于利润而言时，分为从营业收入中扣除的营业成本和作为利润减项的期间费用。所以，费用和成本均是对耗费按用途进行的分类。费用是对耗费按当期损益进行的归集，而成本是对耗费按对象进行的归集。

支出可以理解为资产的减少。其包括：❶偿债性支出，如用现金资产或非现金资产偿还各项债务的支出；❷权益性支出，如用现金资产或非现金资产分配股利；❸成本性支出，如用现金资产或非现金资产购买存货或固定资产；❹费用性支出，如用现金资产或非现金资产直接支付广告费、修理费等；❺资产转换性支出，如从银行提取现金等。

三、利润概述

我国会计准则界定的利润是广义收入与广义费用之间的差额。所以，利润——企业一定会计期间的经营成果。其包括狭义的收入与费用之间的差额和直接计入当期损益的利得、损失。

由于企业经营按照税法规定要缴纳所得税，所得税是企业为所有者或投资者赚钱必须付出的代价，从赚钱的角度可以将企业应缴纳的所得税理解为一项特殊的费用——所得税费用。而所得税是以缴纳所得税以前的利润为基础计算的，所以，利润又分为税前利润和税后利润。

税前利润又称利润总额或会计利润，税前利润减去所得税费用，即为税后利润，又称净利润。又由于会计准则和税法在确认收入、费用上的差异，要在会计利润的基础上按照税法的要求对其进行调整，调整后的会计利润又称为应税利润。

第二节　利润总额的形成

一、营业收入的确认

按照收入准则，营业收入确认的核心原则是：❶确认方式应当反映其向客户转让商品或提供劳务收取的金额；❷企业应当在履行了合同中的履约义务，即在客户取得相关商品控制权时确认收入。

（一）营业收入的分类

（1）**按经济业务的内容分类**。营业收入可分为销售商品收入、提供服务收入、让渡资产使用权收入：❶销售商品收入，是指企业通过销售商品而取得的收入，如制造业企业销售产品取得的收入、商品流通企业销售商品取得的收入、房地产开发企业销售自行开发的房地产取得的收入；❷提供服务收入，是指企业通过提供服务而取得的收入，如交通运输企业提供运输服务取得的收入、建筑安装企业提供建筑安装服务取得的收入；❸让渡资产使用权收入，是指企业通过让渡资产使用权而取得的收入，如企业对外出租无形资产取得的使用权收入、商业银行发放贷款取得的利息收入。

（2）**按经济业务的核心性分类**。营业收入可分为主营业务收入和其他业务收入：❶主营业务收入，是指企业开展核心业务取得的收入，是利润形成的主要来源。不同行业主营业务收入的表现形式有所不同，如制造业企业的产品销售收入、商品流通企业的商品销售收入等。❷其他业务收入，是指企业在生产经营中开展非核心性业务取得的收入，如制造业企业出售原材料、出租包装物取得的收入等。

（二）营业收入的确认条件

收入准则规定，当企业与客户之间的合同同时满足下列条件时，企业应当在客户取得相关商品控制权时确认收入：❶合同各方已批准该合同并承诺将履行各自义务；❷该合同明确了合同各方与所销售商品或提供服务等相关的权利和义务；❸该合同有明确的与所销售商品或提供服务等相关的支付条款；❹该合同具有商业实质，即履行该合同将改变企业未来现金流量的风险、时间分布或金额；❺企业因向客户销售商品或提供服务等而有权取得的对价很可能收回。同时满足上述条件，说明企业取得了内容完整、合法有效的具有商业实质的合同，且很可能收到相关价款，在这种情况下，企业履行了合同中的履约义务，即客户取得相关商品控制权时，企业可以确认营业收入。

（三）营业收入确认的时间

企业在合同开始日，应对合同进行评估分析，识别该合同所包含的各单项履约义务，并确定各单项履约义务是在某一时段内履行，还是在某一时点履行，然后在履行了各单项履约义务时分别确认收入。前者是指企业在一定的时间期限内逐步向客户转移商品的控制权（简称"时段履约"）；后者是指企业在一定的时点向客户转移商品的控制权（简称"时点履约"）。

1.营业收入按时段履约的确认

在某一时段内分期确认营业收入，是指一份合同所提供的商品或服务涉及多个会计期间，需要分期确认收入。合同开始日，企业应当对合同进行评估，识别该合同所包含的履约义务，满足下列条件之一的，属于在某一时段内履行履约义务，否则，属于在某一时点履行履约义务。

（1）**客户在企业履约的同时即取得并消耗企业履约所带来的经济利益**。如企业向客户提供的保安、保洁等服务。企业在履约过程中持续向客户转移商品或服务控制权的，该履约义务属于在某一时段内履行的履约义务。

（2）**客户能够控制企业履约过程中在建的商品或服务**。其包括研发过程中的科研项目、建造过程中的工程等，如果客户在企业生产该商品的过程中就能控制这些商品，应当认为企业提供商品的履约义务属于在某一时段履行的履约义务。

（3）**企业履约过程中的商品或服务等具有不可替代用途，且该企业在整个合同期内有权就累计至今已完成的履约部分收取款项**。具有不可替代用途是指因合同限制或实际可行性限制，企业不能轻易将商品用于其他用途。如按照客户的要求建造的资产等。

2.营业收入按时点履约的确认

对于在某一时点履行的履约义务，企业应当在客户取得相关商品或服务等控制权的时点确认收入。在判断客户是否已取得商品或服务等控制权时，企业应当考虑下列迹象：

（1）**企业就该商品或服务等享有现时收款权利**，即客户就该商品或服务负有现时付款义务，例如，甲公司与客户签订销售商品合同，约定客户收到商品验收无误后10日内付款。在客户收到甲公司开具的发票、商品验收入库后，客户能够自主确定商品的使用情况，此时甲公司享有收款权利，客户负有现时付款义务。

（2）**企业已将该商品或服务等的法定所有权转移给客户**，即客户已拥有该商品等的法定所有权，例如，房地产企业向客户销售商品房，在客户付款后取得房屋产权证时，表明企业已将该商品房的法定所有权转移给客户。

（3）**企业已将该商品实物转移给客户**，即客户已占有该商品实物，例如，企业与客户签订交款提货合同，企业销售商品并送货到客户指定地点，客户验收合格并付款，表明企业已将该商品实物转移给客户，即客户已占有该商品实物。

（4）**企业已将该商品等所有权上的主要风险和报酬转移给客户**，即客户已取得该商品或服务等所有权上的主要风险和报酬。例如，甲房地产公司向客户销售商品房办理产权转移手续后，该商品房价格上涨或下跌带来的利益或损失全部属于客户，表明客户已取得该商品房所有权上的主要风险和报酬。

（5）**客户已接受该商品或服务等**。例如，企业向客户销售为其定制生产的节能设备，客户收到并验收合格后办理入库手续，表明客户已接受该商品。

（6）**其他表明客户已取得商品或服务等控制权的迹象**。

二、营业收入的计量

（一）营业收入计量的原则

营业收入的确认同时伴随着计量。收入准则关于营业收入计量的核心原则为：计量的金额应反映企业预计因交付这些商品或服务而有权获得的对价。企业应该按照各单项履约义务的交易价格计量营业收入。交易价格是指企业因向客户销售商品或提供劳务有权收取的对价金额。企业代第三方收取的款项以及企业预期将退还给客户的款项，应当作为负债处理，不计入交易价格。

（二）交易价格确定的影响因素

拓展阅读

影响交易价格
确定的三种
因素

企业应当根据合同条款并结合以往的习惯做法确定交易价格。企业在确定交易价格时，应当考虑合同中存在的可变价格（如现金折扣）、重大融资成分（如分期收款商品销售）、应付客户对价（如承诺给予客户的优惠）等因素的影响。

三、营业收入确认与计量的五步法模型

企业应当根据合同条款并结合以往的习惯做法确定交易价格。根据《企业会计准则第14号——收入》，收入确认和计量大致分为五步：

（一）识别与客户订立的合同

合同，是指双方或多方之间订立有法律约束力的权利义务的协议。合同有书面形式、口头形式以及其他形式。合同的存在是企业确认合同收入的前提，企业与客户之间的合同一经签订，企业即享有从客户取得与转移商品和服务对价的权利，同时负有向客户转移商品和服务的履约义务。

（二）识别合同中的单项履约义务

履约义务，是指合同中企业向客户转让可明确区分商品或服务的承诺。企业应当将向客户转让可明确区分商品（或者商品的组合）的承诺以及向客户转让一系列实质相同且转让模式相同的、可明确区分商品的承诺作为单项履约义务。

例如，企业与客户签订合同，向其销售商品并提供安装服务，该安装服务简单，除该企业外其他供应商也可以提供此类安装服务，该合同中销售商品和提供安装服务为两项单项履约义务。若该安装服务复杂且商品需要按客户的定制要求修改，则合同中销售商品和提供安装服务合并为单项履约义务。

（三）确定交易价格

交易价格，是指企业因向客户转让商品而预期有权收取的对价金额，不包括企业代第三方收取的款项（如增值税）以及企业预期将退还给客户的款项。合同条款所承诺的对价，可能是固定金额、可变金额或两者兼有。

例如，甲公司与客户签订合同为其建造一栋厂房，约定的价款为100万元，4个月完工，交易价格就是固定金额100万元；假如合同中约定若提前1个月完工，客户将额外奖励甲公司10万元，甲公司估计工程提前1个月完工的概率为95%，则甲公司预计有权收取的对价为110万元，因此交易价格包括固定金额100万元和可变金额10万元，总计为110万元。

（四）将交易价格分摊至各单项履约义务

当合同中包含两项或多项履约义务时，需要将交易价格分摊至各单项履约义务，分摊的方法是在合同开始日，按照各单项履约义务所承诺商品的单独售价（企业向客户单独销售商品的价格）的相对比例，将交易价格分摊至各单项履约义务。通过分摊交易价格，使

企业分摊至各单项履约义务的交易价格能够反映其因向客户转让已承诺的相关商品而有权收取的对价金额。

例如，企业与客户签订合同，向其销售A、B、C三件产品，不含增值税的合同总价款为10 000元。A、B、C产品的不含增值税单独售价分别为5 000元、3 500元和7 500元，合计16 000元。按照交易价格分摊原则，A产品应当分摊的交易价格为3 125元（5 000÷16 000×10 000），B产品应当分摊的交易价格为2 187.50元（3 500÷16 000×10 000），C产品应当分摊的交易价格为4 687.50元（7 500÷16 000×10 000）。

（五）履行各单项履约义务时确认收入

当企业将商品转移给客户，客户取得了相关商品的控制权，意味着企业履行了合同履约义务，此时，企业应确认收入。企业将商品控制权转移给客户，可能是在某一时段内（即履行履约义务的过程中）发生，也可能在某一时点（即履约义务完成时）发生，企业应当根据实际情况，首先判断履约义务是否满足在某一时段内履行的条件，如不满足，则该履约义务属于在某一时点履行的履约义务。

收入确认和计量的五个步骤中，第一、二步和第五步主要与收入的确认有关，第三、四步主要与收入的计量有关。

需要说明的是，一般而言，确认和计量任何一项合同收入应考虑全部的五个步骤。但履行某些合同确认收入不一定都经过五个步骤，如企业第二步确定某项合同仅为单项履约义务时，可以从第三步直接进入第五步确认收入，不需要第四步（分摊交易价格）。

四、营业收入的账务处理

（一）常见销售业务的账务处理

企业销售商品或原材料等，应在符合销售收入的确认条件时，确认销售收入，并结转销售成本。

1.一般性销售商品及出售原材料等的账务处理

对于一般性销售商品业务，应确认为主营业务收入；企业出售原材料应确认为其他业务收入。因结算方式不同，其账务处理略有不同：❶按照应确认的收入金额，贷记"主营业务收入""其他业务收入"账户；❷按照应计增值税额，贷记"应交税费——应交增值税（销项税额）"账户；❸按照价税之和并分不同的结算方式，借记"银行存款""应收票据""应收账款""预收账款"等账户。

2.销货退回业务的账务处理

企业已经销售的商品，可能会因质量、品种不符合购销合同的规定而被客户退回。❶客户在退货的同时，应退回原开具的增值税专用发票；在客户无法退回原增值税专用发票的情况下，退货方应在当地税务机关开具销售退回证明单。❷销货方收到退回的商品及销售退回证明单时，应开具红字或负数增值税专用发票，退还货款或冲减应收账款，并冲减主营业务收入和增值税销项税额，借记"主营业务收入""应交税费——应交增值税（销项税额）"等账户，贷记"银行存款""应收票据""应收账款"等账户。❸应由企业负担的发货及退货运杂费，计入销售费用。

3.销货折让的账务处理

企业将商品销售给买方之后，如果买方发现商品在质量、规格等方面不符合要求，可能要求卖方在价格上给予一定的减让。❶发生销售折让时，购货方应在当地税务机关开具销售折让证明单。❷销货方在收到销售折让证明单时，应开具红字或负数增值税专用发票，退还销售折让款或冲减应收账款，并冲减主营业务收入和增值税销项税额，借记"主营业务收入""应交税费——应交增值税（销项税额）"等账户，贷记"银行存款""应收票据""应收账款"等账户。

4.附有现金折扣业务的账务处理

现金折扣，是指企业采用赊销方式销售商品时，债权人为鼓励债务人在规定的期限内付款而向债务人提供的债务扣除。❶如果购货方在折扣期限内付款，应将发票金额扣除现金折扣后的余额作为购货方实际支付的货款，其交易价格实际上就是可变对价。❷销售商品或提供劳务的营业收入及应收账款等，需要按照扣除现金折扣的净额计价入账。❸如果购货方未能在折扣期内付款，企业应按购货方未享受的现金折扣金额调增营业收入和应收账款。

【例12-1】根据永强公司2024年10月份发生的销售业务，编制相关的会计分录如下：

（1）1日，采用支票结算方式向本地甲公司销售A产品20件，价款200 000元，增值税26 000元。甲公司因临时需要未与永强公司签订合同，直接到公司交款提货。因未签订合同，不需要单独识别合同及履约义务，该项交易内容单一，价格固定，最终交易价格即为收到的货款。因此，在永强公司收到货款，甲公司收到A商品并取得该商品的控制权时，永强公司直接根据开具的增值税专用发票等确认营业收入。

借：银行存款	226 000	
贷：主营业务收入		200 000
应交税费——应交增值税（销项税额）		26 000

（2）5日，采用托收承付方式销售A商品30件给外地乙公司，开出的增值税专用发票上注明售价为300 000元，增值税额为39 000元；通过银行支付代垫运杂费4 360元。商品已发出并已向银行办妥托收手续。办妥托收手续表明履行了合同规定的履约义务，一般视为客户收到该商品并取得控制权，应确认营业收入。

借：应收账款	343 360	
贷：主营业务收入		300 000
应交税费——应交增值税（销项税额）		39 000
银行存款		4 360

（3）8日，赊销A商品8件给丙公司，开具的增值税专用发票上注明价款80 000元、增值税10 400元，合同约定赊销期限为60天，现金折扣条件为"2/10，1/30，N/60"，永强公司已履行了合同规定的履约义务，丙公司取得该批商品的控制权。永强公司估计丙公司能够在30天内付款并取得现金折扣800元，确认营业收入79 200元。

借：应收账款	89 600	
贷：主营业务收入		79 200
应交税费——应交增值税（销项税额）		10 400

（4）10日，收到上月30日赊销给丁公司B商品的款项66 600元。上月赊销的现金折

扣条件为"2/10，1/20，N/30"并估计丁公司能够在20天内付款。赊销给丁公司的价款为60 000元、增值税额为7 800元。

购货方实际享受的现金折扣与上月估计的不同，由1%变为2%，应调减主营业务收入600元（60 000×1%）。

借：银行存款	66 600	
主营业务收入	600	
贷：应收账款		67 200

（5）15日，上月销售给海虹公司的A产品中有5件因质量问题被退回，根据海虹公司转来的销售退回证明单，开具的红字增值税专用发票上注明价款50 000元、增值税6 500元。永强公司已经办妥相关手续，收到退回的商品并通过企业网银支付退货款56 500元。

借：主营业务收入	50 000	
应交税费——应交增值税（销项税额）	6 500	
贷：银行存款		56 500

（6）20日，上月销售给华盛公司A产品，华盛公司发现有4件外观存在问题，经协商同意给予该公司10%的销售折让，开具的红字增值税专用发票上注明价款4 000元、增值税520元，已经办妥相关手续并通过企业网银支付折让款4 520元。

借：主营业务收入	4 000	
应交税费——应交增值税（销项税额）	520	
贷：银行存款		4 520

（7）25日，销售给本地光明公司原材料一批，开具的增值税专用发票上注明价款40 000元、增值税额5 200元。该批材料的成本为30 000元。材料已由光明公司提走并通过企业网银收到货款45 200元。材料已由光明公司提走并付款表明永强公司履行了履约义务且光明公司取得了该材料的控制权，应确认营业收入。

借：银行存款	45 200	
贷：其他业务收入		40 000
应交税费——应交增值税（销项税额）		5 200

（8）月末，结转销售成本。其中，销售A产品53件（20+30+8-5），经计算的加权平均单位成本为6 200元，总成本为328 600元；原材料的成本为30 000元。

借：主营业务成本	328 600	
其他业务成本	30 000	
贷：库存商品		328 600
原材料		30 000

（二）特殊销售业务的账务处理

企业特殊销售业务，是指除前述一般性销售业务以外的业务。企业特殊销售业务如为复杂业务，需要按照前述营业收入确认和计量的"五步法"进行分析判断；如为简单业务，则可以根据具体业务的内容，省略某些步骤进行分析判断。

需要说明的是，按照企业会计准则的规定，企业应当根据本企业履行履约义务与客户付款之间的关系，确认合同资产或合同负债。

（1）合同资产，是指企业已向客户转让商品而有权收取对价的权利，且该权利取决于例如，企业向客户销售两项可明确区分的商品，企业因已交付其中一项商品而有权收取款项，但收取该款项还取决于企业交付另一项商品的情况，企业应当将该收款权利确认为合同资产。应收账款与合同资产的区别在于，应收账款代表的是无条件收取合同对价的权利，即企业仅仅随着时间的流逝即可收款；而合同资产并非一项无条件收款权，该权利除了时间流逝之外，还取决于其他条件的满足才能收取相应的合同对价。因此，与合同资产和应收账款相关的风险是不同的。由于这种情况极少发生，本教材不再详述。

（2）合同负债，是指企业已收客户对价而应向客户转让商品的义务，如企业在转让承诺的商品之前已收取的款项。企业可以设置"合同负债"账户核算，因其核算的内容与"预收账款"账户相同，也可以使用"预收账款"账户核算上述业务的内容。

1.合同包含多项履约义务及可变对价等复杂业务

如果企业与客户签订的合同中包含多项履约义务，交易价格的确定存在可变对价等因素，且既有时段履约义务也有时点履约义务，则需要按照前述营业收入确认与计量的步骤进行分析，分别进行账务处理。

【例12-2】2025年1月1日，甲公司与E公司签订了一份数控机床销售及技术服务合同并经双方批准生效。根据合同的要求。甲公司应在2025年3月1日交付该产品，并在接下来的1年内提供与该设备使用有关的技术服务。该设备及技术服务的不含增值税总售价为300万元，数控机床成本为180万元，每月的技术服务成本为4万元，E公司在收到设备并正常安装运行后，应一次性结清全部款项。2025年3月1日，甲公司开具的增值税专用发票上注明价款300万元、增值税39万元，价税合计339万元已通过银行收讫。甲公司如果单独销售该数控机床，不含税的价款为221万元；如果单独提供1年的技术服务，不含税的价款为119万元，总价款为340万元。

按照营业收入确认和计量的"五步法"，具体分析如下：

（1）识别与客户订立的合同：该合同已经双方批准生效。

（2）识别合同中的单项履约义务：该合同包括提供数控机床和技术服务两项义务。

（3）确定交易价格：E公司在收到数控机床并正常安装使用后，一次性支付全部款项339万元。合同价格里包含有合同折扣，合同折扣=340-300=40（万元）。

（4）将交易价格分摊至各单项履约义务：数控机床的交易价格=300×（221÷340）=195（万元）；技术服务的交易价格=300×（119÷340）=105（万元）。

（5）履行各单项履约义务时确认收入：按照合同的要求，甲公司应在E公司收到数控机床并正常安装运行后确认收入；提供的技术服务应在2025年3月1日交付该产品后的1年内分12期确认收入。

相关的账务处理如下：

（1）2025年3月1日，收到E公司支付的全部款项；交付该数控机床并正常安装使用，确认产品销售收入195万元；技术服务销售收入105万元尚未实现，应确认为合同负债。

借：银行存款　　　　　　　　　　　　　　　　　3 390 000

贷：主营业务收入	1 950 000
合同负债	1 050 000
应交税费——应交增值税（销项税额）	390 000

（2）结转该数控机床产品销售成本。

| 借：主营业务成本 | 1 800 000 |
| 　贷：库存商品 | 1 800 000 |

（3）2025年3月31日，确认当月提供的技术服务收入8.75万元（105÷12），并结转当月技术服务成本40 000元。

借：合同负债	87 500
贷：主营业务收入	87 500
借：主营业务成本	40 000
贷：生产成本	40 000

以后各月确认技术服务收入与结转成本同理。

2.商品销售后经济利益不能流入企业

如果企业售出的商品不符合营业收入确认的五项条件中的任何一项，不应确认为收入，应将已经销售商品的成本转为应收退货成本，借记"应收退货成本"账户，贷记"库存商品"账户；待已销售商品退回后，编制相反的会计分录。如果企业已经开具增值税专用发票，应确认应交增值税，借记"应收账款"账户，贷记"应交税费——应交增值税（销项税额）"账户；待已销售商品退回后，收回原增值税专用发票或开具红字增值税专用发票，冲减应交增值税，借记"应交税费——应交增值税（销项税额）"账户，贷记"应收账款"账户；根据收回商品的成本，借记"库存商品"账户，贷记"应收退货成本"账户。

【例12-3】甲公司于2025年12月6日采用托收承付结算方式向乙公司销售B商品20件，总成本为60 000元，增值税专用发票上注明价款100 000元，增值税13 000元。通过银行支付代垫运杂费3 390元，已经办妥托收手续。在办妥托收手续后得知B公司资金周转发生暂时困难，近期无法支付货款，客户承诺将商品退回，2026年1月10日，收到B公司退回的增值税专用发票及B商品20件并验收入库。

甲公司根据实际发生的经济业务，编制会计分录如下：

（1）2025年12月6日，由于与该交易相关的经济利益不一定能够流入企业，不符合收入确认的条件，因而不能确认收入，要将发出商品作为商品存放地点的转移并确认增值税。

借：应收退货成本	60 000
贷：库存商品	60 000
借：应收账款	16 390
贷：应交税费——应交增值税（销项税额）	13 000
银行存款	3 390

（2）2026年1月10日，收到客户退回的销货增值税专用发票，冲减增值税销项税额；代垫运杂费无法收回，计入销售费用。

| 借：应交税费——应交增值税（销项税额） | 13 000 |
| 　　销售费用 | 3 390 |

贷：应收账款	16 390
借：库存商品 60 000	
贷：应收退货成本	60 000

3.附有退货条件的商品销售

对于附有退货条件的商品销售，企业应当在客户取得相关商品控制权时，根据向客户销售商品预期有权收取的对价金额（即不包括预期因销售退回将退还的金额）确认收入，按预期因销售退回将退还的金额确认预计负债；同时，按照预期将退回商品转让时的账面价值，扣除收回该商品预计发生的成本（包括退回商品的价值减值）后的余额，确认为一项资产（应收退货成本），按照所转让商品转让时的账面价值，扣除上述资产成本的净额结转成本。每一资产负债表日，企业应当重新估计未来销售退货情况，如有变化，应当作为会计估计变更进行账务处理。

（1）不会退货的已销商品部分。❶企业将不会退货的已销商品确认为主营业务收入，借记"银行存款""应收账款"等账户，贷记"主营业务收入"账户；❷同时结转主营业务成本，借记"主营业务成本"账户，贷记"库存商品"账户。

（2）可能退货的已销商品部分。❶根据可能退货的已销商品账面价值，扣除收回该商品预计发生的成本（包括退回商品的价值减值）后的余额，借记"应收退货成本"账户；根据可能退货的已销商品账面价值，贷记"库存商品"账户；根据两者的差额，借记"主营业务成本"等账户。❷如果企业已经收取可能退货商品的价款，应确认为预计负债，借记"银行存款"账户，贷记"预计负债"账户。❸如果已经开具增值税专用发票，则应确认应交增值税，借记"银行存款""应收账款"等账户，贷记"应交税费——应交增值税（销项税额）"账户。❹企业如果无法合理确定退货的可能性，则应全部确认为应收退货成本，于退货期满时确认营业收入。

【例12-4】甲公司于2025年4月30日向乙公司销售C商品500件，总成本为360 000元，开具的增值税专用发票上注明价款500 000元、增值税额65 000元，价税合计565 000元已收存银行。合同规定20天内可以无条件退货，根据以往经验，甲公司估计这批产品的退货率为10%，甲公司预计不会发生退货损失。2025年5月18日，乙公司退回C商品30件，其余商品未退货，甲公司开具的红字增值税专用发票上注明价款30 000元、增值税额3 900元，通过银行退回价税合计33 900元。相关账务处理如下：

（1）4月30日售出C产品，按估计的退货率确认预计负债并确认收入。

应确认预计负债=500 000×10%=50 000（元）

应确认的主营业务收入=500 000-50 000=450 000（元）

借：银行存款	565 000
贷：主营业务收入	450 000
预计负债	50 000
应交税费——应交增值税（销项税额）	56 000

（2）同时，结转已销产品成本。

应确认的应收退货成本=360 000×10%=36 000（元）

应确认的主营业务成本=360 000-36 000=324 000（元）

借：主营业务成本	324 000	
应收退货成本	36 000	
贷：库存商品		360 000

（3）5月18日支付退货款，确认未退货商品收入。

应确认主营业务收入=500 000×10%-30 000=20 000（元）

借：预计负债	50 000	
应交税费——应交增值税（销项税额）	3 900	
贷：主营业务收入		20 000
银行存款		33 900

（4）转回库存商品，确认主营业务成本。

转回库存商品=30 000×（360 000÷500 000）=21 600（元）

确认主营业务成本=36 000-21 600=14 400（元）

借：主营业务成本	14 400	
库存商品	21 600	
贷：应收退货成本		36 000

4.短期分期收款商品销售

企业采用分期收款方式销售商品，如果收款期较短（一般为1年以内），在满足收入确认条件时：❶不需要考虑分期收款总额中包含的融资成分，应全额确认收入，借记"应收账款"账户，贷记"主营业务收入"账户；同时结转商品销售成本，借记"主营业务成本"账户，贷记"库存商品"账户。❷按照增值税的相关规定，在合同规定的收款日期确认应交增值税，因此，在发出商品时不需要缴纳增值税，但应确认待转销项税额，借记"应收账款"账户，贷记"应交税费——待转销项税额"账户。❸在合同规定的收款日期，开具增值税专用发票，根据收到的全部价款，借记"银行存款"账户，贷记"应收账款"账户；根据确认的增值税，借记"应交税费——待转销项税额"账户，贷记"应交税费——应交增值税（销项税额）"账户。**特别提示：** 在合同规定的收款日期，如果未收到价款，也应确认应交增值税。

【例12-5】甲公司2025年5月1日采用分期收款方式向丙公司销售D商品的总成本为320 000元、总售价600 000元、增值税销项税额为78 000元。按照合同的规定，甲公司分别于7月1日、9月1日、11月1日收取款项226 000元，并开具增值税专用发票。相关账务处理如下：

（1）5月1日售出D商品。

借：应收账款	678 000	
贷：主营业务收入		600 000
应交税费——待转销项税额		78 000
借：主营业务成本	320 000	
贷：库存商品		320 000

（2）7月1日、9月1日、11月1日收取款项。

借：银行存款	226 000	
贷：应收账款		226 000

借：应交税费——待转销项税额　　　　　　　　　　　　26 000
　　贷：应交税费——应交增值税（销项税额）　　　　　　　　26 000

5.具有重大融资性质的分期收款商品销售

微课视频

合同中存在
重大融资成分

企业对于一些价值较大的商品（如汽车、大型设备等）采用分期收款方式销售，如果收款期较长（一般为3年以上），则说明该销售业务具有融资性质，在满足收入确认条件的情况下，应按照商品的现销价格确认收入（如果不存在现销价格，则按照不含增值税的分期收款总额的现值确认收入）。不含增值税的分期收款总额与确认收入的差额作为未实现融资收益。

企业发出商品时：❶应根据含增值税的分期收款总额，借记"长期应收款"账户；❷根据未来应收增值税销项税额总额，贷记"应交税费——待转销项税额"账户；❸根据确认收入的金额，贷记"主营业务收入"账户；❹根据其差额，贷记"未实现融资收益"账户。

在合同约定的收款日期：❶应根据实际收到的含增值税款项，借记"银行存款"等账户，贷记"长期应收款"账户；❷同时将待转销项税额确认为销项税额，借记"应交税费——待转销项税额"账户，贷记"应交税费——应交增值税（销项税额）"账户；

此外，还要根据不含待转销项税额的长期应收款账面价值（摊余成本）和实际利率计算未实现融资收益的摊销额，确认为利息收入，借记"未实现融资收益"账户，贷记"财务费用"账户。摊余成本等于扣除待转销项税额的"长期应收款"账户借方余额与"未实现融资收益"账户贷方余额的差额。

【例12-6】甲公司于2025年8月15日销售给丁公司一大型成套设备，该商品的成本为1 500 000元，不含税销售价格为2 000 000元，增值税额为260 000元，该商品的不含税现销价格为1 815 000元，增值税额为235 950元，实际利率为4%。合同约定分4次并在满一年时等额付款，每次收取565 000元并开具增值税专用发票。相关账务处理如下：

（1）2025年8月15日，企业在销售实现时确认收入，收入金额按合同或协议价款的公允价值计量（即现销方式下的售价），并按其计算待转销项税额，同时结转相应成本。

未实现融资收益=2 000 000−1 815 000=185 000（元）

借：长期应收款　　　　　　　　　　　　　　　　　　2 260 000
　　贷：主营业务收入　　　　　　　　　　　　　　　　1 815 000
　　　　应交税费——待转销项税额　　　　　　　　　　　260 000
　　　　未实现融资收益　　　　　　　　　　　　　　　　185 000

同时，结转已销产品成本：

借：主营业务成本　　　　　　　　　　　　　　　　　1 500 000
　　贷：库存商品　　　　　　　　　　　　　　　　　　1 500 000

不含增值税的长期应收款账面价值=长期应收款−待转销项税额−未实现融资收益
　　　　　　　　　　　　　　　=2 260 000−260 000−185 000
　　　　　　　　　　　　　　　=1 815 000（元）

（2）2026年8月15日收取款项，确认增值税销项税额并摊销未实现融资收益。

待转销项税额=260 000÷4=65 000（元）

借：银行存款　　　　　　　　　　　　　　　　　　　565 000
　　应交税费——待转销项税额　　　　　　　　　　　　65 000

　　　　　贷：长期应收款　　　　　　　　　　　　　　　565 000

　　　　　　应交税费——应交增值税（销项税额）　　　　65 000

未实现融资收益摊销额=1 815 000×4%=72 600（元）

　　　　借：未实现融资收益　　　　　　　　　　　　　72 600

　　　　　贷：财务费用　　　　　　　　　　　　　　　　72 600

"长期应收款"账户的借方余额=2 260 000−565 000=1 695 000（元）

"应交税费——待转销项税额"账户贷方余额=260 000−65 000=195 000（元）

"未实现融资收益"账户的贷方余额=185 000−72 600=112 400（元）

不含增值税的长期应收款账面价值=1 695 000−195 000−112 400=1 387 600（元）

（3）2027年8月15日，收取款项，确认增值税销项税额并摊销未实现融资收益。

　　　　借：银行存款　　　　　　　　　　　　　　　565 000

　　　　　应交税费——待转销项税额　　　　　　　　65 000

　　　　　贷：长期应收款　　　　　　　　　　　　　　565 000

　　　　　　应交税费——应交增值税（销项税额）　　　　65 000

未实现融资收益摊销额=1 387 600×4%=55 504（元）

　　　　借：未实现融资收益　　　　　　　　　　　　　55 504

　　　　　贷：财务费用　　　　　　　　　　　　　　　　55 504

"长期应收款"账户的借方余额=1 695 000−565 000=1 130 000（元）

"应交税费——待转销项税额"账户贷方余额=195 000−65 000=130 000（元）

"未实现融资收益"账户的贷方余额=112 400−55 504=56 896（元）

不含增值税的长期应收款账面价值=1 130 000−130 000−56 896=943 104（元）

2028年8月15日和2029年8月15日的账务处理同理，略。

特别提示：也可以通过编制"未实现融资收益摊销计算表"得到各期未实现融资收益摊销额，见表12-1。

表12-1　　　　　　　　　　　　**未实现融资收益摊销计算表**　　　　　　　　　单位：元

日　期	分期应收款	财务费用	已收本金	未实现融资收益	账面价值
	①	②=期初⑤×4%	③=①−②	④=期初④−②	⑤=期初⑤−③
2024.08.15				185 000	1 815 000
2025.08.15	500 000	72 600	427 400	112 400	1 387 600
2026.08.15	500 000	55 504	444 496	56 896	943 104
2027.08.15	500 000	37 724	462 276	19 172	480 828
2028.08.15	500 000	19 172*	480 828	0	0
合　计	2 000 000	185 000	1 815 000	——	——

*含尾数调整。

（三）提供服务收入的账务处理

　　企业提供的服务：❶如属于时点履约义务，应采用与前述商品销售相同的方法确认营业收入；❷如属于时段履约义务，则应考虑服务的性质，采用产出法或投入法确定恰当的履约进度，分期确认营业收入。

1.履约进度确定的方法

产出法是根据已提供给客户的服务对于客户的价值确定履约进度，即采用实际测量的完工进度、评估已实现的结果、时间进度、已完工或交付的产品等产出指标；投入法是根据企业为履行履约义务的投入确定履约进度，即采用投入的材料数量、花费的人工工时、机器工时、发生的成本和时间进度等投入指标确定恰当的履约进度。

【例12-7】甲建筑公司承建A工程，工期2年，A工程的预计总成本为10 000 000元。第1年，甲建筑公司实际发生成本6 800 000元。其中：人工费1 500 000元，材料费3 800 000元，机械作业费1 000 000元，其他直接费和工程间接费500 000元。经查明，A工程领用的材料中有一批虽已运到施工现场但尚未使用，尚未使用的材料成本为800 000元。根据上述资料，甲建筑公司计算第1年的合同履约进度如下：

合同履约进度＝（6 800 000−800 000）÷10 000 000×100%＝60%

每一资产负债表日，企业应当对履约进度进行重新估计。当客观环境发生变化时，企业需要重新评估履约进度是否发生变化，以确保履约进度能够反映履约情况的变化，该变化应当作为会计估计变更进行会计处理。对于每一项履约义务，企业只能采用一种方法来确定其履约进度，并加以一贯运用。对于类似情况下的类似履约义务，企业应当采用相同的方法确定履约进度。

资产负债表日，如果合同的履约进度能够合理确定，则企业应当按照合同的交易价格总额乘以履约进度扣除以前会计期间累计已确认的收入后的金额，确认当期收入，同时按照提供商品或劳务的合同预计总成本乘以累计履约进度扣除以前期间累计已确认成本后的金额，结转当期成本。计算公式为：

各期确认的营业收入＝合同总收入×本期末止履约进度−以前期间已确认的收入

各期确认的营业成本＝合同总成本×本期末止履约进度−以前期间已确认的成本

资产负债表日，如果合同的履约进度不能够合理确定：❶企业已经发生的成本预计能够得到补偿的，应当按照已经发生的成本确认营业收入，直到履约进度能够合理确定为止；❷如果已经发生的成本预计不能够得到补偿的，应当按照预计能够得到补偿的部分确认营业收入。

【例12-8】甲公司与乙公司签订一项服务合同，合同总收入为400万元，合同总成本为250万元，期限为2年，甲公司无法合理确定履约进度。

资产负债表日，该项服务的累计服务成本为60万元，已经发生的成本预计能够得到补偿，则应累计确认营业收入60万元，如果预计只有40万元能够得到补偿，则应确认营业收入40万元。

2.时段履约义务提供服务的账务处理

企业对于按时段确认收入的单项履约义务：（1）在发生各项支出时：❶按实际支出的成本金额，借记"生产成本"账户；❷按应支付的增值税进项税额，借记"应交税费——应交增值税（进项税额）"账户；❸按两者的合计金额，贷记"银行存款"等账户。（2）在确认收入时：❶按照实际收到的款项，借记"银行存款"等账户；❷按应确认的收入金额和增值税，贷记"主营业务收入""应交税费——应交增值税（销项税额）"账户；❸同时，结转合同履约成本，借记"主营业务成本"账户，贷记"生产成本"账户。

以预收方式收取单项履约义务对价金额的，借记"银行存款"账户，发生增值税纳税义务的，按应交的增值税销项税额，贷记"应交税费——应交增值税（销项税额）"账户，按两者的差额贷记"合同负债"账户。资产负债表日依据按履约进度确认的收入金额，借记"合同负债"账户，贷记"主营业务收入"账户，依据按履约进度计算确认的成本金额，借记"主营业务成本"账户，贷记"生产成本"账户。

学有余力

时段履约义务
提供服务的账
务处理举例

五、营业费用与其他损益项目

营业费用与其他损益项目是指形成企业利润总额的除营业收入外的有关项目，不包括形成资产成本的耗费。营业费用与其他损益项目包括营业成本、税金及附加、期间费用、资产减值损失、信用减值损失、公允价值变动损益、投资收益、资产处置损益和营业外收支。其中，营业成本、税金及附加、期间费用统称为营业费用。

（一）营业费用的确认与计量

1. 营业成本

营业成本按照与其匹配的营业收入，分为主营业务成本和其他业务成本。有关营业成本的确认与计量已在前述有关章节中述及，不再赘述。

2. 税金及附加

税金及附加，反映企业经营活动发生的消费税、城市维护建设税、印花税等相关税费（以下简称"相关价内税费"）。

企业应当设置"税金及附加"账户，核算企业经营活动发生的相关价内税费。❶按规定计算确定的相关价内税费，借记"税金及附加"账户，贷记"应交税费"账户；❷期末，应将"税金及附加"账户余额转入"本年利润"账户，结转后该账户无余额。

特别强调：企业交纳的印花税，不会发生应付未付税款的情况，不需要预计应纳税金额，同时也不存在与税务机关结算或清算的问题。因此，企业交纳的印花税不通过"应交税费"账户核算，购买印花税票时，直接借记"税金及附加"账户，贷记"银行存款"等账户。

3. 期间费用

期间费用，是指企业当期发生的，但不能直接归属于某个特定产成品的费用。期间费用主要包括销售费用、管理费用和财务费用。

（1）销售费用——企业在销售商品和材料、提供劳务过程中发生的各项费用以及专设销售机构的各项费用。其主要包括企业在销售商品过程中发生的应由本企业负担的销售部门人员薪酬、运输费、装卸费、包装费、保险费、广告费、展览费、售后服务费、差旅费、办公费、折旧费、修理费和其他经费等。

（2）管理费用——企业行政管理部门为组织和管理生产经营活动而发生的各项费用。其主要包括行政人员的薪酬、劳动保护费、失业保险费、董事会费（包括董事会成员津贴、会议费和差旅费等）、咨询费、审计费、诉讼费、绿化费、技术转让费、无形资产摊销、业务招待费、其他管理费用等。

（3）财务费用——企业在筹集资金过程中发生的各项费用。其主要包括生产经营期间发生的不应计入固定资产价值的利息费用（减利息收入）、金融机构的手续费、汇兑损失

（减汇兑收益）及其他财务费用等。

企业根据实际发生的销售费用、管理费用，借记"销售费用""管理费用""应交税费——应交增值税（进项税额）"等账户，贷记"银行存款"等有关账户。

企业发生财务费用时：❶借记"财务费用"等账户，贷记"银行存款"等有关账户；❷企业取得的利息收入，其数额与利息支出相比一般较小，在我国未单列账户进行核算，应抵减利息支出，借记"银行存款"等账户，贷记"财务费用——利息收入"账户。

（二）其他损益项目的确认与计量

1.资产减值损失

资产减值损失，是指企业存货、长期股权投资、固定资产、在建工程、工程物资、无形资产等发生减值确认的减值损失。

企业应根据确认的减值损失，借记"资产减值损失"账户，贷记"存货跌价准备""长期股权投资减值准备""固定资产减值准备""在建工程减值准备""工程物资减值准备""无形资产减值准备"等账户。

企业计提存货跌价准备后，相关资产的价值又得以恢复，应在原已计提的减值准备金额内，按恢复增加的金额，借记"存货跌价准备"账户，贷记"资产减值损失"账户。

企业计提的长期股权投资减值准备、固定资产减值准备、在建工程减值准备、工程物资减值准备、无形资产减值准备，按照我国会计准则的规定，不得转回。

2.信用减值损失

信用减值损失，是指金融资产中的应收款项、债权投资、其他债权投资等资产价值下跌发生的损失。

3.投资收益

投资收益，是指企业从事各项对外投资活动取得的收益（各项投资业务取得的收入大于其成本的差额）；投资损失，是指企业从事各项对外投资活动发生的损失（各项投资业务取得的收入小于其成本的差额）。投资收益大于投资损失的差额为投资净收益；反之则为投资净损失。

4.公允价值变动损益

公允价值变动损益，是指交易性金融资产和以公允价值计量的投资性房地产等因公允价值变动而形成的损益。有关资产的公允价值高于其账面价值时，应确认其公允价值变动收益，借记有关资产类账户，贷记"公允价值变动损益"账户；有关资产的公允价值低于其账面价值时，应确认其公允价值变动损失，借记"公允价值变动损益"账户，贷记有关资产类账户。

5.资产处置损益

资产处置损益，主要是指处置固定资产、在建工程及无形资产等产生的损益。企业发生资产处置收益时，应借记有关账户，贷记"资产处置损益"账户；发生资产处置损失时，做相反的会计分录。

6.营业外收支

（1）**营业外收入**，是指企业发生的与其日常活动无直接关系的各项利得，即企业在营业利润以外取得的收入。其主要包括接受捐赠收入、获得的赔款收入等。企业取得营业外收入时，应借记"营业外收入"账户。

（2）**营业外支出**，是指企业发生的与其日常活动无直接关系的各项损失，即在营业利润以外发生的支出，主要包括固定资产盘亏、毁损、报废等的净损失，以及非常损失、对外捐赠支出、赔偿款和违约金支出等。企业发生营业外支出时，应借记"营业外支出"账户。

六、利润总额的确认与计量

（一）利润总额的构成

利润总额——企业在缴纳所得税之前实现的利润。其计算公式如下：

利润总额=营业利润+营业外收入-营业外支出

营业 = 营业 - 营业 - 税金 - 期间 - 研发 - 资产 - 信用 ± 资产 ± 公允价值 ± 投资
利润   收入   成本   及附加   费用   费用   减值损失   减值损失   处置收益   变动收益   损益

（二）本年利润的计算与结转

会计期末结转本年利润的方法有表结法和账结法两种。在账结法下，上述利润总额的计算是通过设置"本年利润"账户来完成的。

（1）结转各项收入（包括利得）类账户至"本年利润"账户的贷方：❶应根据各收入类账户的贷方本期发生额合计，分别借记"主营业务收入""其他业务收入""公允价值变动损益""投资收益""资产处置损益""营业外收入"等账户；❷根据收入总额，贷记"本年利润"账户。

（2）结转各项费用（包括损失）类账户至"本年利润"账户的借方：❶应根据各费用类账户的借方本期发生额合计，分别贷记"主营业务成本""其他业务成本""税金及附加""销售费用""管理费用""财务费用""资产减值损失""信用减值损失""营业外支出"等账户；❷根据费用总额，借记"本年利润"账户。

经过上述结转后：❶有关收入类账户和费用类账户，在月末均无余额；❷"本年利润"账户的差额为实现的利润总额（贷差）或发生的亏损总额（借差）；❸实现的利润总额即为会计利润，亦称税前利润。

第三节　所得税费用

企业所得税，是国家对企业生产、经营所得和其他所得依法征收的一种收益税。它既体现国家对企业的管理，又体现企业对国家应承担的社会义务。企业向国家缴纳的所得税符合费用要素的定义，形成了所得税费用。

所得税费用，是指应在会计税前利润中扣除的所得税，包括当期所得税费用和递延所得税费用（或收益，下同）。我国现行会计准则规定，所得税费用的确认应采用资产负债表债务法。

一、当期所得税费用

当期所得税费用——按照应税所得额和适用的所得税税率计算当期应缴纳的所得税所确认的费用。

（一）应纳税所得额

应纳税所得额，是指企业按照所得税法规定的项目计算确定的收益，是计算应交所得税的依据。由于会计利润与应税所得额的计算口径、计算时间可能不一致，因而两者之间可能存在差异。一般情况下，应纳税所得额可在会计利润的基础上，考虑会计与税法规定之间的差异，按照下列公式计算确定：

$$应纳税所得额 = 会计利润 + 计入利润表但计税时不允许税前扣除的费用 - 税法规定的不征税收入 - 计入利润表的费用与按照税法规定可予税前抵扣的限额之差 \pm 计入利润表的收入与按照税法规定计入应纳税所得额的收入之差 \pm 其他需要调整的因素$$

上述应纳税所得额调整事项的具体内容主要包括：

1.应税所得额调减事项

应税所得额调减事项，是指会计上已确认为收入、已记入有关收入类账户并构成前述的利润总额但税法规定为免税收入，以及某项鼓励政策对有关实际支出按照一定的比例加计扣除的部分。其主要包括国债利息收入、返还的所得税、研究开发支出加计扣除的部分（现为100%）、残疾人工资加计扣除的部分（现为100%）等。

2.应税所得额调增事项

应税所得额调增事项，是指会计上已确认为费用、已记入有关费用类账户并构成前述的利润总额但税法规定为不应扣除的费用。其主要包括：应付债券和交易性金融负债的利息费用中按实际利率计算超过银行利息的部分；在费用中列支的职工福利费、职工工会经费和职工教育经费分别超过工资薪金规定比例的部分（现规定比例分别为14%、2%、8%）；业务招待费超限额的部分（业务招待费按照发生额的60%扣除，但最高不得超过当年销售（营业）收入的5‰）；企业列支的广告费和业务宣传费支出超过当年营业收入15%的部分；行政性罚款和被没收财物损失；不符合税法规定的公益性捐赠支出、非公益性捐赠及赞助支出等。

（二）应纳所得税额与所得税费用

企业应在会计利润的基础上，按照税收法规的规定进行调整，计算出当期应纳税所得额；按照应纳税所得额与适用的所得税税率计算确定当期应交所得税并确认当期所得税费用。

当期所得税费用＝当期应交所得税＝应纳税所得额×当期适用的所得税税率

为核算从当期损益中扣除的所得税费用，应设置"所得税费用"账户。借方登记当期所得税和当期递延所得税负债的增加以及当期递延所得税资产的减少而增加的递延所得税；贷方登记当期递延所得税负债的减少以及当期递延所得税资产的增加而减少的递延所得税。期末将该账户余额转入"本年利润"账户。该账户应按照"当期所得税费用"和"递延所得税费用"设置明细账户。

资产负债表日，企业按照税法的规定计算确定当期所得税，借记"所得税费用——当期所得税"账户，贷记"应交税费——应交所得税"账户。

【例12-9】甲企业2025年度会计利润总额为1 500万元，该企业适用的所得税税率为25%。2025年度发生的有关交易或事项中，会计处理与税法处理存在差别的有：

（1）"投资收益"账户的贷方记录国债利息收入180万元，税法规定这一收入免税。

（2）"营业外支出"账户的借方记录因排污超标罚款支出20万元、向关联企业捐赠现金50万元，税法规定不允许税前扣除。

（3）"公允价值变动损益"账户的贷方记录年末交易性金融资产公允价值变动增加30万元，这一收益只是账面收益但并未实现，按税法的规定不计入应税所得额。

（4）"管理费用"账户的借方记录的可费用化研发费用20万元，按税法规定可加计100%扣除应税所得额20万元。

（5）"资产减值损失"账户的借方记录年末计提固定资产减值准备25万元、存货跌价准备18万元。按税法的规定，企业计提的资产减值准备在资产发生实质性损失前不允许税前扣除。

（6）"信用减值损失"账户的借方记录年末计提坏账准备12万元。按税法的规定，企业计提的坏账准备在应收账款没有发生实质性损失（即已确认不可收回）前不允许税前扣除。

根据以上资料，甲企业2025年度应交所得税即当期所得税费用计算及账务处理如下：

应纳税所得额=1 500-180+20+50-30-20+25+18+12=1 395（万元）

应交所得税=1 395×25%=348.75（万元）

当期所得税费用=应交所得税=348.75万元

借：所得税费用——当期所得税　　　　　　　　3 487 500
　　贷：应交税费——应交所得税　　　　　　　　　　　　　3 487 500

二、递延所得税费用

递延所得税费用，是指由于资产、负债按会计准则确认、计量的账面价值与其按税法规定计算的计税依据不同所产生的暂时性差异而形成的所得税费用（收益），即资产、负债的账面价值与资产、负债的计税基础不同产生的差额所形成的所得税费用（收益），所以，暂时性差异的产生源于资产、负债的账面价值与其计税基础的不同。

会计准则变化

旧准则永久性差异与时间性差异及新准则的暂时性差异

（一）资产、负债的计税基础

1.资产的计税基础

资产的计税基础，是指企业收回资产账面价值的过程中，计算应纳税所得额时按照税法规定可以抵扣的金额。用公式表示如下：

资产的计税基础=资产未来期间计税时可税前扣除的金额

一般情况下，税法规定的资产取得的成本为购入时实际支付的金额。在资产持有的过程中，可在未来期间税前扣除的金额，是指资产的取得成本减去以前期间按照税法规定已经税前扣除的金额后的余额。企业应当按照适用的税收法规规定计算确定资产的计税基础。

2.负债的计税基础

负债的计税基础，是指负债的账面价值减去未来期间计算应纳税所得额时按照税法规定可予抵扣的金额。用公式表示如下：

负债的计税基础=账面价值-未来期间按照税法规定可予税前扣除的金额

在通常情况下，负债的确认与偿还不会影响企业的损益，也不会影响其应纳税所得额，未来期间计算应纳税所得额时按照税法规定可予税前抵扣的金额为零，因此，负债的计税基础一般等于账面价值。如企业的短期借款、应付账款等。但是，在某些情况下，负债的确认可能会影响企业的损益，进而影响不同期间的应纳税所得额，使得其计税基础与账面价值之间产生差额，如按照会计准则规定确认的某些预计负债等。

(二) 暂时性差异

暂时性差异，是指资产或负债的账面价值与其计税基础之间的差异。根据暂时性差异对未来期间应纳税所得额的影响，分为可抵扣暂时性差异和应纳税暂时性差异。

1.可抵扣暂时性差异

可抵扣暂时性差异，是指在确定未来收回资产或清偿负债期间的应纳税所得额时，将产生可抵扣金额的暂时性差异。具体来讲，资产的账面价值小于其计税基础或者负债的账面价值大于其计税基础，将产生可抵扣暂时性差异。该差异在未来期间转回时会减少转回期间的应纳税所得额，减少未来期间的应交所得税。

(1) **资产的账面价值小于其计税基础**。例如，某企业的一笔应收账款，账面余额为100万元，已计提坏账准备20万元，即其账面价值为80万元，计税基础为100万元；期末账面价值小于计税基础的差额20万元，将导致应收账款发生实质性损失期间的应纳税所得额相对于会计收益减少20万元，因而属于可抵扣暂时性差异。

(2) **负债的账面价值大于其计税基础**。例如，某企业因合同违约而被客户提起诉讼，要求支付违约金，至年末时法院尚未作出判决，企业为此计提了100万元的预计负债。由于税法允许合同违约金在支付时从税前扣除，故该项预计负债的账面价值为100万元，计税基础为零；期末账面价值大于计税基础的差额100万元，将导致实际支付合同违约金期间的应纳税所得额相对于会计收益减少100万元，因而属于可抵扣暂时性差异。

2.应纳税暂时性差异

应纳税暂时性差异，是指在确定未来收回资产或清偿负债期间的应纳税所得额时，将导致产生应纳税金额的暂时性差异。具体来讲，资产的账面价值大于其计税基础或者负债的账面价值小于其计税基础，将产生应纳税暂时性差异。该差异在未来期间转回时，将会增加转回期间的应纳税所得额和相应的应交所得税。

(1) **资产的账面价值大于其计税基础**。例如，企业持有的一项以公允价值计量且其变动计入当期损益的金融资产，购买成本为2 000万元，期末公允价值为2 500万元；那么期末其账面价值为2 500万元，计税基础为2 000万元；期末账面价值大于计税基础的差额500万元，将导致出售该交易性金融资产期间的应纳税所得额相对于会计收益增加500万元，因而属于应纳税暂时性差异。

(2) **负债的账面价值小于其计税基础**。负债的账面价值小于其计税基础，则意味着该项负债在未来期间计税时，可以税前抵扣的金额为负数，即应在未来期间应纳税所得额的基础上调增，增加应纳税所得额和应交所得税金额，产生应纳税暂时性差异。

(三) 递延所得税资产与递延所得税负债

由于暂时性差异产生了在未来收回资产或清偿负债的期间内，应纳税所得额增加或减少并导致未来期间应交所得税增加或减少的情况，形成了企业的递延所得税资产和递延所得税负债。

1. 递延所得税资产

递延所得税资产，是指按照可抵扣暂时性差异和适用税率计算确定的资产，其性质属于预付的税款，在未来期间抵扣应纳税款。递延所得税资产的确认应以未来期间很可能取得的用来抵扣可抵扣暂时性差异的应纳税所得额为限。其计算公式如下：

本期应确认的递延所得税资产=可抵扣暂时性差异×适用的税率−递延所得税资产期初余额

为核算可抵扣暂时性差异产生的所得税资产，应设置"递延所得税资产"账户。借方登记应予确认的递延所得税资产；贷方登记应减记的递延所得税资产；期末借方余额反映企业已确认的递延所得税资产的余额。

期末递延所得税资产大于期初递延所得税资产的差额，应确认为递延所得税收益，冲减所得税费用，借记"递延所得税资产"账户，贷记"所得税费用——递延所得税费用"账户；反之，则应冲减递延所得税资产，并作为递延所得税费用处理，借记"所得税费用——递延所得税费用"账户，贷记"递延所得税资产"账户。

【例 12-10】甲公司 2025 年 12 月 31 日购入一台固定资产，原值 120 000 元，假设预计无残值，税法规定采用直线法计提折旧，折旧年限为 5 年；该公司采用直线法计提折旧，折旧年限为 3 年。假设 2025 年没有递延所得税资产，各年的所得税税率均为 25%，且无其他差异。根据以上资料，进行 2025 年至 2030 年各年年末递延所得税费用的账务处理。

（1）计算该固定资产的暂时性差异。

❶2025 年 12 月 31 日，该固定资产的账面价值为 120 000 元，计税基础也为 120 000 元，无差异。

❷2026 年，按税法规定应计提折旧 24 000 元，年末计税基础为 96 000 元；实际计提折旧 40 000 元，年末账面价值为 80 000 元。两者之间相差 16 000 元。由于该固定资产在未来期间可以按照 96 000 元在所得税前抵扣，比该固定资产的账面价值多 16 000 元，因此，这 16 000 元差异属于可抵扣暂时性差异。

（2）确认递延所得税资产及所得税收益。

以上可抵扣暂时性差异形成递延所得税资产，计算并编制 2026 年至 2030 年各年年末递延所得税资产及所得税收益计算表，见表 12-2。

表 12-2　　　　　　　**递延所得税资产及所得税收益计算表**　　　　　　　单位：元

时间	计税基础	账面价值	期末可抵扣暂时性差异	期末递延所得税资产	期初递延所得税资产	递延所得税收益
2026 年年末	96 000	80 000	16 000	4 000	0	4 000
2027 年年末	72 000	40 000	32 000	8 000	4 000	4 000
2028 年年末	48 000	0	48 000	12 000	8 000	4 000
2029 年年末	24 000	0	24 000	6 000	12 000	−6 000
2030 年年末	0	0	0	0	6 000	−6 000

❶2026年至2028年每年年末。

借：递延所得税资产   4 000
　　贷：所得税费用——递延所得税费用   4 000

❷2029年至2030年每年年末。

借：所得税费用——递延所得税费用   6 000
　　贷：递延所得税资产   6 000

2.递延所得税负债

递延所得税负债，是指按照应纳税暂时性差异和适用税率计算确定的负债，其性质属于应付的税款，在未来期间转为应纳税款。其计算公式如下：

本期应确认的递延所得税负债=应纳税暂时性差异×适用的税率-递延所得税负债期初余额

为核算应纳税暂时性差异产生的所得税负债，应设置"递延所得税负债"账户。贷方登记应予确认的递延所得税负债；借方登记应减记的递延所得税负债；期末贷方余额反映企业已确认的递延所得税负债的余额。

期末递延所得税负债大于期初递延所得税负债的差额，应确认为递延所得税费用，借记"所得税费用——递延所得税费用"账户，贷记"递延所得税负债"账户；反之，则应冲减递延所得税负债，并作为递延所得税收益处理，借记"递延所得税负债"账户，贷记"所得税费用——递延所得税费用"账户。

如果形成的暂时性差异不涉及损益项目，则确认的递延所得税资产或递延所得税负债应直接调整其他综合收益，借记"递延所得税资产"账户，贷记"其他综合收益"账户；或借记"其他综合收益"账户，贷记"递延所得税负债"账户。

注意，在资产负债表上，递延所得税资产和递延所得税负债应分别列示，不应相互抵销。

【例12-11】甲公司2025年12月10日购入某项环保设备，原价为500万元，预计使用年限为5年，会计处理时按照直线法计提折旧，税法允许按双倍余额递减法计提折旧，预计净残值为零。假设2025年没有递延所得税资产，各年的所得税税率均为25%，且无其他差异。**根据以上资料，**进行2025年至2030年各年年末递延所得税费用的账务处理。

（1）计算该固定资产的暂时性差异。

❶2025年12月31日，该固定资产的账面价值为500万元，计税基础也为500万元，无差异。

❷2026年，按税法规定应计提折旧200万元，年末计税基础为300万元；实际计提折旧100万元，年末账面价值为400元。两者之间相差100万元。由于该固定资产在未来期间可以按照300万元在所得税前抵扣，比该固定资产的账面价值少100万元，因此，这100万元差异属于应纳税暂时性差异。

（2）确认递延所得税负债及所得税损失。

以上应纳税暂时性差异形成递延所得税负债，计算并编制2026年至2030年各年末递延所得税负债及所得税损失计算表，见表12-3。

时间	计税基础	账面价值	期末应纳税暂时性差异	期末递延所得税负债	期初递延所得税负债	递延所得税损失
2026 年年末	3 000	4 000	1 000	250	0	250
2027 年年末	1 800	3 000	1 200	300	250	50
2028 年年末	1 080	2 000	920	230	300	−70
2029 年年末	648	1 000	352	88	230	−142
2030 年年末	0	0	0	0	88	−88

❶2026 年年末。

借：所得税费用——递延所得税费用   250 000
    贷：递延所得税负债   250 000

❷2027 年年末。

借：所得税费用——递延所得税费用   50 000
    贷：递延所得税负债   50 000

❸2028 年年末。

借：递延所得税负债   70 000
    贷：所得税费用——递延所得税费用   70 000

2029 年年末和 2030 年年末同理。

第四节 利润分配

一、利润分配的程序

利润分配，是指企业按照国家有关规定和企业章程、投资者协议等，对企业当年可供分配的利润所进行的分配。其中：

可供分配的利润＝当年实现的净利润＋年初未分配利润（或−年初未弥补亏损）＋其他转入

利润分配的顺序依次是：（1）提取法定盈余公积；（2）提取任意盈余公积；（3）向投资者分配利润。

盈余公积，是指企业按规定从净利润中提取的企业积累资金。公司制企业的盈余公积包括法定盈余公积和任意盈余公积。

按照《公司法》的有关规定，公司制企业应按照净利润（减弥补以前年度亏损）的10%提取法定盈余公积。非公司制企业法定盈余公积的提取比例可超过净利润的10%。法定盈余公积累计额已达到注册资本的50%时可不再提取。但在计算提取法定盈余公积的基数时，不包括企业年初未分配利润。

公司制企业可根据股东大会的决议提取任意盈余公积。非公司制企业经类似权力机构批准，也可提取任意盈余公积。

未分配利润是经过弥补亏损、提取法定盈余公积、提取任意盈余公积和向投资者分配利润等利润分配后剩余的利润，是企业留待以后年度进行分配的历年结存的利润。

二、利润分配（或弥补亏损）的核算

企业应设置"利润分配"账户，进行利润分配的核算。该账户核算企业利润的分配（或亏损的弥补）和历年分配（或弥补）后的余额。该账户的贷方反映年末从"本年利润"账户转入的本年净利润以及用盈余公积补亏的数额；借方反映按规定提取的盈余公积、向投资者分配的利润数额以及年末从"本年利润"账户转入的本年亏损数额。该账户年末余额，反映企业历年积存的未分配利润（或未弥补的亏损）。

在"利润分配"账户下应设置以下明细账户：（1）提取法定盈余公积；（2）提取任意盈余公积；（3）应付现金股利（或利润）；（4）转作股本的股利；（5）盈余公积补亏；（6）未分配利润。

企业按规定提取的盈余公积，借记"利润分配——提取法定盈余公积""利润分配——提取任意盈余公积"账户，贷记"盈余公积——法定盈余公积""盈余公积——任意盈余公积"账户。

经股东大会或类似机构批准的年度利润分配方案应当分配给股东的现金股利或利润，借记"利润分配——应付现金股利（或利润）"账户，贷记"应付股利"账户。

经股东大会或类似机构决议，分配给股东的股票股利，应在办理增资手续后，借记"利润分配——转作股本的股利"账户，贷记"股本"账户。

企业用盈余公积弥补亏损时，借记"盈余公积——法定盈余公积""盈余公积——任意盈余公积"账户，贷记"利润分配——盈余公积补亏"账户。

年度终了，企业应将全年实现的净利润，自"本年利润"账户转入"利润分配"账户，借记"本年利润"账户，贷记"利润分配——未分配利润"账户，如为净亏损，作相反的会计分录。同时，将"利润分配"账户下的其他明细账户的余额转入"利润分配"账户的"未分配利润"明细账户。结转后，除"未分配利润"明细账户外，"利润分配"账户的其他明细账户应无余额。

【例12-12】假设甲公司2025年度实现净利润2 800 000元，按本年实现净利润的10%和5%分别计提法定盈余公积和任意盈余公积。经董事会决议，按可向股东分配利润的80%分配利润。假设2025年年初"利润分配——未分配利润"账户贷方余额为12万元。相关账务处理如下：

（1）年末将"本年利润"账户年末余额2 800 000元转入"利润分配——未分配利润"账户。

借：本年利润　　　　　　　　　　　　　　　　2 800 000
　　贷：利润分配——未分配利润　　　　　　　　　　　　2 800 000

（2）年末进行利润分配。

提取法定盈余公积=280×10%=28（万元）

提取任意盈余公积=280×5%=14（万元）

可向投资者分配的利润=280-42+12=250（万元）

应向股东分配的利润=250×80%=200（万元）

借：利润分配——提取法定盈余公积　　　　　　280 000
　　　　　　——提取任意盈余公积　　　　　　140 000
　　　　　　——应付现金利润　　　　　　　　2 000 000

贷：盈余公积——法定盈余公积	280 000
——任意盈余公积	140 000
应付股利	2 000 000

（3）将"利润分配"其他明细账户金额结转至"未分配利润"明细账户。

借：利润分配——未分配利润	2 420 000
贷：利润分配——提取法定盈余公积	280 000
——提取任意盈余公积	140 000
——应付现金利润	2 000 000

经年末结转后，该企业2025年"本年利润"账户及"利润分配"的其他明细账户均无余额，只有"利润分配——未分配利润"账户有贷方余额50万元（12+280-28-14-200）。

【思考题】

1. 销售商品收入的确认应同时满足哪些条件？
2. 销售折让和销售退回的会计处理有何不同？
3. 什么是暂时性差异？包括哪些类型？
4. 什么是递延所得税资产？形成递延所得税资产的有哪些业务？
5. 什么是递延所得税负债？形成递延所得税负债的有哪些业务？
6. 如何确认递延所得税资产和递延所得税负债？
7. 递延所得税费用如何进行账务处理？

练习题在线

练习12-1 单项选择题在线回答

单项选择题每小题给出的4个备选项中，只有1个符合题意。**要求**：扫描"单项选择题"二维码进行在线回答，回答完毕并提交可查看参考答案与答案解析。

单项选择题1—9　　　单项选择题10—18　　　单项选择题19—27

练习12-2 多项选择题在线回答

多项选择题每小题给出的5个备选项中，至少有2个符合题意。**要求**：扫描"多项选择题"二维码进行在线回答，回答完毕并提交可查看参考答案与答案解析。

多项选择题1—10　　　　　多项选择题11—19

练习12-3 判断题在线回答

请判断各判断题每小题的正误，正确的点击"正确"按钮，错误的点击"错误"按钮。**要求**：扫描"判断题"二维码进行在线回答，回答完毕并提交可查看参考答案与答案解析。

练习12-4　一般销售业务的核算

（一）资料及账务处理要求

耀华公司为增值税一般纳税人，适用的增值税税率为13%。

1.2023年2月3日，销售给A公司甲产品一批并开出增值税专用发票，上列价款200 000元、增值税额26 000元；该批产品的生产成本为150 000元，A公司收到耀华公司发运的甲产品并已验收入库，合同约定A公司须于50天内付款。**根据以上资料**，按照有关要求进行相关的账务处理：**（1）** 确认销售收入时；**（2）** 结转成本时（**提示**：本公司的会计核算要求即时结转销售成本，下同）。

2.2023年6月3日，赊销给B公司甲产品一批，赊销时已知悉B公司资金周转发生困难，近期内难以收回货款，或者估计此款项收不回的风险很大，但为了减少存货积压以及考虑到与B公司长期的业务往来关系，仍将生产成本为200 000元的甲产品发运给B公司并开出增值税专用发票，上列价款300 000元、增值税额39 000元。半年后B公司财务状况大为改善预计3个月后可以付款，2023年12月3日收到B公司开出并承兑的一张面值339 000元、为期3个月的不带息商业汇票；2024年3月3日，耀华公司收回票款。**根据以上资料**，按照以下要求进行相关的账务处理：**（1）** 2023年6月3日发出商品时；**（2）** 2023年12月3日收到B公司开出并承兑的商业汇票时；**（3）** 2024年3月3日，收到票款时。

3.2023年7月5日，赊销给C公司乙产品一批并开出增值税专用发票，上列价款100 000元、增值税额为13 000元，现金折扣条件为"3/10，2/20，N/30"。**根据以上资料**，按照有关要求进行相关的账务处理：**（1）** 赊销商品时；**（2）** 假定C公司在2023年7月15日付款时；**（3）** 假定C公司在2023年7月25日付款时。

4.2024年5月20日销售A商品一批，增值税专用发票上注明售价为350 000元、增值税额为45 500元，该批商品成本为182 000元。A商品于2024年5月20日发出，客户于5月27日付款。2024年9月16日，该商品质量出现严重问题，客户将该批商品全部退回。耀华公司同意退货并于退货当日支付了退货款，并按规定向客户开具了增值税专用发票（红字）。假定不考虑其他因素，**根据以上资料**，按照有关要求进行相关的账务处理：**（1）** 2024年5月20日确认收入时；**（2）** 2024年5月27日收到货款时；**（3）** 2024年9月16日销售退回时。

（二）完成作业练习要求

（1） 扫描"练习12-4答题表"二维码，并根据下载地址下载空白练习表12-1 word文档到计算机上；**（2）** 在练习表12-1中完成相关的账务处理；**（3）** 根据注册的班级群账号，提交完成的作业请授课教师批阅。

练习12-5　分期收款销售业务的核算

（一）资料及账务处理要求

1.梅苑公司采用分期收款方式，2024年4月1日销售给F公司生产成本为40万元的丁产品一批。根据合同的约定，该批产品正常不含税销售价格为60万元，增值税税率为

13%。F公司收到产品时首次支付40%的货款（包括相应的增值税销项税额），其余货款于每季季末等额支付，分3次付清。假定有关的增值税纳税义务在合同约定的收款日期发生。**根据以上资料**，按照要求进行相关的账务处理：（1）4月1日发出商品并收到对方首次支付的40%款项；（2）6月30日、9月30日、12月31日，分别收到F公司支付的20%货款时。

2.具有重大融资性质。甲公司采用分期收款方式，2024年1月1日向乙公司销售一套大型设备，合同约定的不含税销售价格为1 500 000元，分3次于每年12月31日等额收取。该设备成本为980 000元。在现销方式下，该大型设备的不含税销售价格为1 361 600元，实际利率为5%。假定甲公司发出商品时，其有关的增值税纳税义务尚未发生；在合同约定的收款日期，发生有关的增值税纳税义务。**根据以上资料**，按照要求进行相关的账务处理：（1）2024年1月1日确认收入并结转成本；（2）分3次于每年12月31日等额收取款项时；（3）每次摊销未实现融资收益。

（二）完成作业练习要求

（1）扫描"练习12-5答题表"二维码，并根据下载地址下载空白练习表12-2 word文档到计算机上；（2）在练习表12-2中完成相关的账务处理；（3）根据注册的班级群账号，提交完成的作业请授课教师批阅。

练习12-5
答题表

练习12-6 所得税费用的核算

1.资料及账务处理要求

甲公司2024年度利润总额为3 000万元，所得税税率为25%，递延所得税资产及递延所得税负债没有期初余额。2024年发生的有关交易或事项中，会计处理与税法规定存在差别的有：❶取得国债利息收入80万元；❷非公益性捐赠100万元；❸因排污不达标罚款40万元；❹当年购入成本为300万元并作为交易性金融资产的A股票，年末公允价值为360万元；❺年末首次对成本为2 000万元的存货计提了70万元的存货跌价准备；❻年末首次预计产品质量保证费30万元。**根据以上资料**，按照有关要求进行账务处理：（1）计算确认应纳税所得额和应交所得税；（2）计算应纳税暂时性差异和可抵扣暂时性差异；（3）计算确认递延所得税资产和递延所得税负债；（4）计算并确认所得税费用并编制会计分录。

2.完成作业练习要求

（1）扫描"练习12-6答题表"二维码，并根据下载地址下载空白练习表12-3 word文档到计算机上；（2）在练习表12-3中完成相关的账务处理；（3）根据注册的班级群账号，提交完成的作业请授课教师批阅。

练习12-6
答题表

13 第十三章　财务报表

─────── 【学习目标与要求】

1. 了解财务报表的相关概念、作用及编制要求。
2. 了解资产负债表、利润表、现金流量表及所有者权益变动表的概念及作用。
3. 熟悉资产负债表及利润表的基本原理。
4. 熟悉资产负债表及利润表的编制方法。
5. 熟悉现金流量表的分类和编制方法。

─────── 第一节　财务报表概述

一、财务会计报表的概念与作用

财务会计由确认、计量、记录和报告四个基本程序组成。通过初始确认、计量编制会计分录，为编制财务报告做准备。在企业日常会计核算中，企业所发生的各项经济业务都按照一定的会计程序，在有关的账簿中进行全面、连续、分类、汇总的记录。

企业财务报表——也称会计报表，是指企业对外提供的、以日常会计核算资料为主要依据，反映企业某一特定日期财务状况和某一会计期间经营成果、现金流量的文件。财务报表是提供会计信息的一种重要手段。企业编制财务报表，对于改善企业外部有关方面的经济决策环境和加强企业内部经营管理，具有重要作用。具体来说，财务报表的作用主要表现在以下几个方面：

（1）企业的投资者（包括潜在的投资者）和债权人（包括潜在的债权人），为了进行正确的投资决策和信贷决策，需要利用财务报表了解有关企业经营成果、财务状况及现金流量情况的会计信息。

（2）企业管理者为了考核和分析财务成本计划或预算的完成情况，总结经济工作的成绩和存在的问题，评价经济效益，需要利用财务报表掌握本企业有关财务状况、经营成果和现金流量情况的会计信息。

（3）国家有关部门为了加强宏观经济管理，需要各单位提供财务报表资料，以便通过汇总分析，了解和掌握各部门、各地区经济计划（预算）完成情况、各种财经法律制度的执行情况，并针对存在的问题，及时运用经济杠杆和其他手段，调控经济活动，优化资源配置。

二、财务报表的分类

（一）按反映内容不同分类

（1）**静态报表**——综合反映企业某一特定日期资产、负债和所有者权益情况的报表，如资产负债表。

（2）**动态报表**——综合反映企业一定期间的经营状况或者现金流量情况的报表，如利润表和现金流量表。

（二）按编报的时间不同分类

（1）**月度、季度财务报表**——月度和季度终了提供的财务报表。

（2）**半年度财务报表**——在每个会计年度的前6个月结束后对外提供的财务报表。

（3）**年度财务报表**——年度终了对外提供的财务报表。

月度、季度和半年度财务报表统称为中期财务报表。

（三）按照服务对象不同分类

（1）**内部报表**——为满足企业内部管理需要而编制的会计报表，一般没有固定的编制格式和要求，也不用对外公布。

（2）**外部报表**——企业向外提供的会计报表，主要提供给投资者、债权人、政府部门和社会公众等有关方面，有一定格式与编制要求。本书主要阐述外部报表。

（四）按编制单位不同分类

（1）**单位会计报表**——是由独立核算的基层企业，根据账簿记录和其他有关资料编制的会计报表，用来反映基层企业的经济活动情况。

（2）**汇总会计报表**——是由上级主管部门根据所属基层企业上报的会计报表综合汇总编制的报表，用来反映某个汇总部门综合性的经济情况。

（五）按会计报表所包含的会计主体的范围不同分类

（1）**个别会计报表**——只反映投资企业或被投资企业本身的经营成果、财务状况等方面情况的会计报表。

（2）**合并会计报表**——在投资企业拥有被投资企业半数以上的表决权的情况下，将投资企业与被投资企业视为一个整体而编制的会计报表，它反映投资企业与被投资企业作为一个整体的经营成果、财务状况等。

三、财务报表的编制要求

为了充分发挥财务报表的作用，必须保证财务报表的质量。为此，编制财务报表应符合以下基本要求：

（1）**真实可靠**。企业编制财务报表，应当以真实的交易、事项以及完整、准确的账簿记录等资料为依据，并遵循国家统一的会计准则规定的编制基础、编制依据、编制原则和方法。

（2）**全面完整**。企业应当按照国家统一的会计制度规定的报表格式和内容，根据登记完整、核对无误的会计账簿记录和其他有关资料编制财务报表，做到内容完整、数据真实、计算准确，不得漏报或者任意取舍。财务报表之间、财务报表各项目之间，凡有对应关系的数字，应当相互一致；财务报表中本期与上期的有关数字应当相互衔接。

（3）**账账相符**。企业在编制财务报表前，除应当全面清查资产、核实债务外，还应核对各会计账簿记录与会计凭证的内容、金额等是否一致，记账方向是否相符。

（4）**账实一致**。企业在编制年度财务报表前，应当全面清查资产、核实债务，通过规定的清查、核实，查明财产物资的实存数量与账面数量是否一致、各项结算款项的拖欠情况及其原因、材料物资的实际储备情况、各项投资是否达到预期的目的、固定资产的使用情况及其完好程度等。

（5）**编报及时**。企业在编制财务报表前应按期结账，不得为赶编报表而提前结账。在结账之前，必须将本期发生的全部经济业务和转账业务都登记入账；然后在此基础上，结清各个账户的本期发生额和期末余额。

第二节　资产负债表

一、资产负债表概述

（一）资产负债表的性质和作用

资产负债表——是总括反映企业在特定日期的全部资产、负债和所有者权益的报表。由于该表反映了一个企业在特定日期的财务状况，因而又可称为财务状况表。资产负债表是根据"资产＝负债＋所有者权益"这一会计基本等式编制的。它所提供的是企业一定日期的财务状况，主要包括以下内容：

（1）**揭示企业的财务实力**：通过资产负债表中的资产总额，可以直观地了解企业所拥有或控制的经济资源规模，反映企业的财务实力。资产规模较大的企业通常在市场竞争中具有更强的优势。

（2）**反映企业的偿债能力**：资产负债表将负债分为流动负债和非流动负债，通过分析企业的资产与负债的关系，如资产负债率、流动比率等指标，可以评估企业的短期和长期偿债能力，为债权人提供重要的决策依据。

（3）**反映企业的财务结构**：资产负债表展示了企业资产、负债和所有者权益的构成情况，有助于分析企业的财务结构是否合理。例如，通过比较所有者权益和负债的比例，可以判断企业的资金来源是主要依靠股东投入还是债务融资。

（二）资产负债表的基本结构与解读

资产负债表由资产、负债及所有者权益三大要素构成。债主及业主将资产托付给管理者保管运用，故债主、业主及管理者三者构成了企业的三角平衡关系，如图13-1所示。

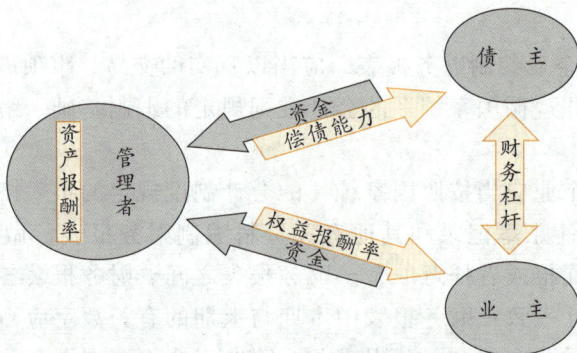

图13-1　企业"铁三角"关系图

管理者既然接受了债主及业主的托付，除了对债主及业主必须有所交代以外，更要以负责的态度对自己的管理绩效有所交代。因此，资产负债表的解读主要在偿债能力、资产报酬率、财务杠杆及权益报酬率四个方面。

（三）资产负债表的格式

资产负债表采用账户式结构，分为左右两方。左方为资产项目，按照资产的流动性大小排列，流动性强的资产如货币资金、交易性金融资产等排在前面，流动性弱的资产如固定资产、无形资产等排在后面；右方为负债和所有者权益项目，负债项目按照偿还期限的长短排列，流动负债在前，非流动负债在后，所有者权益项目按照永久性程度高低排列，实收资本（或股本）排在最前面，未分配利润排在最后面。资产负债表左右两方平衡，即资产总计等于负债和所有者权益总计，这一平衡关系反映了"资产=负债+所有者权益"这一基本会计等式。这种格式的资产负债表在我国应用最广。

二、资产负债表的编制方法

（一）"上年年末余额"栏的填列来源

"上年年末余额"栏类各项数字，应根据上年年末资产负债表"期末余额"栏内所列数字填列。如果本年度资产负债表规定的各个项目的名称和内容同上年度不一致，应该对上年年末资产负债表各项目的名称和数字按照本年度的规定进行调整，然后再填入本年度资产负债表"上年年末余额"栏内。

（二）"期末余额"栏的填列来源

1.根据总账账户余额直接填列

"交易性金融资产""短期借款""应付票据""应付职工薪酬""实收资本""资本公积""盈余公积"等项目，应根据各相关总账账户余额直接填列。例如，企业的"短期借款"总账账户期末余额为500 000元，则在资产负债表"短期借款"项目中直接填列500 000元。

2.根据总账账户余额计算填列

有些项目需要根据几个总账账户的期末余额合计数填列。例如，"货币资金"等项目。其中，"货币资金"项目应根据"库存现金""银行存款""其他货币资金"三个总账账户的期末余额合计数填列。假设企业"库存现金"账户余额为10 000元，"银行存款"账户余额为800 000元，"其他货币资金"账户余额为50 000元，则"货币资金"项目应填列860 000元（10 000+800 000+50 000）。

3.根据明细账账户余额计算填列

某些项目需要根据有关明细账户余额计算填列。如"应付账款"项目，应根据"应付账款"和"预付账款"账户所属各明细账户的期末贷方余额合计数填列；"应收账款"项目，应根据"应收账款"和"预收账款"账户所属各明细账户的期末借方余额合计数，减去"坏账准备"账户中有关应收账款计提的坏账准备期末余额后的金额填列。假设企业"应付账款"账户所属明细账户贷方余额合计为300 000元，"预付账款"账户所属明细账户贷方余额合计为50 000元，则"应付账款"项目应填列350 000元。

4.根据总账账户和明细账账户余额分析计算填列

对于"长期借款"项目，需要根据"长期借款"总账账户余额扣除"长期借款"账户所属的明细账户中将在资产负债表日起1年内到期且企业不能自主地将清偿义务展期的长期借款后的金额计算填列。例如，企业"长期借款"总账账户余额为1 000 000元，其中有200 000元将在1年内到期，则在资产负债表"长期借款"项目中应填列

800 000元。

5.根据有关账户余额减去其备抵账户余额后的净额填列

资产负债表中的一些资产项目，如"固定资产""无形资产"等，需要根据相关账户的期末余额减去其备抵账户余额后的净额填列。例如，"固定资产"项目，应根据"固定资产"账户期末余额减去"累计折旧""固定资产减值准备"账户期末余额后的净额再加减"固定资产清理"账户期末余额填列。假设企业"固定资产"账户期末余额为5 000 000元，"累计折旧"账户期末余额为1 000 000元，"固定资产减值准备"账户期末余额为200 000元，"固定资产清理"账户期末借方余额为100 000元，则"固定资产"项目应填列3 900 000元（5 000 000-1 000 000-200 000+100 000）。

6.综合运用上述填列方法分析填列

"存货"项目应根据"材料采购""原材料""低值易耗品""库存商品""周转材料""委托加工物资""委托代销商品""生产成本"等账户的期末余额合计，减去"受托代销商品款""存货跌价准备"账户期末余额后的金额填列。材料采用计划成本核算，以及库存商品采用计划成本核算或售价核算的企业，还应按加或减材料成本差异、商品进销差价后的金额填列。

三、资产负债表编制实例

【例13-1】虹海股份有限公司为增值税一般纳税人，增值税税率为13%，所得税税率为25%。

1.该公司2025年发生的经济业务及编制的记账凭证（以会计分录代）

（1）销售产品一批，价款800 000元，增值税104 000元，扣除原已预收定金50 000元外，其余货款已通过银行收妥。

借：银行存款	854 000
预收账款	50 000
贷：主营业务收入	800 000
应交税费——应交增值税（销项税额）	104 000

（2）购入不需安装的设备一台，价款90 000元，增值税11 700元，运费价款1 000元、增值税90元。价税合计102 790元均以银行存款支付。设备已交付使用。

借：固定资产	91 000
应交税费——应交增值税（进项税额）	11 790
贷：银行存款	102 790

（3）销售产品一批，价款800 000元、增值税104 000元，产品已发出，账款尚未收到。

借：应收账款	904 000
贷：主营业务收入	800 000
应交税费——应交增值税（销项税额）	104 000

（4）购入工程物资一批，价款150 000元，增值税19 500元，均已用银行存款支付。

借：工程物资	150 000
应交税费——应交增值税（进项税额）	19 500

| | 贷：银行存款 | | 169 500 |

（5）用银行存款支付到期的商业承兑汇票150 000元，偿还应付账款85 000元。

	借：应付票据	150 000
	应付账款	85 000
	贷：银行存款		235 000

（6）收到原材料一批，实际成本240 000元，计划成本238 000元，材料已验收入库，货款已于上月支付。

	借：原材料	238 000
	材料成本差异	2 000
	贷：材料采购		240 000

（7）从银行借入3年期借款500 000元，借款已存入银行，该项借款用于购建固定资产。

| | 借：银行存款 | 500 000 |
| | 贷：长期借款 | | 500 000 |

（8）在建工程应付工资410 000元。

| | 借：在建工程 | 410 000 |
| | 贷：应付职工薪酬 | | 410 000 |

（9）一项工程完工，计算应负担的长期借款利息160 000元，该项借款到期一次支付本息。

| | 借：在建工程 | 160 000 |
| | 贷：长期借款——应计利息 | | 160 000 |

（10）一项工程完工，交付生产使用，已办理竣工手续，固定资产价值1 500 000元。

| | 借：固定资产 | 1 500 000 |
| | 贷：在建工程 | | 1 500 000 |

（11）购入原材料一批，价款350 000元、增值税额45 500元，价税合计395 500元，原预付材料款400 000元，余款4 500元退回银行账户，材料未到。

	借：材料采购	350 000
	应交税费——应交增值税（进项税额）	45 500
	银行存款	4 500
	贷：预付账款		400 000

（12）公司出售一台不需用设备，收到价款400 000元、增值税52 000元；该设备原价800 000元，已提折旧300 000元，已提减值准备60 000元，设备已交付给购入单位。

❶该设备转入清理时：

	借：固定资产清理	440 000
	累计折旧	300 000
	固定资产减值准备	60 000
	贷：固定资产		800 000

❷收到清理款项时：

借：银行存款	452 000	
贷：固定资产清理		400 000
应交税费——应交增值税（销项税额）		52 000

❸结转清理净损失时：

借：资产处置损益	40 000	
贷：固定资产清理		40 000

（13）收到一项长期股权投资的现金股利 60 000 元，存入银行。该项投资按成本法核算，对方公司的所得税税率与本公司一致，均为 25%。

借：银行存款	60 000	
贷：投资收益		60 000

（14）用银行存款支付研发部门的新技术开发支出 20 000 元，该项支出符合资本化条件。

借：研发支出——资本化支出	20 000	
贷：银行存款		20 000

（15）用银行汇票支付采购材料价款，公司收到开户银行转来的银行汇票多余款收账通知，通知上所填多余款为 14 300 元，购入材料的价款为 400 000 元，增值税为 52 000 元；对方代垫运费并转来运费增值税专用发票，上列价款 70 000 元、增值税 6 300 元，材料已验收入库，该批材料的计划价格为 493 000 元。

❶购进材料结算货款时：

借：材料采购	470 000	
银行存款	14 300	
应交税费——应交增值税（进项税额）	58 300	
贷：其他货币资金		542 600

❷材料验收入库并结转材料成本差异时：

借：原材料	493 000	
贷：材料采购		470 000
材料成本差异		23 000

（16）公司采用托收承付结算方式销售产品一批，价款 700 000 元、增值税 91 000 元，货已发出，货款已办妥托收手续。同时用银行存款支付由本企业负担的运费，价款 5 000 元、增值税 450 元。

❶发出商品并办妥托收手续时：

借：应收账款	791 000	
贷：主营业务收入		700 000
应交税费——应交增值税（销项税额）		91 000

❷用银行存款支付运费时：

借：销售费用	5 000	
应交税费——应交增值税（进项税额）	450	
贷：银行存款		5 450

（17）通过企业网银支付职工工资1 139 200元，其中包括支付给在建工程人员的工资410 000元。

借：应付职工薪酬   1 139 200
  贷：银行存款   1 139 200

（18）分配应支付的职工工资729 200元（不包括在建工程应负担的工资410 000元），其中，生产人员570 000元，车间管理人员63 600元，行政管理部门人员95 600元。

借：生产成本——工资   570 000
  制造费用——工资   63 600
  管理费用——工资   95 600
  贷：应付职工薪酬   729 200

（19）归还短期借款本金200 000元，应付利息10 000元，共计210 000元。

借：短期借款   200 000
  应付利息   10 000
  贷：银行存款   210 000

（20）用银行存款支付电费，价款81 000元、增值税10 530元。其中生产车间68 000元，管理部门13 000元。

借：制造费用   68 000
  管理费用   13 000
  应交税费——应交增值税（进项税额） 10 530
  贷：银行存款   91 530

（21）基本生产领用原材料，计划成本600 000元；领用低值易耗品，计划成本80 000元，采用一次摊销法摊销。

借：生产成本   600 000
  制造费用   80 000
  贷：原材料   600 000
    周转材料——低值易耗品   80 000

（22）结转领用原材料与低值易耗品的成本差异，经计算本月材料成本差异率为-2%。本月生产成本领用原材料600 000元，应分配的节约差异为12 000元；生产车间一般消耗领用低值易耗品80 000元，应分配的节约差异为1 600元。

借：材料成本差异   13 600
  贷：生产成本   12 000
    制造费用   1 600

（23）公司采用商业承兑汇票结算方式销售产品一批，价款800 000元、增值税104 000元，收到904 000元的商业承兑汇票1张。

借：应收票据   904 000
  贷：主营业务收入   800 000
    应交税费——应交增值税（销项税额） 104 000

（24）公司将上述商业承兑汇票向银行办理贴现，贴现息为64 000元，该票据的到期日为 2024 年 4 月 20 日。

借：银行存款	840 000	
财务费用	64 000	
贷：应收票据		904 000

（25）将上年销售商品所收到的一张面值为 80 000 元的已到期银行承兑汇票，连同解讫通知书和进账单交银行办理转账，收到银行盖章退回的进账单一联，款项银行已收妥。

| 借：银行存款 | 80 000 | |
| 贷：应收票据 | | 80 000 |

（26）确认应计入本期损益的借款利息共 32 500 元，其中，短期借款利息 22 000 元，长期借款利息 10 500 元。

借：财务费用	32 500	
贷：应付利息		22 000
长期借款——应计利息		10 500

（27）计提固定资产折旧 123 500 元，其中，生产车间 100 000 元，管理部门 23 500 元。

借：制造费用——折旧费	100 000	
管理费用——折旧费	23 500	
贷：累计折旧		123 500

（28）摊销无形资产 70 000 元。

| 借：管理费用——无形资产摊销 | 70 000 | |
| 贷：累计摊销 | | 70 000 |

（29）用银行存款支付广告费，价款 100 000 元、增值税 6 000 元。

借：销售费用——广告费	100 000	
应交税费——应交增值税（进项税额）	6 000	
贷：银行存款		106 000

（30）用银行存款支付本年度企业财产保险费，价款 65 500 元、增值税 3 930 元。

借：管理费用——财产保险费	65 500	
应交税费——应交增值税（进项税额）	3 930	
贷：银行存款		69 430

（31）本期产品销售应缴纳城市维护建设税 20 930 元，教育费附加 8 970 元。

应纳增值税额=销项税额 455 000-进项税额 156 000=299 000（元）

借：税金及附加	29 900	
贷：应交税费——应交城市维护建设税		20 930
——应交教育费附加		8 970

（32）用银行存款缴纳增值税 299 000 元，城市维护建设税 20 930 元，教育费附加 8 970 元。

借：应交税费——应交增值税（已交税金）	299 000	
——应交城市维护建设税	20 930	
——应交教育费附加	8 970	

贷：银行存款			328 900

（33）年末应确认交易性金融资产公允价值变动增加 70 000 元。

借：交易性金融资产——公允价值变动	70 000	
贷：公允价值变动损益		70 000

（34）月末结转制造费用 310 000 元；期初在产品成本 232 000 元，本期投入 1 158 000 元，期末在产品成本 200 000 元。

借：生产成本	310 000	
贷：制造费用		310 000
借：库存商品	1 500 000	
贷：生产成本		1 500 000

（35）结转本期产品销售成本 1 600 000 元。

借：主营业务成本	1 600 000	
贷：库存商品		1 600 000

（36）基本生产车间盘亏一台设备，原价 120 000 元，已提折旧 85 000 元，已提减值准备 5 000 元。

借：累计折旧	85 000	
固定资产减值准备	5 000	
待处理财产损溢——待处理固定资产损溢	30 000	
贷：固定资产		120 000

（37）收回应收账款 1 152 000 元，存入银行。

借：银行存款	1 152 000	
贷：应收账款		1 152 000

（38）偿还到期长期借款本金 850 000 元。

借：长期借款	850 000	
贷：银行存款		850 000

（39）应收某客户的账款 18 000 元，已确定不能收回。

借：坏账准备	18 000	
贷：应收账款		18 000

（40）按应收账款余额的 4% 计提坏账准备 39 000 元。

应补提坏账准备=（300 000+904 000+791 000-1 152 000-18 000）×4%+6 000

　　　　　　　　=825 000×4%+6 000=39 000（元）

借：信用减值损失——计提坏账准备	39 000	
贷：坏账准备		39 000

（41）计提本期存货跌价准备 21 000 元。

借：资产减值损失——计提存货跌价准备	21 000	
贷：存货跌价准备		2 1 000

（42）计提固定资产减值准备 40 000 元。

借：资产减值损失——计提固定资产减值准备	40 000	

贷：固定资产减值准备　　　　　　　　　　　　40 000

（43）本月盘亏的固定资产在年末结账前仍未批准处理，按规定应将其损失30 000元转作营业外支出（报表附注说明）。

借：营业外支出——固定资产盘亏　　　　30 000

　　贷：待处理财产损溢——待处理固定资产损溢　　30 000

（44）年末确认其他权益工具投资公允价值变动减少40 000元。

借：其他综合收益——其他权益工具投资公允价值变动

　　　　　　　　　　　　　　　　　　　　40 000

　　贷：其他权益工具投资——公允价值变动　　　　40 000

借：递延所得税负债　　　　　　　　　　10 000

　　贷：其他综合收益——递延所得税　　　　　　　10 000

提示： 递延所得税负债减少10 000元与净利润无关，在编制"现金流量表补充资料"时不予考虑。

（45）结转各收入、费用账户至"本年利润"账户。

❶结转各收入类账户至"本年利润"账户的贷方时：

借：主营业务收入　　　　　　　　　　3 100 000

　　投资收益　　　　　　　　　　　　　　60 000

　　公允价值变动损益　　　　　　　　　　70 000

　　贷：本年利润　　　　　　　　　　　　　　3 230 000

❷结转各费用类账户至"本年利润"账户的借方时：

借：本年利润　　　　　　　　　　　　2 270 000

　　贷：主营业务成本　　　　　　　　　　　　1 600 000

　　　　税金及附加　　　　　　　　　　　　　29 900

　　　　销售费用　　　　　　　　　　　　　106 000

　　　　管理费用　　　　　　　　　　　　　267 600

　　　　财务费用　　　　　　　　　　　　　96 500

　　　　资产减值损失　　　　　　　　　　　61 000

　　　　信用减值损失　　　　　　　　　　　39 000

　　　　资产处置损益　　　　　　　　　　　40 000

　　　　营业外支出　　　　　　　　　　　　30 000

收入和费用类账户结转到"本年利润"账户后，"本年利润"账户为贷方余额960 000元，即计算出来的会计利润为960 000元（3 230 000-2 270 000）。

（46）计算并结转应交所得税和所得税费用。会计利润960 000元，调减应纳税所得额130 000元（税后长期股权投资收益60 000元+未实现公允价值变动收益70 000元），调增应纳税所得额100 000元（没有发生实质性损失的：坏账准备39 000元+固定资产减值准备21 000元+存货跌价准备40 000元），实际应纳税所得额930 000元。应交所得税232 500元，应借记"所得税费用——当期所得税费用"账户，贷记"应交税费——应交所得税"账户。本期交易性金融资产公允价值增加70 000元，应增加递延所得税负债17 500元，应借记"所得税费用——递延所得税费用"账户，贷记"递延所得税负债"账户，本期资产（信用）减值损失增加100 000元，应增加递延所得税资产25 000元，应借记"递延所得税资产"账户，贷记"所得税费用——递延所得税费用"账户。

❶计算并结转应交所得税时：

借：所得税费用——当期所得税费用　　　　　　　　　232 500
　　递延所得税资产　　　　　　　　　　　　　　　　 25 000
　　　贷：应交税费——应交所得税　　　　　　　　　　　　　　232 500
　　　　　所得税费用——递延所得税费用　　　　　　　　　　　　7 500
　　　　　递延所得税负债　　　　　　　　　　　　　　　　　　 17 500

❷计算并结转所得税费用时：

借：本年利润　　　　　　　　　　　　　　　　　　225 000
　　所得税费用——递延所得税费用　　　　　　　　　 7 500
　　　贷：所得税费用——当期所得税费用　　　　　　　　　　　232 500

将所得税费用转入"本年利润"账户后，"本年利润"账户为贷方余额775 000元，即计算出来的净利润为735 000元（960 000-225 000）。

（47）用银行存款缴纳所得税232 500元。

借：应交税费——应交所得税　　　　　　　　　　　232 500
　　　贷：银行存款　　　　　　　　　　　　　　　　　　　　　232 500

（48）提取法定盈余公积73 500元；分配普通股现金股利500 000元。

借：利润分配——提取法定盈余公积　　　　　　　　 73 500
　　　　　　——应付现金股利　　　　　　　　　　 500 000
　　　贷：盈余公积　　　　　　　　　　　　　　　　　　　　　 73 500
　　　　　应付股利　　　　　　　　　　　　　　　　　　　　　500 000

（49）结转"本年利润"账户及"利润分配"的各明细账户的余额至"未分配利润"明细账户。

❶结转"本年利润"账户至"未分配利润"账户时：

借：本年利润　　　　　　　　　　　　　　　　　　735 000
　　　贷：利润分配——未分配利润　　　　　　　　　　　　　　735 000

❷结转"利润分配"各明细账户余额至"未分配利润"账户时：

借：利润分配——未分配利润　　　　　　　　　　　573 500
　　　贷：利润分配——提取法定盈余公积　　　　　　　　　　　 73 500
　　　　　　　　——应付现金股利　　　　　　　　　　　　　 500 000

2.编制总分类账户发生额及余额试算平衡表和资产负债表

根据以上资料：❶编制总分类账户发生额及余额试算平衡表，见表13-1；❷编制资产负债表，见表13-2。

表 13-1

试算平衡表

2025 年 12 月 31 日   单位：元

账户名称	期初余额		本期发生额		期末余额	
	借方	贷方	借方	贷方	借方	贷方
库存现金	9 770				9 770	
银行存款	2 801 230		3 956 800	3 561 300	3 196 730	
其他货币资金	600 000			542 600	57 400	
交易性金融资产	400 000		70 000		470 000	
应收票据	80 000		904 000	984 000	0	
应收账款	300 000		1 695 000	1 170 000	825 000	
坏账准备		12 000	18 000	39 000		33 000
预付账款	450 000		0	400 000	50 000	
其他应收款	80 000				80 000	
材料采购	240 000		820 000	710 000	350 000	
原材料	169 000		731 000	600 000	300 000	
周转材料	100 000			80 000	20 000	
库存商品	600 000		1 500 000	1 600 000	500 000	
材料成本差异	1 000		15 600	23 000		6 400
存货跌价准备		46 000		21 000		67 000
其他权益工具投资	253 000		0	40 000	213 000	
长期股权投资	600 000				600 000	
固定资产	2 870 000		1 591 000	920 000	3 541 000	
固定资产清理			440 000	440 000	0	
累计折旧		550 000	385 000	123 500		288 500
固定资产减值准备		70 000	65 000	40 000		45 000
待处理财产损溢			30 000	30 000	0	
工程物资			150 000		150 000	
在建工程	1 600 000		570 000	1 500 000	670 000	
无形资产	1 200 000				1 200 000	
累计摊销		240 000		70 000		310 000
递延所得税资产	32 000		25 000		57 000	
生产成本	232 000		1 480 000	1 512 000	200 000	
制造费用			310 000	310 000	0	
研发支出			20 000		20 000	
短期借款		800 000	200 000			600 000

账户名称	期初余额		本期发生额		期末余额	
	借方	贷方	借方	贷方	借方	贷方
应付票据		250 000	150 000			100 000
应付账款		110 000	85 000			25 000
预收账款		80 000	50 000			30 000
应付职工薪酬		0	1 139 200	1 139 200		0
应交税费		66 000	717 400	717 400		66 000
应付利息		10 000	10 000	22 000		22 000
应付股利		0		500 000		500 000
其他应付款		23 500				23 500
长期借款		1 850 000	850 000	670 500		1 670 500
递延所得税负债		12 500	10 000	17 500		20 000
实收资本		2 000 000				2 000 000
资本公积		6 000 000				6 000 000
其他综合收益		−2 000	40 000	10 000		−32 000
盈余公积		400 000		73 500		473 500
利润分配		100 000	1 147 000	1 308 500		261 500
本年利润			3 230 000	3 230 000		
主营业务收入			3 100 000	3 100 000		
主营业务成本			1 600 000	1 600 000		
税金及附加			29 900	29 900		
销售费用			106 000	106 000		
管理费用			267 600	267 600		
财务费用			96 500	96 500		
公允价值变动损益			70 000	70 000		
资产减值损失			61 000	61 000		
信用减值损失			39 000	39 000		
投资收益			60 000	60 000		
资产处置损益			40 000	40 000		
营业外支出			30 000	30 000		
所得税费用			225 000	225 000		
合计	12 618 000	12 618 000	28 130 000	28 130 000	12 509 900	12 509 900

表 13-2

资产负债表

编制单位：虹海股份有限公司 　　　　　2025 年 12 月 31 日 　　　　　单位：元

资　产	期末余额	上年年末余额	负债和所有者权益	期末余额	上年年末余额
流动资产：			流动负债：		
货币资金	3 263 900	3 411 000	短期借款	600 000	800 000
交易性金融资产	470 000	400 000	交易性金融负债		
应收票据	0	80 000	应付票据	100 000	250 000
应收账款	792 000	288 000	应付账款	25 000	110 000
预付款项	50 000	450 000	预收款项	30 000	80 000
其他应收款	80 000	80 000	合同负债		
存货	1 296 600	1 296 000	应付职工薪酬		0
合同资产			应交税费	66 000	66 000
持有待售资产			其他应付款	545 500	33 500
一年内到期的非流动资产			持有待售负债		
其他流动资产			一年内到期的非流动负债	500 000	850 000
流动资产合计	5 952 500	6 005 000	其他流动负债		
非流动资产：			流动负债合计	1 866 500	2 189 500
债权投资			非流动负债：		
其他债权投资			长期借款	1 170 500	1 000 000
长期应收款			应付债券		
长期股权投资	600 000	600 000	长期应付款		
其他权益工具投资	213 000	253 000	预计负债		
投资性房地产			递延所得税负债	20 000	12 500
固定资产	3 207 500	2 250 000	其他非流动负债		
在建工程	820 000	1 600 000	非流动负债合计	1 190 500	1 012 500
无形资产	890 000	960 000	负债合计	3 057 000	3 202 000
开发支出	20 000		所有者权益：		
递延所得税资产	57 000	32 000	实收资本	2 000 000	2 000 000
其他非流动资产			其他权益工具		
非流动资产合计	5 807 500	5 695 000	资本公积	6 000 000	6 000 000
			减：库存股		
			其他综合收益	−32 000	−2 000
			盈余公积	473 500	400 000
			未分配利润	261 500	100 000
			所有者权益合计	8 703 000	8 498 000
资产总计	11 760 000	11 700 000	负债和所有者权益总计	11 760 000	11 700 000

一、利润表概述

（一）利润表的性质和作用

利润表——是用来反映企业在某一会计期间的经营成果的一种财务报表。利润是一个综合性的质量指标，它反映企业在一个会计期间的所有收入（广义）与所有费用（广义）相抵后的差额。利润表将企业在特定时段内的收入、费用进行汇总与配比，从而计算出该期间的净利润或净亏损数额。凭借这份报表，使用者能够清晰地了解企业在一定时期内的经营业绩，对企业的盈利能力进行评估。

利用利润表，可以评价一个企业的经营成果和投资效率，分析企业的盈利能力以及预测未来一定时期内的盈利趋势。利润表的作用主要体现在以下几个方面：❶ 有助于分析企业的经营成果和获利能力；❷ 可以评价企业管理层的经营业绩；❸ 可以预测未来的利润和现金流量；❹ 有助于企业管理人员的未来决策。

（二）利润表列报应重点解决的问题

（1）正确确定收入和费用的归属期间。

依据权责发生制原则，确定企业在一定会计期间内实现的收入和应承担的费用。在实际操作中，要处理诸如预收账款、预付账款、应收账款、应付账款等业务，以确保收入和费用被准确记录在相应的会计期间。

（2）力求保持投入资本的完整。

一个企业只有在保持投入资本完整的情况下，才可能获得真正的利润。例如，在通货膨胀时期，货币贬值，以货币计量的投入资本，其期末账面余额可能大于期初余额，但若按物价指数换算，却可能小于期初余额。因而可能出现虚盈实亏的现象。因此，在通货膨胀严重的情况下，有必要按物价指数进行调整。

（三）利润表列报的结构与格式

利润表的结构，包括表首和报表主体两部分。表首应反映其名称、编制单位、编制期间、报表编号、货币单位等。报表主体部分，应分别列示收入、费用、支出等项目的"本期金额"和"上期金额"。利润表主体部分的列报主要有两种格式：

1.单步式利润表

单步式利润表——将所有收入和所有费用分别相加，再将两个加总数相减得出净利润的利润表。在单步式利润表上，只需将本期所有收入（广义）加在一起，然后再将所有费用（广义）加在一起，两者相减，通过一次计算得出本期净利润。单步式利润表的优点是：表式简单，易于理解，避免项目分类上的困难。

2.多步式利润表

多步式利润表——是将利润表上的收入、费用项目加以分类，在从营业收入到净利润的计算过程中，经过营业利润、利润总额等几次中间性计算的利润表。目前我国企业一般采用的是多步式的利润表。

二、利润表项目的列报方法与列报说明

（一）利润表项目的列报方法

1.“上期金额”栏的列报方法

利润表“上期金额”栏内的各项数字，应根据上年该期利润表“本期金额”栏内所列数字填列。如果上期利润表规定的各个项目的名称和内容同本期不相一致，应对上期利润表各项目的名称和数字按照本期的规定进行调整，填入利润表“上期金额”栏内。

2.“本期金额”栏的列报方法

由于利润表是动态会计报表，因而填列的主要是各类损益类账户的本期发生额。各收入类项目应根据相应的收入类账户的贷方发生额填列，各费用类项目则应根据相应的费用类账户的借方发生额填列。有些项目还需在表中计算分析填列。

（二）利润表项目的列报方法

（1）**“营业收入”**项目，反映企业经营业务所确认的收入总额，包括主营业务收入和其他业务收入。本项目应根据“主营业务收入”“其他业务收入”账户的发生额分析填列。

（2）**“营业成本”**项目，反映企业经营业务发生的实际成本。本项目应根据“主营业务成本”和“其他业务成本”账户的发生额分析填列。

（3）**“税金及附加”**项目，反映企业经营业务应负担的消费税、城市维护建设税和教育费附加等。本项目应根据“税金及附加”账户的发生额分析填列。

（4）**“销售费用”**项目，反映企业在销售商品和商业性企业在购入商品的过程中发生的费用。本项目应根据“销售费用”账户的发生额分析填列。

（5）**“管理费用”**项目，反映企业发生的管理费用。本项目应根据“管理费用”账户的发生额分析填列。

（6）**“研发费用”**项目，反映企业进行研究与开发过程中发生的费用化支出以及计入管理费用的自行开发无形资产的摊销。本项目应根据“管理费用”账户所属“研发费用”“无形资产摊销”明细账户的发生额分析填列。

（7）**“财务费用”**项目，反映企业发生的财务费用。本项目应根据“财务费用”账户的发生额分析填列。

（8）**“投资收益”**项目，反映企业以各种方式对外投资所取得的收益。本项目应根据“投资收益”账户的发生额分析填列；如为投资净损失，本项目以“–”号填列。

（9）**“公允价值变动收益”**项目，反映企业交易性金融资产、交易性金融负债及采用公允价值模式计量的投资性房地产等公允价值变动形成的应计入当期损益的利得或损失。本项目应根据“公允价值变动损益”账户的发生额分析填列，如为净损失，本项目以“–”号填列。

（10）**“信用减值损失”**项目，反映企业计提的各项金融工具信用减值准备所确认的信用损失。本项目应根据“信用减值损失”账户的发生额分析填列。

（11）**“资产减值损失”**项目，反映企业各项资产发生的减值损失。本项目应根据“资产减值损失”账户的发生额分析填列。

（12）**“资产处置收益”**项目，反映企业出售划分为持有待售的非流动资产（金融工具、长期股权投资和投资性房地产除外）或处置组时确认的处置利得或损失，以及处置未划分为持有待售的固定资产、在建工程及无形资产等而产生的处置利得或损失。本项目应

根据"资产处置损益"账户的发生额分析填列，如为资产处置损失，以"-"号填列。

（13）"**营业利润**"项目，反映企业经营业务实现的利润。如为营业亏损，本项目以"-"号填列。

（14）"**营业外收入**"项目和"**营业外支出**"项目，反映企业发生的与其生产经营无直接关系的各项收入和支出。这两个项目应分别根据"营业外收入"账户和"营业外支出"账户的发生额分析填列。

（15）"**利润总额**"项目，反映企业实现的利润总额。如为亏损总额，本项目以"-"号填列。

（16）"**所得税费用**"项目，反映企业根据所得税准则确认的应从当期利润总额中扣除的所得税费用。本项目应根据"所得税费用"账户的发生额分析填列。

（17）"**净利润**"项目，反映企业实现的净利润，如为净亏损，以"-"号填列。

（18）"**其他综合收益的税后净额**"和"**综合收益总额**"项目。综合收益——企业在某一期间与所有者之外的其他方面进行交易或发生其他事项所引起的净资产变动。综合收益的构成包括净利润和其他综合收益两部分。其中：❶净利润——企业已实现并确认的收益；❷其他综合收益——企业未实现但根据会计准则的规定已确认的收益。利润表中的"其他综合收益的税后净额"反映企业根据会计准则规定未在损益中确认的各项利得和损失扣除所得税影响后的净额，主要包括：其他债权投资公允价值变动、其他权益工具投资公允价值变动、按照权益法核算的在被投资单位其他综合收益中所享有的份额、现金流量套期工具产生的利得（或损失）、外币财务报表折算差额等。"综合收益总额"项目——反映企业净利润与其他综合收益的税后净额的合计金额。

（19）"**每股收益**"项目，包括基本每股收益和稀释每股收益两项指标，反映普通股或潜在普通股已公开交易的企业，以及正处于公开发行普通股或潜在普通股过程中的企业的每股收益信息。

三、利润表编制实例

【例13-2】承【例13-1】有关资料，虹海股份有限公司2025年度所编制的利润表，见表13-3。

表13-3

利 润 表

会企02表

编制单位：虹海股份有限公司　　　　　　　　2025年度　　　　　　　　单位：元

项　目	本期金额	上期金额（略）
一、营业收入	3 100 000	
减：营业成本	1 600 000	
税金及附加	29 900	
销售费用	106 000	
管理费用	267 600	
财务费用	96 500	
加：投资收益（损失以"-"号填列）	60 000	
公允价值变动收益（损失以"-"号填列）	70 000	
信用减值损失（损失以"-"号填列）	39 000	
资产减值损失（损失以"-"号填列）	61 000	
资产处置损益（损失以"-"号填列）	40 000	

项　目	本期金额	上期金额（略）
二、营业利润（亏损以"-"号填列）	990 000	
加：营业外收入	0	
减：营业外支出	30 000	
三、利润总额（亏损总额以"-"号填列）	960 000	
减：所得税费用	225 000	
四、净利润（净亏损以"-"号填列）	735 000	
五、其他综合收益的税后净额	-32 000	
六、综合收益总额	703 000	
七、每股收益：		
（一）基本每股收益		
（二）稀释每股收益		

第四节　现金流量表

一、现金流量表的内容

现金流量表，是反映企业在一定会计期间现金和现金等价物流入和流出情况的报表。这里的"现金"，不仅包括企业库存现金，还涵盖可以随时用于支付的存款，比如银行活期存款。而"现金等价物"，则是指企业持有的期限短、流动性强、易于转换为已知金额现金，且价值变动风险很小的投资，像企业购买的在3个月或更短时间内即可到期或可转换为现金的短期债券投资，就属于现金等价物。借助现金流量表，报表使用者能够全面了解企业在特定会计期间内现金的来源和去向，为评估企业的财务状况和经营成果提供独特视角。

（一）企业的财务目标与利润表和资产负债表的局限性

1.企业的财务目标

企业的财务目标主要有两个：一是获取利润——通过企业的经营活动从而增加企业所有者权益，即使企业所有者获得最满意的投资报酬率；二是维持偿债能力——保证企业在债务到期时，具有支付到期债务的能力，即实在的现金流。企业的报表使用者既需要了解企业的获利能力与偿债能力，还需要了解导致企业偿债能力发生变动的原因、企业盈利与偿债能力有何联系、经营活动对企业的现金流量有何影响、企业在本会计期内发生了哪些理财活动并对企业的现金流量有何影响。

2.利润表的局限性

利润表能够反映企业本期经营活动的成果，可用于衡量企业在获取利润方面是否获得成功，但它不能说明企业从经营活动中获取了多少可供周转的现金；它能够说明本期筹资活动和投资活动的损益，但它不能说明筹资活动与投资活动提供和运用了多少现金。至于那些不涉及损益问题的理财业务，利润表根本不予反映。

3.资产负债表的局限性

资产负债表反映企业某一特定日期的财务状况，说明某一特定日期资产和权益变动的结果，可以显示权益是否具有偿债能力，但它不能反映财务状况的变动。虽然通过两个或几个特定日期的资产负债表的比较，能够在一定程度上反映企业财务状况的变动，但不能说明变动的原因。

（二）现金流量表的产生及其作用

1.现金流量表的产生

企业的财务目标主要有两个：一是获取利润，通过企业的经营活动增加企业所有者权益；二是维持偿债能力，保证企业在债务到期时，具有支付到期债务的能力。

虽然企业的发展壮大取决于企业的获利能力，但在20世纪50年代随着市场竞争的日益加剧，经营管理的流动性成为主要内容，生存成为企业的首要目标，企业的投资者、债权人和管理当局越来越关注企业偿还债务的能力，仅仅依靠资产负债表和利润表所提供的信息已经不能完整地反映企业的偿债能力和生存能力，迫使人们开始关注有关反映企业财务状况变动情况的信息。

自20世纪70年代以来，一些业绩良好的企业频频出现流动性危机，有的甚至因此而破产，这引起了人们对企业现金流量的关注，也认识到以权责发生制为基础编制的资产负债表和利润表——不反映企业当期现金流入、流出及增减变化的情况的局限性。而现金流量表恰恰相反，其采用收付实现制，通过现金流量来反映和揭示企业的经营状况，便于投资者、债权人更合理地评价企业的经营状况、创现能力、筹资能力和资金实力。

现金流量表——是用来提供企业有关现金流入、现金流出及投资与筹资活动方面信息的会计报表。报表使用者利用这些信息，可以评估企业以下几方面的事项：❶企业在未来会计期间产生净现金流量的能力；❷企业偿还债务及支付企业所有者投资报酬（如股利）的能力；❸企业的利润与经营活动所产生的净现金流量发生差异的原因；❹会计年度内影响或不影响现金的投资活动与筹资活动。

2."现金为王"与企业三大活动

如果以人体健康状况做比拟，亏损数字如同"高血压"慢性病，现金流量不足犹如"心肌梗死"急症。血压太高时，吃点药马上就能得到控制，不会立即有生命危险；而现金流量一旦不足，却容易造成猝死现象。所以企业经营有"现金为王"或"现金至尊"之说。"现金为王"乃指现金流量为王。企业的三大活动件件都与现金流量有关，融资活动是资金的筹措；投资活动是资金的运用并取得营运资产；经营活动一方面创造利润，另一方面回收资金。资金乃企业一切活动之核心。现金与企业三大活动的关系如图13-2所示。

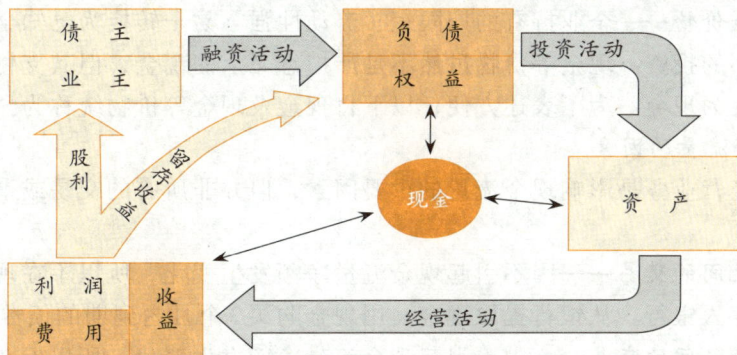

图13-2　现金与企业三大活动的关系

3.现金流量表的作用

（1）**评估企业获取现金的能力。**通过分析现金流量表，报表使用者可以清晰地看到企业在一定时期内从经营活动、投资活动和筹资活动中分别获取了多少现金，以及这些现金的具体用途。例如，若企业经营活动现金流量持续为正，且金额较大，表明企业主营业务的盈利能力较强，能够稳定地产生现金流入，获取现金的能力较好；反之，若经营活动现金流量长期为负，企业可能面临资金短缺的风险，需要依靠外部筹资来维持运营。

（2）**预测企业未来现金流量。**现金流量表提供的历史现金流量信息，有助于报表使用者对企业未来的现金流量进行合理预测。企业过去的现金流量趋势在一定程度上能够反映其未来的现金流量状况。比如，一家企业连续多年投资活动现金流出较大，用于购置固定资产和无形资产，预示着未来可能会增加产能，带来更多的经营活动现金流入。投资者和债权人可以根据这些预测，更好地作出投资和信贷决策。

（3）**分析企业收益质量。**利润表中的净利润是按照权责发生制计算得出的，可能存在一些非现金项目的影响，导致净利润与实际现金流量并不一致。而现金流量表是以收付实现制为基础编制的，反映的是企业实际收到和支付的现金。通过对比净利润和经营活动现金流量，报表使用者可以判断企业收益的质量。若净利润较高，但经营活动现金流量较低，可能意味着企业存在大量应收账款未收回，或者存在存货积压等问题，收益质量有待提高。

（4）**揭示企业财务状况变动的原因。**资产负债表反映了企业在某一特定日期的财务状况，但无法说明财务状况变动的原因。现金流量表则详细解释了企业在一定会计期间内现金及现金等价物的增减变动情况，以及这些变动与企业经营活动、投资活动和筹资活动之间的关系。例如，企业资产负债率上升，通过现金流量表可以分析是筹资活动导致债务增加，还是投资活动规模过大，占用了大量资金，从而为企业改善财务状况提供决策依据。

（三）现金流量及其分类

1.现金流量表的编制基础——现金及现金等价物

（1）**现金**——现金流量表所指的现金，是指企业的库存现金以及可以随时用于支付的存款。它不仅包括"库存现金"账户核算的库存现金，还包括企业"银行存款"账户核算的存入金融企业中随时可以用于支付的存款，也包括"其他货币资金"账户核算的外埠存款、银行汇票存款、银行本票存款、信用证保证金存款、信用卡存款等。

（2）**现金等价物**——企业持有的期限短、流动性强、易于转换为已知金额的现金、价值变动风险很小的投资。现金等价物虽然不是严格意义上的现金，但其支付能力与现金的差别不大，可视为现金。为了表述方便，以下将现金及现金等价物统称为"现金"。

2.影响现金流量的因素

企业日常经营业务是影响现金流量的重要因素，但并非所有的交易或事项都影响现金流量。

（1）**现金之间的交易**——因不引起现金流量净额发生变化，所以不在现金流量表中列报。如将现金存入银行、从银行提取现金、用现金购买3个月内到期的债券等。

（2）**非现金之间的交易**——因不引起现金流量净额发生变化，所以不在现金流量表中列报。如以存货换取固定资产、赊销存货、产品入库等。

（3）现金与非现金之间的交易——因会引起现金流量净额发生变化，所以要在现金流量表中列报。如以现金项目偿还货款、收回货款存入银行、现销商品、以现金支付工资、从银行取得借款、用现金购买股票和长期债券等。

3.现金流量的分类

编制现金流量表的目的，是为信息使用者提供企业一定会计期间内有关现金流入和流出的信息。企业在一定时期内的现金流入和流出是由企业的各种业务活动产生的，由于这些业务活动的性质不同，会计报表使用者对其所产生的现金流量的关注程度和其作用也不相同，所以要对企业的业务活动和对应的现金流量进行适当分类。

（1）**经营活动产生的现金流量**——企业发生的除投资活动和筹资活动以外的所有交易和事项所产生的现金流入量和流出量。其包括销售商品或提供劳务、经营性租赁、购买货物、接受劳务、制造产品、广告宣传、推销产品、缴纳税款等交易和事项所产生的现金流量。

（2）**投资活动产生的现金流量**——在企业购建固定资产、无形资产等非流动资产和不包括在现金范围内的投资及其处置活动所产生的现金流量。

（3）**筹资活动产生的现金流量**——导致企业权益资本及债务资本规模和构成发生变化的活动的现金流量，其包括吸收投资、发行股票、分配利润等交易和事项所产生的现金流量。

特殊项目： 对于企业日常活动之外不经常发生的特殊项目，如自然灾害损失、保险赔款、捐赠等，应当归并到现金流量表的相关类别中并单独反映。

（四）现金流量表的结构与编制方法

现金流量表的结构包括表首、主表和附注等三个部分。表首列示现金流量表的名称、编制单位、编制时间、报表编号和货币单位等。

现金流量表实质上是将权责发生制下的盈利信息，调整为收付实现制下的现金流量信息的报表。企业日常会计核算以及期末编制的资产负债表和利润表是以权责发生制为基础的。因此现金流量表的编制，就是将权责发生制下的盈利信息，调整为收付实现制下的现金流量信息的过程。在这一调整过程中有"直接法"和"间接法"两种方法可供选择。我国企业会计准则规定主表编制采用"直接法"、附注编制采用"间接法"

（1）**直接法——按现金收入和现金支出的主要类别直接反映企业经营活动产生的现金流量。** 在直接法下，一般以利润表中的营业收入为起算点，调节与经营活动有关项目的增减变动，然后计算出经营活动产生的现金流量。其优点是便于分析企业经营活动产生的现金流量的来源和用途，有助于预测企业的未来现金流量，更能揭示企业从经营活动中产生足够的现金流来偿付其债务的能力、进行投资的能力以及支付股利的能力。正是由于这种优点，国际会计准则鼓励企业采用直接法编制现金流量表。

（2）**间接法——是以净利润为起算点，调整不涉及现金的收入、费用、营业外支出等有关项目，剔除投资活动、筹资活动对现金流量的影响，据此计算出经营活动产生的现金流量。**

二、现金流量表主表项目的列报说明

（一）经营活动产生的现金流量项目的内容和填列方法

经营活动产生的现金流量是一项重要的指标，它可以说明企业在不动用从外部筹得的资金的情况下，通过经营活动产生的现金流量是否足以偿还负债、支付股利和对外投资。

在我国，直接法下经营活动产生的现金流量，其现金流入可分为：销售商品、提供劳务收到的现金，收到的税费返还，收到其他与经营活动有关的现金等类别；其现金流出可分为：购买商品、接受劳务支付的现金，支付给职工以及为职工支付的现金，支付的各项税费，支付其他与经营活动有关的现金等类别。

1."销售商品、提供劳务收到的现金"项目

本项目反映企业销售商品、提供劳务实际向购买者收取的价款和增值税销项税额。具体包括：❶本期销售商品、提供劳务收到的现金；❷前期销售和提供劳务本期收到的现金；❸本期预收的账款；❹扣除本期销售本期退回的商品和前期销售本期退回的商品支付的现金；❺企业销售材料和代购代销业务收到的现金。

本项目可根据"库存现金""银行存款""其他货币资金""应收账款""应收票据""预收账款""主营业务收入""其他业务收入"等账户的记录分析填列。具体来讲有以下两种方法：一是根据有关账户本期发生额计算分析填列；二是根据利润表、资产负债表有关项目和部分账户记录计算分析填列。通常是以利润表上的"营业收入"为起点进行调整。

（1）由于该项目包括应向购买者收取的增值税销项税额，所以应在利润表中"营业收入"项目金额的基础上加上本期的增值税销项税额。

（2）由于企业的商品销售和劳务供应往往并非都是现金交易，因而应加上应收账款与应收票据的减少数，或减去应收账款与应收票据的增加数。

（3）如果企业有预收货款业务，还应加上预收账款增加数，或减去预收账款减少数。

（4）如果企业采用备抵法核算坏账，且本期发生了坏账，或有坏账回收，则应减去本期确认的坏账，加上本期坏账回收。因为发生坏账减少了应收账款余额，但没有实际的现金流入；坏账回收有现金流入，但与营业收入无直接关系，且不影响应收账款余额。

（5）如果企业本期有应收票据贴现，发生了贴现息，则应减去应收票据贴现息，因为贴现息代表了应收票据的减少，并没有相应的现金流入。

（6）如果企业发生了按税法规定应视同销售的业务，如将商品用于工程项目，则相应的销项税额应该减去，因为这部分销项税额没有相应的现金流入也与应收账款或应收票据无关。

2."收到的税费返还"项目

本项目反映企业收到的各种税费的返还，如收到的增值税、消费税、所得税、教育费附加等各种税费返还款。

本项目应根据"应交税费"账户所属各明细账户的贷方发生额并与对应的"库存现金""银行存款""税金及附加""营业外收入"等账户的记录分析填列。

3."收到其他与经营活动有关的现金"项目

本项目反映企业除了上述各项目外，收到的其他与经营活动有关的现金流入。如罚款收入、经营租赁固定资产收到的现金、投资性房地产收到的租金收入、流动资产损失中由个人赔偿的现金收入等。其他现金流入如价值较大的，应单列项目反映。

该项目所包括内容比较复杂，要通过分析"库存现金""银行存款""管理费用""营业外收入"等账户的借方发生额确定，由于没有固定的账户对应关系，分析起来有一定难度。不过企业涉及此类现金流入的经济业务一般较少。

4. "购买商品、接受劳务支付的现金"项目

本项目反映企业因购买商品、接受劳务实际支付的现金。具体包括：❶本期购进支付的现金（包括支付的增值税进项税额）；❷本期支付前期购进的未付款项；❸本期预付款项；❹减去本期因发生购货退回收到的现金。

本项目可根据"库存现金""银行存款""其他货币资金""应付账款""应付票据""预付账款""主营业务成本""其他业务成本"等账户的记录分析填列。具体来讲有以下两种方法：一是根据有关账户本期发生额计算分析填列；二是根据利润表、资产负债表有关项目和部分账户记录计算分析填列。通常是以利润表上的"营业成本"为基础进行调整。

（1）由于本项目包括支付的增值税进项税额，所以应在营业成本的基础上加上本期的增值税进项税额。

（2）营业成本与购买商品并无直接联系，就商品流通企业而言，营业成本加上存货增加数或减去存货减少数，便可大致确定本期购进商品的成本。

（3）本期购进商品成本并不等于本期购进商品支付的现金，因为可能存在赊购商品或预付货款的情形。故应加上应付账款与应付票据的减少数，或减去应付账款与应付票据的增加数；应加上预付账款的增加数，减去预付账款的减少数。

（4）对于工业企业来说，存货包括材料、在产品与产成品等，也就是说存货的增加并非都与购进商品（材料）相联系，本期发生的应计入产品成本的工资费用、折旧费用等也会导致存货增加，但与商品购进无关，因而应进一步扣除计入本期生产成本的非材料费用。

（5）应调整其他与商品购进和商品销售无关的存货增减变动，主要包括：存货盘亏与盘盈，用存货对外投资或接受存货投资等。

5. "支付给职工以及为职工支付的现金"项目

本项目反映企业实际支付给职工以及为职工支付的现金。其具体包括：❶本期实际支付给职工的工资、奖金、各种津贴和补贴等；❷为职工支付的其他费用。企业为职工支付的养老、失业等社会保险基金、补充养老保险、住房公积金、支付给职工的住房困难补助、企业为职工缴纳的商业保险金，以及企业支付给职工或为职工支付的其他福利费用等，应按职工的工作性质和服务对象，分别在本项目和"购建固定资产、无形资产和其他长期资产支付的现金"项目反映。

本项目可以根据"库存现金""银行存款""应付职工薪酬"等账户的记录分析填列。

6. "支付的各项税费"项目

本项目反映企业当期实际上缴税务部门的各种税金，以及支付的教育费附加、印花税等。但不包括本期退回的增值税、所得税等。

本项目的金额可通过分析"应交税费"账户下属的各明细账户的借方发生额计算填列。

7. "支付其他与经营活动有关的现金"项目

本项目反映企业除上述各项目外，支付的其他与经营活动有关的现金流出。如罚款支出、支付的差旅费、支付的业务招待费、支付的保险费等，其他现金流出如价值较大的，应单列项目反映。

可以在"销售费用"与"管理费用"两个项目的基础上进行分析调整以确定本项目的金额，扣除折旧费用、无形资产摊销等无相应现金流出的项目。

（二）投资活动产生的现金流量项目的内容和填列方法

现金流量表中的投资活动包括不属于现金等价物的短期投资和长期投资的购买与处置、固定资产的购建与处置、无形资产的购置与处置等。投资活动产生的现金流量应首先区分现金流入与现金流出，在此基础上再细分为若干项目。

1.投资活动产生的现金流入

投资活动产生的现金流入可分为以下项目：

（1）**"收回投资收到的现金"项目**——反映企业出售、转让或到期收回除现金以外的交易性金融资产、长期股权投资而收到的现金，以及收回债权投资本金而收到的现金。不包括债权投资收回的利息，以及收回的非现金资产。

（2）**"取得投资收益收到的现金"项目**——反映企业除现金等价物以外的对其他企业的长期股权投资等分回的现金股利和利息等。

（3）**"处置固定资产、无形资产和其他长期资产收回的现金净额"项目**——反映企业处置固定资产、无形资产和其他长期资产所取得的现金，扣除为处置这些资产而支付的有关费用后的净额。由于自然灾害所造成的固定资产等非流动资产损失而收到的保险赔偿收入，也在本项目反映。

（4）**"收到其他与投资活动有关的现金"项目**——反映企业除了上述各项以外，收到的其他与投资活动有关的现金流入。其他现金流入如价值较大的，应单列项目反映。

2.投资活动产生的现金流出

投资活动产生的现金流出可分为以下项目：

（1）**"购建固定资产、无形资产和其他长期资产支付的现金"项目**——反映企业购买、建造固定资产，取得无形资产和其他长期资产所支付的现金，不包括为购建固定资产而发生的借款利息资本化的部分，以及租入使用权资产支付的租赁费。支付的借款利息和租入使用权资产支付的租赁费，应在筹资活动产生的现金流量部分单独反映。本项目可根据"固定资产""在建工程""无形资产""库存现金""银行存款"等账户的记录分析填列。

（2）**"投资支付的现金"项目**——反映企业对外进行权益性投资和债权性投资所支付的现金。包括企业取得的除现金等价物以外的交易性金融资产、长期股权投资、债权投资所支付的现金，以及支付的佣金、手续费等附加费用。本项目可根据"长期股权投资""债权投资""交易性金融资产""库存现金""银行存款"等账户的记录分析填列。

（3）**"支付其他与投资活动有关的现金"项目**——反映企业除了上述各项以外，支付的其他与投资活动有关的现金流出。其他现金流出如价值较大的，应单列项目反映。本项目可根据有关账户的记录分析填列。

（三）筹资活动产生的现金流量项目的内容及填列方法

现金流量表需要单独反映筹资活动产生的现金流量。筹资活动产生的现金流量应首先区分现金流入与现金流出，在此基础上再细分为若干项目。

1.筹资活动产生的现金流入

筹资活动产生的现金流入可分为以下项目：

（1）**"吸收投资收到的现金"项目**——反映企业收到的投资者投入的现金，包括企业以发行股票、债券等方式筹集资金时实际收到的款项净额（发行收入减去支付的佣金等发行费用后的净额）。以发行股票、债券等方式筹集资金而由企业直接支付的审计、咨询等费用，在"支付其他与筹资活动有关的现金"项目反映，不从本项目内扣除。本项目可根据"实收资本"（或"股本"）、"库存现金"、"银行存款"等账户的记录分析填列。

（2）"取得借款收到的现金"项目——反映企业举借各种短期、长期借款所收到的现金。本项目可根据"短期借款""长期借款""库存现金""银行存款"等账户的记录分析填列。

（3）"收到其他与筹资活动有关的现金"项目——反映企业除上述各项目外，所形成的其他与筹资活动有关的现金流入，如接受现金捐赠等。其他现金流入如价值较大的，应单列项目反映。本项目可根据有关账户的记录分析填列。

2.筹资活动产生的现金流出

筹资活动产生的现金流出可分为以下几个项目：

（1）"偿还债务支付的现金"项目——反映企业以现金偿还债务的本金，包括偿还金融企业的借款本金、偿还债券本金等所导致的现金流出。企业偿还的借款利息、债券利息，在"分配股利、利润或偿付利息支付的现金"项目反映，不包括在本项目内。本项目根据"短期借款""长期借款""应付债券""库存现金""银行存款"等账户的记录分析填列。

（2）"分配股利、利润或偿付利息支付的现金"项目——反映企业实际支付的现金股利、利润，以及支付的借款利息和债券利息等。本项目可根据"应付股利""财务费用""长期借款""应付债券""库存现金""银行存款"等账户的记录分析填列。

（3）"支付其他与筹资活动有关的现金"项目——反映企业除了上述各项外，所形成的其他与筹资活动有关的现金流出。其他现金流出如价值较大的，应单列项目反映。本项目可根据有关账户的记录分析填列。

三、现金流量表补充资料项目的列报说明

按照我国企业会计准则的规定，现金流量表的补充资料包括：（1）"将净利润调节为经营活动现金流量"项目；（2）"不涉及现金收支的重大投资和筹资活动"项目；（3）"现金及现金等价物净变动情况"项目。

（一）"将净利润调节为经营活动现金流量"项目

按照我国企业会计准则的规定，将净利润调节为经营活动现金流量采用"间接法"予以调整。将净利润调节为经营活动现金流量是以净利润为基础。因为净利润是现金净流入的主要来源。但净利润与现金净流入并不相等，所以需要在净利润的基础上，将净利润调整为现金净流入。在净利润的基础上进行调整的项目主要包括：❶实际没有支付现金的费用；❷实际没有收到现金的收益；❸不属于经营活动的损益；❹经营性应收应付项目的增减变动。

1."资产（信用）减值准备"项目

本项目反映企业本期计提扣除转回的各项资产的减值准备。其包括：坏账准备、存货跌价准备、投资性房地产减值准备、债权投资减值准备、长期股权投资减值准备、固定资产减值准备、在建工程减值准备、工程物资减值准备、无形资产减值准备、商誉减值准备、合同资产减值准备、使用权资产减值准备等。因为企业当期计提和按规定转回的各项资产减值准备，在利润表中属于利润的减项，但并未发生现金流出，所以，在将净利润调

节为经营活动现金流量时，需要加回。

本项目可根据"资产（信用）减值损失"账户的记录分析填列。

2．"固定资产折旧"项目和"使用权资产折旧"项目

本项目反映企业本期计提的固定资产折旧和使用权资产折旧。企业计提的固定资产和使用权资产折旧，分别计入制造费用和管理费用中。

（1）计入管理费用中的折旧作为期间费用在利润表中属于利润的减项，但并未发生现金流出，所以应将其在净利润的基础上予以加回。

（2）计入制造费用中的折旧：❶其中已经变现的部分，在计算净利润时通过营业成本予以扣除，但并未发生现金流出。❷其中尚未变现的部分，既不涉及现金收支，也不影响当期净利润。由于在调节存货时，已经从中扣除，所以应将其在净利润基础上予以加回。

本项目可根据"累计折旧""使用权资产累计折旧"账户的贷方发生额分析填列。

3．"无形资产摊销"项目和"长期待摊费用摊销"项目

本项目分别反映企业本期摊入成本费用的无形资产的价值及长期待摊费用。其中计入管理费用、销售费用和制造费用中已经变现的部分，在计算净利润时已从中扣除，但未发生现金流出；计入制造费用中未变现的部分，在调节存货时已经从中扣除，但不涉及现金收支，所以应将其在净利润的基础上予以加回。

这两个项目可根据"累计摊销""长期待摊费用"账户的贷方发生额分析填列。

4．"处置固定资产、无形资产和其他长期资产的损失"项目

本项目反映企业本期由于处置固定资产、无形资产和其他长期资产而发生的净损失。由于该项目属于投资活动产生的损益，不属于经营活动产生的损益，所以应将其在净利润的基础上予以剔除。如为处置损失，应予以加回；如为处置收益，应予以扣除。

本项目可根据"资产处置损益""其他业务收入""其他业务成本"账户所属有关明细账户的记录分析填列；如为净收益，以"–"号填列。

5．"固定资产报废损失"项目

本项目反映企业本期固定资产盘亏（减盘盈）的净损失。由于该项目属于投资活动产生的损益，不属于经营活动产生的损益，所以应将其在净利润基础上予以剔除。如为报废损失，应予以加回；如为报废收益，应予以扣除。

本项目可根据"营业外支出""营业外收入"账户所属有关明细账户中固定资产盘亏损失减去固定资产盘盈收益后的差额填列。

6．"公允价值变动损失（减：收益）"项目

本项目反映企业本期交易性金融资产、投资性房地产等公允价值变动净损失。由于该项目的发生通常与企业的投资活动或筹资活动有关，而且并不影响企业当期的现金流量。所以应将其在净利润的基础上予以剔除。如为持有损失，应予以加回；如为持有利得，应予以扣除。

本项目可根据利润表上的"公允价值变动收益"项目的数字填列，如为净收益，以"–"号填列。

7．"财务费用"项目

本项目反映企业本期发生的应属于筹资活动或投资活动的财务费用，所以应将其在净利润的基础上予以加回。

本项目可根据"财务费用"账户的本期借方发生额分析填列;如为收益,以"-"号填列。

8."投资损失(减:收益)"项目

本项目反映企业投资活动在本期确认的损失减去收益后的净损失,所以应将其在净利润的基础上予以剔除。如为净损失,应予以加回;如为净收益,应予以扣除。

本项目可根据利润表上"投资收益"项目的数字填列;如为投资收益,以"-"号填列。

9."递延所得税资产减少(减:增加)"项目

❶"递延所得税资产减少"项目,使计入本期净利润中的所得税费用的金额大于当期应交的所得税金额,其差额并未发生现金流出,但在计算净利润时已从中扣除,所以应将其予以加回;❷"递延所得税资产增加"项目,使计入本期净利润中的所得税费用的金额小于当期应交的所得税金额,其差额并未发生现金流入,但在计算净利润时已将其包括在内,所以应将其予以扣除。

本项目可根据资产负债表"递延所得税资产"项目的期初、期末余额分析填列,如为期末数小于期初数的差额,以正数填列;如为期末数大于期初数的差额,以"-"号填列。

10."递延所得税负债增加(减:减少)"项目

❶"递延所得税负债增加"项目,使计入本期净利润中的所得税费用的金额大于当期应交的所得税金额,其差额并未发生现金流出,但在计算净利润时已从中扣除,所以应将其予以加回;❷"递延所得税负债减少"项目,使计入本期净利润中的所得税费用的金额小于当期应交的所得税金额,其差额并未发生现金流入,但在计算净利润时已将其包括在内,所以应将其予以扣除。

本项目可根据资产负债表"递延所得税负债"项目的期初、期末余额分析填列,如为期末数大于期初数的差额,以正数填列;如为期末数小于期初数的差额,以"-"号填列。

11."存货的减少(减:增加)"项目

本项目反映企业本期存货的减少(减:增加)。❶期末存货较期初存货减少的差额,说明本期生产经营过程耗用的存货有一部分是期初的存货,耗用这部分存货并未发生现金流出,但在计算净利润时已经扣除,所以应将其在净利润的基础上予以加回。❷期末存货较期初存货增加的差额,说明当期购入的存货除耗用外,还有一部分剩余,这部分也发生了现金流出,但在计算净利润时没有包括在内,所以应将其在净利润的基础上予以扣除。

当然,存货的增减变化过程还涉及应付项目,这一因素将在"经营性应付项目的增加(减:减少)"中考虑。本项目可根据资产负债表上"存货"项目(期初余额-期末余额)的差额+"存货跌价准备"账户(期初余额-期末余额)的差额填列;期末数大于期初数的差额,以"-"号填列。

12."经营性应收项目的减少(减:增加)"项目

本项目反映企业本期经营性应收项目(包括应收账款、应收票据和其他应收款中与经营活动有关的部分以及应收的增值税销项税额等)的减少(减:增加)。❶经营性应收项目期末余额小于期初余额的差额,说明本期收回的现金大于利润表中所确认的销售收入,所以,在将净利润调节为经营活动现金流量时,需要予以加回;❷经营性应收项目期末余额大于期初余额的差额,说明本期所确认的销售收入中有一部分没有收回现金,但在计算净利润时这部分销售收入已包括在内,所以应将其在净利润的基础上予以扣除。

本项目可根据有关账户的期初、期末余额的差额分析填列；如为增加，以"-"号填列。

13."经营性应付项目的增加（减：减少）"项目

本项目反映企业本期经营性应付项目（包括应付账款、应付票据、应交税费、其他应付款中与经营活动有关的部分以及应付的增值税进项税额等）的增加（减：减少）。❶经营性应付项目期末余额大于期初余额的差额，说明本期购入的存货中有一部分没有付出现金，但在计算净利润时却通过营业成本包括在内，所以，在将净利润调节为经营活动现金流量时，需要予以加回；❷经营性应付项目期末余额小于期初余额的差额，说明本期支付的现金大于利润表中所确认的营业成本，所以，在将净利润调节为经营活动现金流量时，需要予以扣除。

本项目可根据有关账户的期初、期末余额分析填列；如为减少，以"-"号填列。

(二)"不涉及现金收支的重大投资和筹资活动"项目

本项目反映企业一定期间内影响资产负债表但不形成该期现金收支的所有投资和筹资活动的信息。其主要包括：(1)"债务转为资本"项目——反映企业本期转为资本的债务金额；(2)"一年内到期的可转换公司债券"——反映企业一年内到期的可转换公司债券的本息；(3)"新增使用权资产"项目——反映企业本期因租赁而增加的使用权资产。

(三)"现金及现金等价物净变动情况"项目

本项目与现金流量表主表中的"现金及现金等价物净增加额"项目的金额应当相等。

四、现金流量表编制方法实例

如前所述，在具体编制现金流量表时，该表各项目的金额可以直接根据有关账户记录分析填列。在实际工作中，还可以运用其他技术手段，确定现金流量表各项目的金额，如"直接分析填列法""工作底稿法""T型账户法"等。下面介绍"直接分析填列法"。

直接分析填列法——直接根据资产负债表、利润表和有关账户的记录，分析计算出现金流量表各项目的金额，并据以编制现金流量表的一种方法。

【例13-3】承【例13-1】【例13-2】有关资料，在按直接法报告经营活动产生的现金流量的情况下，采用"直接分析填列法"编制虹海股份有限公司2025年度的现金流量表，具体编制步骤如下：

(一)分析经营活动产生的现金流量

1.销售商品、提供劳务收到的现金（简称"销售收现"）

$$销售收现=营业收入+与营业收入相关的销项税额+应收账款\left(\frac{期初}{余额}-\frac{期末}{余额}\right)+应收票据\left(\frac{期初}{余额}-\frac{期末}{余额}\right)+预收账款\left(\frac{期末}{余额}-\frac{期初}{余额}\right)-$$

$$本期计提的坏账准备-应收票据贴现息-以非现金资产抵债而减少的应收款项-视同销售的销项税额$$

销售收现=3 100 000+403 000+（288 000-792 000）+（80 000-0）+
　　　　（30 000-80 000）-39 000-64 000-0-0
　　　　=3 100 000+403 000-504 000+80 000-50 000-39 000-64 000
　　　　=2 926 000（元）

2.购买商品、接受劳务支付的现金（简称"购进付现"）

$$\underset{\text{付现}}{\text{购进}}=\underset{\text{成本}}{\text{营业}}+\underset{\text{相关的进项税额}}{\text{与营业成本}}-\underset{\text{存货}}{\left(\underset{\text{余额}}{\text{期初}}-\underset{\text{余额}}{\text{期末}}\right)}+\underset{\text{存货跌价准备}}{\text{本期计提的}}+\underset{\text{票据}}{\text{应付}}\left(\underset{\text{余额}}{\text{期初}}-\underset{\text{余额}}{\text{期末}}\right)+\underset{\text{账款}}{\text{应付}}\left(\underset{\text{余额}}{\text{期初}}-\underset{\text{余额}}{\text{期末}}\right)$$

$$\underset{\text{账款}}{\text{预付}}\left(\underset{\text{余额}}{\text{期末}}-\underset{\text{余额}}{\text{期初}}\right)+\underset{\text{盘亏}}{\underset{\text{存货}}{\text{存货}}}-\underset{\text{盘盈}}{\text{存货}}-\underset{\text{成本}}{\underset{\text{的存货}}{\text{用于投资}}}-\underset{\text{存货}}{\underset{\text{增加的}}{\text{接受投资}}}-\underset{\text{职工薪酬}}{\underset{\text{生产成本的}}{\text{当期直接列入}}}-\underset{\text{职工薪酬}}{\underset{\text{制造费用的}}{\text{当期列入}}}-\underset{\text{折旧费}}{\underset{\text{制造费用的}}{\text{当期列入}}}-\underset{\text{折扣}}{\underset{\text{现金}}{\text{获得的}}}$$

购进付现=1 600 000+（103 800+8 840）-（1 296 000-1 296 600）+21 000+（250 000-100 000）+

（110 000-25 000）+（50 000-450 000）+0-0+0-0-570 000-63 600-100 000-0

=835 640（元）

3.支付给职工及为职工支付的现金（简称"用于职工付现"）

$$\underset{\text{用于}}{\underset{\text{职工付现}}{}}=\underset{\text{的职工薪酬}}{\text{本期分配}}\left(\underset{\text{成本}}{\text{生产}}+\underset{\text{费用}}{\text{制造}}+\underset{\text{费用}}{\text{管理}}\right)+\underset{\text{职工薪酬}}{\text{应付}}\left(\underset{\text{余额}}{\text{期初}}-\underset{\text{余额}}{\text{期末}}\right)-\underset{\text{职工薪酬}}{\text{计入在建工程的}}\left(\underset{\text{余额}}{\text{期初}}-\underset{\text{余额}}{\text{期末}}\right)$$

用于职工付现=（570 000+63 600+95 600）+（0-0）+（0-0）=729 200（元）

4.支付的各项税费（简称"支付税费"）

$$\underset{\text{税费}}{\text{支付}}=\underset{\text{费用}}{\underset{\text{所得税}}{\text{当期}}}+\underset{\text{及附加}}{\text{税金}}+\underset{\text{已交税金}}{\underset{\text{税中的}}{\text{应交增值}}}+\underset{\text{借方发生额}}{\underset{\text{增值税"账户}}{\text{本期"未交}}}+\underset{\text{所得税}}{\text{应交}}\left(\underset{\text{余额}}{\text{期末}}-\underset{\text{余额}}{\text{期初}}\right)+\underset{\text{印花税}}{\text{支付的}}$$

支付税费=232 500+29 900+299 000+0+（0-0）+0=561 400（元）

5.支付其他与经营活动有关的现金（简称"经营活动其他付现"）

$$\underset{\text{其他付现}}{\underset{\text{经营活动}}{}}=\underset{\text{费用}}{\underset{\text{管理}}{\text{其他}}}\left(\underset{\text{管理费用}}{\underset{\text{损益的}}{\text{本期计入}}}-\underset{\text{管理费用的}}{\underset{\text{管理费用}}{\text{当期计入}}}-\underset{\text{折旧费}}{\underset{\text{管理费用的}}{\text{当期计入}}}-\underset{\text{职工薪酬}}{\underset{\text{管理费用的}}{\text{当期计入}}}-\underset{\text{摊销}}{\underset{\text{资产}}{\text{无形}}}\right)+\underset{\text{进项税额}}{\underset{\text{有关的增值税}}{\text{与管理费用}}}+\underset{\text{费用}}{\underset{\text{销售}}{}}+\underset{\text{进项税额}}{\underset{\text{有关的增值税}}{\text{与销售费用}}}$$

经营活动其他付现=（267 600-23 500-95 600-70 000）+5 620+106 000+

6 450=196 570（元）

$$\underset{\text{现金流量净额}}{\text{经营活动产生的}}=\text{现金流入量 }2\,926\,000-\text{现金流出量（}835\,640+729\,200+561\,400+196\,570）$$

=603 190（元）

（二）分析投资活动产生的现金流量

1.收回投资收到的现金（简称"收回投资收现"）

收回投资收现=交易性金融资产贷方发生额+与交易性金融资产一起收回的投资收益

收回投资收现=0+0=0

2.取得投资收益收到的现金（简称"投资收益收现"）

投资收益收现=收到现金股利+收到国债利息

投资收益收现=60 000+0=60 000（元）

3.处置固定资产、无形资产和其他长期资产收回现金净额（简称"处置长期资产收现净额"）

处置长期资产收现净额=处置固定资产收回的现金净额+与处置固定资产有关的增值税销项税额

处置长期资产收现净额=400 000+52 000=452 000（元）

4.购建固定资产、无形资产和其他长期资产支付的现金（简称"购建长期资产付现"）

$$\begin{matrix}购建长期\\资产付现\end{matrix}=\begin{matrix}用现金\\购买固定\\资产\end{matrix}+\begin{matrix}与固定资产购进\\有关的增值税\\进项税额\end{matrix}+\begin{matrix}用现金\\购买工程\\物资\end{matrix}+\begin{matrix}与工程物资购\\进有关的增值\\税进项税额\end{matrix}+\begin{matrix}支付给在建\\工程人员的\\职工薪酬\end{matrix}$$

购建长期资产付现=91 000+11 790+150 000+19 500+410 000=682 290（元）

5.投资支付的现金（简称"投资付现"）

投资付现=购买交易性金融资产的买价+购买交易性金融资产的交易费用

投资付现=0+0=0

6.支付其他与投资活动有关的现金（简称"投资其他付现"）

投资其他付现=开发支出

投资其他付现=20 000元

投资活动产生的现金流量净额=现金流入量（60 000+452 000）−现金流出量（682 290+20 000）

=−190 290（元）

（三）分析筹资活动产生的现金流量

1.取得借款收到的现金（简称"借款收现"）

借款收现=取得短期借款所收到的现金+取得长期借款所收到的现金

借款收现=0+500 000=500 000（元）

2.偿还债务支付的现金（简称"偿债付现"）

偿债付现=偿还短期债务本金+偿还长期债务本金

偿债付现=200 000+850 000=1 050 000（元）

3.分配股利、利润或偿付利息支付的现金（简称"分红及付息付现"）

分红及付息付现=分配股利（或利润）所支付的现金+偿还利息所支付的现金

分红及付息付现=0+10 000=10 000（元）

筹资活动产生的现金流量净额=现金流入量500 000−现金流出量（1 050 000+10 000）

=−560 000（元）

（四）现金及现金等价物净增加额

现金及现金等价物净增加额=603 190−190 290−560 000=−147 100（元）

根据以上采用直接分析填列法计算出的数据填列虹海股份有限公司2025年度的现金流量表，见表13-4。

表13-4 　　　　　　　　　　　现 金 流 量 表　　　　　　　　　　　会企03表

编制单位：虹海股份有限公司　　　　　　　　2025年度　　　　　　　　　　单位：元

项　目	本期金额	上期金额（略）
一、经营活动产生的现金流量：		
销售商品、提供劳务收到的现金	2 926 000	
收到的税费返还	0	
收到其他与经营活动有关的现金	0	
经营活动现金流入小计	2 926 000	
购买商品、接受劳务支付的现金	835 640	
支付给职工以及为职工支付的现金	729 200	
支付的各项税费	561 400	
支付其他与经营活动有关的现金	196 570	

项　目	本期金额	上期金额（略）
经营活动现金流出小计	2 322 810	
经营活动产生的现金流量净额	603 190	
二、投资活动产生的现金流量：		
收回投资收到的现金	0	
取得投资收益收到的现金	60 000	
处置固定资产、无形资产和其他长期资产收回的现金净额	452 000	
收到其他与投资活动有关的现金	0	
投资活动现金流入小计	512 000	
购建固定资产、无形资产和其他长期资产支付的现金	682 290	
投资支付的现金	0	
支付其他与投资活动有关的现金	20 000	
投资活动现金流出小计	702 290	
投资活动产生的现金流量净额	-190 290	
三、筹资活动产生的现金流量：		
吸收投资收到的现金	0	
取得借款收到的现金	500 000	
收到其他与筹资活动有关的现金	0	
筹资活动现金流入小计	500 000	
偿还债务支付的现金	1 050 000	
分配股利、利润或偿付利息支付的现金	10 000	
支付其他与筹资活动有关的现金	0	
筹资活动现金流出小计	1 060 000	
筹资活动产生的现金流量净额	-560 000	
四、汇率变动对现金及现金等价物的影响	0	
五、现金及现金等价物净增加额	-147 100	
加：期初现金及现金等价物余额	3 411 000	
六、期末现金及现金等价物余额	3 263 900	

第五节　所有者权益变动表

一、所有者权益变动表及其内容

　　所有者权益变动表——是一张反映企业在一定期间内构成所有者权益的各组成部分的增减变动情况的报表。它反映三个方面的内容：一是因资本业务而导致所有者权益总额发生变动的项目，即所有者投入资本和向所有者分配利润。二是所有者权益项目内部的变动，例如，提取盈余公积。三是综合收益导致所有者权益的变动。综合收益又由两部分构成：❶净利润；❷其他综合收益。

二、所有者权益变动表的编制

　　所有者权益变动表的格式见表13-5。本表各项目应当根据当期净利润、其他综合收益、所有者投入资本和向所有者分配利润、提取盈余公积等情况分析填列。

表 13-5

所有者权益变动表

2025 年度

编制单位：虹海股份有限公司　　　　　　　　　　　　　　　　　　　　　单位：元

项目	本年金额								上年金额							
	实收资本（或股本）	其他权益工具	资本公积	减：库存股	其他综合收益	盈余公积	未分配利润	所有者权益合计	实收资本（或股本）	其他权益工具	资本公积	减：库存股	其他综合收益	盈余公积	未分配利润	所有者权益合计
一、上年年末余额	2 000 000	0	6 000 000	0	-2 000	400 000	100 000	8 498 000	2 000 000	0	6 000 000	0	0	349 000	72 000	8 421 000
加：会计政策变更																
前期差错更正																
二、本年年初余额	2 000 000	0	6 000 000	0	-2 000	400 000	100 000	8 498 000	2 000 000	0	6 000 000	0	0	349 000	72 000	8 421 000
三、本年增减变动金额（减少以"—"号填列）					-30 000	73 500	161 500	205 000					-2 000	51 000	28 000	77 000
（一）综合收益总额					-30 000		735 000	705 000					-2 000		510 000	508 000
（二）所有者投入和减少资本	0															
1.所有者投入的普通股																
2.其他权益工具持有者投入资本																
3.股份支付计入所有者权益的金额																
（三）利润分配						73 500	-573 500	-500 000						51 000	-482 000	-431 000
1.提取盈余公积						73 500	-73 500	0						51 000	-51 000	0
2.对所有者（或股东）的分配							-500 000	-500 000							-431 000	-431 000
（四）所有者权益内部结转																
1.资本公积转增资本（或股本）																
2.盈余公积转增资本（或股本）																
3.盈余公积弥补亏损																
四、本年年末余额	2 000 000	0	6 000 000	0	-32 000	473 500	261 500	8 703 000	2 000 000	0	6 000 000	0	-2 000	400 000	100 000	8 498 000

第六节　会计报表附注

一、会计报表附注及其编制形式

会计报表附注——是为了便于会计报表使用者理解会计报表的内容，而对会计报表的编制基础、编制依据、编制原则和方法及主要项目等所做的解释。会计报表附注的编制形式灵活多样，常见的有以下五种：

（1）**尾注说明**——这是附注的主要编制形式，一般适用于说明内容较多的项目。

（2）**括号说明**——此种形式常用于为会计报表主体提供补充信息，因为它把补充信息直接纳入会计报表主体，所以比起其他形式来，显得更直观，不易被人忽视，缺点是它包含内容过短。

（3）**备抵账户与附加账户**——设立备抵与附加账户，在会计报表中单独列示，能够为会计报表使用者提供更多有意义的信息，这种形式目前主要是指坏账准备等账户的设置。

（4）**脚注说明**——指在报表下端进行的说明，例如，说明已贴现的商业承兑汇票和租入的使用权资产原价等。

（5）**补充说明**——有些无法列入会计报表主体中的详细数据、分析资料，可用单独的补充报表进行说明，比如，可利用补充报表的形式来揭示关联方的关系和交易等内容。

二、会计报表附注应披露的主要内容

企业的年度会计报表附注至少应披露如下内容（法律、行政法规和国家统一的会计制度另有规定的，从其规定）：

（一）企业的基本情况

（1）企业注册地、组织形式和总部地址；

（2）企业的业务性质和主要经营活动，如企业所处的行业、所提供的主要产品或服务、客户的性质、销售策略、监管环境等；

（3）母公司以及集团最终母公司的名称；

（4）财务报告的批准报出者和财务报告批准报出日。

（二）不符合会计核算前提的说明

编制会计报表一般都以基本会计假设为前提，会计报表使用者不会有任何误解，所以在一般情况下不需要加以说明。但如果编制的会计报表未遵循基本会计假设，则必须予以说明，并解释这样做的理由。

（三）重要会计政策和会计估计的说明

企业应当披露采用的重要会计政策和会计估计，不重要的会计政策和会计估计可以不披露。在披露重要会计政策和会计估计时，应当披露重要会计政策的确定依据和财务报表项目的计量基础，以及会计估计中所采用的关键假设和不确定因素。

（四）会计政策和会计估计变更以及差错更正的说明

公司采用的会计政策应当前后一致，不应随意变动，以保持连续性，便于报表使用者前后各期相互比较。若公司认为采用新政策能使公司会计报表中对事项或交易的编报更为

恰当，则可以对以往采用的会计政策作出某些变更。

（1）会计政策变更的内容和理由；

（2）会计政策变更的影响数；

（3）累积影响数不能合理确定的理由；

（4）会计估计变更的内容和理由；

（5）会计估计变更的影响数；

（6）会计估计变更的影响数不能合理确定的理由；

（7）重大会计差错的内容；

（8）重大会计差错的更正金额。

（五）或有事项的说明

（1）已贴现商业承兑汇票形成的或有负债；

（2）未决诉讼、仲裁形成的或有负债；

（3）为其他单位提供债务担保形成的或有负债；

（4）其他或有负债（不包括极小可能导致经济利益流出企业的或有负债）；

（5）或有负债预计产生的财务影响（如无法预计，应说明理由）；

（6）或有负债获得补偿的可能性。

（六）资产负债表日后事项的说明

应说明股票和债券的发行、对一个企业的巨额投资、自然灾害导致的资产损失以及外汇汇率发生较大变动等非调整事项的内容，估计其对财务状况、经营成果的影响；如无法作出估计，应说明其原因。

（七）关联方关系及其交易的说明

（1）在存在控制关系的情况下，关联方如为企业时，不论他们之间有无交易，都应说明如下事项：❶企业经济性质或类型、名称、法定代表人、注册地、注册资本及其变化；❷企业的主营业务；❸所持股份或权益及其变化。

（2）在企业与关联方发生交易的情况下，企业应说明关联方关系的性质、交易类型及交易要素，这些要素一般包括：❶交易的金额或相应比例；❷未结算项目的金额或相应比例；❸定价政策（包括没有金额或只有象征性金额的交易）。

（3）关联方交易应分别关联方以及交易类型予以说明，类型相同的关联方交易，在不影响会计报表使用者正确理解的情况下可以合并说明。

（4）对于关联方交易价格的确定，如果高于或低于一般交易价格的，应说明其价格的公允性。

（八）会计报表重要项目的说明

企业应当尽可能以列表形式披露重要报表事项的构成或当期的增减变动情况。对重要报表项目的明细说明，应当按照资产负债表、利润表、现金流量表、所有者权益变动表的顺序以及报表项目列示的顺序进行披露，应当以文字和数字描述相结合的形式进行披露，并与报表项目相互参照。

如"应收款项（不包括应收票据，下同）及计提坏账准备的方法"的披露，应包括以下内容：在说明坏账的确认标准，以及坏账准备的计提方法和计提比例的基础上，应重点说明如下事项：❶本年度全额计提坏账准备，或计提坏账准备的比例（一般为40%或超

过40%）较大的，应单独说明计提的比例及其理由；❷以前年度已全额计提坏账准备，或计提坏账准备的比例较大的，但在本年度又全额或部分收回的，或通过重组等其他方式收回的，应说明其原因，原估计计提比例的理由，以及原估计计提比例的合理性；❸对某些金额较大的应收款项不计提坏账准备，或计提坏账准备比例（一般为5%或低于5%）较低的理由；❹本年度实际冲销的应收款项及其理由，其中，实际冲销的关联交易产生的应收款项应单独披露。

（九）重要资产转让及其出售的说明

根据《企业会计准则》的要求，企业在编制会计报表附注时，必须对重要资产转让及其出售的情况进行详细说明，以便报表使用者更好地理解企业的财务状况和经营成果。应包括以下内容：转让或出售资产的描述、转让或出售的原因、转让或出售的过程、对财务状况的影响。

（十）企业合并、分立的说明

在企业合并和分立的情况下，会计报表附注中需要进行详细的说明，以确保财务报表的使用者能够充分理解这些交易对财务报表的影响。其主要包括：合并的形式、合并的程序、分立的形式、分立的程序、合并与分立的会计处理。

（十一）有助于理解和分析会计报表需要说明的其他事项

有助于理解和分析会计报表需要说明的其他事项，是指以上附注内容中没有包括但对理解和分析会计报表有帮助的其他事项。

——————【思考题】——————

1.财务报表的使用者主要有哪些？财务报表对其决策有何作用？

2.我国资产负债表和利润表的结构如何？其编制依据是什么？如何编制？

3.资产负债表、利润表、现金流量表与所有者权益变动表之间有何关联？

4.现金流量如何分类？其内容包括哪些？

▶▶▶ 练习题在线 ◀◀◀

练习13-1 单项选择题在线回答

单项选择题每小题给出的4个备选项中，只有1个符合题意。**要求**：扫描"单项选择题二维码"进行在线回答，回答完毕并提交后可查看参考答案与答案解析。

单项选择题1—10　　　　单项选择题11—20　　　　单项选择题21—30

练习13-2 多项选择题在线回答

多项选择题每小题给出的5个备选项中，至少有2个符合题意。**要求**：扫描"多项选择题二维码"进行在线回答，回答完毕并提交后可查看参考答案与答案解析。

多项选择题1—8　　　　多项选择题9—16　　　　多项选择题17—24

请判断各判断题每小题的正误，正确的点击"正确"按钮，错误的点击"错误"按钮。**要求**：扫描"判断题二维码"进行在线回答，回答完毕并提交后可查看参考答案与答案解析。

判断题1—8　　　　判断题9—16　　　　判断题17—23

练习 13-4　编制资产负债表与利润表

（一）资料及账务处理要求

新光机械股份有限公司（以下简称新光公司），为增值税一般纳税人，销售的产品、材料均为应纳增值税货物，增值税税率为13%，产品、材料销售价格中均不含增值税；材料和产品均按实际成本核算，其销售成本于销售时即时结转；所得税核算方法采用资产负债表债务法，适用的所得税税率为25%。

1.2025年12月1日有关账户余额见表13-6。

表 13-6　　　　　　　　　　　　　　账户余额表　　　　　　　　　　　　　　单位：万元

账户名称	借方金额	账户名称	借方金额	账户名称	贷方金额	账户名称	贷方金额
库存现金	2	交易性金融资产	200	累计折旧	937	应付股利	0
银行存款	832	存货跌价准备	-80	累计摊销	40	长期借款	400
应收票据	320	其他权益工具投资	300	短期借款	200	递延所得税负债	10
应收账款	308	长期股权投资	600	应付票据	140	实收资本	9 800
预付账款	200	固定资产	9600	应付账款	120	资本公积	500
坏账准备	-46	固定资产减值准备	-94	预收账款	300	盈余公积	441
原材料	900	在建工程	380	应交税费	16	利润分配	2 000
库存商品	1 300	无形资产	200	应付利息	13	其他综合收益	50
生产成本	115	递延所得税资产	55	应付职工薪酬	125		
借方金额合计			15 092	贷方金额合计			15 092

2.2025年12月发生的经济业务如下：

（1）购入原材料一批，增值税专用发票上注明的价款为400万元、增值税额为52万元，材料已经到达并验收入库。价税合计452万元，企业开出不带息商业承兑汇票。

（2）销售给甲企业一批产品和原材料，产品销售价格400万元，实际成本270万元；原材料销售价格100万元、实际成本55万元。产品与原材料已经发出并开出增值税专用发票，价税合计565万元，扣除原来已预收的200万元，其余365万元已通过银行收讫。

（3）销售给甲企业一批产品，销售价格800万元，实际成本550万元。产品已经发出，开出增值税专用发票，款项尚未收到。销售合同中的产品质量保证条款规定，产品售出一年内，如发生正常质量问题，公司将免费负责修理。根据以往经验预计将来发生的修理费用为销售收入的2%。本月未发生相关修理费用。

（4）出售一台不需要的设备给乙企业，设备账面原价300万元，已提折旧164万元；

取得出售价款100万元、增值税额13万元。出售设备的价款已经收到，并存入银行。

（5）赊购原材料一批，增值税专用发票上注明的价款为200万元、增值税额为26万元，材料已经到达并验收入库。

（6）购进原材料一批并已验收入库，收到的增值税专用发票上注明价款300万元、增值税39万元，价税合计339万元，扣除前已预付的100万元，其余239万元已通过银行付讫。

（7）公司采用商业承兑汇票结算方式销售产品一批，价款500元、增值税65万元，价税合计565万元。同日，将商业汇票向银行办理贴现并收到贴现款，贴现息为12万元。

（8）用银行存款偿还到期应付票据40万元与应付账款100万元。

（9）通过银行发放上月应付职工薪酬125万元。

（10）从银行借入3年期借款50万元，借款已存入银行，该项借款用于购建固定资产。

（11）通过银行偿还到期长期借款60万元。

（12）月末，计提本月短期借款利息3万元。

（13）月末，根据领料单汇总表，本月为产品生产发出原材料980万元。

（14）月末，分配职工薪酬140万元，其中生产工人70万元、车间管理人员20万元、行政管理人员35万元、销售部门人员15万元。

（15）月末，计提固定资产折旧费104万元，其中车间固定资产折旧费70万元、厂部固定资产折旧费34万元。

（16）月末，结转制造费用220万元和完工产品成本1 100万元。

（17）月末，确认其他权益工具投资公允价值变动减少8万元。

（18）月末，确认交易性金融资产公允价值变动增加20万元。

（19）月末，计提存货跌价准备14万元与固定资产减值准备20万元。

（20）月末，确认坏账损失12万元并按应收账款余额的5%计提坏账准备34万元。

（21）月末，计算并缴纳本月应交增值税（已交税金）130万元及应交城市维护建设税9.1万元和教育费附加3.9万元。

（22）月末，计提无形资产摊销2万元。

（23）一项应付账款6万元无法支付，确认为营业外收入。

（24）通过银行支付消防不达标罚款10万元。

（25）月末，结转收入及费用至本年利润账户。

（26）月末，计算可抵扣暂时性差异及递延所得税资产和所得税费用。

（27）月末，结转应交所得税和所得税费用。

3.根据以上资料，进行如下账务处理：

（1）编制相应的会计分录（有关利润分配的会计分录略去）。（2）编制该公司2025年12月31日的资产负债表。（3）编制该公司2025年12月的利润表。

（二）完成作业练习要求

（1）扫描"练习13-4答题表"二维码并根据下载地址下载空白练习表13-1、练习表13-2、练习表13-3word表格到计算机上；（2）在练习表13-1、练习表13-2、练习表13-3中完成相关的账务处理；（3）根据注册的班级群账号，提交完成的作业请授课教师批阅。

练习13-5　计算经营活动产生的现金流量

（一）资料及账务处理要求

1.虹桥公司为增值税一般纳税人，增值税税率为13%。2025年发生的与销售现金流入量有关的资料及要求如下：

（1）该公司采用备抵法核算坏账损失，按照应收账款余额的3%计提坏账准备；"坏账准备"账户，2025年期初为贷方余额9 300元，本期借方发生额为10 000元，本期贷方发生额为16 000元，期末为贷方余额15 000元。

（2）将商业承兑汇票到银行办理贴现，贴现息为20 000元。

（3）2025年利润表上列示的营业收入为1 300 000元（假设全部为产品销售收入）。

（4）2025年12月31日资产负债表上：❶"应收票据"项目，年初余额为266 000元，年末余额为66 000元；❷"应收账款"项目，年初余额为300 700元，年末余额为485 000元；❸"预收款项"项目，年初余额为200 000元，年末余额为0。

根据以上资料，利用利润表和资产负债表有关项目和部分账户记录，分析计算本期现金流量表中"销售商品、提供劳务收到的现金"项目的金额。

2.海明公司为增值税一般纳税人，增值税税率为13%。2025年发生的与销售现金流入量有关的资料及要求如下：

（1）该公司的主营业务是销售商品，其他业务是提供运输劳务，当年利润表中：❶"主营业务收入"项目为4 000万元；❷"其他业务收入"项目为600万元。

（2）资产负债表中：❶"应收票据"项目年初数为120万元，年末数为150万元；❷"应收账款"项目年初数为665万元，年末数为570万元；❸"预收款项"项目年初数为89万元，年末数为66万元。

（3）其他资料：❶本年不带息应收票据贴现400万元，贴现息为10万元；❷"坏账准备"账户的年初余额为35万元，年末余额为30万元，本年收回上年的坏账4万元。

根据以上资料，利用利润表和资产负债表有关项目和部分账户记录，分析计算本期现金流量表中"销售商品、提供劳务收到的现金"项目的金额。

3.东风公司为增值税一般纳税人，增值税税率为13%。2025年发生的与营业成本现金流出量有关的资料及要求如下：

（1）1月10日，向甲公司购买原材料，收到的增值税专用发票上注明的材料价款为300万元，增值税进项税额为39万元，扣除上年已预付的338万元，其余款项已通过银行转账付讫。

（2）2月10日，向乙公司购买原材料，收到的增值税专用发票上注明的材料价款为400万元，增值税进项税额为52万元，款项已通过银行转账付讫。

（3）3月10日，向丙公司购买原材料，收到的增值税专用发票上注明的材料价款为500万元，增值税进项税额为65万元，材料已验收入库，款项尚未支付。

（4）4月30日，为采购材料向银行申请银行汇票240万元。

（5）5月10日，用银行汇票支付材料价款200万元和增值税26万元并通过银行收到多余款项。

（6）6月10日，收到银行通知，本期支付到期（6个月）商业承兑汇票250万元。

（7）7月30日，向丁公司购买原材料，收到的增值税专用发票上注明的材料价款为

300万元，增值税进项税额为39万元，签发一张金额为339万元、期限为6个月的不带息商业承兑汇票。

（8）9月30日，通过银行偿还应付A公司的货款400万元。

（9）10月30日，购买工程物资160万元，货款已通过银行转账付讫。

（10）12月28日，通过银行预付购货款450万元。

根据以上资料，利用有关账户本期发生额记录，分析计算本期现金流量表中"购买商品、接受劳务支付的现金"项目的金额。

4.东风公司为增值税一般纳税人，增值税税率为13%。2025年发生的与营业成本现金流出量有关的资料及要求如下：

（1）利润表中的"营业成本"项目的本期金额为2 610万元。本年增值税进项税额为221万元。

（2）资产负债表中：❶"存货"项目的年初数为1 520万元，年末数为1 415万元；❷"应付票据"项目年初数为250万元，年末数为351万元；❸"应付账款"项目的年初数为415万元，年末数为600万元；❹"预付款项"项目年初数为350万元，年末数为450万元。

（3）其他有关资料如下：❶当年计入生产成本、制造费用中的工资费用为800万元、折旧费用为70万元；❷"存货跌价准备"账户年初贷方余额为160万元，年末贷方余额为110万元；❸"资产减值损失——存货跌价损失"账户本年度借方发生额为100万元；❹工程项目领用本企业产品10万元；❺原材料盘亏5万元。

根据以上资料，利用利润表和资产负债表有关项目和部分账户记录，分析计算本期现金流量表中"购买商品、接受劳务支付的现金"项目的金额。

（二）完成作业练习要求

（1）扫描"练习13-5答题表"二维码，并根据下载地址下载空白练习表13-4 word文档到计算机上；（2）在练习表13-4中完成相关的账务处理；（3）根据注册的班级群账号，提交完成的作业请授课教师批阅。

练习13-6 计算投资（筹资）活动产生的现金流量

（一）资料及账务处理要求

1.振华公司为增值税一般纳税人，增值税税率为13%。2025年发生的与购建、处置固定资产、无形资产等相关的现金收付资料及与收回投资收到的现金有关的资料及要求如下：

（1）1月1日，以银行存款400万元购置设备一台，不需要安装，当日即投入使用；（2）4月2日对一台管理用设备进行清理，该设备账面价值120万元，已计提折旧80万元，已计提减值准备20万元；（3）以银行存款支付清理费用2万元，收到变价收入13万元，该设备已清理完毕；（4）"交易性金融资产"账户本期贷方发生额为200万元，"投资收益"账户的贷方发生额为10万元（转让交易性金融资产收益）；（5）"长期股权投资"账户本期贷方发生额为400万元，该项投资未计提跌价准备，"投资收益——转让长期股权投资收益"账户的贷方发生额为12万元。

根据以上资料：（1）计算"购建固定资产、无形资产和其他长期资产支付的现金"项目的金额；（2）计算"处置固定资产、无形资产和其他长期资产收回的现金净额"项目的金额；（3）计算"收回投资收到的现金"项目的金额（假定转让上述投资均收到现金）。

2.前程公司为增值税一般纳税人，增值税税率为13%。2025年度发生的与筹资活动产生的现金流量有关的资料及要求如下：

（1）2025年度"短期借款"账户年初余额为120万元，年末余额为140万元；（2）"长期借款"账户年初余额为360万元，年末余额为840万元；（3）2025年借入短期借款240万元，借入长期借款460万元，长期借款年末余额中包括确认的20万元长期借款利息费用（2025年未支付利息）；（4）2025年度"财务费用"账户借方发生额为40万元，均为利息费用。财务费用包括计提的长期借款利息25万元，其余财务费用均以银行存款支付；（5）"应付股利"账户年初余额为30万元，无年末余额。

根据以上资料，计算下列项目（假定除上述资料外，债权债务的增减变动均以货币资金结算）：（1）计算"取得借款收到的现金"项目的金额；（2）计算"偿还债务支付的现金"项目的金额；（3）计算"分配股利、利润或偿付利息支付的现金"项目的金额。

练习13-6

答题表

（二）完成作业练习要求

（1）扫描"练习13-6答题表"二维码，并根据下载地址下载空白练习表13-5 word文档到计算机上；（2）在练习表13-5中完成相关的账务处理；（3）根据注册的班级群账号，提交完成的作业请授课教师批阅。

主要参考文献

［1］中华人民共和国财政部. 企业会计准则［M］. 北京：经济科学出版社，2016.

［2］戴德明，林钢，赵西卜. 财务会计学［M］. 14版，北京：中国人民大学出版社，2024.

［3］路国平，黄中生. 中级财务会计［M］. 5版. 北京：高等教育出版社，2024.

［4］李占国. 财务会计学［M］. 北京：高等教育出版社，2012.